国学新读图文版05

素书

谋略全本

（汉）黄石公 著 文慧 编译

图书在版编目（CIP）数据

素书谋略全本/（汉）黄石公著；文慧编译．—长沙：湖南文艺出版社，2012.6
ISBN 978-7-5404-5046-5

Ⅰ.①素… Ⅱ.①黄… ②文… Ⅲ.①个人-修养-中国-古代②素书-研究 Ⅳ.①B825

中国版本图书馆 CIP 数据核字（2011）第 137904 号

上架建议：文化经典

素书谋略全本

作　　者：（汉）黄石公
编　　译：文　慧
出 版 人：刘清华
责任编辑：丁丽丹　刘诗哲
监　　制：伍　志
特约编辑：于向勇
封面设计：久品轩工作室
出版发行：湖南文艺出版社
（长沙市雨花区东二环一段 508 号　邮编：410014）
网　　址：www.hnwy.net
印　　刷：北京鹏润伟业印刷有限公司
经　　销：新华书店
开　　本：787mm×1092mm　1/16
字　　数：403 千字
印　　张：24
版　　次：2012 年 6 月第 1 版
印　　次：2012 年 6 月第 1 次印刷
书　　号：ISBN 978-7-5404-5046-5
定　　价：32.80 元
（若有质量问题，请致电质量监督电话：010-84409925）

前　言

中国古代奇书众多，《素书》便是其中之一。《素书》亦名《钤经》《玉钤经》，关于它曾有一个众所周知的传说：

一天，张良从一座桥上经过。桥上有位白发老人，他穿着粗布短衣，走到张良站立的地方，故意将鞋子丢到桥下，让张良去给自己捡起来。张良既惊讶又气恼，但见他年事已高，就强忍怒火，下桥将鞋捡了起来，又应他的要求为他穿上。老人后来又几次考验张良，在张良通过考验后送给他一部书，这部书就是《素书》。

不管这一传说的真实性如何，但《素书》确实是在张良死后大约五百年，被盗墓人从他的墓里偷出来才得以流传下来的。

根据传说，张良正是因为读了此书，才能够在楚汉战争中辅佐刘邦打败西楚霸王项羽，助其夺得天下，建立西汉王朝。

翻开《素书》，我们几乎可以找到汉时张良所有谋略依据之处："阴计外泄者败。"这是张良用于劝说汉高祖刘邦先将韩信稳住，再慢慢图之时所持的理由；"小怨不赦，则大怨必生。"这是张良劝汉高祖刘邦封雍齿为侯以稳定汉初天下时所持的理由；"决策于不仁者险。"这是张良用来劝说汉高祖停止分封六国时所持的理由；"吉莫吉于知足。"这是张良面对汉高祖的分封持知足不贪的态度的原因……

小小的一部《素书》，成就了汉室天下。但宋朝人张商英仍然认为张良没有领会此书的奥义。到底这部奇书里隐藏着什么样的秘密呢?

其实，《素书》仅6章，1336个字，可谓短小精悍。但在这短短的篇幅内，作者却讲了五个方面的内容：

一是阐明了作者"道、德、仁、义、礼五者一体"的思想体系以及"潜居抱道，以待其时"的处世哲学；

二是阐明了作者识人用人的原则，"任材使能，所以济物""危莫危于任疑""既用不任者疏"；

三是阐明了应该如何加强个人修养，包含了"博学切问""恭俭谦约""近恕笃行""亲仁友直"等方面的内容；

四是讲述了一些治国安邦的经验，"后令缪前者毁""足寒伤心，人怨伤

国”“有道则吉，无道则凶。吉者，百福所归；凶者，百祸所攻。非其神圣，自然所钟”；

五是讲述了自己的处世之道，“好众辱人者殃，戮辱所任者危”“上无常操，下多疑心”“近臣不重，远臣轻之”。

《素书》涉及的范围不可谓不广，无论是普通人用来提高自身修养，还是从政者用于提高管理能力，它都是极其实用的。因此后人评价说，读罢此书即能“知天地变幻，晓人事莫测”。

目　录

安礼章第六 / 278

原始章第一

本章是《素书》的第一章，“原始”即是说明此章所讲是为人的基础。“夫道、德、仁、义、礼，五者一体也。”这是本章的开篇词，在黄石公看来，能够成就大业的人必须通晓“道”，并具有五个方面的素质，才能在任何情况下都妥善应对。即使遇到不利的形势和挫折，也能够眼明心亮，知道该怎么做。

原始章（一）：顺天而行，以道为本

经典再现

道者，人之所蹈[1]，使[2]万物不知其所由[3]。德者，人之所得[4]，使万物各得其所欲[5]。

迷津指点

①蹈：遵循、履行。

②使：支配。

③由：缘由。

④得：得到。

⑤欲：有求之谓欲，人的欲望。

古文译读

所谓道，是指人应遵循的自然法则，它支配着天地万物的生成变化，而天地万物却不知其中的缘由。所谓德，是指人顺应自然的安排而各有所得，它支配万物，使万物的欲望得到满足。

前沿诠释

世间万物的运转都要遵循一定的规律，昼夜交替、四季分明等就是自然界最寻常的规律。人类社会也有着相似的规律，这些规律在黄石公看来就是天道。中国古人对天道的尊崇由来已久，于是顺天而行就被视为兴盛的起源。“道”“德”二者在道家学说中通常并用。所谓“德”，是满足百姓的生存需要，使百姓各得其所，生活安乐。而“道”则一般被认为是天地先于人的存在而已经出现的自然、宇宙法则，此二者缺一不可。

纵观历史，凡是在修身、齐家、治国、平天下方面取得成功的人都遵循了“道”“德”的要求，顺应了自然规律，满足了百姓的需要，从而才开创了兴盛的局面。

陆贾：马上得天下，不能马上治天下

陆贾是西汉初期的政治家、文学家、思想家，他跟随刘邦平定了天下，对当时统治政策的确定有着非常大的影响。在他的影响下，汉高祖采取了正确的统治措施，避免了重蹈秦朝灭亡的覆辙。

陆贾（约前240—前170），西汉政治家、文学家、思想家，有口才，善辩论，为汉高祖时期重臣。

陆贾原为楚人，在年轻的时候就以出色的口才而闻名。他生逢秦末乱世，一心要寻找一位明主。当时，起兵反秦的诸侯不少，其中还有许多六国贵族，陆贾身为楚人却投奔了汉王刘邦。这是因为，在他看来，刘邦虽然出身寒微，但对下属的合理意见却能够积极采纳，是一个值得辅佐的人物。在跟随刘邦之后，陆贾充分发挥了他伶牙俐齿的优势，为刘邦说服各路诸侯立下了不少功劳。

汉朝建立以后，作为刘邦的近臣，陆贾不改儒生本色，经常劝刘邦注意以诗书教化百姓。不过，熟悉历史的人都知道刘邦是乡野出身，一度被后世称为“流氓”，他对儒家文绉绉的东西可是没有什么概念，在他看来，陆贾唠叨的儒家那套软绵绵的治国思想，实在不符合自己金戈铁马夺天下的风格。于是，陆贾和刘邦之间便有了一段流传千古的对话。

有一天，刘邦厌烦了陆贾的唠叨，斥责陆贾说：“我是在马上得天下的，要这些诗书做什么！”刘邦的意思很明白：儒家提倡用德行治国，可是最后秦国却以武力统一了六国，现在的皇帝我也是骑马征战疆场才把天下打下来的，你们儒生唠叨的那些书本哪里派上过用场！

陆贾不愧是雄辩高手，他一语惊人：“在马上得天下，难道就能在马上治天下了吗？”刘邦用武力夺取天下不假，但是陆贾也有着无可辩驳的证据可以说明以德治国的重要性。商汤、周武虽然都是起兵“犯上”，但是他们建立的王朝却延续了几百年，就是因为他们广行仁、义、礼、乐这些教化手段，用道德治国。吴王夫差和秦始皇建立的王朝虽然也曾经盛极一时，可是都没过多少年就灭亡了，就是因为他们多行不义。

他拿最切近的例子告诉刘邦，秦始皇治国不用“德”，所以才有汉家的天下。如果当时秦始皇懂得以德治国，不穷兵黩武，那么现在仍然是强盛的大秦王朝，就连陛下您也只是他治下的一个顺民而已，哪里能够得到如今的天下！

刘邦闻言终于清醒过来，明白了上阵厮杀要用武将，治国还是听从读书人的建议比较好。于是他让陆贾为他讲述了治国的方法。

陆贾为刘邦搜集了许多前朝治国的成败案例，供他施政参考，还写了十几篇政治论文为刘邦诵读。这些论文得到了刘邦的连连称赞，后来被集合在一起编为《新语》一书。

《新语》的开篇就是《道基》，把“道”作为论述的根本。陆贾认为：“道”是万物运行的根本，只有奉行“道”的纲纪原则，才能够把国家治理好。其具体做法就是自然无为，即政府少干预民间事务。陆贾认为，只要顺应自然法则行事，适时、适度而为，那么什么事情都能做得很好，尽管这样看上去是“无为”，像什么都没做过一样。这种顺应规律的做法被汉初几代皇帝接受，他们凭借此法统治了汉朝最初的百年。

人们都知道贾谊的名篇《过秦论》，却不知道在贾谊之前，陆贾就已经对过往的盛世危机进行了阐述。“桓公尚德以霸，秦二世尚刑而亡，故虐行则怨积，德布则功兴。”虽然齐国武力强盛，但齐桓公却是因为崇尚德治才成为了春秋霸主，秦二世继承了天下却只会用刑罚来治理国家，因而很快就亡国了。所以说用暴虐的行为对待百姓则会使民怨沸腾，用“德”来治国才能使国家兴盛。虽然汉初有不少名臣对秦亡带来的历史教训进行了研究，但是滥觞者绝对是陆贾。

陆贾的思想取得了什么成就，对今天的我们来说是不言而喻的——一代强汉就此兴起。尽管汉初统治者沿用了秦朝的典章制度，但在陆贾等人的德治思想下，统治者一反秦朝法治的严苛，用柔和的仁德思想去安抚民众，减少赋税和徭役，简化严刑峻法，鼓励民间休养生息。于是，人民在经历了大乱之后，终于迎来了比较理想的社会环境。

陆贾用道和德来说服汉高祖，使他采用了文武并用、儒法相成的统治模式，此举不仅对汉朝产生了重大影响，也为其后的王朝提供了借鉴。

汉文帝休养生息不扰民

汉朝初年，经过了秦末之乱、楚汉相争、匈奴入侵之后，民生凋敝，社会环境不容乐观。据史书记载，当时的大汉皇帝出行都找不到四匹颜色一样的马来拉车，丞相出门都是乘坐牛车。物资之缺乏由此可见一斑。因此，汉朝初年的统治者都采取了与民休息的统治政策，信奉“无为”的黄老之说。其中，在施恩于民方面最令后人称赞的就是汉文帝。

汉文帝刘恒被后世称为有德之君，他在位23年，简朴守业，让百姓按照自然的规律休养生息，不用苛政欺压他们，使汉朝逐渐强盛起来。西汉贾谊曾经描述过汉文帝即位时国家的情况：“汉之为汉，几四十年矣，公私之积犹可哀痛。失时不雨，民且狼顾；岁恶不入，请卖爵子。”这句话的意思是：汉朝建立已经将近40年了，朝廷和民间都还是一穷二白的清苦模样，一旦遇到灾年更是民不聊生。汉文帝一即位就采取了重视农耕的政策，他还亲自示范耕地，为天下人作出表率。古代帝王能这样做是非常难得的。

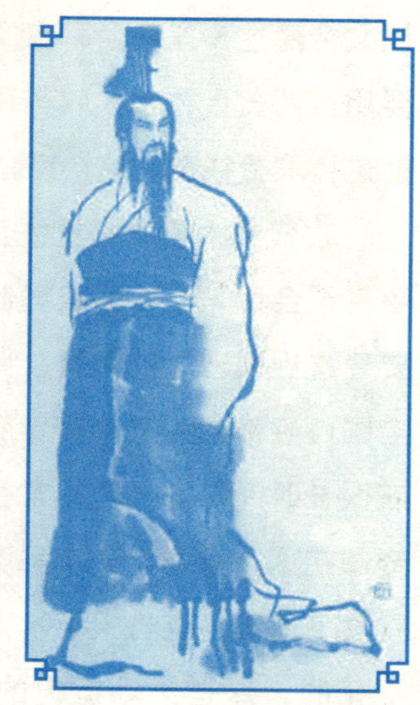

汉文帝刘恒（前202—前157），汉高祖的儿子，母亲是薄姬。公元前180年即位。他以俭约节欲自持，是个谦逊克己的君主，与其子景帝的两代统治被称为“文景之治”。

为了使百姓能够有足够的资本和人力进行劳动，从即位的第二年开始，汉文帝就着手减轻赋税。他把农民的田租从高祖刘邦在位时的十五税一改为三十税一，减少了一半。文帝十二年（前168），田租再次赐免一半，第二年干脆全部免去。他还把人头税（算赋）从每人每年一百二十钱改为四十钱，徭役从每年一个月改为每三年一个月。百姓们要交的赋税少了，能够用于劳动的时间却增加了，这些措施对于民间恢复生产力有着非常重要的作用。

汉文帝为了使民间尽快恢复生气，不仅奖励耕织、轻徭薄赋，还数次下诏书鼓励民众种植树木。从先秦时期开始，统治者就知道，要使国家强盛就必须重视繁衍人口。为了保护百姓的生活，汉文帝曾经在前173年下诏，令各地不得擅自征捕。为了防止大灾之年出现百姓生活困苦的情况，汉文帝在地方上遇到旱灾或虫灾的时候，常施恩于民，免除地方诸侯进贡，避免对百姓造成伤害。在历代皇帝当中，愿意作出护民姿态的人不少，不过肯把自己的皇家苑囿让出来的人却少得很，汉文帝就是其中的一位。他经常下令开放皇家的狩猎苑囿，让附近的百姓可以进去打柴、捕猎。此后，汉文帝又陆续施行了其他一些有益于民众的政策，百姓生活逐渐得到改善。

汉文帝的政策满足了人们安稳生活的愿望，但是他自己在生活享受方面却非常克制。说起历代皇帝中的“小气”者，汉文帝一定可以排入前三。他平时吃饭穿衣都不讲究，衣服的料子很差，还要求宠妃不要穿拖地长裙，为的是节省布料。宫中的帐幔等制品一律用最简单的样式，不能有花纹锦绣。曾经有一次，一位大臣建议

汉文帝建造一座露台，汉文帝本来已经心动，可是叫来工匠进行成本核算后，听说要用百两黄金，他长叹一声：“百两黄金可是十户小康之家的财产总和啊，我怎么能这样浪费钱财。这个露台朕不要了。”

古代的人们非常重视丧葬，都把它作为人生最后的典礼来对待，有的时候办丧事甚至会让一个普通家庭倾家荡产。而皇帝驾崩，更是要用严肃隆重的仪式厚葬，要建造规模宏大的陵寝，要随葬珠宝重器，全国百姓都要为皇帝穿孝服以寄哀思，以致在很长时间内都不能正常生产、生活。汉文帝却在这方面成为一个另类。他在病重之时就立下遗诏，诏告天下：万物诞生之后没有不死的，这是天地运行的常理、自然的规律，因此也不必过分哀痛，丧事要从简，百姓的服丧期减为三天。

霸陵：汉文帝墓地。公元前157年，汉文帝刘恒驾崩，他在位23年，享年46岁。葬于霸陵。

他还殷殷嘱托后继者不要在做孝服上浪费大量布匹，不要让百姓到宫中来啼哭，以往丧期内不准欣赏音乐、不准吃荤的习俗也可以改变。如果用现在的话再说得直白点，我想他可能会说：我死就死了吧，让大家该干啥干啥。

汉文帝刘恒在道德方面真可以成为古代皇帝的楷模。作为一位有德者，他顺应天道而行，以天下人的温饱为重，最终开创了汉代的又一兴盛局面。

可以说，汉文帝刘恒用他的一生诠释了《素书》中“道”与“德”的理念。

施永青企业管理的大道无为

“无为而治”的思想不仅在我国古代君王治理国家的过程中时有体现，在现代经济领域，不少企业管理者也奉行类似的管理原则，从而能够做到“拱手而治企业”。

施永青是香港地产中介名企中原集团的董事长，他白手起家，把创业时只有一张写字台的公司壮大到如今香港规模最大的房地产代理集团，聘用了一万六千多名员工，拥有跨地域分公司接近一千家。虽然已经把公司做得很大，施永青却自嘲是“懒人”，因为在企业管理中，他奉行的是老子的道家思想，实行无为而治。

施永青认为事物的发展都带有周期性，是遵循“天道”的，道法自然，市场的发展有其“道”，企业无为而治，自然会随着市场之“道”运行，如果干预过多反而不利于企业发展。他所信奉的无为不是无作为，而是尽量不干预，不妄为。

从1978年起在香港地产业打拼至今，施永青积累了丰富的市场经验。企业做大做强之后，他麾下员工的数量也迅猛增长。但是施永青并没有给自己的员工定下工作中的条条框框，而是放手让他们自己拿主意。施永青认为，一些老板自视太高，总是将以往的成功经验挂在嘴上，对员工的工作指手画脚，这就使员工没有进步的机会。他信奉“将能，君不预者胜”，领导者无为，则下面的员工必定有为。

有一次，大埔分区的经理找到一个不错的铺位后向施永青请示，要他过去把把关。施永青根本没想去，还毫不客气地说：“大埔我一年都去不了三次，又不了解那里，怎么给你把关？你身为大埔区的经理，当然比我更清楚应该怎样做。”他后来还说中原集团每年几乎都要增开一百多家分公司，如果事必躬亲，每一家都要他去把关的话，光“御驾亲征”就把他累死了。

20世纪90年代，中原集团开始走向内地拓展业务。在业务范围拓展到香港之外后，施永青把限制放得更宽了。他在给拓展内地业务的下属作指导时只给出一个大方向，实践时要用的方针要他们到了具体环境里再制定，他一概不予干预。“如果做得不好，市场自会反馈，还用得着我去管吗？”他如是说。

中原地产各地公司分布图示。

在企业运营过程中，施永青相信公司能够在市场规则下找到自然发展的道路。地产代理处于房地产产业链条的下游，但是相比其他代理公司对待地产发展商的态度，施永青显得自然、潇洒多了，他认为不需要去特别笼络发展商，他们看中了中原公司的销售能力自然会自己找上门来。在企业发展中，施永青和其他的管理者一起制定出了集团发展的宗旨，其中有几条就是不为利所图、不操控咨询、不违背社会利益。因为在施永青看来，事物自有其规律，违背社会利益得来的东西最终也会被社会收回。

当众多的企业老总为如何会聚人心，提高员工工作热情而费尽心思时，施永青却用了最简单的做法——让员工“得偿所愿”。正如《素书》所说，“德者，人之所得”，施永青深谙这种思想的精妙之处，对于员工，他没有过多的激励、没有空头许诺，认为只要员工得偿所愿，自然就会努力工作。不管是精神的还是物质的愿望，员工都能在中原集团得到满足。

在中原集团，员工充分享有精神自由。中原集团的管理层不妄为，从而为员工创造了“有大为”的环境，员工在企业中感到受信任、受重视，能够自由发挥才能。2005年，施永青甚至创办了免费报纸《AM730》，并亲自为它撰稿，目的在于

讲述企业管理、地产市场、人才管理等知识，满足员工求知的愿望。而在报纸的创办过程中，他只要求负责管理报纸的下属要把这份报纸当做自己的孩子一样对待，而对具体的办报方法，他很少下指令，只是提些意见。对此，他有自己的心得：如果把管理报纸变成老板派下的一个任务，员工只会敷衍了事，但是当管理报纸变成他们亲自操刀的事业之后，他们自然会尽力去做。

在利益的分享方面，施永青就只是说了“我会把利润分给他们一些”这么简简单单的一句话。中原集团里没有过多的激励措施，而是看员工需要什么就给什么，总体原则就是让员工在企业中感到愿望被满足。

如果说这些都是施永青“懒”的表现，那么他对人才的管理就显得更加淡然。施永青选择人才时对于学历和经验并不是很看重，他说：“公司不是不重视学历和经验，但是这些东西如果不能转化为公司的业务，又有什么意义呢？”他主张让员工在工作中自然成长，他做得好，市场自然就会说好，从而就用这种方式让市场替自己挑选出对公司有用的人才。对于人才的去留，施永青有自己的看法，这种看法与他的“无为而治”思想如出一辙。他说，很多公司都怕人才出走，但是人才也有自己的选择权，只要你给他的空间够大，他觉得公平合理，自然会留下。中原集团对于人才采用“散聚任自然”的态度，“你在我们公司感到发展得好就留下，如果感到不满意就走，我不会生气。”1997年，中原集团北京分公司的一位经理离职，另立门户，在离开时还带走了一批员工，而且把不少客户挖到了自己开的公司里，北京分公司的副总因此大发雷霆。施永青却说人都有自己的选择，公司工作做得再好也会有人离开的。

施永青虽然自嘲懒惰，把事情都交给别人去打理，但是他的“无为”和顺应自然却使得中原集团不断壮大，始终保持着持续增长的劲头，成为地产代理业的常青树。由此可见，“无为”也是现代企业一种行之有效的管理方法，原因就在于它遵循了“道”与“德”合一的规律。

原始章（二）：仁义处世，为人根本

经典再现

仁[①]者，人之所亲，有慈惠[②]恻隐[③]之心，以遂其生成。义[④]者，人之所宜[⑤]，赏善罚恶，以立功立事。

迷津指点

①仁：人与人之间的一种相互关系。在孔子的思想中，“仁”包括恭、宽、信、敏、惠、智、勇、忠、恕、孝、悌等内容。

②慈惠：慈爱仁惠。

③恻隐：指同情心或怜悯心。

④义：正义，指思想行为符合一定的标准。

⑤宜：合适，相称。

古文译读

仁，是人们所亲近的仁慈、爱人的心理，人们拥有慈爱仁惠、恻隐同情的心思，就会惠及万物，使它们能够实现成长的愿望。义，就是人们所认为符合某种道德观念的行为，人们根据义的原则奖赏美善，惩罚罪恶，从而得以建立功业。

前沿诠释

在儒家的思想体系中，“仁”是修身治国价值观的核心。它的本意是指人们之间互相亲善的一种关系，后来被阐述为一种伦理道德和施政方式。古代的统治者要想国家长治久安就必须施行仁政，心怀百姓，为百姓的繁衍生息提供有利条件。“义”一般指正义和公正，它常常通过对善恶的奖惩来实现，只有裁断合理才能被称为“义”。因此要想获得人心，行事必须符合正义，公平公正。“仁义”的重要性历来被人们看重。汉代董仲舒对儒学思想进一步继承和发展，就把“仁义”作为封建道德的最高原则。在古代，那些建立功业的人大多都是因为尊崇了“仁义”原则才获得成功的。然而，我们要说明的一点是，仁义不是拘泥于陈腐的仁义，而是一种治国治人的方针。在古代政论家看来，战争本来就是杀戮诡谲之事，只能争取到一定程度的仁义，要追求更大限度的仁义，最好是在治国中实现。

傅以渐与“仁义胡同”

“仁”是儒家思想的核心，要想真正做到“仁”，需要的不仅仅是宽容，还要能对善恶进行适当的裁定。二者相结合，才是维持“仁”的必要条件，才能实现对大多数人的“仁”。清朝重臣傅以渐就以自己的言行践行着“仁”的这种含义。

千里来书为堵墙，
让他三尺又何妨?
万里长城今犹在，
不见当年秦始皇。

这首诗流传已久，讲述的是一个被世人传诵的礼让故事。不过，关于这个故事的主角的说法有近十个版本。今天，我们就通过以傅以渐为主角的这个版本，来认识一下这位以仁义闻名朝中和乡里的名人。

傅以渐是清朝开国之后的第一位状元公，一生政绩卓著，还做过康熙的老师。少年时期的傅以渐虽然家境贫寒，但是他勤学不辍，博览群书，学得了一身本领。清顺治三年（1646）开科大考，傅以渐怀抱着金榜题名的愿望赴京参加会试，一举夺魁，一时间名闻天下。在顺治一朝，傅以渐备受重用，并在顺治十二年被加封为太子太保，亲自教授康熙“四书”“五经”等儒家文化典籍及为人之道。他的教习对康熙皇帝登基后的一番作为有着直接的影响。

随着傅以渐的官越做越大，傅家在聊城的名望也越来越高，傅以渐的父亲变成了人人尊敬的老太爷。傅老太爷听多了他人对自己讲的恭维话，慢慢变得趾高气扬起来，在为人处世上也变得势利无理。一次，傅家的邻居想扩建宅院，便来找傅老太爷商量，想占两家交界处的几尺房基地。傅老太爷听了，二话不说，马上拒绝，一点儿情面都不讲，把事情弄得很僵。最后，他还撂下话说：“这是我家祖宗留下的产业，你们休想霸占！”结果对方一气之下，不管三七二十一，就在那块地上砌了墙。傅老太爷也不甘示弱，叫了一群家丁前去阻拦、捣乱。最后双方都各自召集了一大群人，情况几乎发展到械斗的地步。本地的县官得到消息后，赶忙跑来劝双方息事宁人。傅老太爷却并不服气，回家就找来文房四宝给儿子傅以渐写了一封家书，让他

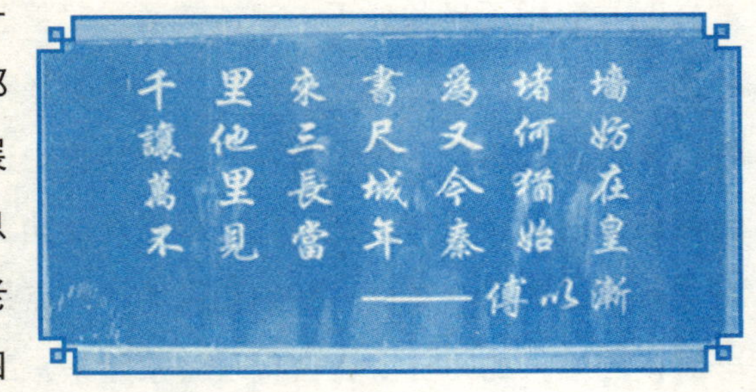

傅以渐诗文石刻。

去跟县官打声招呼，为自己撑腰。

傅以渐收到父亲派人送来的书信，还以为发生了什么大事，拆开一看，却被信的内容弄得哭笑不得——原来是父亲因为几尺宅基地的事与邻居闹僵了。这时，当地县官也因事情涉及朝中重臣而不敢贸然处理，写信将此事告知了傅以渐。傅以渐拿着来自家乡的两封书信，一时间陷入了沉思。

在古代，家族观念在人们的意识里根深蒂固，即使官员不在家乡居住，家乡族人的事务也与其有着千丝万缕的联系。在这些事务中，族人的输赢牵涉到官员的面子问题，因而不可小觑。历史上，官员为了面子问题包庇家人，从而引起的宗族械斗、欺霸乡里之事可谓数不胜数。清朝乾隆年间的大学士纪晓岚，素有“铁齿铜牙”之称，其为官清廉公正，深受百姓爱戴。然而，他也曾因为没有处理好家族事务，纵容家人横行乡里而受到乾隆皇帝的处罚。不过，傅以渐并不是那种偏帮家人、欺负乡亲的人，他在考虑清楚之后，提笔给父亲写了一封回信。

在聊城的傅老太爷盼星星、盼月亮，终于盼到了儿子的回信，展开一看，上面只有四句诗：“千里来书为堵墙，让他三尺又何妨？万里长城今犹在，不见当年秦始皇。”傅以渐想借这首诗告诉父亲，官宦人家应以仁义为重，不能以势压人。

傅老太爷读后，明白了儿子的想法。他想了想，也觉得儿子说得对，乡里乡亲，抬头不见低头见的，何必把关系弄僵呢？想明白之后，傅老太爷马上让人把家丁都叫了回来，还主动把自家的院墙退后了三尺。邻居听说傅以渐给傅老太爷来信后，就作好了大闹一场的准备，不承想傅家居然退让了，这使得他们大惑不解。后来他们听说了傅以渐回信的内容，被傅以渐的德行和仁义精神所感动，学着傅家的样子也让出三尺土地。于是，两家之间便出现了一条六尺宽的胡同。这条胡同连通了两条大街，人们上街更加方便了。因为这条胡同是两家和解的产物，便被人们命名为“仁义胡同”。而随着胡同传出去的，还有傅以渐一封家书劝家人让地三尺的佳话。

其实，以傅以渐当时的地位，别说占有那几尺宅基地，就是再多占几十尺地别人又能拿他怎样？要知道，在当时，傅以渐的地位是相当高的。他是清入关后最早的几名汉人权臣之一，在朝中占据着重要地位。而且，顺治皇帝相当重用他，多次提拔他，不但让他教导自己的第三子玄烨，还为他题画《骑驴小像》，画面的内容就是傅以渐平常骑驴上朝的样子。顺治皇帝为这幅画题上了苏轼的《云龙山下拭春衣》诗一首，改末句的“马”字为“驴”字，即“状元归去驴如飞”。但是，就是这样一个有钱有势的高官，在为人处世方面却始终秉持着仁义的原则，令世人称颂

不已。

当然，除了“仁义胡同”的故事，傅以渐的“仁”还具体表现在他对人才的重视方面。

傅以渐对选拔人才十分用心，唯恐埋没了有才之士，因为他深知那些人的十年寒窗之苦，也深知人才对国家的重要性。顺治十五年，傅以渐被任命为会试主考官。为了不辜负皇上对自己的厚望，也为了对得起举子们的心血，他日夜不息地操劳考务，最终因为过度劳累而病倒了。顺治皇帝被他的精神感动，称赞他“恪勤职业，股肱竭力”，并加封其为武英殿大学士兼兵部尚书，进阶光禄大夫。

晚年的时候，傅以渐告老请辞，回到了故乡。作为名噪一时的“阁老”，傅以渐在故里有着很高的名望，而他也经常替百姓做主，惩恶扬善。在聊城至今还流传着不少傅以渐为民做主、严惩恶霸的故事。因为傅以渐的良好示范作用，傅家成为东昌著名的诗书之家，举人、进士辈出，更有多人任封疆大吏、布政使、知府、知县，其家族的昌盛一直持续到清朝末年。傅以渐的七世孙傅斯年更是民国时期的风云人物。

如今，当人们来到聊城东昌府区的傅斯年陈列馆，看到那条胡同和上面的题刻“仁义胡同”以及那首劝解诗时，就不由得会想到知礼仁义的傅以渐。“仁义胡同”也成了聊城地区倡导道德精神的人文景观之一。

弗兰克终生还债的道义

《素书》中说道：“义者，人之所宜。”黄石公认为合乎情理的行为就叫做“义”。先贤孟子也说过：“仁，人之安宅也；义，人之正路也。”相对于“仁”来说，“义”更应当被看做一种为人处世的道德规范。我们常常说的“义”有正义、道义、义气的意思。在漫长的历史中，无数人用自己的努力乃至生命诠释了何谓“义”。近代一个名叫弗兰克的人，则用半生的光阴和辛苦告诉了人们什么叫做道义。

20世纪初，一位意大利裔的美国人弗兰克经过数年的努力，终于筹措到足够的资本，开办了一家小银行。然而，天不遂人愿，一次意外变故使弗兰克的银行破产了。无数储户在一瞬间失去了他们所有的存款。

就在这个时候，弗兰克作出了一个关乎他一生的决定：偿还那笔天文数字般的债务。

这个决定意味着什么呢？它意味着弗兰克以后赚的钱都要还给因为他的银行破

产而失去存款的人，而他自己什么也得不到，只能日复一日地重复这样没有实际收益的日子。

所有人都劝他："你为什么要这样做呢？对于这件事，你是没有责任的。"根据相关法律的规定，破产企业一旦失去偿还能力，就没有债务责任了。弗兰克如果另起炉灶或是远走他乡重新再来，完全可以凭借他的能力和累积的经验过上富裕的生活。即使他不再经商，也完全可以无债一身轻地过自己安闲自在的小日子。

但是，弗兰克没有贪图一时的轻松，他认为，因为银行的破产使储户们受到了巨大的损失，所以自己在道义上是有责任的。当初那些储户是多么信任他，把他们的养老金、准备给子女的教育基金，甚至平时积蓄起来准备购房、开办公司的钱都交给他管理。然而因为他的原因，储户们的存款就这么没了，更有甚者还由此引发了家破人亡、妻离子散的惨剧。为此，弗兰克坚守自己心中的道义，固执地认为："在法律上也许我没有责任偿还那些钱，但是在道义上我有责任。"为了道义，为了那份愧疚，弗兰克勇敢地承担起了偿还储户存款的责任。从此，他和家人一起踏上了艰辛的还债征程。可以想象，那么大的一笔债务，对于刚刚破产的弗兰克一家来说，注定他们以后的生活不会轻松。

39年后，当弗兰克寄出最后一笔欠款时，他如释重负地轻叹道："现在我终于无债一身轻了。"在那漫长的岁月里，那些曾经因为弗兰克的银行破产遭到损失的人可能已经忘了此事，其中有些人可能已经成为大富翁，根本不在乎30多年前的几百美元、几千美元了。但是弗兰克却一直没有放弃，尽管在还完所有的钱之后，他已经步入耄耋之年，但在心灵上，他得到了前所未有的满足。

倘若弗兰克生在中国古代，他必然会得到古人的赞誉——"义"。伟大的人必然有高尚的灵魂，弗兰克在奋斗中得到了快慰，因为精神的强大而留名后世。

可以这样说，弗兰克39年艰苦的拼搏，付出的是血汗，偿还的是债务，寄出的是钱款，获得的是敬仰。他这种对待人生、对待失败的态度，告诉了世人一个道理：道义带给人的力量远远大于金钱，只有遵从"义"的指引，人才会过得心安理得。所以，不管为人处世、经营企业，还是治理国家，都应该理解"义"的内涵，遵从"义"的要求，那样才能完善自我，成就伟大的人生与事业。

原始章（三）：有礼有节，万事可为

经典再现

礼[1]者，人之所履[2]，夙兴夜寐[3]，以成人伦[4]之序[5]。

迷津指点

①礼：表示敬意，泛指古代社会贵族等级制的社会规范与道德规范，是儒家思想的重要组成部分，也是“礼治”的重要内容。

②履：践踏。这里指身体力行。

③夙兴夜寐：早上起床晚上睡觉。这里指每天的生活行为。

④人伦：指封建社会里人与人之间的关系和应当遵守的行为准则，一般来说有君臣、父子、夫妻、师生、长幼等关系。

⑤序：秩序。

古文译读

“礼”就是人们在日常生活中身体力行的秩序，通过早上起晚上睡的日常生活，树立起有礼有节的人伦秩序。

前沿诠释

“礼”是儒家思想的重要组成部分，在古代社会是用来规范道德和行为的准则。无论是封侯拜将的人还是平常人，在衣食住行等方面都要遵从“礼”的约束。当这种约束形成一定系统之后就变成了“礼法”，乃至“礼教”。中国自古以来就是一个注重“礼”的国家，并把它作为人伦道德的规范。在社会生活中，只有言行有礼、遵守人伦之间的正常秩序，人们才能和谐相处，社会才能井然有序；决策国家大事，只有遵从礼法才能有权威性。在古代，事君、奉亲必须进退有度，这就是礼的一种表现。到了现代社会，封建伦理道德大部分被抛弃了，“礼”成为人际交往中应该遵循的标准，其目的在于给对方应有的尊重，使其感受到我们的诚意。这样一来，“礼”就不仅是礼节和礼貌，更是人与人之间的行为规范。在日常生活中，我们对待上下级懂得进退，对待父母亲人孝顺亲近，对待朋友心怀坦荡和信任，对待陌生人懂得尊重和礼让。这些都是讲究礼的表现。讲礼之人收获的也大都是对方给予的礼的对待，从古至今，都有例子可以证明这一点。

信陵君礼遇侯生得救赵

信陵君是战国四公子之一，名魏无忌，是魏昭王的少子、魏安釐王的弟弟。信陵君非常喜欢结交四海士人，无论对方的才能高低、身份地位如何，他都以礼相待。因为他礼贤下士的作风，几千里内的士人都愿意投到他的门下，时人称他拥有三千食客。正因为手下有大量人才，信陵君才能在战国时期险恶的环境中保持耳聪目明，并且受益良多。

信陵君与侯嬴。信陵君以谦逊的态度结交侯嬴，最终侯嬴成为信陵君府中的上等宾客。

有一次，信陵君听说国内有个隐士名叫侯嬴，已经70岁了，家境贫寒，是大梁夷门的守门人。他立刻前去邀请，态度恭谨地给侯嬴送上厚礼。但侯嬴却不肯接受，说自己洁身自好很多年了，不能因为贫困就接受信陵君的礼物。

此次信陵君虽然没能打动侯嬴，但他并未放弃。一天，他趁着家中摆酒大宴宾客的机会，坐着马车，空出左边的座位——车上最尊贵的座位，亲自去接侯嬴来府上做客。侯嬴看他来了，也不客气，穿着破衣烂衫就径自登车坐在左边的上位上。其实侯嬴此举是在观察信陵君的反应。结果他看到的是他越无礼，信陵君的表情就越恭敬。当二人乘车欲返回信陵君府邸时，侯嬴却出了一个难题，说："我有个朋友在街市上的肉铺卖肉，希望您让我顺路去拜访他。"

信陵君的手下开始不高兴了，偷偷骂侯嬴，觉得这个老头真是不知好歹，怎么能一直让公子迁就他？而且信陵君是贵族，怎么能去市井之地？但是信陵君仍然恭敬地顺从了侯嬴，并且亲自驾着马车进入街市，来到一家肉铺外面。侯嬴下车去和那个卖肉的朋友朱亥谈话，故意聊了很久，还不时偷偷用眼角的余光观察信陵君的表现。结果，他发现信陵君的脸色温和，一点也没有显出不耐烦的样子。侯嬴这才辞别了朱亥登车到了信陵君府上。

信陵君带着侯嬴来到宴会上，请他坐在上座。满座的宾客都是大臣、宗室，看到信陵君领进来一个衣衫褴褛的人，都十分奇怪。信陵君把宾客一个个介绍给侯嬴，殷勤劝酒。酒兴正浓的时候，信陵君来到侯嬴面前祝酒，侯嬴这时才有所表

示。他首先对信陵君的礼贤下士表示非常钦佩，说自己绕路去看朋友，故意让他的车马久久地停在街市里，是为了观察他的态度，“这样人们都认为我是小人，而公子是个宽厚的人，能够谦恭对待士人。”于是侯嬴就成了信陵君的上等宾客。后来侯嬴告诉信陵君，他去看望的那位朋友朱亥也是个贤能的人，“世人不了解他，他才隐居在屠市之中”。从此之后，信陵君也常常去集市上拜访朱亥。但是朱亥是一个非常有个性的人，一直都没有答谢过信陵君。

魏安釐王二十年，经过之前的长平之战，赵国的军事力量遭到了毁灭性的打击，已经无力对抗秦国。在这一年，秦国再度进攻赵国，兵围邯郸，赵国的形势岌岌可危。战国四公子中的赵国平原君是信陵君的姐夫，他派人向魏国求救。魏王派将军晋鄙率领十万部队援救赵国，但是大军还没有出境，就收到了秦国的警告，说如果魏国敢救赵国，那么秦国攻下赵国之后下一个要打的就是魏国。安釐王害怕了，命令晋鄙停止进军，把军队驻扎在邺城隔岸观火。

平原君的使者接连不断地前来，责备信陵君不能解救赵国的危难。信陵君心急如焚，冲动之下便决定：亲自带领自己的几千门客上前线和秦军拼命。

虎符。虎符是古代皇帝调兵遣将用的兵符，用青铜或者黄金做成伏虎形状的令牌，劈为两半，其中一半交给将帅，另一半由皇帝保存，只有两个虎符同时使用，才可以调兵遣将。

信陵君率领数百辆车路过夷门时，见到守门的侯嬴，就告诉他自己要去和赵国共存亡。侯嬴却淡淡地说：“公子努力吧！老夫年纪大了，就不跟着去了。”信陵君走出一段路之后心里不服气，又折返回来问：“我对先生的礼节也算周到了，先生却这样对我，难道是我有哪里失礼了吗？”侯嬴却笑着说：“公子招贤纳士的名声传遍天下，如今面临危难却只会去和秦军拼死，这样还要门客做什么？”信陵君一听此话，就知道侯嬴有了好办法，于是连拜两拜，请教如何做。侯嬴就悄悄给信陵君出了主意，要信陵君去求魏王的宠妃如姬偷兵符，然后再去夺晋鄙的军权，带大军救援赵国。如果事情有变，就由他的那位市井朋友朱亥解决。侯嬴最后说：“我这把老骨头没有什么可以报答公子的，只能在公子前去晋鄙大营的时候以死相谢。”

后来，信陵君带着偷来的兵符假传魏安釐王的命令，要晋鄙交出军权。晋鄙感到怀疑，一旁的朱亥就取出袖中的铁锥打死了晋鄙，助信陵君夺取了军权。信陵君选了八万精兵前去救援邯郸，最终保全了赵国。而侯嬴在与信陵君诀别之后，果然面朝北方自杀了。

礼贤下士，从而得到士人的誓死追随，这样的目的是历代统治者都希望达到的。信陵君之所以能得到两位义士的相助，归根结底在于他懂礼、施礼，也正因此，他成了“礼贤下士”的榜样。

以礼待人，万事可为

诚如《素书》中所说：“礼者，人之所履。”从一个人的礼节仪表可以看出这个人的整体素质和教养，同时，良好的礼节也有助于人与人之间的交往和商业谈判的进行。

一个众所周知的小故事形象地说明了礼节的重要性：

古时候，一个商人从开封到苏州去做生意，在苏州的山路上迷失了方向，停在一个三岔路口不知该往哪边走。忽然，一位老人赶着牛从附近的水塘边走来。商人一见大喜，急忙跑过去问路：“喂，老头！从这里到苏州走哪一条路对呀？还有多少路程呀？”老人抬头看他一眼，面无表情地说：“走中间的那条路对，到苏州大约还有六七千丈的路程。”商人一听便奇怪地问：“哎，老头，你们这个地方走路怎么论丈不论里呀？”老人生气地回答：“这地方一向都是讲礼（里）的，自从这里来了不讲礼（里）的人以后，就不再讲礼（里）了。”商人恍然大悟，明白了问题所在。于是他急忙向老人道歉，而老人也原谅了他的无礼，帮助他解决了问题。

这个故事如今被改编成小品，多次在舞台上表演。当我们听到这个故事或是看到由这个故事改编的小品时，不能不感慨礼节的重要，有时它甚至影响到了做事的成功与否。我们可以这样说，以礼待人，万事可为。此话不是夸大其词，而是有实例的。

清初，平南王尚可喜奉皇命带兵平定岭南之乱。队伍到达广州城后，当地的士绅前往拜会。岭南距离北京城比较远，当地的士绅们还不知道清朝的单腿跪拜礼，于是大家都以本地通行的叩首礼对这位平南王表示欢迎与问候。为此，平南王非常不高兴。可是，他初来乍到，也不好得罪这些有头有脸的本地人，不过他心里的不快还是在脸上表现出来了。那些士绅都是场面上的人物，怎么会看不出来这一点呢？但是这些人根本不知道自己错在哪里，只能面面相觑。平南王帐下的一个广州籍的谋士不忍心看到同乡们为难，就出面打圆场说：“众位士绅，你们今天用本地传统的礼节参拜王爷，表明了对我们大清朝的倾心归附。但是今

天平南王一路舟车劳顿，实在是有些疲倦，不如大家改日再来拜会。另外，各位士绅应该知道现在是大清朝了，希望大家回去对我们大清朝的习惯和礼节多加了解。明天再来时，请各位以本朝礼节拜见平南王。”听到自己的谋士的这番话，平南王的脸色有所好转，他便借着这个台阶略带笑容地说：“本王今日确实有些困倦，各位改日再会。”

聪明的谋士的一席话就这样将大清王朝的平南王与广州当地士绅的一场礼仪之争化解了。第二天，士绅们再去拜会平南王尚可喜时，全都是齐刷刷地行单腿跪拜礼。受罢此礼，平南王尚可喜顿时满面笑容地大摆酒席款待士绅们。

在这个故事中，广州本地的士绅本来是满腔热忱地迎接平南王的，可惜因为礼节不对，不但没让对方感到高兴，还险些把双方的关系搞僵。如果不是有好心人点拨他们，接下来的场面还不知有多尴尬，更不用说彼此之间以后的相处了。

正如这两则故事中所表现的，恰当的礼节可以助我们成事，不当的礼节则会坏事。在日常生活中如此，在生意场上也是如此。

一位美国华侨与国内的一家企业洽谈业务，双方谈了很多次，都没有把这件事确定下来。后来，华侨又一次准备回国与该企业洽谈，临行前他对一个好友说：“这是我最后一次去与他们洽谈了。这次我准备要求直接和他们的最高领导谈。如果这次谈得好，我就和他们合作。”华侨回到国内，和该企业的最高领导进行了洽谈。两个星期后，他回到了美国。朋友问他：“合作谈成了吗？”华侨摇了摇头。朋友问其中的原因，华侨苦笑着说：“对方很有诚意，洽谈也进行得很好。不过，跟我洽谈的那个领导坐在我对面，我们谈话的时候，他总是不停地抖动自己的双腿。我觉得还没和他合作，我的财运就被他抖没了。”

仅仅是抖动双腿这个细小的动作，就让合作成了泡影，礼节对于成事的重要性再次突显出来。

重视礼节说起来容易，做起来难。这就需要我们在多方面下工夫，增加自己在礼节方面的知识。具体来说，我们可以从下面几个方面加以提高：

首先要在语言上注意礼节，这需要我们提高自己的语言运用水平。换句话说，就是要学会如何在平时的言谈中不失“分寸”。除了提高自己的文化素养和思想修养外，还必须注意以下几点：

1.什么身份说什么话。无论与谁交谈，我们都要认清自己和对方的身份。这里所说的身份就是每个人在社会生活中充当的角色。一个人只有说符合自己身份的话，才不会失礼。

2.说话时尽量持客观的态度。有些人一说起话来就信口开河，经常会把事情搞砸了。对此，正确的做法是在说话时要尊重事实。不过，尊重事实要视场合、对象而定，还要注意自己的表达方式。

3.心存善意。所谓善意，就是我们在与人交谈时要持与人为善的态度。当我们善意地表达自己的意见时，对方会觉得受到了尊重，自然也会还以尊重。

当然，关于语言方面的礼仪，除了上面这些，还要注意不同场合、不同地方的习俗等，对此，笔者在这里不再多说。无论在什么时间、什么地点、与什么人谈话，灵活地采取“合礼”的方式都是相当重要的。

某家涉外宾馆的中餐厅里，因为恰逢中午时分，客人很多，服务员小姐在各餐桌间忙碌地穿梭着。

一桌外宾在享用完宾馆的美食之后，准备离席。其中一位外宾顺手将自己用过的一双精美的景泰蓝筷子放入了身边的手包里。这一幕被一位服务员看在了眼里。服务员思考了一下，然后转身离开了，随后手捧一个绣有精美图案的小匣来到那位外宾面前。她笑着对这位外宾说：“先生，您好！我们发现您在就餐时，对我们的传统工艺品景泰蓝筷子表现出极大的兴趣，简直爱不释手。为了感谢您对我们中国工艺品的认可，餐厅经理决定将您用过的那双景泰蓝筷子赠送给您。这是与之配套的锦盒，请笑纳。”一席话下来，既巧妙地暗示了外宾刚才的行为已经被发现，也为外宾留了面子。结果这位外宾不好意思地说自己是因为喝多了，才无意中将筷子放进了包里。最后，外宾执意出钱把筷子买了下来，而餐厅经理也顺水推舟地按最优惠的价格把钱记在了账单上。

故事中的服务员就是一个极懂语言艺术的人。她的巧妙用语既保全了外宾的面子，也保证了餐厅的物品不丢失。这就是运用语言艺术的高妙之处。

了解了语言上的礼节，我们还要注意举止上的礼节。因为人的一举一动都代表了自己的形象，表明了自己的态度。所以，我们在任何时候都要注意自己的举止。像上面说的那位领导在交际场合抖腿，就是极其损害自身形象的举动。综合来说，在举止上我们要注意以下几点：

1.不在公开场合做不雅的举动。在生活中，我们常看到有些人在公开场合抠鼻孔、打喷嚏、抖腿等，这些都是不雅的举动，在公开场合尤其要禁止。

2.注意自己的坐姿和站姿。古语云：“坐如钟，站如松。”我们不要求一定

做到这点，但在公开场合，还是要注意自己坐与站的姿势。如坐的时候，不要垮肩，那样显得人比较懒散，站的时候，不要扭靠等。

3.要根据不同场合、不同对象采取相应的动作。在一些社交场合，人们见面时要有所动作，有的地方流行握手，有的地方流行拥抱，有的地方则流行亲吻面颊等。具体应该怎么做，我们要根据不同的对象、不同的场合而定。

为确保礼节成事，我们还要注意自己的衣着。关于这一点，最基本的要求就是得体，符合场合和身份。因为衣着对人的形象有重要影响，所以，注意自己的衣着是对交往对象和自己的尊重，更是守礼的表现。

小王是一个帅小伙，但一直没交上女朋友。前几天热心的同事帮他介绍了一个女孩，约好双方在周末见面。到了周末，小王满怀期待地前去赴约。二人一见面，小王就对女孩非常满意。双方各自回家后，他便一直在等女孩给他打电话。可惜的是，落花有意，流水无情，女孩再也没有和他联系过。究竟是什么原因造成的呢？小王不死心，向介绍人追问。最后介绍人告诉他，是因为那天他的穿着不合女孩的眼缘。

看，虽然我们不能以衣取人，但不得不承认，衣着的确能反映一个人的品位，也能表现我们对礼节的重视。

由上面的事例可知礼节对于我们生活和工作的重要性。难怪洛克要说："礼仪是在他的一切别种美德之上加上一层藻饰，使它们对他具有效用，去为他获得一切和他接近的人的尊重与好感。"

原始章（四）：五德俱全，人生圆满

经典再现

夫欲为人之本[①]，不可无一焉。

迷津指点

①本：本体。

古文译读

想要树立做人的根本，道、德、仁、义、礼这五种思想体系是缺一不可的。

前沿诠释

本句是对前面几句讲述的道、德、仁、义、礼五个部分的总结。作者认为，一个人要想达到做人的极致就必须同时拥有这些思想，每一个都不可缺少。道、德、仁、义、礼既相互区别又相互联系，其中的关系很是玄妙。老子说过："失道而后德，失德而后仁，失仁而后义，失义而后礼。"黄石公则认为，人要想成名成事必须先遵循规律，然后懂得如何为人处世，最后才是用礼法限制自己。一个人要想正心、修身、齐家、治国就不能脱离这五个方面。

从古到今，这些美好的德行都被当做评判一个人品性高低的标准，有才之人同时还要具有这些德行才能被称为完人。

"四知太守"流芳百世

东汉时期，有一个有名的官员叫杨震，他出身名门，聪明好学，曾经拜有名的经学大师桓郁为师。在桓郁的教导下，杨震成为一个博览群书、通晓经传的学者。如果单单作为一名博学鸿儒，杨震对后世的影响可能没有现在这么大。实际上，在后世人眼里，杨震不仅仅是一位学者，更是一位以廉洁形象彪炳于世的有德之人。

杨震在前半生一直都是以私塾先生的形象出现在世人面前，但这并不是因为他无法取得功名。从杨震20岁起，地方州郡长官来邀请他出仕做官的车马就络绎不绝，但是杨震却安贫乐道，把心思都放在了教学上。他在华山脚下开馆收徒教学，

坚持孔老夫子有教无类的教育思想，悉心教导学生。他的名气越来越大，四方的求学者纷纷前来，最多的时候学生达到了两千多人。当时他的学堂所在的牛心峪地区槐树很多，人们就称这个地方为“杨震槐市”。

杨震办学三十多年后，也就是年过五旬之时，应东汉大将军邓骘的征召，去做了将军府上的幕僚，不久又被推荐为“茂才”，从此出仕。虽然从教书先生变成了官员，身份发生了变化，但是杨震却不改简朴本色。在去治所赴任的时候，他经常一个人背着行李步行前往，不坐轿，也不坐车。在任期间，他为官清廉，不谋私利，始终以“清白吏”为座右铭，严格要求自己。

杨震虽然五十多岁才当官，却官运亨通，不断升迁。汉安帝永初四年（110），杨震被升为荆州刺史，两年之后的永初六年（112）又升迁为负责一郡政务的东莱（今山东省掖县）太守。

杨震塑像。东汉太尉杨震以“天知，神知，子知，我知”的诤言得以“四知太守”之雅称，为我国清官廉吏的典型代表。

杨震从荆州前往东莱赴任的途中，路经山东昌邑（今山东巨野县东南），住在了当地的驿馆中。当地的官员王密是他在任荆州刺史时举“茂才”提拔起来的，因此，王密在听说杨震要路过这里时就打算好了要向杨震送上厚礼，一方面答谢恩情，一方面为自己以后在山东一带的官运铺路。王密在白天谒见杨震后，又乘着夜色再次来到驿馆，向杨震献上黄金十斤。杨震很不高兴，说：“我和你是故交，我知道你的为人，你却不知道我的为人。”王密以为杨震怕收受贿赂的事情被人察觉，便劝告说：“夜深人静，没有人会知道的。”谁知杨震厉声说道：“天知，神知，我知，你知，怎么能说是没人知道！”坚决拒绝了王密的贿赂。王密十分惭愧，送黄金的事情就此作罢。

后来人们因为此事而把杨震称为“四知太守”，把他当做廉吏的典范。有的人可能会问：杨震是因为家境富裕，看不上这些黄金吗？不是。杨震的生活并不富裕，家中没有什么产业，家人平时都是吃青菜粗粮生活。一些亲朋好友都劝杨震要为子孙后代着想，趁着当官的时候多置办一些产业，杨震却说：“使他们被后人称为清白吏的子孙，这不是十分丰厚的遗产吗？”从这些事情中可以看出来，杨震的甘于清贫是发自内心的愉悦，而不是对于法治的畏服。在他心里，清廉是一种节操，不能被贿赂玷污。

杨震不仅有才干、有品德，同时也非常正义。在为官期间，他从不阿谀奉承权贵，也从不向恶势力低头。汉安帝十分宠信自己的乳母王圣，让她居住在内宫中，侍奉得十分殷勤。王圣仗着皇帝的宠信，不但自己为非作歹，还怂恿女儿伯荣在宫里恣意妄为，大肆行贿受贿。杨震知道这对母女的恶行之后几次上疏汉安帝，要求将王圣迁出宫外，断绝伯荣与宫廷的往来。但是汉安帝却一直袒护王圣及其女儿。后来伯荣与朝阳侯刘护的堂兄刘瓌私通，刘瓌在娶伯荣为妻以后，凭借她的势力得以承袭刘护的侯位，被提拔为侍中。

杨震义愤填膺地再次上疏诤谏，指出刘瓌只是刘护的堂兄，被提拔"不合经义"，要求将侍中之位传袭给与刘护血脉最近的刘护的母弟刘威。但汉安帝依然不听进谏，对这件事不理不问，反而在听了中常侍樊丰和侍中周广、谢恽等人的谗言之后，为王圣大修宅第，显示荣宠。最终杨震因为这些小人的奏议被罢官，但他在晚年时哀叹的不是自己的官位被免，而是不能铲除奸邪。

杨震从应征入邓骘幕府起，到被罢免太尉一职止，出仕二十多年，一直正直无私、兢兢业业。他不谋私利、不事奉承的高尚作风不仅在古代被广为传颂，在现代也是值得称颂的品质。杨震的事迹告诉我们，一个真正正直的人，必须要有道德和正义感，只有这样才能成为一个真正的强者。

不丹国王令人惊叹的和谐统治

不丹，这个位于南亚内陆的小国在国际上没有什么重大声望，也不曾发生过什么政治军事大事，就好像在世界上是隐形的一样。然而去过这个国家的人都会由衷地对它的风土人情表示赞美，称之为"最后的香格里拉"。不丹国王旺楚克就是守护这片净土的人，他的统治充满了仁德，值得每一个人真心钦佩。

不丹是世界上少有的与世隔绝的国家之一，它位于喜马拉雅山脉南麓，与印度毗邻，国土面积很小。由于这个国家很少和世界其他国家来往，也不接受大量游客到访，人们很容易将它想象成野蛮落后的地方。其实这里的国民生活水平很高，曾经被称为世界上"幸福指数"最高的国家之一。虽然这个国家山地很多，但是并非完全走不出去，这里的很多人都曾经到欧洲接受过教育。吉格梅·辛格·旺楚克，这位不丹的第四任

美丽的不丹。不丹位于南亚内陆，被人们称为"最后的香格里拉"。

国王，就曾于12岁时远赴英国求学。1972年，辛格的父亲吉格梅·多吉·旺楚克突然驾崩，17岁的他即位成为当时世界上最年轻的国王。此后，在他的统治下，不丹的国民生活水平不断提高，而国家独有的那份原始和神秘感却一直都没有减少。

辛格被称为可以与古代先贤相媲美的贤明国王。1974年，正当不丹的亚洲邻国们为了国家经济而拼命加速发展的时候，年仅19岁的辛格却提出了一个新的治国名词——“国家快乐力”，用这个指数来取代国民生产总值。这个在全球第一个提出“快乐立国”观念的执政者，在自己三十多年的执政生涯里不遗余力地让自己的国民快乐地生活着。

辛格在英国牛津大学求学期间，曾经亲眼目睹了西方国家在现代化的进程中产生的战争、环境污染、国民心理等问题，他认为这些国家的人民虽然收入增加了，但快乐却减少了，现代化速度加快了，环境却被破坏殆尽。因此，在治国过程中，辛格力求走出一条能够保护不丹历史传统和原生态自然环境的发展之路。不丹国土之内到处都是美景，但是政府却选择不开发。不丹国王中部的甘唐是黑颈鹤的栖息地，为了不惊吓到这些远道而来的珍稀鸟类，不丹禁止把电线拉入这片净土，并向当地农民提供了最先进的太阳能发电设备。有很多国家会为了发展经济而过度开发旅游资源，对民风和自然资源造成了很大的破坏，而不丹却不会这样做，尽管这里拥有丰富的旅游资源，不丹政府却并不热衷于向世界推销自己的美景。辛格有很浓厚的自然主义思想，不愿意破坏不丹国土上的自然气息，他要求国民从事经济活动必须顺应自然规律，不能对森林、草原造成破坏，不能做竭泽而渔的事情。这些被世界环保组织津津乐道的发展方略恰恰符合依靠“道”来成就事业的理论。当其他国家的人们看到自己的家乡因为过度开发旅游资源导致民风不古、环境恶化时，他们才会明白辛格的聪明之处。

辛格，这位爱护臣民的君主，他虽不了解中国的儒家思想，却践行着“道”与“德”的理论，如果生在中国古代，他一定会被称为“仁君”。辛格在执政之前曾经用了两年时间在民间走访，询问人们的需要，了解到什么是人们想要的“快乐”，他所提出的“快乐力”就是建立在人民的愿望之上的。这其实就体现了他的仁义之心。而这种仁义之心，也达到了“以遂其成”的效果。在不丹，人们信奉佛教，民风淳朴，尽管家里有电视机、冰箱、电炉等现代电器，但人们的生活中依然充满了许多传统元素。

在不丹，如果没有导游特别指点，外地人是绝对不会想到辛格的王宫是什么样的。不丹王宫掩映在一片茂密的树林里，是传统的木质结构，规模很小，和普通居民的房屋看起来没有区别。这里没有富丽堂皇的建筑，也没有板着脸的王室侍卫，一切都如同平民家庭一样。

不丹王宫掩映在一片茂密的树林里，是传统的木质结构，俭朴自然。

辛格是一位懂得顺应社会潮流的君主，他真正明白“道”的核心，知道应该顺应自然法则。虽然不丹相对闭塞，但是他对西方的现代民主政治十分推崇，自动削减国王权力，使不丹的国家体制逐渐向议会民主制转变，以适应发展需要。2008年，不丹国内正式实行议会选举，国家政体由世袭君主制变为议会民众制。促成这一改变的辛格被人们幽默地称为“推翻自己统治的国王”。

黄石公说，一个完美的人应当具有道、德、仁、义、礼，辛格对这些要素都给予了足够的重视，遵循自然规律，保护人民赖以生存的不丹国土，满足人们的需求，仁义治国，并不断顺应历史趋势推动国家发展。从他身上，人们可以获得修身、齐家、治国的诸多宝贵经验。

原始章（五）：审时度势，万事了然

经典再现

贤人君子，明于盛衰之道，通乎成败之数①；审乎治乱之势②，达乎去就之理③。

迷津指点

①数：指规律性、必然性。古人认为兴衰成败是有一定运势存在的，人们可以通过探知规律来推算前事，预测未来。

②势：一切事物表现出来的发展趋势，一般是指政治、军事或社会变革等表现出来的情势，如时势、局势。

③理：道理，指的是事物发展的一种必然趋势或是时机。

古文译读

贤明有为的圣人、道德高尚的君子，能够看清天下兴盛或衰亡的道理，通晓事情成功或失败的规律，体察社会清明或大乱的趋势，懂得隐退或出仕的时机。

前沿诠释

黄石公认为，有智慧的君子善于观察形势，对世道的局势有清楚的了解，从而能确定何时进，何时退，顺应天下大势来达到成功、成名的目的。古人对于时局的看法是不同的，有的是天下乱则归隐，天下治则出仕，而有些人则是趁着天下大乱崛起，虽然方式不同，却都是在选择对自己有利的形势。那么这些又与“道”有什么关系呢？古人认为，贤明之人对于世间万物的发展规律有着非常敏锐的认识，他们能够看出事物乱象之下蕴藏的发展趋势，对未来要出现的情况有所预料，从而掌握做事的时机，更好地为自己的事业发展服务。

纵观古今中外，在任何时候，洞悉主客观规律都是做大事者应该掌握的技能。要想成就杰出的事业，就必须具有敏锐的战略眼光。所以说，能够审时度势是任何一个能人志士必备的能力。

吕不韦奇货可居

战国末期，诸侯间的厮杀已经陷入了胶着状态，原来的几十个大小诸侯国现在只剩下了秦、齐、楚、燕、韩、赵、魏七国。就在这风云变幻的战国局势中，一笔历史上最大的投资正在悄悄地展开。

吕不韦，韩国阳翟（今河南禹县）人，因经商时贩贱卖贵，很快就积累了千金之富。

吕不韦墓。墓地位于河南洛阳大冢头村。至今墓冢岿然，往往使人联想到两千年前那一幕幕复杂的政治争斗。

当时的赵国邯郸在战国末期具有非常重要的地位，它位于齐、燕、韩、赵、魏五国的中心地带，各国间谍外出活动时都会在邯郸落脚，因此，这里也成为七国情报的集散地。吕不韦在邯郸经营生意多年，听闻了许多诸侯国的事。听说了张仪、苏秦改变各国格局的传奇后，他心里也开始有了新的打算。战国时代，商人虽然经济富裕却地位低下，所以吕不韦一心想在政治上出人头地。就在这个时候，他在邯郸遇到了正在赵国做人质的秦国公子异人。

当时的异人只是秦昭王一个不受宠的孙子，在秦王室中地位并不高。这一点可以从秦赵两国的国家力量上看出来。春秋战国时期，诸侯国有互相以贵族子孙为质子的传统，但是当两国力量不均等的时候，就可以看出做人质的那一位公子的地位了。弱国向强国——或是一方有求于另一方时，派的质子须是太子或是重要王子。公元前266年，赵威后向齐国请求发兵救援，就曾经因为齐国要她最宠爱的小儿子长安君做人质而大闹朝堂。至于强国向弱国派人质则只不过是程序性的，派的也是无足轻重的宗室。所以说，异人在秦国不过是个普通的王孙公子。

但是吕不韦却从这个没有势力的公子身上看到了商机。他曾经去问父亲："耕田能够获利几倍？"父亲说："十倍。"他又问："贩卖珍贵的货物可以获利几倍？"父亲说："百倍。"吕不韦最后说："那么扶立一个国家的君王又能够获利多少倍呢？"父亲十分惊讶地说："那可就数不胜数了！"吕不韦得意地说他现在就找到了一个可以获利千万倍并且传至后世的门路。秦国的公子异人现在可是"奇货可居"，只要在他身上投资就可以得到一个国家的回报。确定这一心思之后，吕不韦就经常去看望异人，送给他贵重礼品，与他交好。异人在赵国受尽冷落，得到吕不韦的关照自然是满心感激。

秦昭王四十年，秦国太子公子市在魏国被杀，后来，秦昭王立次子安国君为太子。这个安国君就是异人的生父。虽然异人的父亲做了太子，但是异人的母亲是地位低下的夏姬，不得宠又早亡，没有什么势力可以凭借。而安国君还有二十多个儿子，异人要想出头是难上加难。

但是吕不韦却觉得扶持异人上位非常可行，他的消息渠道四通八达，也曾经到过关中，因此他对于千里之外的秦国王室的情形了如指掌。当时刚刚当上太子的安国君最宠爱的就是华阳夫人，已经立她为正夫人。但美中不足的是，华阳夫人没有儿子。

于是吕不韦对异人说，如果能够讨好华阳夫人，让华阳夫人把他立为嗣子，那么将来的太子之位就有望了。异人却说自己身在邯郸，对于秦国的事情鞭长莫及，而且也没有财力去做。吕不韦一口答应为异人效劳，随后就把自己的千金拿出来为异人活动。异人得到这笔钱后先对自己进行了包装，将自己的服饰车马全部更换一新，摆出了大国公子的气派，并买下大宅院，雇用了大量奴仆，开始结交宾客。这就为异人的成名铺设了道路。吕不韦自己也没有闲着，他搜罗了大量奇珍异宝运到秦国，求见华阳夫人。

吕不韦先是贿赂华阳夫人的姐姐，盛赞了一番异人在赵国的声望，渲染说异人如何敬重华阳夫人，日夜饮泣如同思念生母一般。华阳夫人的姐姐把这些话和吕不韦的厚礼都带到华阳夫人那里。华阳夫人对吕不韦送的宝物爱不释手，又被这些话触动，想起了自己眼下没有儿子的遗憾。吕不韦使人去打听消息，知道华阳夫人的心思已开始松动，便趁热打铁说了一番“以色事人者，色衰而爱弛”的话，劝华阳夫人要为自己以后着想。

秦庄襄王（秦异人）墓。秦庄襄王墓俗称“韩森冢”，圆丘形封土，底径140余米，高约22米，占地30余亩。

被吕不韦说动的华阳夫人便来到安国君面前说异人是贤能之人，并流着泪说异人天性纯孝，对她十分孝顺。安国君被哄得高兴，便奏报了秦昭王，将异人立为华阳夫人的嗣子，又派人给异人送去了代表身份的玉符。

就这样，在吕不韦的一系列运作之下，异人成功地成为华阳夫人的嗣子。吕不韦也当上了异人府中的座上宾，他还把一个美貌的歌伎——赵姬送给异人。后来赵姬生下一子，就是后来的秦始皇嬴政。嬴政出生的时候秦赵关系急剧恶化，赵国要杀异人泄愤，吕不韦用六百金贿赂了关卡官吏，将异人偷送回秦国。几年之后，秦昭王驾崩，安国君即位，异人当了太子，不到两年又当上了国君。而后，他感念吕不韦的恩德，便封他做了丞相。

至此，吕不韦的富贵计划完全实现，他成为秦国一人之下万人之上的丞相，封文信侯，食邑十万户。在嬴政即位初期，他还被尊称为“仲父”，权势煊赫天下。

纵观吕不韦的一生，他做得最划算的一笔投资便是扶持公子异人。也许有人觉得吕不韦的打算过于冒险，在异人的祖父还在世，中间不知隔着多少个公子王孙的情况下就为他策划通往帝位之路，能够成功是因为其中有很多巧合之处。但是我们仔细想想，吕不韦之所以敢把全部身家都拿出来赌一把，不就是因为他能够看出“奇货可居”的“货”有价值吗？吕不韦的投资不是盲目的，而是建立在对秦国内政的了解之上的。他看出异人的身上有许多可以挖掘的价值，而其他身居显位的秦国公子却未必有入华阳夫人眼的机会，因此他才能操控形势，使异人一步一步走向权力的中心，也让自己到达了权势的顶峰。这就是“明于盛衰之道，通乎成败之数”的表现。

库图佐夫火烧莫斯科击败法军

在18世纪末19世纪初，拿破仑可谓风光无限，年仅30岁就出任了法兰西第一执政，挥动法军大旗征服了大半个欧洲，并在1804年建立了法兰西第一帝国，使其成为欧洲最有势力的军事强国。然而，这个帝国却很短命，拿破仑只当了10年皇帝就在内外交困下被迫退位。谁能想到，远在千里之外的莫斯科竟是这个短命王朝的催命符之一。

如果世上有后悔药，拿破仑可能宁愿势力范围小一点，也不会去远征俄国。1812年，拿破仑再次出动军队，这次的目标是盘踞在欧洲东部的大帝国俄国。在当时，只要打垮俄国，法国就能取得欧洲真正的霸权，成为欧洲大陆的主人，从此之后，谁也无法撼动其地位。但是战争结果事与愿违，那次远征不仅拖垮了法国，也让拿破仑的不败战绩毁于一旦。令他陷入这种境地的就是俄国元帅库图佐夫。

库图佐夫是俄国卓越的军事家、统帅、军事理论家。

库图佐夫于1745年出生于圣彼得堡的一个军人家庭里，他的父亲是中将军事工程师。他在长大之后也成为一名军人，并不断升迁，经历了数次大

战，担任过立陶宛督军和彼得堡督军。库图佐夫的军事指挥史不是一帆风顺的，在1805年的奥斯特里茨战役中，他率领的由17000名士兵组成的军队遭到了苏尔特率领的法军的突袭，被打得大败，他也因此被降职。但是在1811年俄罗斯与土耳其的作战中，库图佐夫节节胜利，与土耳其政府签订了有利于俄国的《布加勒斯特和约》，这就使得1812年法国纠集其他国家远征俄罗斯时，土耳其不能参与其中，保障了俄国西南边境的安全。

1812年6月24日夜间，拿破仑突然率领军队向俄国发起大规模的进攻。法军一路长驱直入，很快攻下了维尔诺、明斯克、波洛茨克等地。当时的皇帝亚历山大一世十分无能，缺乏指挥才能，俄军被法军打得没有还手之力。眼看国土不保，举国上下一致要求任命有为之人做统帅。7月，被“闲置”在家的库图佐夫被任命为彼得堡义勇军和莫斯科义勇军司令。到8月份的时候，军事形势进一步紧张，迫于军队和人民的压力，亚历山大一世把军权交给了库图佐夫，任命他为俄军总司令。

库图佐夫走马上任之后就对战局进行了长远的规划。为了避开法军的主力，他把俄国军队后撤进了俄国内地。在库图佐夫看来，这不是逃跑行为，而是对拿破仑的反击。因为他看到，法军虽然气势汹汹，但是劳师远征，补给线长，对俄国的气候和环境都不能适应。所以拿破仑的唯一选择就是在冬天到来之前与俄军主力进行大决战，将俄军击溃之后迫使俄国投降。

洞察了拿破仑的目的后，库图佐夫开始了全面筹划。为了打乱拿破仑的计划，他初期采用了零星作战、迂回机动的方法消耗法军军力，不久又开始坚决反攻。1812年9月7日，他指挥12万俄军在莫斯科以西124公里处同法军展开著名的“博罗季诺会战”。这一战俄军损失惨重，库图佐夫为了保存俄军力量，很快就放弃了这里。

当法军意气风发地向莫斯科进发的时候，库图佐夫并没有因为首都危急而沮丧，反而开始了下一步行动。他说服了军事首领和国家政要放弃莫斯科，留下一座空城给拿破仑，将有生力量退到纳拉河附近。9月14日，莫斯科城里的部分居民随同军队一道，撤离莫斯科。

位于莫斯科城内的冬宫。莫斯科建城于1147年，迄今已有800余年的历史，是世界特大都市之一，也是欧洲最大的城市。

把国都留给敌人，这在任何一个国家中都是非常耻辱的行为，但是库图佐夫认为，我们现在已经面临生死存亡的关头，一座城池并不比整体国家利益重要。事实证明，莫斯科之战成了法军的噩梦。

9月15日清晨，法军没费多大力气就占领了莫斯科。然而就在法军在这里住了一天之后，夜里，莫斯科突然燃起了熊熊大火。拿破仑从克里姆林宫中看到莫斯科上空火云密布，城中乱作一团，士兵们尖叫着跑来跑去救火。但是大家发现，城中所有的灭火用具都被破坏了。法军只能用行军提桶和每个人的军帽来递水，这无异于杯水车薪。最终法军的大部分粮草、大炮和枪械都在大火中化为灰烬。

原来，在放弃莫斯科后，库图佐夫没有像法军认为的那样逃窜，而是在领导俄军进行“塔鲁季诺机动”，使俄国军队避开法军突击，并集中在塔鲁季诺村，从而切断法军南下的通道，为组织和准备反攻创造了有利条件。当莫斯科陷入火海之时，库图佐夫已经完成了反击法军的战略部署，在马洛雅罗斯拉维茨布下重兵，静等法军到来。10月下旬，俄法两军在马洛雅罗斯拉维茨展开惊天动地的厮杀，反复争夺这片区域。到24日，俄军终于把法军彻底击败。

取得了胜利的库图佐夫看到法军狼狈不堪，便开始率领俄军转入战略反攻。俄国正规军和游击队不断对撤退的法军进行骚扰，法军被折磨得苦不堪言。最终，库图佐夫利用灵活机动的战略战术，打败了被认为不可战胜的拿破仑大军。

库图佐夫之所以能够取得战争的胜利，与他善于审时度势不无关系。在当时的欧洲，拿破仑军队军威正盛，几乎可以说是天下无敌。但库图佐夫没有迷信这种“无敌”，而是看到了俄国本土作战的优势，使计将法军一直拖到了冬季，并使用多种战略方针对法军进行打击，从而获得了胜利。而莫斯科的那场大火也改变了欧洲历史，宣告了法兰西第一帝国的崩溃。正如德国评论家弗朗茨·梅林所说的那样，“莫斯科的大火开始了一个时代”。库图佐夫本人也因为对法作战指挥有方，被俄国皇帝封为斯摩棱斯克公爵，并荣获最高战功勋章——一级乔治勋章。

所以说，要想成就大事就不要盲目冲动，看清楚形势比什么都重要。没头苍蝇只会碰壁，只有真正的高瞻远瞩者才可以享受到得偿所愿的乐趣。这也就是本节所说的“通乎成败之数”的表现之一啊。

原始章（六）：潜居抱道，以待其时

经典再现

故潜居抱道[①]，以待其时[②]。若时至而行，则能极[③]人臣之位；得机而动，则能成绝代之功；如其不遇[④]，没身[⑤]而已。

迷津指点

①抱道：守道不失。

②时：时机。

③极：达到极致。

④遇：际遇、机会。

⑤没身：湮没无闻。

古文译读

因此要隐居深藏、守道不失，等待可以有所作为的时机。如果时机到来就马上行动，那么就能获取人臣的最高职位；如果得到机会就立即奋起，那么就能够成就举世无双的伟大功业。如果没有遇到舒展抱负的机会，那就只能一生默默无闻了。

前沿诠释

在古人看来，兴衰和成败是有定数的，如果贸然出仕就会给自己招来祸端，而如果不能及时奋起，又会使自己湮没无闻。因此，黄石公认为，贤人如果不能遇到合适的时机，最好"潜居抱道"，默默守候，并且保持正道不失。

这种隐伏并不是消极的避世，而是如同猛兽扑出之前的蛰伏，是为了积蓄自己成就大业的力量。只有"潜居"才能不出大错，只有"抱道"才能不失本心。有理想有抱负的人会在时机未到之时静思己身、修身养性、增强能力、增长学识，一旦看准时机，便可以凭借自身本领一展身手。古往今来，我们看到了无数这样的例子——邦不兴则隐，恰逢其时就奋发突起，所以彼时就会出现很多入世的隐士。在现代社会里也是如此。每个人的生活和事业不可能都是顺风顺水的，在不利的时机里要学会韬光养晦、积蓄力量，等待让自己大干一场的机会。

潜居抱道，诺贝尔文学奖得主的心态

《素书》中所谓的“潜居抱道”，在笔者看来具有双重的含义：一是“潜”，意味着人处于隐居深藏的状态，而“抱道”则意味着要坚守心中的那个“道”。这个“道”要解释清楚并不容易，它既包含宇宙精神的“大道”，也包含人类社会的“道”。而在一般情况下，它指的是人们要建立功业的基础所包含的诸多内容。黄石公认为，一个人如果不能遇到很好的时机，就应当“潜居抱道”，默默锤炼自己的能力。

在某些人看来，“潜居抱道”似乎是“时不利兮”下的一种无奈选择，实际上，它更像是一种坚守的心态。有的人因为不够坚持而中途放弃，让成就绝代之功的机会从手边白白流失；有的人庸庸碌碌，不懂得充实自己，结果，当所谓的“时机”到来时，却因为胸中无物而丧失了一鸣惊人的机会。只有那些始终坚持信念并不懈努力的人，才能够登上事业的高峰。

诺贝尔奖是全世界最令人瞩目的奖项，在任何领域的人看来，它都是一项巨大的荣誉。其中诺贝尔文学奖褒扬的是人类对文学与思想领域的探索，往往被人们看做文化思想领域的盛宴。1991年的诺贝尔文学奖得主是南非女作家戈迪默，对她来说，得到这个奖项经历了长达几十年的等待。

戈迪默生活的南非充满了不平等的色彩。为了打破种族隔离的藩篱，无数斗士奋斗着，比如曼德拉，比如戈迪默。1991年，这两位杰出人物同时令世界瞩目：曼德拉被释放出狱，并很快当选为南非总统，而戈迪默则获得了诺贝尔文学奖。

纳丁·戈迪默（1923—　），南非女作家，1991年诺贝尔文学奖得主。

戈迪默是一位早慧的作家，她从9岁就开始写作，15岁已经在杂志上发表作品。她的作品富有现实主义色彩，描写了种族隔离之下的南非现状。她重视对人性的塑造，着重刻画这一社会现状下黑人与白人的种种心态，控诉种族主义制度对人性的扭曲。所以说，她既是一位著名的女作家，同时也是一位以笔为剑的政治活动家。

翻开戈迪默的文章，我们可以看到其中充满了对南非种族隔离政策的审视与批判。也正是因为这个原因，她的著作曾多次被当局列为禁书。然而，戈迪默没有停下她的笔，仍在不息地写着，揭露着，控诉着。为此，当她登上诺贝尔文学奖的奖台时，瑞典文学院给予了她高度的评价："她的获奖是因其壮丽史诗般的作品使人类获益匪浅。"这是对她几十年"潜居抱道"的肯定。

同样坚持"潜居抱道"之志的人，还有获得诺贝尔文学奖的美国作家托尼·莫里森。这位被称为"闯进文学殿堂的'黑马'"的黑人女作家于1993年获得诺贝尔文学奖。

托尼·莫里森是美国黑人女作家，她出生于俄亥俄州钢城洛里恩的佃农家庭，父亲是一名工人，母亲在白人家庭做女佣，总之，这是一个相当平凡的家庭。1949年，莫里森以优异的成绩考入当时美国专为黑人开设的霍华德大学，攻读英语和古典文学。后来，她还到康奈尔大学就读。她在1964年改行，成了一名编辑，在工作期间审阅了大量的文学手稿。在这段时间中，她对美国文学开始感到迷惑。那么多的文学人物，为什么唯独看不到黑人女性的形象？为什么没有人细腻地描写过她们的爱与恨呢？于是，莫里森决定自己动笔来写。

托尼·莫里森（1931— ），美国黑人女作家，1993年诺贝尔文学奖得主。

莫里森的文学创作之路走得并不轻松，即使是在她获得诺贝尔文学奖以后也是一样。莫里森的青年时代正处于美国黑人严重受歧视的时期，她对此感触颇深。因此，她拿起一支史诗之笔，写下了一个个充满魔幻现实主义性质的神秘世界，描绘了身处丑陋的世界、备受歧视的黑人生活现实。

20世纪70年代，莫里森写出了长篇小说《最蓝的眼睛》，这部作品使她崭露头角。之后，莫里森又不断地发表新作品，这些成就奠定了她作为黑人妇女精神榜样的地位。她写啊写啊，《秀拉》《所罗门之歌》《沥青娃娃》《宠儿》《爵士乐》等作品从她的笔端流出。在此期间，莫里森的文学技巧和语言艺术也在不断升华。于是，在笔耕不辍23年后，莫里森获得了诺贝尔文学奖。

当白人世界的桂冠落在黑人头上时，一些人跳出来表示不满。有人说莫里森获得诺贝尔文学奖"只不过是善意的臣邦政治的胜利"；批评家斯坦利·克劳西讽刺她："我希望这项奖金能鼓励她写出好一点的作品来。"痛失诺贝尔文学奖的英格兰人质疑莫里森是否实至名归，认为莫里森不过是在多元文化主义和女权主义的影响下，因为是黑人和妇女而捡了个便宜。

面对这些质疑，莫里森的反应很平静，她坚持创作，不断拿出新的作品以证明自己的才华。2010年11月，莫里森在巴黎获得了法国骑士勋章。法国文化部部长弗雷德里克·密特朗亲自为莫里森颁发了勋章，他称赞莫里森用自己的作品向全世界读者解读了"美国梦"，而莫里森本人成长及奋斗的历史也是一部很好的传奇作品。

老子在《逍遥游》中曾说，水聚积得不深，那么它负载大船就会浮力不足。倒一杯水在堂上低洼处，那么只有小草可以做它的船；放一只杯子在里面就会被粘住，这是因为水浅船大的缘故。所以，没有足够的积淀就承载不起太大的荣誉与成就。"潜居抱道，以待其时"，考验的正是人们的坚守与勤勉。当一个人走在奋斗的道路上时，只要找准方向，勤耕不辍，必定会找到属于自己的那份成就。不是所有的有价值的文学作品都要由诺贝尔文学奖来证明，但是不付出努力的话是绝不会得到这个奖项的承认的。戈迪默、莫里森以及无数杰出人物的故事都告诉我们，"潜居抱道"非常重要。

梅兰芳蓄须暂别京剧舞台

梅兰芳，近现代京剧表演艺术家中的翘楚，他的艺术修为和高洁人格被人们长久传颂。

20世纪三四十年代，日本侵略者大举进攻中国，大片国土沦陷，中华民族陷入了水深火热之中，中国的文化艺术界也遭遇了前所未有的灾难。

在这段时间里，许多著名艺术家都被日本占领者或威胁或利诱地为"大东亚共荣"效力。

当时梅兰芳的事业正值鼎盛时期，已经形成了自己独特的演艺方式，世称"梅派"。为了收买人心、粉饰太平，日本人几次要求梅兰芳出场演出，都被他严词拒绝了，但是日本人并不死心。其实，日本人之所以对控制梅兰芳念念不忘，是看中了他的影响力。梅兰芳不仅是一名著名的京剧演员，在

梅兰芳蓄须照。梅兰芳是"四大名旦"之一，也是我国近现代著名京剧表演艺术家。在抗战期间，他蓄须拒绝为日伪表演。

艺术界还有着独特的地位，被称为京剧文化外交使节。从1919年开始，梅兰芳就多次率领京剧艺术代表团赴国外演出，并获得了巨大成功，我国的京剧艺术也得到了外国文化艺术界的极大关注，他本人还被美国波莫纳大学和南加利福尼亚大学授予文学博士学位。因此，在日本人看来，如果梅兰芳投靠了他们，他们就可以大肆鼓吹中国艺术界在为日本统治者服务。可惜他们的如意算盘打错了，因为梅兰芳先生是一位坚定的爱国者。

1931年的“九一八”事变之后，梅兰芳就在上海排演了《抗金兵》《生死恨》等剧为抗战事业助威。后来抗战全面爆发，日寇大肆进攻中国，梅兰芳身处沦陷区，生活一下子变得紧张起来。为了保持自己的民族气节，梅兰芳舍弃了心爱的京剧事业，在长达8年的时间里脱离了京剧舞台，隐身在没有喝彩和掌声的台下。

梅兰芳出演《贵妃醉酒》的剧照。

1937年8月13日，日军进攻上海，淞沪战争爆发。此时梅兰芳正住在上海。日军占领了上海，日军官员得知著名的京剧表演艺术家梅兰芳在上海以后非常兴奋，很快就派人来请梅兰芳去电台讲话，要他表示对日军的欢迎。梅兰芳识破了日本人的阴谋，找借口推托，说最近要外出演戏，并且找了个机会和家人连夜离开了上海，奔赴香港。

从这以后，梅兰芳开始了深居简出的生活。他在香港的住处每日看报纸、学英语，无事时打太极拳、打羽毛球、画画。然而不久之后，太平洋战争爆发，日军侵占香港，梅兰芳又一次陷入了危机中。为此，梅兰芳做出了一个大胆的决定：蓄起胡须，罢演京剧。留着胡子的京剧旦角可以说是前所未有的，梅兰芳把自己的扮相破坏之后却对友人说：“别瞧我这一撮胡子，将来可有用处。日本人要是蛮不讲理，硬要我出来唱戏，那么，坐牢、杀头，也只好由他了。”

1942年，日本驻军司令酒井去见梅兰芳，对他说：“梅先生，你怎么留起胡子来了？你是大艺术家，怎么能就这样退出舞台呢？”梅兰芳不为所动，只是说：“我年岁大了，扮相也不好看了，嗓子也不好听了，以后就不演戏了。”后来酒井再次派人找梅兰芳演戏，正好梅兰芳患牙痛，脸都肿了，才逃过一劫。梅兰芳感到香港也不是久留之地，就坐船回了上海老家。此时的上海已经沦陷，大汉奸汪精卫成立的南京伪政权在上海建立了特务机构。特务们知道梅兰芳回到了上海，也来邀请他。梅兰芳感叹：“才出虎穴，又入狼窝，这世道让人怎么活下去！”为了避开演出，他甚至打了防疫针让自己发烧。于是，当时的中国京剧舞台上再也没有出现过梅兰芳的影子，就算是在公寓里，他也没有吊过嗓子、练过身段。

因为没有演出工作，家中原有资产也在香港银行被冻结，梅兰芳陷入了举债度日的困境。为了生活，他卖掉了在北平的房子，接着又卖了收集的藏品。之前在香港的时候，梅兰芳为了打发时间而学会了作画，此时，画画却成了他谋生的手段。他在空袭不断、断水断电的上海艰难作画，创作了一百七十多幅作品，用卖画的钱安排家庭生计，并接济剧团里生活更困难的人。梅兰芳曾经说过这样的话来表现他在抗战期间的生活："一个演员正在表演力旺盛之际，因为抵抗恶劣的社会环境而蓄须谢绝舞台演出，连嗓子都不敢吊，这种痛苦我无法用语言来形容。我之所以绘画，一半是为了维持生活，一半是借此消遣。否则，我真是要憋死了。"

1945年8月，日本投降，梅兰芳蛰伏在家的生活终于结束了，他满怀热情地在上海复出，受到了人们的热烈欢迎。在上海解放之后，他又应邀成为北平文艺工作者代表，后来又陆续担任了文化部京剧研究院院长和中国京剧院院长等职务，指导了无数学生，将京剧艺术发扬光大。

梅兰芳的"潜居抱道"，抱持的是民族气节。在那个时代，他登台演戏虽然可以得到高官厚禄，却会丧失国人的尊严，因此他毅然选择了隐退，宁愿蓄起胡须也不上台，成为艺术界的道德典范，被后人景仰。所以说，"以待其时"的时机不仅是成就事业的时机，更是实现心中道义的时机。

原始章（七）：掌握五德，终成大器

经典再现

是以其道足高[①]，而名重[②]于后代。

迷津指点

①高：高尚、高深。

②重：受到尊敬、推崇。

古文译读

因此他的道德是非常高尚的，名声也会在后人那里受到推崇、久传不衰。

前沿诠释

这句话也是在对之前提到的五种美好德行进行总结。黄石公认为，一个人如果道德高尚，那么他的名声也会流传后代。这是古代韬略家对“道”的重视，“道”在这里就代指了之前叙述过的五种品质，如果无道，就不会有好的人格修养、治国之策，也不会有成就任何事业的良好品质。所以说，一个能够成就大事业的人，必须对“道”有一定的理解，顺应天道者才能成功，否则就会失败。这样的事例在治国者中屡见不鲜。在遥远的夏、商、周三代，虽然出现过几位贤君，但是也有一些君主偏偏逆天而行，违背了治理国家的基本方略，落得国破人亡的下场。

在现代社会里，一个人要想成为真正的成功者，必须有“道”，它不仅意味着人要顺势而为，更要求人要具有道德、仁义和责任感等品质，只有这样才能流芳百世，彪炳史册。一个人即使再有才华，如果没有德行，那么他也只会走上歪路，遭遇失败，更何谈能留下美好的名声呢?

夏桀无道而国亡

夏桀是夏朝的最后一个皇帝。相传，夏桀是一个有才智、有勇力的人，他原本可以把国家治理好，但是却荒淫无道，倒行逆施，把天下搞得乌烟瘴气，终于引起了民怨，最终其统治被推翻。

夏桀，姓姒，名履癸，是夏朝第十六代君主发之子，公元前1818年到公元前

1766年在位。夏桀即位的时候，夏朝已经延续了四百多年。研究过古代史的人都知道，一个王朝总会经历初建——繁荣——衰亡的过程，即使是汉唐那样的泱泱大国也会在开国几百年之后出现衰败景象。夏朝也是如此，在经历了太康失国、后羿代夏、少康中兴等重大历史变故后，这个曾经繁盛的国家已一步步走向衰微。夏桀从父辈那里接手的就是一个危机四伏的国家，内政不修，外患不断：这时候夏朝分封的四方诸侯已经在自己的地盘上当起了土霸王，不再对中央政权畏服，很少赴国都朝贺，而且夏朝连续几代的国君都治国无道，德政衰败，致使民不聊生。

夏朝时期的酒杯。

如果说夏桀是一个什么都不会的君主，人们也就不会对他抱有任何期望了。然而与许多昏庸痴傻的君主相比，夏桀具有天生的优势，他文武双全，聪颖过人，才智不凡，而且孔武有力。据说他赤手可以把铁钩拉直，一个人就可以推倒高墙。这样的本领如果运用得当，完全可以救大夏朝于既倒，甚至可以开辟出夏朝新的事业。而且，当时的一位贤人也已经站在了夏桀面前，这个人就是伊尹。

在夏桀即位的第三十七年，有人将伊尹引荐给夏桀，向他夸赞这位有能之士的才智和德行。夏桀召见了伊尹，伊尹用尧、舜的仁政劝说桀，希望夏桀体谅百姓的疾苦，用仁政治理天下。可是夏桀没有听进去，对伊尹的话不以为然。感到夏朝无望的一代名相伊尹失望而去，转而到诸侯国商部落那里辅佐商汤，使商迅速壮大起来。

夏桀对仁政治国没有兴趣，对暴力征伐却情有独钟。他从即位开始就感到对外用兵好处颇多，既可以开拓疆土，显示威风，又能抢掠财物，供其享乐。但是行军作战会破坏农业生产，造成民不聊生……这些他却懒得过问。

东海之滨的东夷诸国对夏朝的供奉数年来不断减少，因此夏桀一上位就拿他们开刀，率领大军浩浩荡荡地去征讨他们，将这些国家打得大败，一些小国甚至被灭族，数个国家为了避免人民沦为囚徒，被迫举族迁徙躲避夏军。位于今天山东省滕县一带的有施氏部落也在夏朝军队的铁蹄之下朝不保夕，国王不想亡国灭族，又不愿远走他乡，便献上美女妹喜投降。

夏桀见到这个美女之后喜出望外，觉得她比自己以往遇到的最美的女人还要娇媚百倍，于是专门征调了大量民夫为她修建新的宫殿，建造了富丽堂皇的琼室、象

廊、瑶台和玉床，人民的生活却因这一切而更加困苦了。夏桀住在深宫当中，骄奢淫逸，从各地搜寻美女，藏于后宫，日夜与妹喜及宫女饮酒作乐。他在宫中修建了酒池，酒池大得可以在里面划船，宫人醉而溺死的事情时常发生。因为他和妹喜整日整夜地在宫殿中纵情声色，这座宫殿因此也被称做“长夜宫”。妹喜爱听丝绸撕裂之声，夏桀就令众人专门为她撕，更下令全国进贡大量丝织物，宫里撕碎的丝绸堆积如山。夏桀对于饮食十分讲究，要求各地进贡山珍海鲜，还一定要用南方出产的生姜和北方出产的海盐作为调味料。为了供应他一个人的饭菜，就需要成百上千人在各地劳动和运输。而且，夏桀对煮的菜、送的酒稍有不满就会杀掉厨师，许多人因此丢了性命。

嗜好享乐的国君固然会误国，不过如果手下有贤臣廉吏，也许情况不会那么糟。但是夏桀却重用佞臣，排斥忠良。他最宠信的是一个叫赵梁的小人，因为这个人专门投他所好，教他如何享乐，如何勒索、残害百姓。有这样的小人在朝，忠臣哪里还有立足之地呢?

太史令终古看到夏桀这样荒淫奢侈，便进宫向夏桀哭泣进谏，说：“大王再这样奢侈下去，会发生大乱导致亡国的。”夏桀一听大怒，驳斥终古一顿之后，就把他赶出了宫。终古感到夏桀已经无可救药，便去投奔了商汤。另外一名大臣关龙逢就没有终古这样幸运了，他屡次劝谏夏桀，说：“都城发生地震，这是上天在震怒啊！如今陛下奢侈无度，嗜杀成性，百姓甚至都希望您的统治早些灭亡。陛下现在已经失去了人心，必须赶紧改正错误。”夏桀虽然行事总是逆天而行，但是对于自己的统治却有着盲目的自信，他曾自比为太阳：“天上有太阳，正像百姓有我一样，太阳会灭亡吗？太阳灭亡，我才会灭亡。”如今听到这样苦口婆心的诤言，夏桀心里自然不高兴，便怒气冲冲地训斥关龙逢：“地面晃动又如何，天上的太阳还好好的！”关龙逢又说了一些“危言耸听”的话后，夏桀干脆下旨把他杀了。从此，再没有什么忠臣愿意拿自己的脑袋做赌注去劝说这位刚愎自用的君王了。

关龙逢，夏朝大臣，因劝谏夏桀被杀。

这个“太阳”最后怎么样了呢？人民是这样回应他的：“时日曷丧？吾与汝偕亡！（太阳啊，你什么时候能灭亡？我宁可与你同归于尽！）”最终夏桀被商汤攻伐亡国，他自己也在向北逃亡的过程中饿死。

天生我才必有用，但是夏桀却将自己的一身才华全都用到了如何享乐和折磨人民上面，完全丧失了国君应当遵循的“道”。这件事也启发后世君主，无论具有怎样杰出的才智，如果没有相应的德行，也只会贻害人间。历史上的有道之君和无道之君，他们虽然具有同样的统治基础，却因为所行有异而结局差别很大。所以说，遵循天道，才是万事成功的不二法门。只有这样做的修身者和管理者才会成为人们敬佩敬仰的对象，同时自己也会得到内心的愉悦。

贞德，护国少女的铁血忠心

黄石公认为，一个具有高尚道德的人，他的名声必然会因为那些英雄事迹而流传后世。这样的人和毛泽东在《纪念白求恩》一文中赞扬的人一样，都是“一个高尚的人、一个纯粹的人、一个脱离了低级趣味的人、一个有益于人民的人”。

这些对于人性的要求，在国难当头的危急时刻，往往需要用鲜血来诠释。法国的爱国英雄、天主教圣女贞德便是这样做的。

贞德原名贞妮德，出生于1412年，这一年正处于欧洲史上英法百年战争的中期，是英法史上最黑暗的时期之一。在动荡年代成长起来的少女贞德从小就受到法国人民爱国主义精神的熏陶，战争的残酷让她保持着崇高的信念以及强烈的爱国主义思想。

贞德出生的地方，现为贞德博物馆。

1428年，贞德16岁。在这一年里，英军不仅占领了巴黎，还倾注全力围攻通往法国南方的门户奥尔良城，很快这些地区就会以“第二王国”的名义永久成为英格兰的领土。法国已经处于国家存亡的紧要关头。在战争局势一边倒的情况下，贞德挺身而出！年轻的她没有蜷缩在家乡的小村庄里紧张地倾听外面的兵戈之声，而是站了出来，用一腔热血保卫国家。她声称自己梦到了天使军总司令——圣弥额尔，并得到神谕，让她赶走英格兰人，带领王储至兰斯进行加冕典礼。勇敢的贞德向当地军队的长官申请参军，把自己打扮成男孩的模样，去了奥尔良前线。

时势造英雄，贞德向当地驻防部队的指挥官博垂科特说明了来意，希望他能够带自己去见王储。可想而知，这位军队长官根本不相信这个农村女孩。贞德不屈不挠，第二年再次去求见，并预言了法军会在奥尔良战役中取胜。当前线传来法军胜利的消息时，博垂科特终于答应护送她去见王储查理。贞德又一次把自己打扮成男

孩的模样，穿越广阔的敌方勃艮第领土，最后到达王储查理的城堡。

面对国王手下智囊团的询问，贞德用自己的见识和胆略震撼了在场所有的人。在法国王室发起解救奥尔良的远征时，贞德要求参加这次远征，并披挂上了骑士的装备。现在的她，全身心都已经准备好为国家而献出自己的生命。

贞德得到了王室的许可，带兵解救奥尔良之危。但是，此时的法国部队并非精锐之师，甚至可以说它是由一群乌合之众组成的。面对这样一支队伍，贞德通过强硬的军纪法规严格约束自己的下属，并以身作则引导着这支在士气上甚至不如游击队的军队。事后证明，贞德的这个做法不仅救赎了这些士兵的灵魂，更拯救了当时陷于水深火热中的法国。

如果说在战场上有什么能够代表贞德，那就是军旗！贞德非常在意她的军旗，而不是她的剑。在战斗中，贞德高举天主教旗率领部队左突右杀，一次又一次地击退英国侵略者的进攻。

已经到了生死存亡关头的法国政府无奈地把希望寄托于一个横空出世的少女身上，他们的初衷也许只是赌一赌，但是贞德却用自己的爱国情操改变了整个战局。尽管贞德面对的是穷凶极恶的英国侵略者，但她毫不畏惧，她用自己足以傲视敌人的战果，致书当时的英国国王以及自称为法兰西摄政的贝德福公爵等霸占法国领土的人。这份宣言表达了贞德复兴法国、赶走侵略者的坚定意志。此时，英国统治者们根本没有把这个突然出现的丫头的告诫放在眼里，因为谁也不相信年仅17岁的少女竟然有如此大的勇气和魄力。贞德很快以自己的行动证明了英国人的判断是错误的。

一个有道德的人，首先应当是一个爱国的人。拜伦说过：“不爱自己国家的人，什么都不会爱。”爱国情操是一个人道德构成的基础，是支撑着人明知难为而为之的巨大精神力量。贞德被爱国情操鼓舞着，在收到对方回信的第二天，立刻指挥部队前往奥尔良，投入了战斗。

在贞德的指挥下，法军创造了非凡的胜利。人们惊讶了，纷纷说这是上帝的神秘力量。不可否认，贞德本人的领导能力和决策才能在其中起了很大的作用。她用飘扬的军旗鼓舞了法军的士气，用足智多谋的战略设想瓦解了英军的防线。即使在负伤的时候，她依然英勇地举起手中的旗帜，指引着部队进攻！贞德的“仁德”也在战争中体现了出来。当面对那些被俘的、仓皇逃窜的英国士兵时，贞德用“让他们离去吧”的方式处理，避免了大规模的屠杀发生。

富有政治头脑的贞德没有一味地在战场上拼杀，她从政治角度着手，凭着自己的胆识作出了睿智的判断：鉴于当时英法两国由于继承权问题造成的混乱，她提出护送王储到兰斯城举行加冕礼。一旦王储加冕，法国就可以废除亨利二世这个英国扶植起来的傀儡皇帝。

这是一次危险的长征。护送王储的旅程异常艰苦，但背负了整个法国希望的贞德勇敢地完成了使命，最终在兰斯大教堂拥戴王储加冕为查理七世。因为对国王的忠诚，贞德在之后的几个世纪都被政治家树立为忠君典型。

贞德最终被俘，并被英格兰人进行宗教审判，最后牺牲在火刑架上。20年后，英军被彻底驱逐出了法国，贞德的事迹被人们广为传颂。

贞德虽亡，精神永存，原本是英法两国贵族争夺地盘和继承权的战争，因为无数像贞德这样的爱国者的加入而悄悄发生了性质上的变化。从法国一方来说，因为人民群众的参战，战争成了反抗英国侵略的正义战争。而贞德则由于率领法军创造出非凡的胜利，扭转了整场战争的局面而被人们称为“奥尔良的少女”，被视为法国的民族英雄。

结合贞德的行为来看《素书》，我们很容易就能明白，只有坚持“道”的人才能成就万世之名，如果只是为了一己私利而奋斗，这样的人将永远不能流芳百世。

正道章第二

本章讲述了在历史上被人们称颂的三类人物，他们各有千秋，而又经常被划分为不同的等级，在古代，“俊、豪、杰”都代表英雄人物，不过重要程度却依次递减。其实，我们不应该那么在意品级高低，对于豪杰的素质要求，只要尽心做到，就可以使自己成为非常成功的人，在修身、齐家、治国、平天下方面一展身手。

正道章（一）：人中之俊，得众之心

经典再现

德足以怀远，信[①]足以一[②]异[③]，义足以得众，才足以鉴[④]古，明足以照[⑤]下，此人之俊[⑥]也。

迷津指点

①信：诚信。这里指信守诺言，实践成约，从而取得别人对他的信任。

②一：专一。

③异：异议、二心。

④鉴：借鉴。

⑤照：洞察。

⑥俊：聪明俊毅、才智过人的人。《淮南子·泰族训》言智慧超过千人的人被称为俊。

古文译读

品德足以使远方的人心悦诚服地前来，诚信足以使别人信仰专一不产生二心，信义足以博得众人的拥护，才能足以从古代先贤的事迹中总结出经验，明智足以洞察未来。这样的人才能被称为人中之俊。

前沿诠释

要想成为“俊”这类的优秀人物，是需要有很多条件的。古代有“王道”和“霸道”之分，黄石公提出，要想成为一个杰出的人物，只有霸气是不行的，更要以德服人。在古代，人们都推崇用德行使远方诸侯前来朝拜的仁君。除了德行之外，信、义这些优良的品质再加上明理洞察的智慧，懂得人心并会用自己的行动抓住人心，才能成为真正的俊杰。所以说，要想成为一个强者，并且强得让人心悦诚服，就要懂得这些道理。善于做人，则万事可为。

秦穆公罪己收获人心

公元前627年，在关中地区的咸阳城郊，一支特殊的队伍自东方缓缓走近秦国

都城。队伍里面有刚刚打了败仗被俘后又被放回的秦国大将孟明视、西乞术、白乙丙，他们脚步沉重，不知道回国之后等待他们的是杀戮还是其他什么悲惨命运。然而当他们看到前来迎接的人时都惊呆了——一身白衣素服的国君秦穆公就肃容站在前面不远处。败军之将怎么能够让国君亲自到国都郊外迎接？

秦穆公身穿丧服，对着这些历经大难才回来的残兵败将哀戚地痛哭："这次让秦国士兵埋骨他乡都是寡人的过失！"对三个大将的败战之罪则一字不提。

到底发生了什么事情让秦穆公如此自责呢？事情的起源要回溯到三年之前的秦晋围郑一事。

周襄王二十二年（前630），秦国和晋国联合出兵围攻郑国，讨伐郑国对晋国怀有二心。但是郑国派出烛之武深夜造访秦军军营，用三寸不烂之舌向秦穆公阐述了一旦灭郑将会壮大晋国的势力，对秦国有害无益。秦穆公如梦初醒，违背了和晋国的约定，与郑国单独结了盟，并留下杞子、逢孙、扬孙三位大夫助郑守卫国家，就把秦军撤回国了。晋国的晋文公虽然生气却不想和秦国闹翻，于是也放过了郑国。但是，这件事却成为了秦晋争端的导火索。

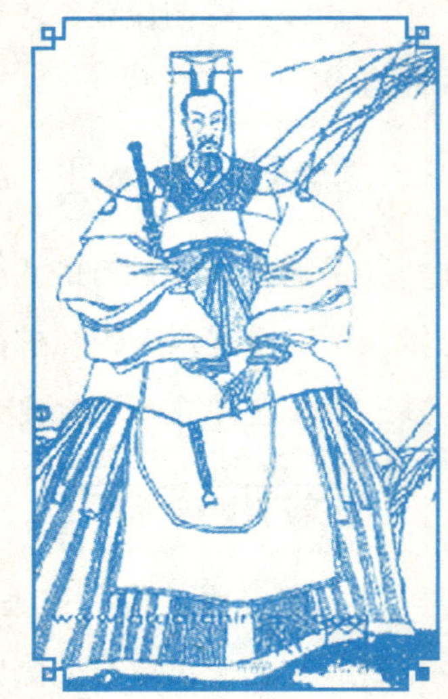

秦穆公，春秋时代秦国国君，嬴姓，名任好，在位39年（前659年—前621年），谥号穆。

三年之后，郑国国君新丧，在郑国的那三个秦国大夫向秦穆公密告已经掌握了郑国国都北门的钥匙，只要秦国派一支军队来偷袭，里应外合就可以轻而易举地将郑国收入囊中。喜出望外的秦穆公很快就下令出兵。在他看来，这是一件一本万利的好事，上次撤军是怕让晋国占了便宜，这次受益的却是自己。然而秦穆公的小算盘却遭到了大臣们的反对。

老臣蹇叔劝阻秦穆公："劳师远征太危险了。长途奔袭郑国，中间有一千多里的行军路程，对方怎么可能不发觉？等郑国做好防御准备，我们偷袭的先机就没有了，我军又长途跋涉，精疲力尽，此战是不会成功的。"

可惜小算盘打得啪啪响的秦穆公没有听从，依旧命令孟明视、西乞术、白乙丙三位大将率兵东进。秦军这一路要穿越桃林、崤函、轘辕、虎牢等数道雄关险塞，征程非常凶险。蹇叔的儿子也在出征之列，蹇叔在大军出发时去送行，哭泣着对儿子说："在崤山那里有两座东西对峙的山峰，中间有一个山谷，晋国一定会在那里设伏。我也会在那里为你们收尸。"蹇叔绝望的话语没有动摇秦穆公的决心，周襄王二十五年，秦军开拔，向东行进。历史证明他们踏上的确实是一条不归路。

后来的事实果然如蹇叔所料，秦军在行军途中被郑国商人弦高发现，并报知了郑国国君，郑穆公立刻派人前去警告那三名秦国大夫。杞子、逢孙、扬孙见事情泄密，匆忙逃到了邻国。秦军还没作战就失去了内应，秦帅孟明视考虑到郑穆公已有准备，再攻打有些冒险，就顺路灭了小国滑国，打算班师。谁知晋国却在此时闪电般地展开了行动！

晋国因为晋文公去世而正处国丧时期，此时得到了秦国偷袭郑国的情报，感到这是打击秦国的天赐良机。晋国新君决定给秦国一点颜色来报复他们之前的违约，以告慰晋文公在天之灵。于是，晋国军队换下白衣丧服，改穿缁衣，与姜戎联军，在崤函地区的东、西崤山之间设下埋伏，袭击了疲惫的秦军。

秦穆公满心欢喜地在咸阳等待战胜的消息，却听到前线奏报：秦军在崤山被袭击，全军覆没，三名大将也被俘！秦穆公一下子蒙了，原本预期的捷报竟然变成大败之报。一时间，失去儿子的年迈父母、失去丈夫的寡妇、失去父亲的孩子的哭声充斥于秦国上下。

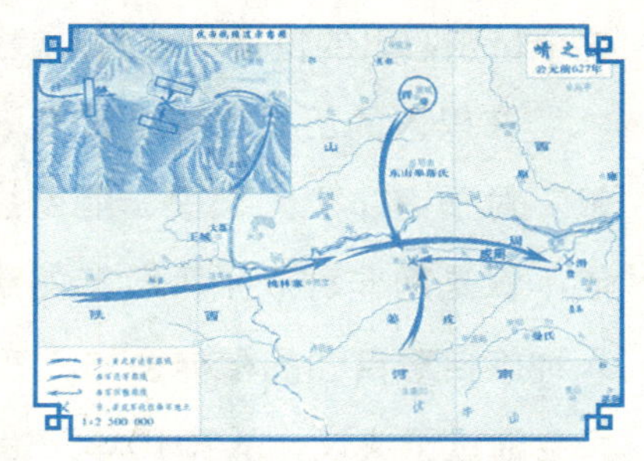

崤函之战地图。

面对这次失败，秦穆公伤心不已。晋国的太后文嬴是秦穆公的女儿，她请求晋国将三名大将放回秦国治罪。三个败军之将垂头丧气地回到秦国时，就出现了开篇时的那一幕。

秦国举国上下都因为这次失败羞愧不已，三名主将也恨不得以死谢罪，秦穆公却穿起了丧服为全体阵亡的将士服丧。他对着打了败仗的将领痛哭流涕，把所有的过错都揽在自己身上：“是寡人没有听从蹇叔的意见贸然出兵，才发生了这样的祸事。这次战败和大家一点儿关系都没有，都是寡人之错。”后来，秦穆公又向全国发布了引咎自责的《秦誓》，向全国宣布：这次战争的失败是因为国君的决策失误，“孟明视等都是大秦的杰出将领，崤函之战都是由于寡人作出了错误的判断才招致惨败。此战与几位将军无关。我秦军将士一定会振作起来，为国雪耻”。之后，秦穆公又继续重用孟明视等人。第二年，孟明视等率兵伐晋，不料又失败了。灰溜溜的孟明视感到十分羞耻，回国之后就整日唉声叹气。人们认为，秦穆公已经给过他一次机会了，他却再次战败，那就不能再重用他了。

但是秦穆公没有介意，他继续让孟明视担任秦军主帅，并勉励秦军士兵。在秦

穆公的包容下，打了几次败仗的秦军军威大振，他们加强训练，在三年之后再次出征，大败晋国，终于扬眉吐气，也奠定了秦国西部霸主的地位。

有人说，秦穆公的信任挽救了士气低迷的秦军，最终使这支队伍振作起来。也有人说秦穆公在崤函之战惨败之后归罪于自己，使怨恨的国人找到了情感宣泄的出口。秦穆公的“罪己”虽然把责任都揽到了自己身上，却没有失去国人的尊敬。他主动认错，自我批评“不德”，对败将重新起用，又对人民许诺说要一雪前耻，成功地鼓舞了全国人民的士气。如果没有那份真诚的自责与悲痛，秦穆公不会感人心，更不会励人志。所以说，秦穆公当得起“人之俊”的称谓，现代人要学习秦穆公的治国方略、处世之道，用德、信带动周围的人为你效命。

感动世界的南非斗士曼德拉

2010年南非世界杯开幕，这是世界杯第一次在非洲大地上举办，南非立刻吸引了全世界的目光。6月11日，在南非首都约翰内斯堡足球城举行了盛大的开幕式，这个时候观众们发现，在足球城的主席台上有一个空位没有人去坐。南非人都知道这个特别留出的位置代表的人就是曼德拉，永远的南非英雄纳尔逊·曼德拉。

在黑人的历史当中，没有一个人像曼德拉这样得到了全世界人们的敬仰和爱戴。对于南非黑人来说，曼德拉是一位和平斗士，他不仅是南非种族平等政策的缔造者，也是整个黑人种族自尊自强的精神领袖。2009年11月，联合国大会通过了决议，从2010年开始，将每年的7月18日定为“曼德拉国际日”，以表彰他对自由与和平作出的贡献，而这一天正是曼德拉的生日。

纳尔逊·曼德拉，享誉全球的诺贝尔和平奖得主。为了推翻南非白人种族主义统治，他进行了长达50年的艰苦卓绝的斗争。

熟悉曼德拉的人都知道，对于这一殊荣曼德拉是当之无愧的。他用50年的光阴推动了南非的改革，为黑人争取种族平等作出了不可磨灭的贡献。联合国秘书长潘基文赞扬这位老人是“全球公民典范”。

我们知道，在南非，虽然黑人占了总人口的70%，但是社会主导权却是掌握在白人手里，种族歧视现象非常严重。而且黑人中大部分都是贫民，他们在衣食住行方面都受到歧视。随着民族意识的觉醒，黑人开始不断反抗这种不平等现象。在南非民族解放运动进行得最轰轰烈烈的20世纪中期，纳尔逊·曼德拉出生了。他是一个土生土长的南非黑人，属于腾布族，是腾布王朝家族的一员。曼德拉的父亲是一名酋长，在他9岁的时候就已经去世，曼德拉是被部落的摄政王抚养长大的。曼德拉是家族中唯一上过学的人，他也曾到外界求学，吸取了不少现代科学知识和政治理念。上大学之后，为了做一名投身民族解放事业的战士，这个部落酋长之子放弃了继承酋长位置的机会，走出了部落。

对于当时的南非当局来说，曼德拉是一个叛逆的青年，19岁的时候他就因为在大学校园里参加抵制学校不合理政策的活动而被开除，后来他又不断参加各种集会，宣扬黑人的权利，展开非暴力不合作运动，处处和当局对着干。在26岁时曼德拉参加了主张非暴力斗争的南非非洲人国民大会。对此，南非当局两次发出禁令，禁止他参加公众集会。他收到禁令之后就转入地下活动，坚持参加南非非洲人国民大会和人民议会，反对当局的统治。

几十年后我们再回头看看那段历史，到底是谁对谁错已经一目了然。曼德拉在自己的青春岁月里把所有的热情都投注到了民族解放运动中。在曼德拉能够自由活动的时间里，他与朋友合作开设了律师事务所，为请不起辩护律师的黑人提供免费或者低价的法律咨询服务。他还四处奔走，参加反抗运动，并逐渐成为南非民族解放运动的领导者之一。1961年，曼德拉创建了非洲人国民大会军事组织“民族之矛”，并担任总司令。

之所以说在他“能够自由活动”的时间里，是因为在此之后曼德拉度过了长达27年的监狱生活。他在1962年被种族隔离当局逮捕，在监狱里受尽非人的折磨，直到1990年才被当局释放出狱。

27年的时间说长不长说短不短，这已经足以让一代人忘记一个人了，但是出狱之时，70多岁的曼德拉却受到了全国黑人的热烈欢迎。曼德拉在出狱当天就发表了著名的“出狱演说”。当曼德拉走进索韦托足球场主席台时，民众高呼着曼德拉的族名“马迪巴”，欢呼声一浪高过一浪，就像是在为国王加冕一样。

曼德拉被释放出狱：1990年，曼德拉在经过了27年的牢狱之灾后被释放，当天即面对公众进行演说。

曼德拉向12万人宣布：“我为反对白人统治而斗争，也为反对黑人统治而斗争；我珍视民主和自由社会的理想，在这个社会中，人人和睦相处，机会均等。我希望为这个理想而生，并希望实现这个理想。但是如果需要，我也准备为这个理想而死。”他高举拳头带领民众一起高呼：“权力属于

人民！”

一个为自己种族争取平等权利的人很常见，但是在历经磨难之后能够要求两个对立状态的种族平等相处却需要多么博大的胸怀啊！曼德拉虽然积极争取黑人的权利，但是他并没有用以牙还牙的方式对抗白人，因为在他的心目中，并非所有的白人都是残酷无情的。其实他的这个认知来自于一个白人医生所做的事情。

在曼德拉被囚禁在监狱里的时候，他生过一次重病，看守将他带离囚禁地外出治疗。医生检查后，要求看守让他留院治疗，但是监狱一方要求当天必须将其押回。生病的曼德拉看着看守和白人医生为了自己争吵。看守说：“他是犯人！”医生说：“在我眼里，只有病人！”

曼德拉突然明白了，世界上的人没有谁的品性是由肤色决定的，白人中也有许多可爱的人。在监狱里，他的思想完成了蜕变，萌发了和平解决种族争端的想法。四年之后，曼德拉在不分肤色的全民大选中被选为南非第一任黑人总统，他还特意邀请了当年看守他的三名看守来参加他的就职典礼，并向他们致谢。这一举动感动了镜头外的整个世界。

如今，曼德拉因为年龄增长，身体状况不佳，已逐渐淡出公共视线，但他的名望并没有因为他的淡出政坛而消退，他的一颦一笑依然是南非人民心目中的瑰宝。我们记得他，世界上的许多人都记得他，这个顽强、善良、热爱和平的南非斗士。

黄石公说过，俊杰之人要有德，才能使远方的人自动崇拜他，曼德拉做到了，他的行为就体现了俊杰所应具备的必要素质。一个人只有做到这些，才能赢得更大的发展。

正道章（二）：人中之豪，行为仪表

经典再现

行足以为仪表[①]，智足以决嫌疑[②]，信可以使守约，廉可以使分[③]财，此人之豪[④]也。

迷津指点

①仪表：人的外表，这里引申为准则、楷模。

②嫌疑：疑惑难辨的事情。

③分：分理、打理。

④豪：才智过人的人。《淮南子·泰族训》言智慧超过百人的人被称为豪。

古文译读

行为能够被人奉为楷模，智慧足以决断疑惑难辨的事情，讲究信用可以信守约定，廉洁可以重义轻财，这就是人中之豪。

前沿诠释

黄石公描述了这样一种能够成就大事业，有大声名的人，他的所作所为可以成为人们的表率，在复杂的事务和矛盾面前能不慌不忙地去处理，他会信守诺言从而也带动别人，他很廉洁，重义轻财，不会对财富产生贪念。这样的人就是人中之豪。人中之豪可以为人典范，是识大体、懂大义的人物，他们拥有卓越的品质和才能，可以成为做大事业的领导者，也可以成为人们喜爱、信任的伙伴。古往今来，许多仁人志士就因为这些优良品质而名传八方。

不朽的羊祜堕泪碑

一个人的品德很难用什么名号来衡量，但是当一个人死后，如果百姓怀念他的眼泪能流成河，那么后人大概就能明白这个人的功绩了。在襄阳的岘山上曾经有一座古庙和一块石碑，路过的人看到石碑都会悲从中来，哀伤不已。当然，这不是一个怪力乱神的故事，石碑并没有什么魔力，令人落泪的是这块石碑代表的人物——羊祜。

羊祜是晋代著名的战略家、政治家、军事家，曾经以尚书左仆射的身份镇守襄

阳，管理荆州一带的事务。在驻防襄阳的十年间，他为当地人做了许多好事，这些事流传很广。他死后，襄阳的军民都号啕大哭，为他在岘山建了一座庙，立了块石碑，大将杜预将它称为“堕泪碑”。金庸在《神雕侠侣》一书中写到襄阳时，就曾通过书中众位侠士之口提到堕泪碑，赞扬了羊祜其人其行。

羊祜（221—278），字叔子，泰山南城（今山东费县西南）人，西晋开国元勋，博学能文，清廉正直。

三国后期，司马氏逐渐崛起，取代了曹魏的地位，建立了晋王朝，羊祜便是晋代的名臣之一。他出身官宦世家，是东汉名士蔡邕的外孙，他的姐姐是晋景帝司马师的皇后。虽然身份显贵，但羊祜却是以他的品德和风范出名的，每个跟随他的人无不真心敬佩他。

羊祜的言行举止都可以成为当世人的典范。他从年轻时起就因为态度潇洒从容而被人称赞，做官之后无论升迁到何等高位，他都谦恭仁慈，对其他大臣恭恭敬敬，言谈恳切，得到众人的一致赞扬，人们把他比做孔子的得意弟子颜回——“此今日之颜子也”。

现在人们经常评选公民道德模范，如果晋代也有这样的活动，那么羊祜肯定会位列其中。羊祜一生中的许多事迹直到今日仍然被人们所传颂。

曹魏景初三年（239），魏明帝曹睿去世，即位的魏王曹芳只有八岁，司马家族和曹氏宗室之间的权力斗争进入了白热化阶段。后来司马懿发动政变夺权，杀死了辅政的曹爽，大肆诛杀曹氏集团中人。羊祜的岳父夏侯霸是曹氏的亲信，为了逃避杀戮就投降了蜀国。很多人怕受连累，都和夏侯霸的家属断了联系。只有羊祜顾念亲情，秉承孝义，经常去看望夏侯霸的亲属，接济他们，就如同当初一样，丝毫没有避嫌，也不对夏侯家的人说鄙夷的话语，羊祜的为人由此可见一斑。人们都感叹，有这样一个在动乱中坚持扶持自己的亲友实在是人生幸事。

羊祜的孝也是当世美谈，他在母亲和长兄羊发相继去世之后，服丧守礼十多年，被称为孝道典范。

羊祜的“智”在曹魏与司马氏的大战中同样表露无疑。羊祜的岳父属于曹氏亲信，而他的姐姐却嫁给了司马师。因此，羊祜成为少见的同时与曹氏和司马氏有姻亲关系的夹缝中人。在三国两晋乱世，做一个墙头草意味着一不小心就会惹来杀身之祸。曹魏末期，司马氏的行动已经非常明显了，否则也不会出现一个“司马昭之心，路人皆知”的成语。曹爽和司马懿、司马师父子暗中争斗，曹爽利用自己的宗室身份将司马懿排挤到了太傅的闲职上，他则掌握了禁军军权。司马懿看起来似乎失势了。羊祜此时虽然年轻，却颇有政治头脑，他根据两方的实力和手段判断出曹爽最终斗不过司马家，因此当曹爽征召他和王沈时，羊祜就拒绝了，并告诉王沈“委质事人，复何容易”。不久，“高平陵之变”爆发，韬光养晦的司马懿突然发难，扭转了局势。羊祜因为没有亲近曹爽，在后来司马氏大举翦除曹氏亲信的过程中就避免了被波及。不听劝告亲近曹爽的王沈则被罢了官，他到这时才领悟到羊祜之智。

羊祜在晋武帝司马炎当政时期被任命为荆州诸军都督，镇守襄阳，站在了晋与东吴对抗的最前线。荆州从三国时期起就是兵家必争之地，多次遭遇战火侵扰，到了司马炎统治时，晋和东吴各占有荆州的一部分（古代荆州是九州之一，范围很大），长期对峙。司马炎早有吞吴之心，这片边境便是将来灭吴的关键地点。羊祜到达荆州地区之后，发现这里形势不稳，百姓困苦，便把全部精力都放在了治理荆州上。

羊祜的仁德流芳后世，襄阳的百姓为纪念他，特地在羊祜生前喜欢游憩的岘山上刻下石碑，建立庙宇，按时祭祀。

惨遭战火荼毒的荆州百姓见到又来了一位大将军，原本害怕他会抓兵丁、收缴军粮，让他们没想到的是，羊祜这位颇有儒士风度的都督不仅没这样做，还开始为他们办好事。羊祜在荆州发展生产，使百姓能够安心生活，又大量开办学校，让平民子弟都能上学读书。这些安抚百姓的措施深得民心，久经战火的百姓在羊祜的治理下终于过上了安定的生活。因为这里与吴国毗邻，羊祜还制定了较为宽松的边境政策：凡东吴投降之人，去留可由自己决定。他把军队分作两部分，一部分执行军务，一部分垦田，最终解决了军粮问题。羊祜与东吴人以诚相待，他与东吴守军将领陆抗信义相托的故事流传百世，他们的交往被称为君子之交。

荆州地区的东南部被东吴占领，在那里驻守的是东吴镇军大将军陆抗。羊祜和他对峙数年，每次交战，都是按照约定的日子，从不偷袭，也不设伏。有人建议用计谋取胜，羊祜也不听从。羊祜行军时路过东吴地界，士兵割了吴国的稻谷，羊祜就叫人计算价值，送绢布到东吴陆抗那里作为赔偿。晋军士兵打猎，如果猎物是从东吴一方带伤跑来的，他就叫人将其送回吴国地界上。有东吴士兵在边境掠夺，羊祜抓到人之后也不为难，愿意降晋的就接受，不愿意的就规劝一番放人回去。原本应当是敌人的陆抗也佩服羊祜的德行度量，经常向别人称赞他。原本剑拔弩张的边

境局势因为两位大将的信义，变得和睦起来，出现了你不犯我、我不犯你的局面。

陆抗对于羊祜的信任到了哪种程度，可以用下面这个故事来说明。有一次陆抗生病，向羊祜求药，羊祜很快托人送去药酒，还转告说："我也有这些毛病，所以经常自己配些药酒饮用，这是我用新得到的方子配的酒，自己还没有试过，如果你愿意的话，可以试试看。"吴军将士怕其中有诈，都劝谏陆抗不可以喝，陆抗也不试验就直接拿来一饮而尽，喝完后哈哈大笑："世间哪有用毒酒害人的羊叔子！"之后，他的病竟然真的好了不少。

羊祜的廉洁在襄阳也是公认的，他镇守襄阳十年，家中没有余财，俸禄经常散赏给将士们，就连官署也很少修整。晋咸宁四年（278），羊祜病故。消息传出后，整个襄阳城哭声震天，将士和百姓无不落泪。

羊祜一生的行为符合黄石公对于"豪"的要求，他在行为上约束自己，用智慧经营人生，重义轻财，得到了身边人的普遍认同。对于现代人来说，要达到"豪"的水平，就需要长期的奋斗，所以说，成功并不容易，要时刻努力，始终如一，才能最终成为豪杰之人。

人中英豪，堪为楷模

黄石公在《素书》中强调："行足以为仪表，智足以决嫌疑，信可以使守约，廉可以使分财。"可以说，这句话从四个不同的方面囊括了世上能被称为"人杰之人"的特点。人中之杰无论是在历史上还是在现代社会中，都在各个领域作出了杰出的贡献。

宋朝著名的女词人李清照有诗曰："生当做人杰，死亦为鬼雄。"这表达了她的做人原则和人生目标。事实上，这位女词人的确堪称"人杰"。

作为宋代杰出的词人，婉约词派的代表，这位女词人不但首创易安体，还留下了许多优秀的词作，像人们耳熟能详的"莫道不销魂，帘卷西风，人比黄花瘦""和羞走，倚门回首，却把青梅嗅""知否知否，应是绿肥红瘦"等，至今读来，仍为词人的才华而惊叹。为此，沈谦《填词杂说》中将她与李后主并提，说："男中李后主，女中李易安，极是当行本色。"除了词作，李清照本人还精通金石、书、画，可谓多才多艺。

不只在文学上的成就，李清照的为人也完全符合黄石公所说的"行足以为仪表"。1127年，宋徽宗和宋钦宗父子二人被金兵俘虏，李清照与丈夫赵明诚不得不流落江南。后来，赵明诚病死于建康（今南京），独留李清照一人在世上。李清照遭丧夫之痛，目睹了国破家亡的她"虽处忧患穷困而志不屈"，在"寻寻觅觅、冷冷清清”的晚年，除殚精竭虑地编撰《金石录》，完成丈夫的遗志之外，还积极主张北伐收复中原。为此，她留下了一首雄浑奔放的《夏日绝句》：“生当做人杰，死亦为鬼雄。至今思项羽，不肯过江东。”她借项羽的宁死不屈反讽徽宗父子的丧权辱国，痛快淋漓地表达了对南宋王朝的愤恨之情。

作为一名女性，在自己身遭不幸的同时还不忘国忧，其行为足以成为后世人的典范。也许正是因为如此，多年之后，后人在月球上以她的名字为一座座环形山命名，她是获此殊荣的唯一一名女性。

说到“智足以决嫌疑”，我们就不能不提到一个人。这个人被誉为“法医学之父”，著有《洗冤集录》，被西方世界普遍认为开创了“法医鉴定学”的先河。这个人就是南宋著名的法医学家宋慈。

宋慈是唐代名相宋璟的后人，在其二十多年的仕途生涯中，曾先后四次出任高级刑法官。由此可见，他人在司法领域颇具权威。长期的刑事工作使他积累了丰富的法医检验经验，达到了“智足以决嫌疑”的程度。

1247年，宋慈采撷前人的著作，结合自己的实践经验，吸收了民间流传的医药知识，编辑了五卷本《洗冤集录》。书中介绍了很多刑事检验的方法，因此该书自问世以来，便成为历代刑狱官案头必备的参考书，前后沿用了600多年。后来，这本体现了宋慈智慧的《洗冤集录》流传到海外，在世界法医史上也占有一席之地。

倘若说李清照和宋慈代表了中国古代“人杰”中的“行”和“智”，那么黄克斌老人一家就代表了现代“人杰”中的“信”。

黄克斌本来是河南省三门峡市卢氏县外贸局的正式职工。1996年11月，黄克斌经人介绍承包了一个服务园区的路政工程。在交纳了30万元的保证金后，他又筹集了157万元预付款用以购买工程材料，随后他便组织了500多名农民工展开了施工。

没有想到的是，一年后项目完工时，之前定好的445万元工程款被无理拖欠。而辛辛苦苦为工程忙碌了一年的农民工们则都在指望能够拿到钱回家过年，为老人看看病，给孩子交学费。在这种情形下，黄克斌毅然决定，不论自己能不能追回这笔欠款，都要想尽一切办法让农民工兄弟过好年。随后，黄克斌把家中准备过年的钱全部拿出，还变卖了家中值钱的物品，凑了5.1万元送到了最困难的农民工家中。

为了尽快还清拖欠工人的工钱，黄克斌发动了全家人的力量。黄克斌的儿女家

境都不太富裕，但父亲一声令下之后，他们几个东挪西凑，甚至将房子卖掉，帮父亲凑了26.2万元。黄克斌把这笔钱和自己从别处借的款，按照各个施工队农民工的困难程度，一一发放到他们手中。

在随后的十多年间，黄克斌和自己的儿女们节衣缩食，一起存钱，以赔付那笔天文数字般的工钱。其中，他的三个儿子帮他给农民工支付了被拖欠的工资55.72万元，这笔钱超过这些年间他们工资收入总数的80%。他的老父亲黄勇也把自己务农积蓄的5700元“养老钱”全部拿出。就连黄克斌的孙女也在上幼儿园之后，多次拿出零花钱为爷爷还账。

黄克斌全家祖孙四代12年来节衣缩食过日子，以还清拖欠500多名农民工兄弟的工资，获得了人们的普遍赞扬，黄克斌本人也被网友评为“中国近代史上最诚信的老人”。在此期间，黄克斌一家的事迹还被中央电视台的“道德观察”和“共同关注”节目进行了报道。相关报道引起人们对诚信的思考，也让世人再次深刻地意识到诚信是做人的根本。

黄克斌一家用自己的行动证明了黄石公所说的“信可以使守约”，而焦裕禄则用自己的言行说明了“廉可以使分财”的古训。

焦裕禄，这个来自山东农村的干部，于1962年被任命为河南兰考县的县委书记。兰考是个重灾区，焦裕禄不仅与兰考人民一起积极除“三害”，还做到了廉洁奉公，“使人分财”。

1963年春节前夕，国家拨给兰考县委机关一笔生活补助费，以帮助一些同志解决生活上的困难。办公室研究决定，将家中人口众多的焦裕禄也列入补助名单。当时，焦裕禄的家中不仅人口多，还因为孩子生病，欠了一些账，经济相当困难。但是众人没想到，焦裕禄断然拒绝了接受这笔补助，他恳切地说：“我有困难，我自己能解决，用不着国家救济，不必讨论我的问题。”第二次发放生活补助费时，考虑到他的家中确实困难，县委机关党支部决定给他一些救济款。怕他再次拒绝，党支部没有告诉他就将名单定了下来。焦裕禄知道后，从受补助人员的名单中划掉自己的名字，同时仔细地审查了其他申请补助人的情况，在名单上添上了另一个家庭人口多、困难大的同志的名字。事后，他在党员大会上说：“国家发放生活补助费，是为了帮助经济困难的同志安排好生活，使他们安心工作，不是发附加工资。困难大的、该救济的没有救济，不对；没有困难或困难不大的，救济了也不对。应当把生活补助费集中发给那些经济确实困难的同志，帮助他们真正解决问题，不能撒胡椒面，搞平均分配。”

虽然焦裕禄在这个世上只活了短短的42年，但他却以自己“廉可以使分财”的奉献精神感动了几代人。如今，在每年的5月14日——焦裕禄逝世纪念日和清明节，都会有上万人自发地从全国各地来到河南兰考祭奠这位全心全意为人民服务的好公仆。

无论是在古代还是现代，黄石公笔下的“人杰”的标准都足以作为衡量一个人品行的尺度。现代人在自己的工作和生活中倘若能以这个尺度来要求自己，何愁不会在自己从事的领域中成为杰出人物呢?

正道章（三）：人中之杰，行为端正

经典再现

守职而不废[1]，处义而不回[2]，见嫌而不苟免，见利而不苟得，此人之杰[3]也。

迷津指点

①废：旷废、松懈。

②回：改变。

③杰：才智过人的人。《淮南子·泰族训》言智慧超过十人的人被称为杰。

古文译读

忠于职责而不玩忽懈怠，在义与利冲突时依然义无反顾。明知处在容易发生嫌疑被人误解的情境却绝不轻易避开，见到丰厚利益却不随便取为己有，这就是人中之杰啊。

前沿诠释

在“俊”和“豪”之后，黄石公又提出了一种人生目标——“杰”。如今看来，杰的定义更像我们的日常行为守则，它要求人要具有高尚的职业道德，敬业奉献；在道义面前坚持自我，不会见利忘义，丧失人格、气节；当人们因为各种原因而处于被人误解、猜疑的是非之地时，不能因为怕误会就轻易离开；看到有诱人的功名利禄摆在面前，也不能贸然收下，而应扪心自问，君子爱财不可从无道处取。

从古至今，那些人中之杰均具有以上品质。从这些品质中可以看出一个人的真性情，也可以看出一个人的真胆量。

周公旦行得端坐得正不怕猜忌

在历史上，任何一位臣子担任“摄政”一职，都会有“功高震主”的危险，如果这位臣子恰巧是位宗室，那么又会多上一层“谋逆”的嫌疑。著名的周公姬旦就曾经面临这样的问题，但是他没有退缩，仍然履行着自己的职责，并且用事实告诉后人，自己是如何地问心无愧。他被人称为“人中之杰”，并不为过。

周武王姬发在灭商后不久就病体沉重，他感到自己时日不多，就开始考虑王位继承人问题。按照父子相承的制度，应当是由武王之子姬诵继承王位，但姬诵只有13岁，还不会处理政事。此时，大周王朝刚建立不久，诸事纷乱，武王担心他不能应付复杂的局面。

周公旦，姓姬，名旦，亦称叔旦，周代第一位周公。西周时期的政治家、军事家、思想家、教育家。

周公是周武王的四弟，非常贤明，平常就辅佐周武王处理国家大事，积累了丰富的治国经验。周武王从大局出发，想要周公根据"兄终弟及"的原则继承王位，管理天下。然而周公认为制度不能坏，坚决不肯接受，并在武王面前涕泣不已，表示愿意辅佐新王。

公元前1042年，周武王病逝，姬诵正式即位，就是周成王。周公在武王时期担任冢宰，到了成王时期升为太宰，相当于丞相，管理全国上下的重要政务。这个官位十分尊贵，因此人们都形成了这一印象：当国君的虽然是成王，但是实际掌权者却是周公。

周公辅政兢兢业业，成王登基的时候，武王的葬礼还没有举行，周公从大局出发，先帮助成王诰诸侯、会群臣、颁布政令，等到时局稳定之后，才为武王举行了正式的葬礼。

周公在成王年幼时开始"摄政"，对待国家大事非常尽职尽责，事必躬亲，曹操在《短歌行》中写的"周公吐哺，天下归心"，就形象地表现了周公为招纳人才而操心忙碌的状态。"周公握发"的典故则表现了他求贤若渴之心。正是在周公的治理下，周朝才出现了新气象。但是时间久了，舆论压力出现了，人们只知周公，而不知成王，于是有人开始怀疑他别有用心，名为辅政，实际上是架空成王，想自己当国君。那些闲言碎语不是来自别人，正是来自他的亲兄弟。

周武王在灭掉商朝后，为了赢得人心，没有杀死纣王的儿子武庚，而是把他封为殷侯，仍管理殷都朝歌。为了防止武庚有不臣之心，武王又派自己的三个亲兄弟姬鲜、姬度和姬处去就近监视武庚，把他们封在朝歌附近的管、蔡、霍三地，号称"三监"。这三个人也因此被称为管叔、蔡叔、霍叔。那些周公想篡权的流言就是他们放出的。

这些人本是武王和周公的亲兄弟，感情上应当很好才对，但是他们自恃有功，并不把周公放在眼里。他们看到武王临终时任命周公和召公（武王的堂兄弟）为左、右辅政大臣，地位和名望都比自己高，心里就不服气了。其中管叔是武王的三

弟，身为四弟的周公现在却比自己地位高，这怎么像话？

抱着这样的念头，三个兄弟开始对周公进行人身攻击，散布谣言，说周公姬旦想谋害成王，篡夺王位。

其实，自从摄政之后，周公就知道自己坐到了一个布满荆棘的位置上，国家治理好了，别人会说你越权架空国君；做得差了，别人又会说你不负责任、办事不利。事情管多了，别人会说："大王是你还是姬诵？"事情管少了，别人又会说："武王临终拜托你辅助幼主，你怎么什么都不管？"

尴尬？没错，周公正是处于一个绝对尴尬的位置上，更何况当初武王曾经说过要让位于他，周朝的大臣们无形中已经认为他可能会威胁姬诵的王位。

既然周公没有不臣之心，那么这个时候最容易摆脱流言的办法就是撂挑子不干。但是周公看出他的三个兄弟并不仅是嫉妒那么简单，所以为了稳定形势，他坚持用实际行动来消除人们对自己的误解。周公先是和少年成王恳谈了一番，表明自己决无篡位的野心，要成王顾全大局，不要轻信小人的谣言。之后他又去向召公和姜太公诉说了自己的志向。召公虽然不是武王的亲兄弟，却很得武王信任，也是辅政大臣之一，他此时已经对周公摄政有了不满，认为周公管得太多了。

周公庙。周公庙位于岐山县城西北7.5公里的凤凰山南麓，即《诗经》记载的"凤凰鸣矣，于彼高岗"处。

周公深深懂得争取他人支持的道理，他向召公和姜太公两位德高望重的老臣诉说了自己的志向，并请求大家一起辅助年幼的成王，保护如同新生幼苗一样的周朝天下，并最终获得了他们的信任。

不久之后，管叔、蔡叔果然和武庚一起叛乱，企图夺权，殷商的旧部立即响应，这对刚建立不久的周朝来说是一场灭国危机。周公奉成王之命立刻进行平叛，用了三年时间才打赢了这场艰难的战争，杀死了武庚和管叔，将蔡叔流放。从战火之中保卫了周朝之后，周公又为成王做了很多稳定国家的大事，他将殷商的故民安置在不同的地点，分散了他们的力量，使他们逐渐服从周朝的统治。

接下来，周公做了他一生中最明智的一件事，在摄政7年之后，成王已经20岁时，他信守诺言，将大权还给了成王。

周公对周朝的贡献很大，为了维持周朝建立初期的秩序，他作了许多努力。不过一个人做得再好，也会有很多人非议，不少人否定了周公的努力，把他视为一个专权的人，认为他的平叛行为其实是在镇压反对者。

后世的曹操、司马懿等人就是从所谓的“辅政”之位篡权的，这个位置上的人很容易受到非议，就是黄石公所说的“见嫌”。一般人或许会选择明哲保身，但周公却用事实告诉人们，一个有魄力的人不应当因为害怕被人猜疑就贸然放弃自己的责任，他行得端坐得正，对待国家大事“当仁不让”，对待手中大权不贪不念，该奉还时就爽快放手。正是这种坦荡的精神使他的形象在历史中闪光。为大事者，当学周公，只有恪尽职守，才能成就千古美名，也才能当得起“人之杰”之称。

做人要“守职而不废”

“守职而不废”要求人们忠于职责而不玩忽职守，在义和利发生冲突时能够坚守道义。这既是对人的精神品格的要求，也是这个时代对敬业精神的要求。海尔集团总裁张瑞敏曾经这样说过：“把每一件简单的事做好就是不简单，把每一件平凡的事做好就是不平凡。”

“守职而不废”要求的是人对岗位、职责、工作的重视，同时也是孔子所说的“居处恭、执事敬、与人忠”中的“执事敬”。倘若能对分配给自己的事务和工作充满敬意，人们就能从枯燥乏味、一成不变的工作中找到乐趣。

千里之行，始于足下。大部分人在事业的起步阶段都是从底层做起的，很多名家也是如此。每个人在社会中都有自己的位置，如果把社会比喻成一台巨大的机器，我们就是它的一个个“小齿轮”。每个人处于自己的岗位上，都要尽忠职守。如果你轻视这个不起眼的岗位，你就会与伟大的成就擦肩而过。

所谓伟大，并不是指一定要去做那些轰轰烈烈、震撼全球的事情；相反，将一件小事专心做到极致同样很伟大。众所周知的“庖丁解牛”的故事就是对这个道理很好的诠释。

庖丁数十年如一日，苦心钻研“解牛”之术，已经达到了艺术化的境界。看庖丁解牛，如同欣赏舞蹈一般：只见他挥舞着刀子，刷刷几下，牛身上就响起了皮骨相离的声音，接着牛肉就变成了细片纷纷落下，只剩下干干净净的骨架。庖丁不用看就可以将牛的每块组织分解开来。因此倘若论起在“解牛”方面的极致艺术，庖丁便在史册中占据了一席之地。那么，庖丁的这手绝活是怎么来的呢？难道这是天生的吗？当然不是！庖丁是通过数十年的苦练，从一个普通的厨师逐步成长，摸清了牛的身体构造，并糅合了自己掌握的技巧，才最终达到得心应手的程度。

如同解牛的庖丁一样，日本内阁大臣野田圣子的成功也是日积月累的结果。

野田圣子在大学毕业后就进入东京帝国酒店工作，她的上司安排她去洗厕所。

起初，野田圣子把这份工作看得很简单，但是一位前辈用兢兢业业的表现亲身教导了她何为敬业精神。从此，年轻而稚嫩的她立下誓言：既然当洗厕工，就要做一名最出色的洗厕工。最后她做到了，她清洗过的厕所都像新的一样。为此，董事长亲自接见她并让她任总部秘书。野田圣子的事业从此渐入佳境。敬业和执著推动了野田圣子前进的脚步，成就了她的辉煌人生。

野田圣子（1960—　　），日本女政治家。

还有这么一则故事：某家公司破产了，老板卷款而逃，几十位员工也作鸟兽散，各自去找新的工作。这家公司还欠了不少客户的账，老板一跑就成了烂账，于是愤怒的客户经常拥到公司门前闹事，有的客户甚至想冲进公司，企图通过变卖公司的电脑、桌椅等财产来弥补自己的损失。但是他们都没有成功，因为门口有一个保安死死地守在那里。

这个保安是个老实巴交的农民工，因为公司出事，他已经连续两个月没有拿到自己那份微薄的工资了。但是这个人依然很尽职，他甚至不相信公司已经破产，仍然和以前一样天天驻守在公司的大门口，不让闲杂人员进入。

有人告诉保安，这家公司已经不存在了，也没有人给你发工资了，赶紧走吧，保安还是不信。他拿出劳动合同给大家看，劳动合同上的聘用时限还没有到期，白纸黑字标明了被聘用者的义务，其中一条是“保障公司财产安全”。保安认定，只要自己手中的这份合同尚在，公司就赖不了。

后来，法院来人处理情况，在清点公司物品的时候，发现公司的很多票据都保存得十分完整。通过这些凭据，法院有了足够的资料来执行判决。法官对保安的尽职敬业表示感谢。

在现代，“守职不废”的含义演化成了爱岗敬业、忠于职守。这两句话说起来容易，做起来却不简单。只有那些真正热爱自己的职业、富有极强责任心的人才会忠于职守，正如故事中的那个保安一样。在他的眼里，自己的职业是光荣的，写在劳动合同上的义务是神圣不可侵犯的。

“守职”是所有拥有自己的职业和义务的人的行动准则。在古代，国君、大臣、将士都恪尽职守，国家才能兴旺，士农工商各司其职并不断钻研，文化、贸易与生产技术才会发展；在现代，每个人都恪守岗位，社会机器才能有条不紊地运转下去。

只把职业当做谋生手段的人，很难忠于职守并把热情倾注在自己的工作上，他们往往是“做一天和尚撞一天钟”；轻视自己职业的人不会忠于职守，他们不满自己的职业，时时想着的是“人往高处走”，结果把本职工作都荒废了。但是，如果一个人想有所作为，就必须重视自己肩头的职责，这不仅是个人道德的要求，更是事业进步的必备条件。不坚守自己的岗位就无法做好工作，无法得到其他人的认同，随之而来的进步和提升也就无从谈起。只有牢记自己职责的人，才能得到更好的机会。

求人之志章第三

志者，人之心志。无论一个人的人生走向何方，对于自己心志的磨炼都是不可缺少的。本篇也是《素书》中非常富有内涵的一篇，它提出了一系列要求，告诉人们通过怎样的方式才能达到道德修养和思想建设的高峰，相当于一套具体的道德守则和行为规范。人们在年少时也许会觉得这些都是空洞无味的教条，但是在经历了人生的起起伏伏之后，就会由衷地发现，本篇中这些短小的格言都是足以使人安身立命的金玉良言。

求人之志章（一）：绝嗜禁欲，所以除累

经典再现

绝[1]嗜[2]禁欲，所以除累[3]。

迷津指点

①绝：禁绝。

②嗜：嗜好。

③累：拖累。

古文译读

禁绝特殊的嗜好，抑制过度的欲望，这是消除为外物所累的办法。

前沿诠释

人的性格一般都是平和简约的，但是常常会因为被欲望引诱而逐渐失去本心，抛弃自己原本的志向去追逐外物。古往今来，那些无法抑制的嗜好和欲望总是会成为人们追求事业成功的拦路虎。我们看到，有些名人虽然具有非凡的才干和卓越的办事能力，也曾经取得了很大的成功，但是一遇到欲望他们就败下阵来，成为欲望的俘虏，在欲望的指使下任意妄为，最终败德、乱事、误国、丧身。曾经有人说过，要想走远路，就必须轻装上阵，背负太多的欲望，只会磨损人的根基。君不见，好色易生祸乱，饮酒误事又伤身，迷恋权位心境会乱，贪财过多容易着魔。所以说人生在世，对于那些容易腐蚀自我的欲望还是敬而远之为好。不过这并不意味着叫人完全禁欲，那不仅是不可行的，也是不人道的。然而人们却可以做到“清心”，对无穷无尽的欲望保持淡然态度，从而实现自己的志向。纵观历史，这样的人并不少见。

淡泊名利的元朝太保刘秉忠

“开国功臣，一生清廉奉公；心怀淡泊，千金散给父老。”这是后人写给元代名臣刘秉忠的一副对联。

对于一般人来说“刘秉忠”这个名字还是比较陌生的，但是当你站在北京城城外的远山上眺望，看到眼前方正而有序的城池，就会知道刘秉忠的才华是如何地出众。因为北京城的前身——元大都，就是由刘秉忠规划建筑的。

刘秉忠的一生非常像一部传奇，他曾经做过和尚，也做过道士；他曾经隐居过，后来又成为忽必烈的重要谋士。如果用人作比，那么他可以被比做三国时期的诸葛亮和后世明朝的刘伯温。刘秉忠对元朝的建立起了极其重要的作用，位高权重，却一生淡泊名利，没有被凡尘俗务牵累。

刘秉忠原名刘侃，他生逢乱世，生活在北方少数民族争夺的战场上。年轻时刘秉忠曾经做过刀笔小吏，因为不符志向而郁郁不乐，最终放弃了吏职，进入全真教成为一名道士，后因为天下大乱而隐居在了武安山。天宁寺高僧虚照禅师听说刘秉忠是个人才，就派弟子去请他下山。刘秉忠从此拜入了虚照禅师门下，法名子聪，号藏春散人。

刘秉忠博学多才，天文、地理、律历、卜筮、三式等无所不通，而且对天下大事了如指掌，颇有当年诸葛亮的风范。这样一个人，注定不会在乱世中蛰伏太久的。

刘秉忠（1216—1274），元代政治家，忽必烈手下重臣，对元朝建立之后典章制度的设计起了巨大作用。

公元1242年，刘秉忠云游到山西大同时遇到海云禅师。海云禅师当时正要去和林面见忽必烈，他知道刘秉忠有才华，就把他推荐给了这位蒙古亲王。刘秉忠此时只有26岁，他披着袈裟来到忽必烈面前，畅谈自己对国是的想法。当时蒙古皇室内部正在争夺大汗之位，忽必烈与蒙哥之间的斗争十分激烈。刘秉忠为忽必烈献上了一条计策：“成吉思汗大帝崛起于大漠而得到天下，征服国家无数，他将天下传给子孙，自然是希望子孙能够替他代代永继下去。我听说过‘马上取天下，不可以马上治天下’，您要想成为一个可以统领天下的人，就要学习周公。周公是周武王的弟弟，他日以继夜地为国是殚精竭虑，这才有了周朝八百年天下。您是当今君主的皇弟，更应当效仿周公行事，让人们看到你的仁德和治国能力。”忽必烈对此非常赞许，认为刘秉忠是个不可多得的人才，便请他辅佐自己。就这样，“子聪和尚”成为忽必烈手下的军师，他是忽必烈器重的第一个汉儒。

这次和林之行，刘秉忠得遇明主，不仅实现了自己一展抱负的愿望，也改变了蒙古帝国的命运。

元朝的许多皇帝都相信龟甲蓍草占卜，而刘秉忠对于推算占卜极其擅长，“粗算数，善推步，仰观占候，六壬遁甲，易经象数，邵氏皇极之书，靡不周知”。他的这一绝技征服了忽必烈，从而使自己成为忽必烈最信任的近臣之一，随同忽必烈出入30年。如果大家以为刘秉忠只是一个计算比较准确的算命先生，那就错了，刘秉忠是一个全才型的人物，他出智谋、定方略、立法令、明礼义、劝农桑、建学校，无所不精。刘秉忠作为忽必烈的心腹，长期参与经营社稷大事，深得忽必烈的信任和倚重。刘秉忠自己也先后被拜光禄大夫、太保、参领中书省事，位极人臣。无论是国家经济政策还是内外法度，只要是刘秉忠提出的建议，忽必烈大都会马上赞同并采纳，甚至连元朝的国号“大元”也是刘秉忠根据《易经》中的“大哉乾元”所定，这种荣宠是很多蒙古族大臣都享受不到的。

那么，在得到了高位之后，刘秉忠是如何享受的呢？令周围人十分钦佩的是，刘秉忠并没有耽于享乐，反而对名利非常淡泊。透过史实，人们看到的是刘秉忠前半生的积极“入世”，但是在积极为元朝统治者出谋献策的同时，他并没有丧失自己当初修道、悟法得来的思想精髓，因而把功名利禄看得无比淡然。在忽必烈登基为帝时，刘秉忠已经受重用数年，但他却并不注重衣帽装束，仍然穿着前朝的旧衣服，非常寒酸，以至于别人都看不下去了。翰林学士王鹗见到刘秉忠总是这副打扮，就向皇帝参奏：“刘秉忠为皇帝效力很多年了，他在陛下登基之前就随从陛下鞍马劳顿，为大元立国立下了汗马功劳。如今新朝已立，陛下应当为子聪添置新衣以示褒奖。”好像刘秉忠没有新衣是忽必烈的错一样，令人哭笑不得。

刘秉忠墓。此墓位于风景秀丽的永定河畔，与著名的燕京八景之一“卢沟晓月”相毗邻。

后来，刘秉忠的官越做越大，但他始终没有因为自己的官位而放纵自己，每天吃的依然是粗茶淡饭，住的依然是旧屋寒舍，所得的俸禄也大多散发给乡亲父老。有一次，忽必烈赏赐给刘秉忠白金千两，刘秉忠婉言谢绝道：“我只是一个山野鄙人，能得到陛下赏识是修来的福分，吃喝用度都是朝廷供给，不需要这些钱财。”

刘秉忠对于物质的欲望看得很淡，出仕几十年来，从来没有因为口腹之欲或

是物质享受而迷失过，同样，他对于权位的欲望也十分淡薄。他虽然身居高位，却从不参与争权夺利，只爱推荐贤德之士。郭守敬、张文谦、张易、王恂这四人都曾是他的学生，此四人最终都成为一代大家。另外，他还向朝廷举荐了姚枢、许衡、李德辉、刘肃等人，这些人也都各有所长，后来成为元朝的栋梁。

做过道士与和尚的刘秉忠一直把自己当做一个在世俗中的修行者，为天下做了一些事情之后他就认为自己应当归隐，重新修炼不沾惹尘埃的仙风道骨。但可能感念于忽必烈的知遇之恩，他只能把这种归隐的志向寄托在诗作中。他为后世留下了不少诗作，大都包含归隐之意，其中流露出的萧散闲淡的风格也与他的人品和风度是相符的。

刘秉忠虽然已经在历史中老去，但他对于欲望的淡然态度却永远不灭，他身处俗世，做高官享厚禄却“绝嗜禁欲”，是人们在名利俗物中挣扎时应学习的榜样。只有淡然于名利之外，才能成就真正的名声，这便是刘秉忠用他的人生告诉我们的道理。

不看重荣誉的居里夫人

居里夫人是一位在国际上知名度非常高的科学家，她是波兰人，在放射性元素的研究上作出了巨大贡献，一生两次荣获诺贝尔奖，一次是物理学奖，一次是化学奖。她与丈夫辛勤工作，先后发现了镭和钋两种天然放射性元素，从而成了近代化学领域的大功臣。

居里夫人故居。这是一栋巴洛克式三层公寓楼，墙体是咖啡色和粉色相间，二楼的中间有一个小阳台。

然而，居里夫人之所以出名不仅在于她对于科学的贡献，更因为她对名利和金钱的淡然态度。当年，为了提炼出纯净的镭，她和丈夫奋斗了三年零九个月，终于在成吨的沥青铀矿矿渣中提炼出了0.1克镭。这种新发现的物质无比珍贵，成为近代科学史上最重要的发现之一。因为这一发现，居里夫妇获得了1903年的诺贝尔奖。然而，他们夫妇俩却对伴随镭的发现而出现的美誉和金钱毫不在意，继续过着平淡的生活。后来，丈夫去世，居里夫人又因为自己的几项重大研究成就和科学发现，获得了十几个重要科学奖章。她也并没有被这些荣誉冲昏头脑，依然将名利看得非常淡然。

纵观居里夫人一生，她获得了很多奖金，其中包括两次诺贝尔奖金，赢得各种奖章16枚，另外还有各种荣誉头衔一百多个。如果换成别人，拿到这么多国家级、国际级的荣誉肯定会在家里专门开辟出一个地方来展示，但是居里夫人却在获奖之后直接把这些东西抛到脑后，并不把名利之欲作为自己人生的重要内容。

居里夫人塑像。

有一次，朋友到居里夫人家里做客，看到居里夫人几岁的女儿正在玩一个金属的东西。当她仔细看那个东西时，却吃惊地发现那居然是英国皇家学会刚刚颁发给居里夫人的金质奖章。她很诧异："居里夫人，能够得到一枚英国皇家学会的奖章对于科学家来说可是极高的荣誉，您怎么能随便把奖章丢在地上给孩子玩呢？"居里夫人却笑了笑说："我是想让孩子从小就知道，荣誉就像玩具，只能玩玩而已，绝不能永远守着它，否则就将一事无成。"

居里夫人是这样说的，也是这样做的。她从来都不觉得追逐名声是多么有趣的事情，因此，她没有到处演讲（除非是为实验室筹款），也没有宣扬自己的成就，而是一头扎进了实验室，不分寒暑地工作着。在居里夫人淡泊名利精神的感染下，她的女儿伊伦·若里奥·居里长大以后也成为一个孜孜不倦的学者，在学术上取得了巨大成就。

在现代社会，拥有一门专利可以使一些人快速发财致富。在居里夫人所生活的年代，申请专利也已经是非同寻常的事情。当居里夫人研究出了提炼纯净镭的方法之后，有些人劝她把这种提炼方法申请专利，并从中获利。但是她却拒绝了，并将提炼镭的方法向国际科学界公布。人们因而得以在这个基础上不断演进，发明出了更加先进的提炼工艺。其实，不仅是提炼镭的方法，还有其他的科学发现，居里夫人也都没有申请专利。因为她认为，科学是为全人类服务的，她发现的东西应当被人们自由地利用。不仅如此，居里夫人还把获得的奖金全部用于科学实验，而不是改善自己的生活。若非拥有这种一心为科学事业奉献的广阔胸怀，居里夫人的国际影响也不会像今天这么大。如今，走进任何一所学校，我们都会在实验室悬挂的名人画像中找到她美丽而知性的身影。在世界上所有热爱科学的人们心中，居里夫人都是一位拥有高洁人格的杰出科学家。

人活在现实中难免有七情六欲，但是凡事都要适度。物欲、色欲、名利欲……各种欲望层出不穷，如何正确看待这些也就成为人们在奋斗过程中的一个大问题。

居里夫人保留了对科学渴求的欲望，摒弃了对名利和金钱的欲望，从而使自己成为一个纯粹的科学斗士。但是在现实中，许多人与居里夫人相反，他们因为放不下对眼前功名利禄的欲望而失去了继续进步的斗志，变得庸庸碌碌。因此，我们可以想到：那些不良的欲望对于人来说就像是身上负担的重物，背负的东西越多，就越容易束手束脚。所以说，当一种欲望只会令人虚荣和迷失的时候，就是该放弃它的时候了，这就是“所以除累”。

控制住自己的欲望

欲望是推动人类前行的动力，同时它又是一把双刃剑，既能鼓舞人前进，也能使人行差踏错，堕入毁灭的深渊。当人的欲望泛滥、无法自控时，内心就会变得贪婪，不但会做出种种不可理喻的事情来，还会由于过多的牵累而变得软弱。

先贤针对人纵欲有过多次警告，黄石公在《素书》中提出“绝嗜禁欲，所以除累”，认为杜绝不良的嗜好，禁止非分的欲望，可以免除各种牵累；克制不合理的行为，减少邪恶的行径，从而避免过失。换言之，“壁立千仞，无欲则刚”。成功的人并不是天生就具有成功的条件，他们往往是在立下宏图大志后，通过艰苦卓绝的努力，一步一个脚印地提升自己的能力，最终达到目的的。在这一过程中，对欲望的操控是非常重要的。走远路的人必须轻装上阵，摒弃无法克制的欲望，才能最终走向成功。

一个打破了不带氧气筒攀登珠穆朗玛峰的纪录的登山家说，在雪山上，每上升一米都要承受极大的压力，空气越来越稀薄，人呼吸所需的氧气越来越少。而克服它的方法就是摒除心中的杂念，因为心中的想法越多，所需的氧气也就越多。因此，当他脚踏在珠穆朗玛的高山上时，唯一的念头就是“前进”。在排空了一切欲念之后，他的整个心神都集中了，因此，他才能一次又一次地打破纪录。这种痛苦却又考验人的经历，不正是人克制欲望的过程吗?

合理的欲望是推动人向上的动力，而不当的欲望和失控的欲望则是毁灭人的沟壑。“欲壑难填”之后，人们就会因为纵欲而在现实环境中窒息，失去继续前进的机会。

欲望是人与生俱来的，而人的主观能动性便体现在对欲望的控制上。不当的、失去控制的欲望会将人毁灭，唯有能控制住自己的欲望、不使其泛滥的人，才能最后获得成功，实现自己的愿望。春秋时期，公仪休嗜鱼却拒收他人送的鱼的故事之所以千百年来被人们传为美谈，就是因为公仪休能够克制住自己的欲望，虽然他很爱吃鱼，却不会贪图他人送上的大鲤鱼。无数人像公仪休一样处理好了欲望与事业兴衰成败之间的关系，始终做到管住小节，抵御诱惑。

与公仪休相反，一些人正是因为控制不了欲望，而使自己、他人陷入了厄运的旋涡。众所周知的民族罪人慈禧太后，一向以奢侈著称。在国家走向末路的时代，她却穷奢极欲地大肆挥霍国家财富。据说，负责慈禧个人饮食的御膳房共由108间房屋组成，占有8个院落，在里面干活的厨师足有128人！如此大规模的饮食后勤，别说供应一个人的伙食，就是作为一个整编师的炊事班都绰绰有余了。而且她每天吃的都是顶级国宴，每道菜都是名菜，要由名厨打理。可以毫不夸张地说，她吃的绝对是“真金白银”！

慈禧太后（1835—1908），叶赫那拉氏，咸丰皇帝的妃子，同治皇帝的生母。1861年至1908年间，她以皇太后的身份或垂帘听政或临朝称制，成为清政府的实际统治者。

奢侈的慈禧肆意放纵着自己的欲望，从未想过这些开销会给国家和百姓带来怎样沉重的负担。北洋海军一直想添置新式战舰，但清政府就是不批准，理由是“时艰款绌”，意思就是时局艰难、国家没钱。那当然了，慈禧一天的生活费用就是4万两银子，款不“绌”才怪。在甲午战争爆发之前的那一年，慈禧为自己的60岁大寿举行了奢侈的庆典，光她要用的首饰就合黄金1万两，合白银38万两；置办衣服花去黄金23万两；从颐和园回紫禁城所经道路的景点设置与装饰花去白银240万两……慈禧的这个生日约花了白银1000万两，相当于整个北洋舰队的经费。当时，英国和德国最先进的战舰价格约为25万两白银，也就是说，慈禧过60岁生日花掉了40艘战舰。她的花钱速度可以说是前无古人后无来者。

慈禧是历史上著名的奢侈太后，生前酷爱珍珠、玛瑙、宝石、玉器、金银器皿等，即使是死去，她也要把那无尽的财富埋进棺材里。她的陵墓的豪华程度超过了她的丈夫咸丰皇帝，是整个清东陵中最豪华的。慈禧棺内铺的褥子、尸身上盖的被子上镶嵌了上万枚各色宝石和珍珠，棺材的空隙中更是直接倒入了一层层宝石，而她的随葬品更是极尽奢华，有用金、玉、翡翠、宝石、珍珠等制作的各色工艺品，每种都价值上百万两白银。

慈禧对欲望的放纵误国误民，使腐朽的清政府再也无力支撑。她的奢侈是以整

个清朝政权的灭亡为代价的。她不只有价值高达白银亿两的随葬品，就连大清王朝都成为她的陪葬品。

慈禧墓中的陪葬品之一——翡翠白菜。

慈禧的放纵令人触目惊心。回想现在的许多大企业，在艰苦创业十几年后终于拥有了不小的规模，但负责人在打完天下之后过于放纵自己的欲望，奢靡无度，玩物丧志，沾染恶习，最终在须臾间便摧毁了自己好不容易建立的事业。

黄石公为人们写下的告诫振聋发聩："绝嗜禁欲，所以除累。"一个人，当他真正想去做一件事的时候，就应当有决心舍弃任何会影响这件事的欲望和享受心理。唯有控制好自己的欲望，不因享受而玩物丧志的人，才有可能获得成功，达到人生的新高度。

求人之志章（二）：学会自省，少犯错即是进步

经典再现

抑[①]非[②]损[③]恶[④]，所以禳[⑤]过[⑥]。

迷津指点

①抑：压制，抑制。

②非：错误，不对。

③损：减少，损坏。

④恶：不好，极坏的行为。

⑤禳：通“攘”，侵夺。

⑥过：错误。

古文译读

抑制自己内心不对的思想，减少自己不好的行为，从而就可以斩断邪恶错误的念头，自律自省。

前沿诠释

“身若无过，必以断除其恶。”每个人的内心都会冒出一些错误的思想，但是人们并没有因为这些思想而做错事，这是因为每个人都会在内心和自己的错误思想作斗争。当错误的思想占了上风时，人就会犯错误；而当人抑制住错误的思想时，就不会犯错误了。先贤曾子曾告诉我们：“吾日三省吾身——为人谋而不忠乎？与朋友交而不信乎？传不习乎？”说的就是自省的重要性。

真正能打败一个人的，往往不是别人，而是他自己。为了不让闪现的恶念拖垮整体思想，我们要时刻反省自身，和内心的偏颇思想作斗争，“抑非损恶，所以禳过”。纵观历史，凡是成就一番大事业、流芳百世的人，大都能够摒除自己的错误思想，实践正确的观念。因为如此，他们才会在事业上有所成就，在德行上也为人敬仰。

廉颇：负荆请罪将相和

在战国时期，赵国能够有尊严地抵挡住秦国的攻击，在很大程度上得益于廉颇和蔺相如二人一武一文，悉心配合。但他们二人一开始并不是如此和气，反而是有些敌对。之所以有后来的转变，一方面要归功于蔺相如的大气和隐忍，在另一方面，廉颇自律自省，主动认错，更是值得我们学习。

“廉颇者，赵之良将也。赵惠文王十六年，廉颇为赵将，伐齐，大破之，取阳晋，拜为上卿，以勇气闻于诸侯。”在“将相和”故事一开始时，廉颇就已经贵为大将军了，而蔺相如却还只是个门客，二人身份、地位相差极大，本来是不会有什么交集的。可是时势造英雄，战国乱世，群雄逐鹿，有才华者可能一下子就脱颖而出，蔺相如就是这样。他在“完璧归赵”“渑池之会”两件事上表现得极为出色，为赵国挽回了颜面，因而受到赵王的赏识，“以相如功大，拜为上卿”，一下子就当上了上卿。

廉颇墓。此墓位于安徽省六安市寿县八公乡郝圩村的八公山纪家郢放牛山之西南坡，俗称“颇古堆”。

相对于蔺相如的一步登天，廉颇则是稳扎稳打。他是战国时期的名将，与白起、王翦、李牧并称“战国四大名将”，《汉书》中曾说“赵有廉颇马服，强秦不敢窥兵井陉”，而《战国策》里则这样记载：“四十余年强秦不能得其所欲”。廉颇是凭着在战场上出生入死、屡建功勋才贵为公卿的。此时，他看到蔺相如“耍耍嘴皮子”就得到了比他的职位还高的官位，感到十分不服气：“我身为赵国大将，打下了那么多城池才有今天的地位。那个蔺相如凭着一张嘴居然敢位居我之上！他出身低微，我才不屑于和此人同殿为臣。”

蔺相如知道廉颇的想法后，并不和他正面冲突，一争高下，而是处处退让。为了在上朝时不让廉颇排在自己之下，他就经常称病不上朝，甚至在乘车出门遇见廉颇的车马时，也会远远避开。看到蔺相如这样避让，他的门客就不服气了，问他为什么要这样做。蔺相如解释道：“强秦之所以不敢攻打赵国，是因为赵国有我们两个人啊。如果我们势不两立，争斗起来，那不就是给秦国可乘之机吗？我这样避让是为了国家着想啊。”

廉颇听到这些话后，感到十分惭愧，觉得蔺相如一心为国，而自己却为一点微末小事差点坏了大义。于是，他开始反省自己的所作所为，觉得自己仗着功劳和高位就盛气凌人，实在是不应该。廉颇本来就不是专横无礼的人，因此他在想清楚之后，就决定登门向蔺相如道歉，来表示他的改过之心。廉颇为了表示自己的诚意，选择在蔺相如家宾客最多的一天登门，赤膊露体，背着荆条，请蔺相如责罚。两人从此言归于好，成了生死与共的好朋友，共同构筑了保卫赵国的钢铁长城。

负荆请罪石像。根据廉颇蔺相如“负荆请罪”故事制作的石像。

老将廉颇虽然性格有些鲁莽急躁，但和那些仗势欺人的权臣有着本质上的区别，他以国为重，以民为重，知错就改，在中国历史的长河中谱写了一曲“负荆请罪”的高歌，这种精神是令后人无比敬佩的。他这种勇于改过、负荆请罪的坦荡胸襟，值得人们学习。

每个人心中都可能会有错误的思想，产生这些思想并不可怕，重要的是要摒除这些思想，勇于改正，然后再整装前进。从这方面来讲，廉颇不愧是一代名将，难怪被后人尊为“德圣”。在社会高速发展的今天，我们仍然需要廉颇这种勇于自省、摒恶扬善的精神，这样在甩掉不良的思想包袱后，我们才能不断做出新的成绩。

周处：浪子回头除三害

说到改过从善，自律自省，就不能不提到周处这个人。《世说新语》中就记载了他的故事。周处在少年时狂妄放肆，为祸乡里，被乡里民众看做和蛟龙、猛虎并列的“三害”之一。最后，周处“抑非损恶”，不仅浪子回头为乡民们除去了蛟龙和猛虎，在出仕之后还为官刚正，不与奸邪之人同流合污。周处由一方恶霸转变为造福一方之人，正是因为他懂得自省，能够斩断自己的错误思想。真可谓浪子回头除三害，周处自省留青史。

周处生于公元238年，是三国后期人，他的父亲是东吴的鄱阳太守周鲂。周家也算得上是权贵之家，优越的家庭环境使得周处从小娇生惯养，仗势欺人。当地人都对他避而远之，把他称为乡里一祸。当时，乡里的河中有条蛟龙，山林中有条白额猛虎，再加上霸道欺人的周处，被人们称为“三害”。有人就别有用心地去劝周处击杀河里的蛟龙和山上的猛虎，说这样可以显示他的

威风。周处当时还不知道乡邻们是想着“若是三害只留下一害，我们的日子也能好过些”，于是就兴冲冲地去了。“处乃入山射杀猛兽，因投水搏蛟，蛟或沉或浮，行数十里，而处与之俱，经三日三夜，人谓死，皆相庆贺。”周处先是杀死了猛虎，后来又在水里与蛟龙搏命，打了三天三夜都没有出水。乡里人都以为周处和蛟龙同归于尽了，奔走呼号，欣喜庆贺。然而周处并没有葬身河底，当他回来后，看到乡邻们因为自己的“死”而喜悦，这才知道了乡里人对自己又畏又恨的态度。醒悟后的周处十分羞愧，于是决定反省自己所做的错事，重新做人。

周处题跋像。周处（238—299），东吴至西晋时人，年少时纵情肆意，为祸乡里，后改过自新，建立功业。

周处痛定思痛，决定去找当时著名的“二陆”陆云、陆机请教，希望他们能够帮助自己解开困惑。当时陆机并不在家，他就把自己的想法告诉了陆云：“我想重新修德，可是已经这个年纪了，恐怕来不及了！”周处一方面是真心想改正错误，可是另一方面，又害怕自己年龄大了，做不出什么成绩了。陆云告诉周处说：“只要改正自己的错误，立下志向，又何必担心自己的声名和成就呢？”后来，周处真的去除了自己错误的想法，一心进取，不仅把那个为祸一方的“坏周处”除去了，还造出一个正义敢为的“新周处”来。

周处浪子回头后，无论是在政治生涯还是在个人生活中，都坚守正确的信条，不断自我约束，自我反省，不仅为官刚正不阿，还教导出了作出不少功绩的子孙。在东吴灭亡后，周处在晋朝出仕，在现在的陕西地区当了一名太守。在太守任上，他勤勉为官，颇有政绩，处理争诉案件不偏不倚，正直明确，一些麻烦复杂的边疆少数民族问题也被他处理得很成功。后来，周处又被调往四川担任太守，他同样把当地治理得井井有条。由于政绩突出，周处就被调回朝廷，但他刚正不阿，不和权贵同流合污，最后得罪了梁王司马肜。公元296年，西北的少数民族氐族发生叛乱，周处被别有用心的人推上了战场。不久，司马肜公报私仇，逼迫周处率领少量兵马攻击叛军，而又不发兵救援，导致周处最后战死沙场。

周处在一开始的时候为祸一方，被乡邻瞧不起，还被公认为“三害”之首。他在勇敢杀死猛虎和蛟龙后，才发现自己的形象已经到了这么恶劣的地步。所幸他能够及时自省，并听从大学问家的良言相劝，幡然悔悟，实在是难能可贵。而周处改过之后的忠烈行为，更是给后人树立了榜样。

从周处的故事里，我们可以深刻地体会到，犯错的人并不是无可救药的，只要抛弃错误的想法，下定决心，“抑非损恶，所以禳过”，也是可以浪子回头，成就一番属于自己的事业的。

求人之志章（三）：洁身自好，远离灯红酒绿

经典再现

贬①酒阙②色，所以无污。

迷津指点

①贬：减少。

②阙（jué）：去除，远离。

古文译读

远离酒色的诱惑，才能使自己的品行没有污点。

前沿诠释

人有七情六欲，在这众多的嗜欲中，酒、色是最为伤身的。遇到美好的事物大家都会喜欢，喜欢并没有错，但关键是要懂得节制。如果不懂节制，一味地任性而为，就会招致祸乱的发生。长久以来，酒能乱性，色能败身，为酒、色所俘虏的人大多会身败名裂。因而儒家主张修身养性，加强个人修养是非常有实用意义的。饮酒不贪杯，好色而不淫，这是做人的一种境界，也是成大事者所必需的素质。

不管是历史上还是现在，喝酒误事的人比比皆是，因为贪色而亡国或是“下马”的也不在少数。所以只有远离酒、色的诱惑，才能洁身自好，一生平安。

商纣王：不爱江山只爱美人

古代的一些王朝的灭亡有时会和某个女人有关，特别是在夏、商、西周时期。比如夏灭因桀宠爱妹喜，商亡因纣王专意妲己，还有周覆因幽王嬖爱褒姒，这就深深地反映了贪色会亡国的道理。也正是因为如此，美女常被称为“红颜祸水”。

殷商是我国奴隶制社会时期一个国力强盛的国家，但到了纣王时期却被武王所灭。据史书记载，商纣王有四大罪行：沉溺酒色，奢靡腐化，残忍暴虐，荼毒四海。在这四大罪状中，“沉溺酒色”被放在第一位，这不能不让我们深思。

纣王，又被称做帝辛，他从小就很聪明，并且身材高大、力大无比，据史书记载，他能轻轻地把巨石举起，还能空手和猛兽决斗，可以称得上是智勇双全。在继位初期，纣王是一位勤于治理天下的贤明君王，曾经攻克了东夷，将中原的疆土扩展到了东南一带，并且带动了长江水域的开发。可是，好景不长，妲己出现后，这位君王便纵情酒色，不理朝政，商朝衰败的局面便一发不可收拾了。

关于妲己是如何成为纣王的妃子的，目前有两种说法：一种是殷商攻打有苏氏，有苏氏为了和商朝讲和，就在全国挑选美女进献给纣王，妲己便因此进了宫。另外一种是神话传说，就像《封神榜》中所演义的那样，妲己在父亲送她进宫途中被狐狸精附了身，变成了女妖。相传，纣王初次见到妲己的闭月羞花之貌、沉鱼落雁之容就被迷得失魂落魄。在妲己进宫后，纣王更是对其宠爱有加。

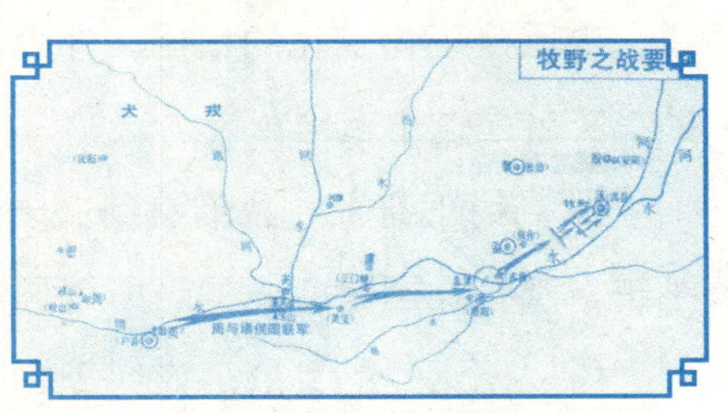

牧野之战示意图。牧野之战又称“武王伐纣”，是周武王联军与商朝军队在牧野（今河南省淇县南、卫河以北）进行的决战。

纣王自从有了妲己，便日夜纵情于酒色，不理朝政，对妲己更是言听计从。同时，他又大兴土木，修建各种宫殿楼宇，甚至还花了七年时间建造了一座鹿台。在鹿台上建有摘星楼和各种各样的亭阁，以供他和妃子们玩乐。此外，纣王还特别喜欢吃肉喝酒，他命人在宫院中挖了一个很大的池子，在里面灌满了酒，称为“酒池”。但是他还不满足，又在“酒池”旁边的林木上挂上了肉块，称为“肉林”。就这样，纣王和妲己每天都游走在“酒池”“肉林”之中，尽情享受。

传说纣王在妲己的怂恿下还设立了虿盆和炮烙等酷刑，凡是犯言直谏的大臣都会被他用酷刑折磨。后来，大臣们都畏惧酷刑，再不敢谏言，朝政便一日日荒废下去。更有甚者，纣王竟拿人命当儿戏，为了满足自己的好奇心，命人斩断砍柴人的腿骨、剖开孕妇的肚子，来验证妲己说的话是否正确。渐渐地，纣王众叛亲离，他的叔父微子逃隐，箕子装疯，都先后离他而去。他的另一个王叔比干为了尽人臣之责，力劝他“要以国事为重，不要迷恋女色，轻信妇人之言”。但是，耽于酒色的纣王又怎么能听进去呢？比干被挖了心，死于非命。

当忠臣们被大肆杀戮，法度被任意践踏时，商朝也就走到了尽头。周国的武王联合各路诸侯，终于在牧野之战后推翻了商朝。纣王自焚而亡，妲己也被砍头，砍下的头还被挂在小白旗上示众，以此警戒他人。

综观商纣王的一生，前期他励精图治，而后期却沉溺于酒色，荒废朝政，失去

了民心。虽然妲己不是一个贤德之人，迷惑纣王，使其做了很多坏事，但是亡国的罪过并不能就这样全怪在一个女人头上，不能以一句“红颜祸水”就掩盖了所有的一切。如果纣王是一位明君，他拥有良好的德行和修养，能够抵制酒色的诱惑，举止有度，那么纵使有十个妲己，我想殷商也不会就这样亡国的。在哲学中，我们常说，内因是事物变化的根据，外因是事物变化的条件，外因要通过内因起作用，说的其实就是这个道理。

从商纣王身上，我们看到：一个君主如果过度贪恋女色，就会忠奸不分，庸贤不辨，那么亡国是必然的。所以酒乱性，色败身，人们应该“贬酒阙色”，才能达到“所以无污”的目的。商纣王亡国的教训也成为后来其他朝代的大臣们劝谏其君主的有力例证。

公子侧：醉酒误战事，引咎自杀

公子侧是春秋时期楚国的司马，曾多次率领楚国的军队和晋国交战，立下赫赫战功，因而很受楚王器重。在楚共王十六年的时候，公子侧再次率军与晋交战，这次大战中爆发了有名的鄢陵之战。原本这是公子侧再一次建立功业的机会，然而却因为他自律不够，最终因醉酒误了战事。

爵。古代饮酒的器皿，三足，以不同的形状显示使用者的身份。

公子侧是一个特别爱喝酒的人，他一次能喝一百多斛，喝醉了几天都醒不过来。这样醉酒，换做常人也是会经常误事的，更何况是作为楚军前锋、中军元帅的公子侧呢？所以楚共王每次在有战事的时候就坚决禁止公子侧饮酒。这次适逢楚晋鄢陵之战，战事紧张，公子侧更是滴酒未沾。

有一天，楚王在作战时不幸中箭，楚军一时间落了下风。见到楚王中箭后既羞愧又生气的样子，公子侧就向楚王进言：“两军现在都已疲劳，不如明日暂且休战，容我想出良策，为您报仇。”楚王答应了。于是公子侧就回到了自己的大帐中，苦思冥想。他一直坐了大半夜，还是一点头绪都没有。这时，公子侧的一个名叫谷阳的贴身侍卫看到他如此忧心忡忡，就暖了一壶自己私藏的美酒送进帐中。公子侧突然闻到酒香，感到十分意外，就问谷阳端的是不是酒。谷阳知道主人的心思，想喝但又怕别人告诉楚王，就撒谎说不是酒，而是椒汤，是用来暖胃的。公子侧听完就一饮而尽，觉得甘甜无比，就又让谷阳送来椒汤（酒）。就这样公子侧一再饮酒，不知道喝了多少。喝到后来，他不知想起了什么事情，就命令全军鸡鸣出战，而后自己便酣然入睡。

鸡鸣时分，军队都集合完毕，鲁国和卫国的援兵也赶到了，只等公子侧前来共商对策，谁曾想左等右等就是不见公子侧。楚王赶忙派人去叫他，来人却回报说公子侧大醉，不省人事。楚王很生气，一连派人去催了公子侧十几次，但他都是处于昏睡中，怎么叫都叫不醒。无奈之下，楚王只得诏令尹婴齐来商议军事。婴齐建议说：“现在司马因酒误事，我们唯有连夜悄悄班师，才能免受失败之辱。”于是，楚军上下暗传号令，拔营而起，悄悄班师回国，公子侧也被绑在马车上随军队回国。到了第二天，晋军叫战，却发现楚军营中空无一人，便也高唱凯歌而还，鄢陵之战便以晋胜楚败告终。

等楚军拔营走出50里时，公子侧才恍恍惚惚地醒来。他发现自己被绑在车上，大吃一惊，不知发生了什么事。他问了士兵才知道原来是自己昨晚贪杯误事所致，心里非常悔恨，恼怒自己怎么能够放纵自己，自己常在酒中泡着，怎么可能分不清椒汤和酒呢？分明就是忍不住才痛饮了。楚王怕公子侧想不开，就派人传话说：“今日之事，罪在寡人，与司马无关。”然而公子侧还是觉得自己无颜面对楚王和众将士，于是自缢而亡。

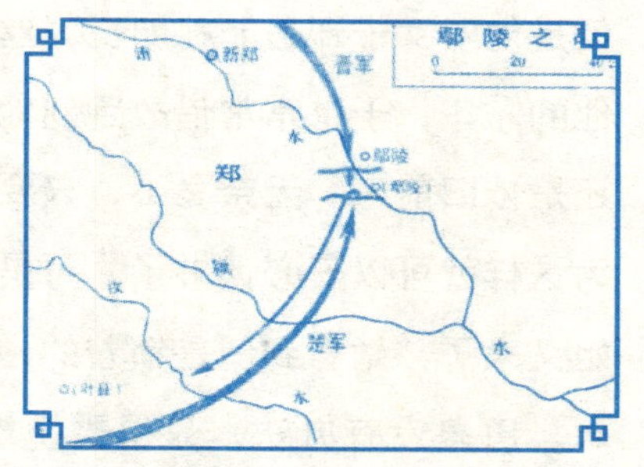

鄢陵之战示意图。此战发生于公元前575年，是晋国和楚国为争夺中原霸权发生的战争。

对于醉酒误事，髯仙曾有诗云：“眇目君王资老谋，英雄谁想困糟丘。”公子侧因酒误事，最终落得个自缢而亡的下场，着实令人惋惜。倘使其能够自律，严格要求自己，在关键时刻拒绝美酒的诱惑，又怎会令自己蒙羞，不得不放弃自己宝贵的生命呢？将帅即使有真本事，但是不顾及小节，也是难成大器的，自古如此。

所以说：酒场如战场，一着不慎，满盘皆输。切莫逞一时之瘾，留下终身悔恨。

唐皋拒淫功成名就

唐皋是明朝时期的一个才子，年少的时候家里很穷，于是他勤奋刻苦地读书，立志要在科考上一举成名。但是天不遂人愿，唐皋时运不济，在科举考试时屡试不中。后来就有好事的人编了一首打油诗来嘲讽他：“徽州好个唐皋哥，一气秋闱走十科。经魁解元荷包里，争奈京城剪绺多。”像这样受人嘲讽的人往往有两种倾

句，一种是自甘堕落，一蹶不振；另一种则会越挫越勇，永不言弃。而唐皋就属于后者，他回家后就在自家的墙壁上写道："愈读愈不中，唐皋其命如何；愈不中愈读，命其如唐皋何？"

唐皋一直没有放弃，他认为自己终有一天会成功的。怀着这样积极的念头，他的诗篇中便满含着希望和乐观。有一次，他看到别人的扇子上画着一幅画，画中是一个老翁正在网鱼，就即兴题了一首诗："一网复一网，终有一网得；笑杀无网人，临渊空叹息。"

钦赐状元唐皋朝天耳炉。唐皋，安徽歙县人，明正德九年状元。

用"两耳不闻窗外事，一心只读圣贤书"这句诗来形容唐皋是再合适不过了，为什么这么说呢？原来唐皋生得高大威猛，而且风度翩翩，引来很多女子的爱慕。但是他对女子却是非礼勿视，丝毫不会心乱。唐皋的邻居家就有位小姐，非常喜欢他的才华，于是常常借故跑到他的书房里和他搭话。唐皋多次拒绝，但是这位小姐还是依旧前来。无奈之下，只要是在读书的时候，唐皋就会把书房的门锁起来，以为这样就可以安心读书了。可是没想到，有一天晚上，在唐皋读书的时候，那位小姐又来了，她看到门是锁着的，于是就舐破了窗户上的纸，透过这个小洞来观察唐皋。唐皋没有办法，只得委婉地说："小姐，我今天实在没空，你还是明天再来吧。"到了第二天，唐皋想了一个妙计，他把窗户糊好后，就在窗纸上题了两句话："舐破纸窗容易补，缺损阴德最难修。"他想，看到这两句话，那位小姐就会羞愧地离开了。果然如他所料，当小姐看到题在窗纸上的两句话时，马上就识趣地回家了，从此再也没有来打扰他。

当时，唐皋家附近有座寺院，庙里有位和尚常常从唐皋家门前经过。有一天晚上，和尚像往常一样路过唐皋家门前，猛然抬头，看到唐皋家门上有块状元匾，两边还各悬挂着一盏红灯，上书："舐破纸窗容易补，缺损阴德最难修"。和尚大吃一惊，以为自己眼花了，等仔细看时，却发现匾额与灯都消失了。第二天，和尚和唐皋聊起此事，唐皋就把发生的事如实告诉了他。和尚听后很敬佩唐皋的人品，于是就劝慰他说："你拥有这样高尚的品德，前途一定无量。"正德九年（1514），唐皋再一次入京参加会试，高中状元，一时名满天下，这正应验了和尚的话。

虽然和尚从他看到的情景预言唐皋必定前途无限的事具有很浓厚的迷信色彩，可能是后人杜撰出来的，然而却有一点是客观事实，那就是唐皋是一个人品很好的人，能够在困苦环境下做到洁身自好。古往今来，像唐皋这样坐怀不乱的人，是少之又少的。但凡能克制自己的人必有坚忍不拔之志，唐皋最终得以高中，可以说是有志者事竟成，如果唐皋当时没抵挡住诱惑沉迷于美色当中而无心再读书，那他日后又岂会高中？到那时，说不定连那位小姐也看不起他了。所以说，色字头上一把刀，如果不能修身养性，严格要求自己，那等待你的就只能是一失足成千古恨。

求人之志章（四）：避人所讳，成熟应对

经典再现

避嫌远[1]疑[2]，所以[3]不误。

迷津指点

①远：形容词作动词，远离、避开。

②疑：怀疑、疑心。

③所以：连词，表示因果关系，用在下半句。

古文译读

行事要避免与别人产生嫌隙，与人相处不能让人产生疑心，这样才能不出现错误（有利于事情的进行与发展）。

前沿诠释

欧阳修在《新五代史·伶官传序》中写道：“祸患常积于忽微”。生活中人与人之间的矛盾，很多并不是由于原则问题引起的。往往一个不正确的表达方式，一次不经意的冷落，甚至一个被人误解的眼神，都有可能造成不必要的麻烦，为今后的发展埋下祸患。

三国曹植诗《君子行》有云：“君子防未然，不处嫌疑间；瓜田不纳履，李下不正冠。”所以，凡谋大事者，必须要从人与人之间的小事着眼，从生活中的细节着手，了解什么行为是别人所厌恶的，明白什么行为可能导致别人对你的怀疑，然后尽量避免做出这类行为，以保证自己的计划能顺利进行。反之，如不注重这些细微之处，可能积沙成堆，最终会连性命都赔上，这种情况在历史上并不少见。

文种：敌国破，谋臣亡

文种在越王勾践复国的过程中发挥了重要作用，在勾践三年（前494），勾践被吴王打败面临亡国危险时，就是由文种代表越国赴吴国议和的。后来，勾践夫妇和大夫范蠡成为吴国的人质，文种主持国政，用“爱民”之道来治理越国，提出了“利之无害，成之无败，生之无杀，与之无夺，乐之无苦，喜之无怒”的政策。此外，文种还总结商周以来的征伐经验，提出伐吴九术，为越国复兴作出了巨大贡献。

可以说文种鞠躬尽瘁，对勾践的东山再起有着不可磨灭的功劳。不过，他虽然富有治国谋略，在人心揆度上却不如范蠡。勾践东山再起之后，文种以为自己已经完成了任务，可以安安稳稳地享受富贵，却不知道比当初越国战败更大的危机已经出现在了他的面前。

勾践在经过卧薪尝胆的艰苦历程之后成功复国，然而他没有大赏功臣，反而开始猜忌起功臣良将们来。

范蠡很快就看清楚了这一点，他认为勾践只能共患难，不能共富贵，于是在越国灭吴之后很快就向勾践请辞。范蠡还不忘提醒好友文种，对他说道：“飞鸟尽，良弓藏；狡兔死，走狗烹。越王此人为人刻薄，可以与他共患难，却不能一起享受安乐，你为什么还不赶快离开？”建议文种及时脱身。文种却对范蠡的话不以为然，觉得自己对勾践有大功，他怎么可能会害自己呢，仍然一心一意地安享荣华富贵。

范蠡没有时间等待文种醒悟，他用最安全的方式——夜逃，离开了勾践。从此范大夫泛舟五湖，不知所踪。范蠡的出逃警醒了不少人，若论复国成功功劳最大的人，范蠡肯定可以排在前几位，如今连他都被吓走了，那大王勾践将会怎么对付其他人呢？计然、曳庸、扶同、皋如等曾经为勾践复国出谋划策的功臣们都惴惴不安。其中，计然曾向勾践献富国七策，还曾经教导过范蠡，其他人也是智勇双全，这些人的头脑自然不笨，他们都担心勾践如此猜忌，自己再待在越国，恐怕会不得善终。于是功臣们便有的装病，有的装疯，不再上朝。

文种墓，位于绍兴府山东北隅。

文种这个时候才慌了神，可是又不知道该怎么办才好，于是也有样学样地不上朝。勾践看到这些大臣都故意不来上朝，心里更加有了成见。一些小人便趁机进谗言说：“大王您称霸诸侯之后没有给文种加官晋爵，他现在十分怨恨，不上朝是怕大王看出他脸上流露出来的怨愤之色呀。现在文种认为自己比大王更加能够治国，正想着犯上作乱呢。”

此时文种的周围真可以说是危机四伏，他在越

国复兴之后，主张养民，与勾践的称霸之道产生了严重冲突，两人一直都闹得很不快。而且他在勾践陷入危机时表现出来的治国才干虽然帮了大忙，却也让勾践心里有了疙瘩。勾践后来想起这事，觉得文种这样的人自己以后恐怕无法节制，于是对文种产生了杀心。

后来，勾践召见文种说："你的计谋实在高妙，你教寡人的伐吴七术，寡人只用其三便灭了强吴。那另外四术，你为我到先王那里去试验一下吧。"说着，就把属镂剑扔在文种面前，令他自杀。文种看着剑，发现这是吴王夫差当年赐给伍子胥自杀的剑，没想到自己如今竟然和宿敌伍子胥一个结局，于是自嘲道："以后的世人再说起忠臣良将如何，必定拿我的下场作比喻啊！"说完便自刎身亡。

聪慧如文种，亦不能懂得"避嫌远疑，所以不误"的真理，明明知道勾践是那种只能共患难，不能同享乐的霸主，却依然幻想自己是那个幸运儿，希望君主会感激他的一片忠心，与他共享这盛世太平，可惜最终事与愿违，仍然被猜忌的勾践所杀。这不能不引起我们警惕啊。

功高不震主的萧何

西汉王朝的开国丞相萧何，是深知功高震主务必要避嫌远疑的典型人物。

萧何是汉高祖刘邦的同乡。在刘邦为平民时，萧何已是一个小官吏，他多次凭借自己的职权保护刘邦。刘邦做了亭长后，萧何也经常帮助他。有一次，刘邦役咸阳，县吏们都资助他三百钱，只有萧何资助了他五百钱。刘邦起事，是由萧何督办各项事务的。刘邦攻下咸阳后，各位将领都竞相跑到府库去瓜分钱财，唯独萧何先进秦宫收取律令图书。刘邦被封为汉王后，便任命萧何为丞相。后来刘邦之所以能详尽地了解天下各地的要塞、户口的多少、财力物力的强弱分布、百姓的疾苦，正是因为萧何得到了秦朝全部的文书图册和档案资料。

萧何（？—前193），西汉初期政治家，汉初三杰之一。

尽管劳苦功高，萧何在与刘邦相处的过程中，仍然坚持"避嫌远疑"。刘邦和西楚霸王项羽在河南荥阳附近交战时，几次从前线派遣使者慰问丞相萧何。针对这种情况，有个叫鲍生的人建议萧何说："汉王目前在前线作战，但是仍然冒着极大的风险，不断派人来慰问你，这是有原因的。你要为自己打算，不如赶快派遣你能够服役的兄弟儿孙到前方去参军作战，这样一来，汉王便不会怀疑你了。”萧何依言这样去做了，刘邦果然大为喜悦。

8年之后，陈豨在河北造反，那时刘邦已经做了皇帝，他便亲自率领军队前往邯郸征讨。战事尚未结束，淮阴侯韩信就想在关中谋反。后来吕后运用萧何的计策，杀了韩信。汉高祖刘邦知道这个消息后，派人回到长安，拜萧何为相国，加封五千户食邑，且专门派遣一个都尉和五百士卒，担任萧何的警卫。在长安城东种瓜的召平对萧何说：“你的灾祸从现在就要开始了。皇帝亲自率大军在前线作战，非常辛苦，你留在后方，不用担心随时都有生命危险。皇上如今又升你的官又加封你的食邑，并且还特地派士兵当你的守卫，这是由于淮阴侯的事情刚处理完，他担心你也不是真心臣服他呀。我劝你最好把皇帝给你的五千户食邑推辞掉，并且把家中的财富一起贡献出来，支持作战。”萧何认为他说得非常有道理，便照着去做，刘邦果然更加高兴。

青花萧何月下追韩信梅瓶。该瓶乃元代制造，以汉代典故“萧何月下追韩信”的故事为主体图案，层次分明，青花色泽苍翠浓艳，造型端庄，胎坚釉白，在制坯、绘画、施釉、烧制等方面均达到了较高的水平。

又过了一年，九英王英布叛变，汉高祖刘邦亲自率兵东下讨伐，期间几次派人问萧何在做何事。此时萧何因皇帝在前方作战，就在后方抚恤百姓，并且捐献了大批财物，补助军需，这些做法和陈豨造反之前的做法一样。有人告诉萧何说：“你离灭族的时间不远了。你已官至相国，就是有天大的功劳，又能升到哪里去呢？可是你初到关中，很得民心，至今已十年了，人民景仰你、信任你，平常你的声誉又很好，皇帝之所以不停地派人询问你的情况，是怕你在关中别有所图。所以你现在为什么不多置土地、乱欠账，故意做些不名誉的事情来污损自己的名声呢？这样皇帝才会放心啊。”萧何又依此话去做，改变自己的作风，故意贪污纳贿，强买土地，不少老百姓都开始骂他。这一骂，马上就让刘邦放心了。刘邦班师回来时，听说了萧何贪污之事，只是表面上责备了几句，内心却十分高兴。

自古人臣都惧怕功高震主，所谓良将不过是帝王指点江山的棋子，假如有一天棋子的地位威胁到皇帝的权力，曾经的劳苦功高也无法平息皇帝对他的杀心，所以，“避嫌远疑”就是最明智的做法。伴君如伴虎，你必须掌握好让老虎不发威的尺度。刘邦生性多疑，他的功臣多半都没有好结果，只有萧何能多次接受别

人的建议，努力不让刘邦怀疑自己，所以才能化险为夷，得以保身。

做人当学郭子仪

说到“避嫌远疑，所以不误”，唐朝的郭子仪可谓是历史上将其参悟得最精深的人。大唐王朝名人济济，才子辈出，历经四朝而不倒的郭子仪很少被人提起，并非他没有才干，事实上，这位拯救唐王朝于濒临灭亡之际的第一功臣，不仅武功超凡，而且谙熟世事、参透人情。他身处钩心斗角的唐朝皇廷，且又功高无人能及，如若没有这点能力，又怎么能够明哲保身，安老终年呢。《资治通鉴》曾说他“权倾天下而朝不忌，功盖天下而主不疑，位极人臣而众不嫉，穷奢极欲而不非之”，此话可谓是一语中的。后世的我们就可从他与卢杞的一段交往中窥见他那睿智的生存之道。

郭子仪拜寿西瓜罐。清光绪年间粉彩瓷。罐身上人物鲜明，色泽亮丽。

卢杞是中国历史上出名的奸臣，他出生于官宦家庭，受家风影响，少年时代即甘愿过清贫的生活，给人们留下了能够继承家风的好印象。但因他半边脸青肿，容貌极丑，所以经常受人嘲笑。这种童年经验给他以后的生活带来了浓重的阴影，以至于每当人们看着他的脸的时候，他便以为别人在偷偷地嘲笑他，这就造就了他喜猜疑且阴险容易记仇的性格。卢杞在坐上宰相之位后，便设计杀害了另一位宰相，并且残害了一大批忠臣，连著名书法家颜真卿也被他借李希烈之手杀掉了。但他残忍凶狠的魔手却始终没有伸向郭子仪，这足见郭子仪的识人之智、“避嫌远疑”之能。

郭子仪晚年赋闲在家，通过忘情声色度过余下的岁月。那个时候卢杞还未得志，郭子仪虽已不问政事，但多有宾客登门造访，对卢杞早有耳闻。

有一天，卢杞来拜访郭子仪。这时郭子仪正被他家里所养的一班歌伎包围，得意地玩乐着，一听到卢杞来了，立即起身，并马上命令所有女眷，包括歌伎，一律退到会客室的屏风后面去，一个也不准出来。

郭子仪态度庄重地和卢杞单独谈了很久。等到客人走了，家眷们心生好奇，便问他说：“你平日接见客人，都不避讳我们在场，还和客人谈谈笑笑的，为什么今天接见一个书生却要这样慎重，让我们回避呢？”

郭子仪说：“你们不知道，卢杞这个人很有才干，但他心胸狭窄，睚眦必报，长相又不好看，半边脸是青的，好像庙里的鬼怪。你们女人们最爱笑，没有事也笑一笑，如果看见卢杞的半边青脸，一定会嬉笑起来。这样一来，他就会记恨在心，一旦得志，你们和我的儿孙，就没有一个能活得成了！”

不久，卢杞果然做了宰相，凡是过去看不起他的，得罪过他的，一律不能免掉杀身抄家的冤报，只有对郭子仪全家，即使他们中有人做了稍稍有些不合法的事情，他还是尽量保全，因为他认为郭子仪非常重视他，大有知遇感恩之意。

想象一下，倘若郭子仪当时没有这样做，以卢杞奸诈刻薄的性格，在他得志以后，一定不会放过郭子仪一家人。可见，郭子仪对于世事的把握、人性的参悟还是准确的。

纵观郭子仪的一生，虽然他也曾遭到过奸人的暗算，但总的来说却是一生平顺，未遭受什么政治挫折，这与他良好的为人处世方法是分不开的，“避嫌远疑，所以不误”的智慧在他的身上体现得极为完美。

《素书》虽是一部谋略之书，其中的真知灼见是针对臣子与天子的关系谈的，但这里面所透漏的智慧却能够应用到生活中的方方面面，启迪我们应该怎样做人。“避嫌远疑，所以不误”这一句，就是告诉我们做人应该知道别人怀疑我们什么，从而就应该规避什么。人人都无法躲避世事纷纭，掌握这一原则，对于我们为人处世是十分有帮助的。

求人之志章（五）：博学多问，知识总会有用处

经典再现

博学[1]切[2]问，所以[3]广知[4]。

迷津指点

①博学：广泛地学习。

②切：恳切地，真诚地。

③所以：用来……的方法，表示手段。

④知：知识，学问。

古文译读

广泛地学习，恳切地求教，这就是用来增长知识的方法。

前沿诠释

在当今这个知识爆炸的社会，各个学科、领域纵横交错，相互联系，这种趋势势必会造成社会对人才结构的需求的变化。专一型人才不再是社会潮流的宠儿，博学多才、见多识广的人才是今后社会发展的中流砥柱。因此，我们必须广泛地学习，长期地积累，善于思考，善于发问，丰富自己的知识，开阔自己的眼界，从而更好地立身于这个世界，做出一番事业。正所谓：非博学广知，则无以立也。

细数古往今来，凡能成就一番大事者，多是博学广知之人。因此只有通过勤奋学习，广泛发问，才能通晓疑难，实现知识的融会贯通，从而达到“广知”的境界，也由此方能成就千古伟业，留下百世英名。

陈寅恪：“全中国最博学之人”

广泛地学习，是一个学者在追求卓越的过程中所应把握的基本方法之一，只有这样，他才能拥有广泛的知识，进而取得更大的成就。被誉为“全中国最博学之人”的陈寅恪便验证了这一点。

近现代学术大家陈寅恪治学广泛，不仅国学基础深厚，精通中国传统的经、史、子、集，而且对宗教、人类学、校勘学、语言学也有独到的研究和著述。他还精通蒙、藏、满、日、梵、英、法、德、巴利、波斯、突厥、西夏、拉丁、希腊等十几种语言。可以毫不夸张地说，陈寅恪学贯中西，达到了当世乃至后世难以企及的高度。

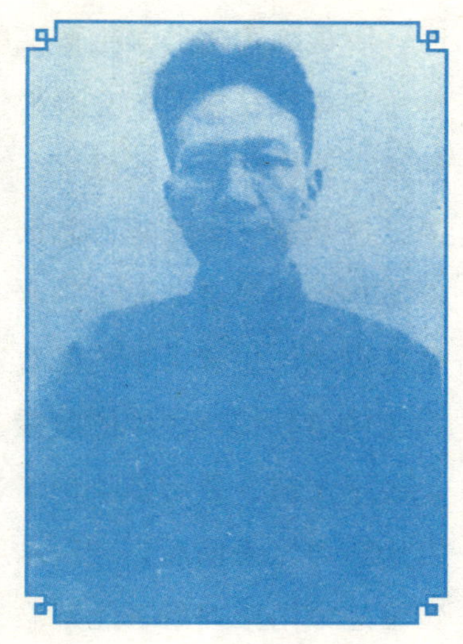

陈寅恪（1890—1969），中国现代最负盛名的历史学家、古典文学研究家、语言学家。

陈寅恪12岁即随兄游学日本，开始了他长达20年的留学生涯。他先后在日本巢鸭弘文学院、上海吴淞复旦公学、德国柏林大学、瑞士苏黎世大学、法国巴黎高等学校读书。在江西官费的资助下，他又先后在美国哈佛大学学习梵文和巴利文，在德国柏林大学跟随路德施教授学习东方古文字学，同时向缪勒学习中亚古文字，向黑尼士学习蒙古语。这么丰富的学习经历是一般人无法想象的。在留学漂泊的日子里，陈寅恪孜孜不倦，刻苦学习，哪里有好大学，哪里有名教授，他就去哪里听课和开展研究。各个领域，各种知识都吸引着他，让他废寝忘食，痴迷其中。在国外，他不仅读书本，更留心考察当地的风土人情，但对于一般人所重视的学位、荣誉却漠然视之，因此他游学多年却并未取得什么硕士、博士学位。

陈寅恪在三十来岁时，就因博学多才享誉海内外，并被清华大学聘为教授，与当时的王国维、梁启超、赵元任四人并称为清华四大国学大师。当时清华国学研究院的主任吴宓非常器重他，不止一次地说过这样的话："宓于民国八年，在美国哈佛得识寅恪。当时即惊其博学，而服其卓识，驰书国内诸友，谓合中西新旧各种学问而统论之，吾必以寅恪为全中国最博学之人。今时越十五六载，行历三洲，广交当世之士，吾仍坚持此言，且喜众人之同于吾言。寅恪虽系吾友，而实为吾师。"从此陈寅恪便被称为"全中国最博学之人"。

陈寅恪来到清华后，因为丰富的学识很快就受到老师、学生的普遍尊敬。他们凡有文史方面的疑难问题不能解决的，就都向他请教，且总能得到令人满意的答复，所以大家都称他为"活字典"。有一次，苏联学者在外蒙古发掘到三件突厥文碑，谁都无法读懂，只能面面相觑，然而经过陈寅恪先生一讲解，外国学者们便茅塞顿开。另外，还有"唐蕃会盟碑"，许多学者，如法国的沙畹、伯希和都无法解释，但经过陈寅恪翻译后，国际学者都一致称颂。因此陈寅恪也获得了国际学者的尊重和敬仰。有一次，被称为"日本史学界太阳"的白鸟库吉与中国的史学家吃饭

时，听说陈寅恪的学生蓝文征在座，立刻隔着桌子伸手与蓝文征握手，充满敬仰地称颂起陈寅恪的学问来，并讲起了一段往事：当年他在研究中亚问题时，遇到了一个难题，怎么也解决不了，便写信请教奥地利的学者。而该学者回信说他也不明白，但是建议他向柏林大学的某教授请教。于是白鸟库吉又去信请教柏林大学的教授，然而柏林大学的教授也说不知道，最后提议他请教陈寅恪先生。白鸟库吉给陈寅恪去信后，在日本度春假的钱稻孙担心陈寅恪短期内难以解答此疑难，便自告奋勇地说等他回国后再去拜访陈寅恪看能否解决此问题。结果钱稻孙的春假还没有结束，陈寅恪就回信解决了此问题，这令钱稻孙和白鸟库吉大为惊叹和折服。白鸟库吉不无感叹地说："如果没有陈教授的帮助，我可能至死也无法解决这个问题啊！"

陈寅恪故居，位于广州市新港西路中山大学校区内东北区309号2楼。

陈寅恪一生博学广知，在治学的前期，他主要研究文字，专注学习了十几种语言，每种都取得了不小的成就，特别是在梵文和巴利文上的造诣很高。在中后期国史成为他研究的重心，他对于史书无所不读，对各种志书、会要也非常重视，其他杂史也广泛涉猎。而且他非常注重史识，他曾说，"在史中求史识，目的是在历史中寻求历史的教训"，因此凡中国历代兴亡原因，中国与边疆民族关系，历代典章制度的嬗变，社会风俗，国计民生，一般经济变动的因果，以及中国文化长久留存的原因等各个领域都有他研究的题目。傅斯年曾赞叹道："陈先生的学问近三百年来一人而已。"胡适在日记中也写道："寅恪治史学，当然是今日最渊博、最有识见、最能用材料的人。"

陈寅恪自小就广泛地学习，且勤奋刻苦，汲取各种知识；在国外漂泊时，他又广泛求教，虚心学习，终成一代史学大家。学习对于一个人成长的巨大作用由此可见一斑。

达·芬奇：孜孜以求的文化巨人

列奥纳多·达·芬奇是意大利文艺复兴三杰之一，也是整个欧洲文艺复兴时期最完美的代表。达·芬奇一生兴趣广泛，研究范围极其广阔。他是一个不折不扣的天才，一方面热衷于艺术创作和理论研究，另一方面研究自然科学，因此他既是画家、寓言家、雕塑家、发明家、哲学家、音乐家，也是医学家、生物学家、地理学家、建筑工程师和军事工程师。

达·芬奇名画《蒙娜丽莎》。

达·芬奇出生于意大利佛罗伦萨附近的芬奇小镇，他从小就兴趣广泛，尤其是在绘画方面具有非常明显的天赋。他曾经画出了一幅狰狞的美杜莎盾牌画，竟把附近的小孩子吓得哇哇大哭。达·芬奇的父亲皮耶罗相信儿子有绘画才能，就把他送到了佛罗伦萨。之后就发生了人们耳熟能详的“画鸡蛋”的故事。达·芬奇在老师韦罗基奥的教导下每天画一些普普通通的事物，而且还是反复地画，年少好动的他因此在心里很不耐烦。但是老师却指出：“即使是同一个蛋，由于观察角度不同，光线不同，它的形状也不一样。”恍然大悟的达·芬奇因为老师的启发领悟了观察和把握事物形象的重要性，从此废寝忘食地练习绘画基本功。正是这日复一日的练习为达·芬奇成为一代艺术巨匠打下了坚实的基础。

人们知道达·芬奇这个人大多是通过他的名画《蒙娜丽莎》《最后的晚餐》，而对他在物理、医学、建筑等方面的成就就知道得比较少。达·芬奇作为通才表现在很多方面：在自然科学方面，达·芬奇早于哥白尼就对传统的“地球中心说”持否定态度；在医学上，达·芬奇被认为是近代生理解剖学的始祖；在物理学上，他发现了连通器原理，最早开始研究物体之间的摩擦学理论，还发现了后来被伽利略实验所证实的惯性原理；在建筑学方面，他设计过桥梁、教堂、城市街道和城市建筑，其中包括设计和监督建造米兰的护城河；在军事领域，他发明了子母弹、三管大炮、坦克车、浮动雪鞋、潜水服和潜水艇、滑翔机和直升机……谁能想到世上居然有这样的奇才！

世界上的人都是生来无知的，达·芬奇自然也不可能生下来就拥有那么多的知识。他之所以能够取得那么多成就，除了他自身的天赋之外，起重要作用的就是他对于知识的渴求。

达·芬奇所处的文艺复兴时代，正是中世纪“黑暗的一千年”末期，人们从蒙昧中挣脱，急于展开一场知识和文化的变革，因而社会上出现了一股求知的风气。达·芬奇便是一个对学习不遗余力的人。他在20多岁时就已经在佛罗伦萨的绘画界

崭露头角，但他的心里却有着一种渴望，想去探索人类思想的各个领域，因而他把学习的范围扩大到了所有他可以触及的领域。

达·芬奇的各项成就出现的时间都很接近，智慧成就呈“井喷”状态。但是如果想象一下他学习的过程，就会觉得他能取得这一切成就都是理所当然的。

达·芬奇名画《最后的晚餐》。

达·芬奇在学习绘画期间对于各种文化知识展开了如饥似渴地学习，并开始形成自己的绘画理论，他能够成为著名画家就与他的绘画理论分不开。而这些绘画理论又“巧合”地触发了他在其他领域的发明。他认为艺术家的主要任务应当是观察，而且是从大自然中观察。结果，在对鸟类进行研究时，他萌生了发明飞行器的想法；在对水的研究中，他既关心水的特性又注意水的流动规律；在观察动植物以及土壤时，他发现了力学与生物学的知识……在当时复古、刻板的学习环境下，达·芬奇饱含着对各种科学的渴望，不遗余力地探索着新的世界。有人说，达·芬奇有时候就像一个侦探，他会去研究人的脚印，会为了研究医学去偷尸体解剖。

为达·芬奇写传记的人描述他“一生与科学恋爱”。的确，达·芬奇的世界里充满着各方面的知识，他怀着永无休止的探索精神去研究自然和人生的一切奥秘，进而忘却了与人的恋爱。他留下了数千页的手稿，每一页都震惊世人。由此可以看出，一个人是否博学广知虽然与天资有关，但是如果没有那份对于学识的渴望和激情，恐怕想成为半个达·芬奇都很困难。

俗话说“艺不压人”，多掌握一些知识和技能对于每个人来说都是必要的。我们虽然不太可能做到像达·芬奇那么杰出，但是如果能够汲取尽可能多的知识并化为己用，就可以使它们成为我们扫清困难的利器，或是前进的手杖，辅助我们成就充实的人生。

人不学习，无有智慧

不经过耕种，土地再肥沃也长不出果实；人不学习，再聪明也不会有智慧。只有广泛涉猎、勤于求教，才能获得广泛的知识。孔子说：“敏而好学，不耻下问。”子夏说：“博学而笃志，切问而近思，仁在其中矣。”庄子说：“吾生也有涯，而知也无涯。”古往今来，无数名人因为广泛学习而成就了卓越的功业，在史书画卷中留下了自己的名字。

苏秦是战国时期著名的纵横家，但在成名之前，他也曾经走过一段坎坷的学习之路。苏秦曾经向鬼谷子学习纵横之术，想以此出人头地。但当他信心满满地去各诸侯国游历时，却一再碰壁。苏秦最后潦倒不堪，只能回洛阳老家，结果又被兄弟、嫂子、妻子奚落。苏秦十分惭愧，感到自己的学问其实很贫乏，于是闭门不出，找出《六韬》《阴符》等兵书埋头攻读。苏秦以“头悬梁、锥刺股”的苦学态度读了一年书后，记熟了各国的地形、政治情况和军事力量，研究了各诸侯的心理状态，再次游说六国，得到了燕文侯的赏识。随后苏秦的事业发展就一发不可收，他策划了六国合纵，自己当上了合纵长，佩六国相印，一时间风光无限。

勤能补拙，“学，然后知不足”，在这个世界上，不学习就可以掌握知识的人几乎没有。在中国，好学历来被视为求上进者的必备素质，即使是吴下阿蒙也会狠下心来读书，让同僚们“刮目相看”。

博学广知，以问带学，是一种做人做事的心态。对学习的渴望，体现了一个人的求知欲， 同时也体现了一个人的上进心。热爱学习无论在任何时代都是永不过时的。热爱世上的广博知识，代表着一种开放、执著、坚毅的态度。在知识的海洋里畅游，对疑难问题穷追猛打，这种治学态度从大的方面说，是推动人类社会进步的创造力的基础；从小的方面说，是帮助自己建功立业的有效手段。

东汉王充自幼好学，因家贫无钱买书，便每天在洛阳书店里站着读书，年复一年苦学不辍，把《汉书·艺文志》上所列的六艺、诸子、诗赋、生命书、术数、方技等存于当世的六类书几乎都读了一遍，数目高达万余卷。“通博百家之言”的王充成了著名的哲学家、思想家，并创作了《论衡》，对后世产生了巨大的影响。

三国时东吴的阚泽，年轻时家贫，以替人抄书作为谋生的手段。他十分好学，因为抄书时有机会阅览古代典籍，他便借此机会孜孜不倦地学习起来。其他抄书的人只把抄书当做糊口的差事，而阚泽在这一过程中学到了渊博的知识，成了“经书通”，入仕后做了太子太傅。

南北朝的祖冲之是著名的数学家，他为古代中国作出了举世无双的贡献——推算出圆周率是在3.1415926和3.1415927之间。他是世界上第一个把圆周率的准确数值计算到小数点以后7位数字的人。而他不仅是术数方面的行家，更是一位全面发展的古代科学家，对天文历法和机械也很有研究。祖冲之编制了《大明历》，测定了回归年的天数，即两年的冬至点之间的时间，与现代天文学测得的结果居然只

差50秒。他发明了“水推磨”“千里船”“指南车”等奇巧的工具。此外，祖冲之还是一位研究经书和诸子百家学说的学者，曾经注释过《老子》《易经》《论语》《孝经》等书。

隋朝末年的李密也十分好学。他在骑牛赶路的时候，还在牛角上挂着一本书来看。后来他起兵反隋，成为隋唐之际的一位风云人物。

在近代，博学多才进而走上成功之路的也不乏其人，例如竺可桢、茅以升、华罗庚、苏步青等，他们不仅具备高深的专业知识，还具有相当高的文学造诣。文豪郭沫若更是众所周知的博学多才，他既是史学家、文学家、书法家，又是政治活动家。这些名人都以自己广博的学识，为祖国作出了卓越的贡献。

广泛地学习、多研究提问，是求学过程中的重要步骤。古往今来，人们都知道做学问要循序渐进，经典古籍《礼记》中“博学之，审问之，慎思之，明辨之，笃行之”，把“博学审问”排在前列，正是道出了博学的基础作用。在科学分科越来越精，知识层次突飞猛进的今日世界，做学问的人若想做专才，就需要在一定程度上成为“通才”。这是因为科学体系间存在着千丝万缕的联系，一个人要想在相关领域取得成就，不仅要打好本门科学的基础，还要广泛涉猎。今日求学，不仅要读今人书，还要读古人书；不仅要读中文的书，还要读外文的书；不仅要读书，还要广泛阅读报刊杂志。只有这样才不会闭目塞听，白白浪费光阴。

即使不是做学问、搞研究的人，同样也有迫切学习的理由。从商的人要读书，全球经济形势一再转变，各地需求彼此不同。如果不了解经济常识，不懂得风土人情，怎么能够把企业做大、做强？即使只是做一名基层的小职员，也要不断“充电”，以求赶上时代的步伐。从政的人更是如此，看世界政坛，哪一个领导人不是知识广博、风度翩翩，而在其他领域，“终生学习”也已经成为响亮的口号。

“人不博学者，不闻古今，不见事类，不知然否。”人生在世，自然应当有一番作为，而知识便是成事的一大助力。所以，有上进心的人，必然要多方学习，“刘项原来不读书”的时代已经远去，今天的我们要用知识的源泉灌溉自己，以便早成大器。

求人之志章（六）：高行微言，所以修身

经典再现

高①行微②言，所以修身。

迷津指点

①高：高尚。

②微：精微。

古文译读

高尚的品行，精微的言论，这是努力提高自身品德修养的办法。

前沿诠释

无论是古代还是当今社会，通过一个人的言行来评价他都是非常常见的做法。虽然在很多时候人们都推崇雄辩之术，但是在“达人”眼中，品行高尚的人并不一定要口若悬河、词锋犀利，反而是一个人思考得越多，表达得就越精妙。虽然现在流行推销员式的伶俐口才，但是在大众心中，言行一致、言谈寡而精妙的人更受欢迎。在我们看来，一针见血胜过半日的滔滔不绝，在高尚品行基础上的言论胜过言不由衷的空呼口号。

夸夸其谈的人经常会被认为是在炫耀自己或是别有居心，而言之无物的人又会被认为缺乏思想修养。所以说，要想成就一番事业，培养良好的个人修养，不但要加强言语方面的修炼，而且在做事上也必须符合道德礼义，在言谈上则要“精”。“高行微言”可以从两方面理解，一是孔子所说的“君子讷于言而敏于行”，多做事，少说话，一说就说到关键；而在另一方面，“高行微言”还可以引申为身处乱世或是敏感位置的人，要对自己的言行进行审视，做到谨慎再谨慎。

韩非，一个口吃者影响华夏两千年

春秋战国时期是一个思想高度活跃的时期，百家争鸣，各种学派的代表四处奔走宣传自己的主张，也因此开创了战国的雄辩之风。凭借优秀的口才，苏秦佩

六国相印，建立合纵，张仪一人连骗楚国三次，硬是使强大的楚国变得内外交困。所以有人说，要想在战国时期立足，没有好口才是不行的。但是，有一个人却打破了这个规矩。他不仅口才一般，甚至还口吃，但他却用自己的思想征服了秦国，使法家的精髓在秦国扎根发芽，进而影响了后世。这个人，就是战国法家的代表韩非。历史上，他的口吃与他的才华一样出名。

韩非（约前280—前233），韩王室诸公子之一，战国法家思想的集大成者。

韩非与秦始皇生活在同一时期，是战国末期韩国的贵族。

韩非是法家的代表人物，他才华横溢，博学多能。出人意料的是，他的授业恩师却是儒学大家荀子。不过他没有因此承袭儒家思想，而是爱好“刑名法术之学”，吸收了申不害和商鞅的理论，主张用“法”来治理国家，明正典刑，注重耕战，崇尚君权，上下有度，从而成为法家思想的集大成者。

韩非天生口吃，说话非常不利索，口才也一般，所以他就不把精力用到与人论辩上，而是发愤著书，在书中显示锋芒。韩非的作品有很多流传于后世，从而让后人可以看到这位法家代表人物的绝世才华。

提到韩非的学术观点，很多人都会觉得耳熟，因为这些观点很多都可以在现代法律中找到痕迹。也就是说，韩非的主张穿越了两千年的历史，在政权不断更迭中被传承下来，并被现代国家管理机器所接受。是怎样的一种精微理论才能达到这样的效果呢?

韩非的巨大创造是总结了战国时期的法家思想和实践经验，提出了君主专制中央集权的理论。他对已经流传了千年的诸侯分封制度嗤之以鼻，认为那样只会给国家带来不稳定，而国家大权应当集中在君主的手中。秦王嬴政非常欣赏这一点，便在秦国实行了郡县制，在灭掉六国之后又将这一制度推行到了整个大秦帝国。

韩非为了增加见闻，阅读了许多历史古籍，但是他没有崇拜古人，而是坚持法家“不法古”的观点，认为历史是不断进步的，今人不必盲目地模仿尧舜禹的时代，而应当根据实际来制定政策，“世异则事异，事异则备变”。所以说，韩非是一个改革派，一旦制度不符合现实情况了，他就要求改变。

说起如何治理国家，韩非也自有一套理论，他认为法律比道德更加实用，只有明确一个东西的所有权，人们才会停止争夺，这种强制力量要比教化实际得多。他还用趋利避害的人性来说明法律的重要性：法律会惩罚犯法之人，因此人们会自动屈服于法律的惩治力量而循规蹈矩。

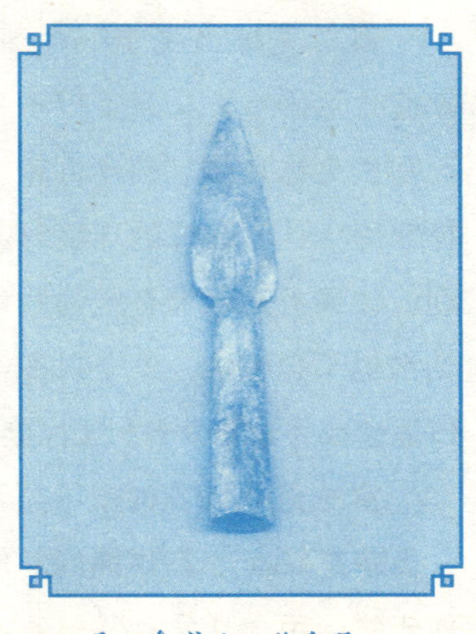

矛，古代的一种兵器。

据统计，韩非曾经著述了《说难》《内外储》《说林》《五蠹》《孤愤》等十余万字的政治论文，这些作品集中反映了他的政治观点。虽然韩非嘴上功夫不行，但在文字运用上却非常出彩，他的著述不仅论述严密，而且善于使用各种寓言来加强自己语言的说服力。韩非曾经在书中讲过一个故事，是关于矛盾的：楚国有一个商人在街市上出售矛和盾，他拿起盾牌向人们吹嘘：“我这盾牌最坚固了！世上什么样的矛枪都刺不穿它！”一会儿，他又举起一支矛向人们夸耀：“我这矛是世上最尖利的矛，能够刺穿任何一面盾牌。”旁边的人听到后就暗暗发笑，问他：“那用你的矛去刺你的盾牌，结果会怎么样呢？”商人想说盾会破又想说矛会弯，可无论回答哪个都是自打嘴巴。

这个故事讽刺了有些人的言行不一致，并因此造出了“矛盾”这个固定词语。事实上，这个寓言故事也与“高行微言”有一定的相通之处。它说明了一个人要想真正成功，首先应该从自己的一言一行上着手，用真实的品质去打动别人，而不是用虚夸的语言，那样最终只会贻笑大方。像这样有趣的寓言在韩非的著述中还有很多。

韩非就是一个语言木讷却满腹才华的人，他虽然没有成为一名雄辩之士，却用自己的思想影响了中国两千多年。秦始皇在统一中国之后大量采用韩非的理论来治理国家，这些政治措施又被之后的汉朝继承，形成了绵延不绝的法制文化。翻开《韩非子》一书，我们可以从里面找到支持着中国两千年封建专制制度的法家精髓。它强大的影响力是可以和孔子的儒家思想相媲美的。

韩非虽然言语木讷却不被人所轻视，依赖的正是“微言”的力量。不开口则已，开口则一鸣惊人，这正是他给我们的启发。

富兰克林：高行微言终制胜

本杰明·富兰克林是18世纪美国著名的政治家、科学家、发明家、音乐家。他之所以能够成为世界知名人士，很大程度上就是得益于“高行”“微言”。

富兰克林出生于一个普通漆匠家庭，因为家庭生活困难，父亲负担不起他上学的费用，因而富兰克林10岁就辍学回家，帮父亲做蜡烛以维持家庭生计。这样的环境对富兰克林的成长很不利，如果不是他拥有坚强的意志并不断奋斗，恐怕谁也不会相信，这个只在学校待过两年的孩子日后会成为让整个美利坚民族都牢记的大学者。

本杰明·富兰克林（1706—1790），著名的政治家、外交家、哲学家、文学家、科学家和发明家，美国独立战争领袖。

富兰克林12岁时就跟随哥哥当了印刷工人，一当就是10年。在这期间，他从未放弃过学习。他省吃俭用，从伙食费里省钱买书，如饥似渴地学习。尽管如此，他微薄的收入也不能让他随心所欲地买书阅读。为了能够多读书，他便认识了书店的几个学徒，通过他们把书籍带出来，每晚通宵达旦地看偷偷借来的书，清早就赶紧归还，然后再去上班。就在这样“折腾”而劳累的少年时代里，富兰克林阅读了大量自然科学和文学作品，获得了丰富的知识。后来，印刷所开始出版报纸，富兰克林就经常偷偷趴在门缝上去听专业人士的评论，有了不少心得。富兰克林在16岁时就已经写得一手好散文，在报纸上用“寂寞的行善者”发表了14篇文章。读者们读着这些充满了悲悯的文字，都以为作者是一个苦修士一样的人物，却没想到他一个只是来自印刷所的少年。

后来富兰克林因为与哥哥发生冲突而出走。三年之后，20岁的富兰克林从英国返回费城。在回程的船上，富兰克林写下了自己的人生计划，他下决心要将“节俭、诚实、勤奋和得体”作为人生的信条。而在以后的人生中，富兰克林也确实是遵照这些信条去做的。回到费城之后，富兰克林开始从事印刷业并获得成功，成为一名企业家。于是他开始进行各种科学实验的研究，并建立了实验室。说起他的发明创造，人们第一个想到的就是他用风筝捕捉雷电的故事。这一大胆行为极大地促进了近代电学现象研究的开展。

富兰克林不只是在自然科学方面取得了突出的成就，在美国政治方面贡献也不小。他不仅酷爱学习，而且虔诚、简朴，热爱自由和平等，这种巨大的人格魅力使得他成为18世纪仅次于华盛顿的名人。这也是他做出“高行”的体现。

可以说，富兰克林是真正的美国第一学者——自美利坚合众国成立以来的第一位博学之人。他在物理、数学、文学、政治学等方面都取得了杰出的成就。不过，他却有一个小小的缺点，就是表达能力一般，口才不是很好。不过，他选择了用更加有效的表达来代替雄辩和演讲。

本杰明·富兰克林铜像。

1736年，富兰克林被推选为宾夕法尼亚州议会秘书。这个时候，他遇到一个难题，一位新议员曾经在一次政治演讲中严厉地指责他，把他骂得狗血喷头。富兰克林在上任之时就开始思考该如何对待这位同事。以牙还牙吗？不可能，富兰克林的口才远远不如这位雄辩的议员，而且富兰克林认为，不应当因为批评而和他人起冲突。富兰克林心想：这位议员是一个很有学问的人，和他交恶是不理智的，但我也不能卑微地奉承他。我必须用诚恳的态度来打动这个人，和他化敌为友。后来，富兰克林听说那位议员有几部很珍贵的藏书，他就有礼貌地向那位议员借阅藏书。议员果真把书送来了。看到对方这么坦率，富兰克林更加坚定了要和对方和平相处的念头。于是，富兰克林还书时便另附上一封信表示诚挚的谢意。这样一来，议员就对他有了一个不算太差的印象，再次相遇时两人就能比较亲切地谈上两句了。富兰克林用自己友好的态度获得了对方的好感，二人逐渐成为知心朋友，这段友谊一直保持到那位议员去世。

对于“高行”，富兰克林已经拥有了，同时他又是一个“微言”的人，他的语言表达简练而明确，总是会把自己的意见用十分谦逊的口吻表达出来。在态度上，他尊重别人，从不武断，即使发觉了对方的错误，也会用十分温和的方法间接指出来。反之，如果自己的观点被别人指出了错误，他也会立刻大方承认。因此，富兰克林虽然很少与人展开激烈精彩的辩论，却成为各种会议上最值得信任的发言者。

本杰明·富兰克林用谦逊好学、充满自由精神和人道主义的品行赢得了巨大的成功，在他的一生中，虽然很少用精彩的语言来表现自己，却依然给世人留下了不可磨灭的印象。

求人之志章（七）：恭俭谦约，所以自守

经典再现

恭[1]俭谦[2]约[3]，所以自守[4]。

迷津指点

①恭：恭敬。

②谦：谦虚。

③约：约束。

④自守：保持自己的品行。

古文译读

恭己自持，克勤克俭，谦虚受益，居身以约，这是保持自身品行的办法。

前沿诠释

本句非常具有概括意义，它用四个字就提出了四种行为方式：恭、俭、谦、约，即恭谨、勤俭、谦虚和自我克制。这些品行都要求人们做内敛的人。“天地人神都喜谦”，这说明从古到今，人们都喜欢谦逊的人。无论你是事业刚刚起步，还是已经功成名就，拥有谦逊恭谨的美德都会为自己的形象加分不少。黄石公给世人的这几句话，归结起来其实就是成就大业者所需要的道德根基，能够把这些要求落到实处，才具有长期发展的实力。否则，一个人即便有再高的才干，无德无行，也只会引来祸端，最终导致失败。历史上的齐桓公、商鞅等人便是如此，他们的人生虽然一度风光，却最终不得善终，这难道不令人悲叹吗？

内敛自制、勤俭不辍，只有如此，才可以进则成就大业，退则完善人生。古今中外凡成大事者，无不如此。

倚天照海花无数，流水高山心自知

在近代中国，再也没有一位名人像他一样得到过如此多的研究和关注：他是一位清代大官僚，在学术方面并没有什么登峰造极的成就，但是学界研究他的书籍

的数量却多得直逼研究曹雪芹的书籍。一百多年来，无数人把他当做人生导师和为官榜样。这个人就是赫赫有名的晚清第一名臣曾国藩。曾国藩一生可以说是将“恭俭谦约”这四字原则认真遵守到了极致，并在“自守”基础上进而“平天下”。

曾国藩（1811—1872），晚清重臣，湘军的创立者和统率者。清朝军事家、理学家、政治家。

说起曾国藩，人们会想起他一生中的无数战功和识人、用人之道。“从政要学曾国藩，经商要学胡雪岩”，自近代以来，曾国藩就被政界人物奉为“官场楷模”。这是因为，第一，升官最快，他37岁就已经官至二品，这在清朝是独一份的；第二，做官最好，他政声卓著，治民有道；第三，保官最稳，他历尽宦海风波而安然无恙，荣宠不衰。然而，令曾国藩成为近代高人的不止是他仕途上的成就，更有他令人钦佩的人格。

在曾国藩的人格魅力中，“俭”占据了至关重要的一部分。曾国藩的起居生活非常简朴。他的一件天青缎马褂居然是他最好的衣服，并且只在新年和重大庆典时才拿出来穿，一直穿了30年。旁人向他说起这件事，劝他作为一名朝廷大员要装点一下门面。曾国藩却说：“古语云，衣不如新，人不如故。但是我说，衣服也是新的不如故的。”相比其他官僚的奢侈无度，曾国藩的家庭开支与一个普通的乡村小户的开支差不多。曾国藩在当上总督之后，鞋袜还是由夫人及儿媳制作，从不光顾那些精致的裁衣店铺。这在当时的督抚大员中可谓是绝无仅有的。时人因为曾国藩吃饭简单，每餐仅菜一品，于是诙谐地称他为“一品宰相”。

曾国藩对儿孙的教育被作为近代经典教育案例。他一再向儿孙强调要节俭持家。他曾经为家中的大堂撰写了一副对联：“惜食惜衣，不唯惜时兼惜福；求名求利，但知求己不求人。”

自从建立湘军、剿灭太平天国之后，曾国藩就逐渐成为清廷当中权势数一数二的汉族官员，在北京城中有着说一不二的地位。然而这样的地位并没有使他变得骄横起来，他仍然保持着谦逊俭约的为人处世态度。他看到许多八旗子弟腐朽堕落、挥霍无度、目中无人，便让自己的子女居住在老家，勤俭生活。曾家家训有言：“有子孙有田园，家风半耕半读，但以箕裘承祖泽；无官守无言责，世事不闻不问，且将艰巨付儿曹。”曾国藩要求儿孙都要边耕边读，了解粮食来之不易，平时不能穿着华丽衣服，大门外不得悬挂“相府”“侯府”的匾额。另外，

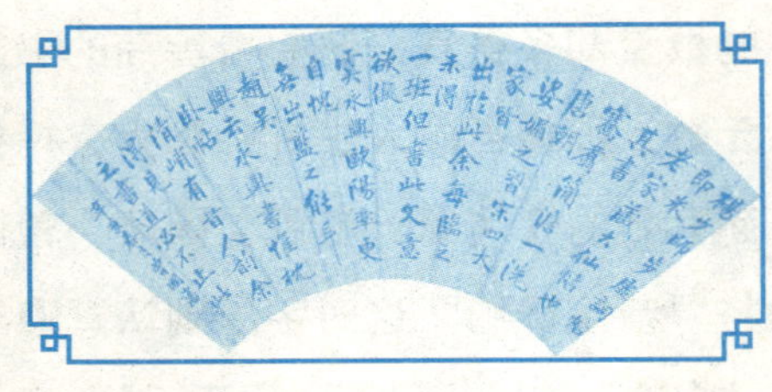

曾国藩书法。

曾国藩也注重言传身教，据说他吃米饭时看到里面掺了谷子也不会拣出，而是剥壳吃掉里面的米粒。

曾国藩的家乡在湖南湘乡，按理说，他富贵之后应该炫耀乡里，但是曾国藩无论做多大的官都没有对家族老宅进行过扩建。曾氏旧宅当时已有百余年历史，曾国藩、曾国荃兄弟发迹后家族人丁日渐兴旺，经常有客人登门拜访，旧屋便显得有些不合时宜了。见曾国藩没有扩建的意思，弟弟曾国荃就出资将旧宅改造一新。谁知曾国藩知道之后非常生气，批评弟弟“奢靡若此”。一怒之下，他发誓绝不踏进新宅半步。

曾国藩的发迹始自他组建湘军对抗太平天国，从那时起他便成为少数拥有军权的汉族大臣之一。1664年，他率领大军攻破天京，占领太平天国的宫殿。这个时候的曾国藩正处于人生的危险阶段：大权在握，手下猛将贤臣如云，随时可以黄袍加身。湘军将领也集体暗示，希望曾国藩自立为王。曾国藩却淡然地说出自己的想法：“倚天照海花无数，流水高山心自知。”表达了自己清高淡雅的人生目标。

曾国藩有骄傲的本钱，狂妄的资本，却始终坚守“恭俭谦约”的品质，约束自己的行为，绝不多走一步，甘于“自守”。当时，他已经达到了“兼济天下”的古代士人的最高追求，却对朝廷并无二心。无论从人品、官品还是家庭教育方面来考量，曾国藩都可以成为现代人的楷模，值得人们去研究和效仿。

肯·艾弗森：小气的钢铁公司老板

纽克钢铁公司（Nucor）是美国著名的钢铁公司，其总部设在美国北卡罗来纳州夏洛特市，并在美国的13个州建立了钢铁生产地。这家公司从小企业起家，一步步成为美国钢铁业巨头，进入了世界500强企业之列，创造了辉煌的效益。即使是在2008年全球股市动荡的时候，纽克钢铁公司的股价也依然坚挺，而且保持着惊人的连续42年每年和每季度赢利的纪录。创造出这些辉煌业绩的魔法师就是纽克钢铁公司的首席执行官肯·艾弗森。

第一次走进纽克钢铁公司总部的人都会十分惊讶，怀疑自己是不是走错了地方。谁能相信，当纽克钢铁公司已经跻身世界500强企业的时候，它的总部却只有一个普通的、小小的办公区，一个牙医诊所都可能比这里还气派。

纽克钢铁公司从8万吨产量的小公司起家，并不断向前发展。它原本是一家短流程钢厂，在发展初期，依靠采用新工艺及装备而走在行业的前列，从此一发不可收拾。通过40多年的发展，公司不断壮大，逐渐成为美国钢铁工业中的重要企业。然而，一个大企业“应该”有的规模和制度，在纽克这里却常常会被颠覆。在纽克，你会看到这个世界500强企业的办公室还不如一个小型超市大，你会看到公司总裁自己接电话处理事务，你会发现当公司出现效益危机时职位越高的人承担的风险越大。

艾弗森从1965年开始担任纽克钢铁公司的总裁，之后便对公司进行了一系列整改。虽然说当时公司规模没有现在这么大，但是也需要装点一下门面。可是恰恰相反，艾弗森的这番改造却把整个公司无论是场所、人员还是制度都简化了。

他先是把公司总部的12名员工削减到2人，又把总部搬到一个不大的租来的办公室里，门厅里摆的则是板式家具。纽克钢铁公司在发展初期就用这种“寒酸”的样子存在了很长时间，直到今天，公司里依然保持着简朴的传统。

艾弗森在接手纽克的时候，它已经陷入了经营困境，为了降低成本，艾弗森将公司全面精简。他改革了公司的管理制度，在CEO到车间工人之间只允许有四级管理者，而总部的人数则限定在够用即可，从未出现过有闲人的情况：1993年，纽克产钢600万吨，拥有员工5000人，而总部仅有21人；到了2004年，纽克产钢超过1900万吨，是1993年的3倍多，但总部却只有50人，雇员增长率还比不上钢铁产量的增长率。而且，纽克公司实行的是弹性的用人策略，每个人都是多面手，掌握多种技能。在经济萧条时期，企业遇到困难导致生产缩减时，一些接受过交叉培训的员工就会离开生产线，到别的岗位去翻新设施和维修设备。

了解了纽克的这些制度，很多人都会说这个公司的老板真小气，工人在这里岂不是很吃亏？恰恰相反，纽克钢铁公司实行的是激励式的奖金制度，努力工作的工人不仅能够得到非常满意的佣金，而且会对公司产生高度的归属感。

有一次，纽克钢铁公司的阿肯色州希克曼工厂出现了电网故障，工厂断电了。几名在外地的电气技师接到了同事打来的电话，马上放下手头的工作赶赴该工厂。这些人到达时已经是晚上，他们立刻展开修理工作，奋战了几十个小时解决了难题。其实，此时正是周末，上司并没有要求他们出这趟差，而且也不会颁发直接物质奖励，但是他们却非常主动地赶来帮忙。这就充分说明纽克钢铁公司员工的高度责任心和归属感，而缔造这种风气的正是艾弗森。

在美国，钢铁企业一向以劳资对立闻名，工人和管理者之间屡屡出现矛盾，但是这一现象在纽克钢铁公司却几乎没有出现过。艾弗森是一个颇具传奇色彩的领导

人，他一手将纽克钢铁公司打造成为一个团结一心的企业，使这里的工人把他们自己当做工厂的主人，而不是被动听从上级命令的工蜂。纽克钢铁公司的领导者不会对下属摆架子，在做重大决策的时候会广泛征求工人们的意见。艾弗森有一个根深蒂固的理念："所有员工，甚至是小时工都会做出不同寻常的努力，前提是你能提供丰厚的报酬，给予他们应有的尊重，并赋予他们真正的权力。"

尽管公司不断做大做强，纽克却保持了上下齐心的传统，公司文化中有这样一种观点，认为能够登上高位的人必须是谦虚和善于自我约束的人，他一定要和上下保持协调。艾弗森的继任者丹尼尔·迪米克在1999年上任之后就一直保持着中产阶级谈吐质朴的本色。他在公司和员工一起用咖啡壶喝咖啡，而且经常端着壶给大家煮咖啡。这些传统都与艾弗森30多年的身体力行有着直接关系。纽克的一位执行副总裁就曾说过，他们都像是艾弗森的信徒，现在公司的经营虽然吸收了现代管理理念，在主体框架上却仍然是当年的老样子。曾经有一次，公司上层想买一架纽克专机来运送工作人员，他们为此给每个员工都写了一封信来说明作出这一决定的理由。可以说，这个公司的领导者对自身的约束力已经达到了一定的高度。

艾弗森给纽克钢铁公司带入了谦恭和节俭的风气，从而使公司形成了良好的企业文化，并最终在市场发展中不断壮大。企业的领导者可以尝试向艾弗森看齐：不需要的开支一分都不能多，而给予员工的温情则一分都不能少。

求人之志章（八）：深谋远虑，看清前景

经典再现

深计[1]远虑，所以不穷[2]。

迷津指点

①计：策略。

②穷：竭尽。

古文译读

深谋远虑，如此才能没有穷尽。

前沿诠释

《吕氏春秋》中曾讲过：人与人的智慧的差距就在于眼光的长与短。将这个原理放到《素书》中理解，说的就是“深计远虑”的意思。我们都知道，谋事需要讲究方法和策略，除此之外，还要看这些方法和策略是否全面，是否有杀鸡取卵的可能。如果它们只顾一隅或是只能维持一时，再或者是需要凭借运气侥幸取得成功，那都是不可取的。因而，谋事不但要讲策略，还必须经过深谋远虑，才能避免陷入穷困的境地，进而达到退能自保、进能立功的效果。能做到这些的人，才是真正有大智慧的人。

“二战”后重建欧洲——美国的深谋远虑

学习过世界近现代史的人都知道，美国之所以能够成为今天的超级大国，与两次世界大战密不可分。在两次毁灭了半个世界的大灾难中，美国因为偏处北美，没有被战火波及，反而大发战争财，并在战争中以及战后通过插手欧洲和殖民地事务，攫取了大量的好处。其中，“二战”

“二战”后，美国杜鲁门政府在讨论援助欧洲的计划。

之后，美国实施重建欧洲的计划可谓国际战略上的深谋远虑。

早在第二次世界大战爆发之前，西欧就是一个经济高度发达的地区，谷物产量占世界总产量的27%，钢铁产量占世界总产量的37%，而在贸易方面，西欧的出口额占世界总额的24%，进口额占世界总额的39%。但“二战”使这种情况发生了彻底的变化。

现在的欧洲各国风景迷人、城镇美丽，但是如果回到1945年，我们只能在那里看到一片灰暗的废墟。因为战火的波及，大部分参战国的基础设施被破坏得十分严重。欧洲大陆上的许多著名城市，例如华沙和柏林，已经成为一片废墟。欧洲各地——包括战争的发起国德国、意大利等——与经济生产相关的建筑也大多化为一片瓦砾，数百万人无家可归，工农业遭到严重破坏，许多地方陷入了饥荒中。综合来看，欧洲的经济情况面临着重大困难，要解决这些问题，需要耗费大量财力。

此时出手帮助它们的，正是战后迅速成为超级大国的美国。美国从欧洲停战之后就开始了对欧洲重建的援助。据估计，在1945年到1947年间，美国在帮助欧洲重建方面的投入达90亿美元。这些援助大多以间接形式进行，其中包括作为租借法案中一揽子协定的继续，或通过美国在欧洲的驻军重建当地的基础设施及帮助难民等不同途径。此外，美国还与欧洲一些国家签订了正式的双边援助协定。其中最重要的方式，要数“杜鲁门主义”给予希腊和土耳其军事协助的保证了。而且，刚刚成立不久的联合国所采取的一系列救济以及减免债务等人道主义措施，其资金也大多来自美国。

随后，美国看到之前的重建缺乏系统的组织和完善的计划，不能满足欧洲重建的许多最基本的需求，于是，“欧洲复兴计划”出炉了。从1948年到1951年底，美国对欧洲拨款共计达131.5亿美元，其中赠款占88%，其他则为贷款，而且在朝鲜战争爆发之后，一大部分资金被投入了欧洲军备上。

马歇尔计划的策划者之一——乔治·凯南。

“欧洲复兴计划”并没有得到美国上下的一致赞同，当时，美国杜鲁门政府为了避免引起民众的反对，在这项计划的实行上甚至还特意低调了很久。

1947年6月5日，当时的美国国务卿马

歇尔在哈佛大学发表了一场历史性演讲，美国针对欧洲的重建计划就此浮出水面。然而，因为预料到美国民众不会欢迎这一计划，美国政府为了避免美国报纸关注这场演讲，在演讲现场没有邀请任何美国记者，为了转移注意力，杜鲁门总统甚至还特意在演讲同日举行了一次记者招待会，把国内媒体的注意力吸引过去。相映成趣的是，国务卿艾奇逊当天却四处联络欧洲媒体报道此事，英国广播公司（BBC）还全文播送了这篇演讲的内容。

那么，美国为什么要这样费心地拿自己的金钱扶持欧洲，而不是像第一次世界大战之后那样，用战败国养战胜国？要知道，在当时，美国是世界主要大国中唯一一个基础设施没有遭到战争明显破坏的国家，有足够的实力将一直和它争夺霸权的欧洲压制住。起初，美国的确想让欧洲各国“自我痊愈”，通过宰割法西斯战败国或是依靠殖民地等方式恢复经济发展。不过，在考虑了方方面面的因素之后，美国最终顶住了国内外的压力，决定大力支持欧洲重建。于是，美国没有让欧洲出现太久的“伤愈期”。美国政府的决策者们认识到，要维护美国的地位，必须扶植欧洲。

美国虽然拿出了一时的钱财，却在日后占尽了便宜。它之所以以救世主的面目出现，完全是出于国家战略的深谋远虑：美国的经济利益需要欧洲足够富裕，因为欧洲必须先发展起来，才能有足够的市场容量来输入美国商品。而且，在援助计划开始后，欧洲人将大多数来自于马歇尔计划的援助资金用于输入美国生产的商品，从而刺激了美国商品出口规模的扩大。更加重要的是，美国在世界政治格局中的霸主地位也需要欧洲来支持，以便遏制当时的另外一个巨头苏联。在“二战”之后，资本主义阵营与社会主义阵营对立，在欧洲，一道“铁幕”已经落下，东欧和西欧因为苏美争霸而出现了割裂的情况。面对东欧乃至亚洲的形势，美国深深地感到，要确保世界霸主地位，就必须让欧洲那些资本主义国家复兴起来，站在自己身边。可以说，欧洲重建援助计划的实施对美国而言，无论是在经济上还是在政治上都是有利的。经济上，通过向西欧输出过剩资本和商品，美国避免了由战时繁荣转向战后危机；政治上，美国为西欧提供的经济援助，稳定了西欧资产阶级的统治，从而维护了以美国为首的资本主义体系，确立了美国在资本主义世界的领导地位。同时，马歇尔计划的实施还阻止了苏联的势力在西欧的扩张，促进了西欧的联合与统一，增强了美国对抗苏联的战略力量。

综上所述，一个国家在制订战略计划时需要深谋远虑，一个企业、一个家庭，乃至一个人，在准备进行一项具体的事务时也应当有长远的考虑，要知道，“不谋

万世者，不足以谋一时”。

企业的发展，需要深谋远虑

黄石公在《素书》中强调了深谋远虑的重要性，强调“深计远虑，所以不穷”。深谋远虑对于个人的发展、企业的壮大、国家的兴盛都起着非常重要的作用。上面所说的美国的马歇尔计划体现了深谋远虑对国家的重要性，在本文中，我们要谈的是深谋远虑对企业发展的重要性。

提到山东光大日月集团董事长丁庆忠，熟悉他的人首先给他的评价就是“深谋远虑”。山东光大日月集团能从一个作坊式的棉籽加工厂，发展成为拥有九个独立法人、总资产达20亿元的现代化企业集团，正是得益于他的深谋远虑。

光大日月集团在成立初期，只有一条50吨的棉籽加工生产线，不仅生产规模小，而且产品品种单一。面对当时的局面，丁庆忠不由得想到了古人的那句话：“不谋全局者，不足以谋一域；不谋万世者，不足以谋一时。”于是他将目光放到未来，放到光大日月将来的发展道路上。他意识到，一个企业要想不被市场经济的大潮所冲垮，就必须具备一定规模、多层次的产品和科学的运营机制。

在他的主张下，光大日月集团于2000年开始，先后增加了棉籽浸出、棉花加工、塑料制品、花生油加工等多条生产线，企业规模迅速扩大。随着企业规模的扩大以及国家发出的开发大西北的号召，丁庆忠意识到这是一个战略机遇。于是，他先是利用在新疆建设兵团农六师征收的135亩地建立了新疆新光油脂有限公司，随后，他又以这个公司为基础，成立了前进光大油脂公司，并收购了库尔勒和阿克苏地区的两处棉籽基地；同年，他又抓住国家鼓励地方招商引资的优惠政策，将安徽省宿州市墉桥区第一轧花厂全部收购，据此成立了安徽光大农副产品有限公司。到2005年，光大集团的总资产就增加了8000多万元。2009年，丁庆忠又看到了新疆丰富的棉籽资源，抢先出手收购、整合了新疆农六师所属的三家油脂加工企业。自此，新疆新光油脂有限公司就成了新疆最大的油脂加工企业。等到2010年油脂行业市场竞争渐趋激烈时，丁庆忠又在山东东平县工业园区新上了2000吨大豆制油项目，实现了年加工大豆60万吨的规模，企业的竞争力远超同行业平均水平。2011年，丁庆忠又带领企业在县工业园区投资9亿元，新上了健康型奶油、花生蛋白奶项目，目的是为了进一步延伸产业链条，为企业进一步的腾飞打下坚实的基础。

正是由于丁庆忠的深谋远虑，光大日月集团总能抢占先机。而最能体现丁庆忠深谋远虑特点的，要算光大日月集团直到现在还在实行的“公司+农户+基地”的发展道路。这种经营方式让企业和农户成为利益共同体，形成了“市场牵龙头、龙头带基地、基地连农户”的产业化格局，取得了农民增收、企业增利、社会增效的良好效果，可谓一举三得。

如果说丁庆忠的深谋远虑让企业发展壮大，打出了企业的品牌效应，那么苹果公司的封闭产业链则更是深谋远虑。

提到苹果公司，大家并不陌生。这个IT行业巨头，在高科技企业中以创新闻名。2011年2月，苹果公司成为全球第一大手机生产商，将诺基亚从保持了15年销售量第一的宝座上拉下。2011年8月10日，苹果公司市值超过埃克森美孚，成为全球市值最高的上市公司。分析苹果公司今天的辉煌成就，我们不能不想到其经营方式上的深谋远虑。

诚如上文所言，如今的苹果公司已经成为手机销售大户。据业内人士统计，苹果公司生产的手机的成本价要远远高出零售价。以iPhone第三代为例，手机硬件成本是130美元左右，倘若加上富士康的组装成本、运输成本、广告宣传、销售费用等，其成本还要高。但它的零售价约为99美元。在成本价远远高出零售价的情况下，苹果公司的利润在哪里?

其实，苹果公司的手机利润来源于与手机相关的一系列服务。首先是话费分成。苹果公司用iPhone的低价和非常强大的性能成功地吸引了运营商，也帮助运营商吸引了大批客户。为此，苹果公司就可以从运营商那里分得一杯羹。如AT&T（美国电话电报公司，美国电信运营商之一）就将其客户话费收入的30%支付给苹果公司。其次是音乐、软件销售收入。在苹果手机上，用户可以付费下载的软件多达22万个，还有可下载的各种歌曲和音乐。用户为下载软件和音乐所支付的费用，苹果公司留取30%作为销售渠道费用，这项费用已经达到苹果公司总收入的30%到40%。最后值得一提的是苹果公司随手机推出的一项附加服务，那就是Mobile Me服务收费，这也是苹果公司的盈利点。通过这三项盈利点以及手机和其他硬件设备销售收入，苹果公司得以在2011年第二季度取得营业收入135亿美元，净利润30.7亿美元的成绩。

一笔账算下来，我们不能不佩服苹果公司在营销上的深谋远虑。这就是黄石公所说的“深计远虑，所以不穷”的道理吧。只要客户存在，只要手机在使用，苹果公司的收入就在增加。真是一笔好买卖。可以预见，苹果公司的成就会越来越辉煌，因为在商场上，经营意识走在前面的公司往往能取得最终的胜利。

由此可以看出，企业的发展需要决策人能够深谋远虑。无论是光大日月集团的

飞速成长，还是苹果公司天文数字一样的销售额，倘若离开了决策人的深谋远虑，都是痴人说梦。

商场如战场，深谋远虑不可缺。回顾苹果公司发展历史的时候，笔者不由得想到一位外商在谈到企业发展问题时说过的一段话："中国一般的企业家能看到未来5年的发展，海尔的张瑞敏能看到未来15年，而美国的企业家通常看到的是未来50年。"也许这就是外资企业在某些领域胜出中国企业的原因吧。所以，中国的企业要发展壮大，也当以《素书》中"深计远虑，所以不穷"为戒。

求人之志章（九）：人尽其用，帮手多了路好走

经典再现

亲仁友直，所以扶颠[①]。

迷津指点

①颠：倒，败，颓。

古文译读

常和仁义君子亲近，再与正直贤良的人交朋友，如此，不但能够引导做人，还可挽救以往的失败。

前沿诠释

我们都知道朋友关系在人际交往中是十分重要的，一个人的命运和事业与他择友、交友有着直接的关系。早在几千年前，我们的祖先就悟出了交友的重要性。《论语》说："益者三友，损者三友。友直、友谅、友多闻，益矣；友便辟、友善柔、友便佞，损矣。"说的就是益友与损友的差别。放在今天，我们可以说任何人的成功，不管是政治上的还是商业上的，都离不开人际关系的帮助。古往今来，"亲仁友直"都是摆脱困境、走向成功应遵循的黄金准则。因此，一个人交友一定要交贤友，无论是为了互相辅助，还是为了得到心灵的共鸣，能拥有一群益友，都是人生的一大乐事。古人的成功交友或许会在这方面给我们些启示。

郭嘉辅助曹操成大业

提起郭嘉的名字，也许大家不是很熟悉，但这丝毫不能降低他在历史上的重要地位。他是东汉末年杰出的谋士，曾为曹操谋划过很多事情，是曹操最器重的谋士之一。《三国演义》中对于郭嘉的评述是这样的："天生郭奉孝，豪杰冠群英。腹内藏经史，胸中隐甲兵。运筹如范蠡，决策似陈平。可惜身先丧，中原栋梁倾。"由此可见，郭嘉是和诸葛亮一样天纵英才的人物，只不过不像诸葛亮一样为人熟知罢了。他和曹操交往的故事就切合了"亲仁友直"的要义。

郭嘉（170—207），字奉孝，颍川阳翟（今河南禹州）人，东汉末年曹操帐下谋士，官至军师祭酒、洧阳亭侯，后于曹操征伐乌桓时病逝，年仅38岁。

郭嘉与曹操的相识相知颇为曲折。郭嘉生于颍川，也就是现在的河南登封一带，由于他从小就很聪慧，因而人称“小太公”。21岁的时候，在好友田丰等人的鼓动下，郭嘉投到了袁绍帐下。当时袁绍正处于最得意的时期，他对郭嘉以礼相待。然而过了几日，郭嘉看出袁绍其实并不懂得用人之道，便果断地离开了他，之后就一直闲居在家，长达六年。直到公元196年，他的好朋友荀彧把他推荐给了曹操。曹操大喜，十里相迎，将郭嘉请入了帐中，共商天下大事。席间，郭嘉向曹操建议应趁袁绍进攻公孙瓒时先灭掉吕布，以免日后在与袁绍决战时遭吕布偷袭，并且还坦言军师的水平高低在于在战争中临场应变，而不仅仅是熟知兵法这么简单。两人相谈甚欢，以至于曹操听完后感叹道：“使孤成大事者，必此人者。”郭嘉也感到自己是遇到了明主。

作为谋士，郭嘉很受曹操器重，曹操对他就如朋友一般，两人的关系十分亲密。据史料记载，他二人行则同车，坐则同席。众所周知，军队中的纪律是非常严明的，但是郭嘉却可以做出很多不拘常理的行为而不受罚。有一次，曹操手下有一位纪检官员叫陈群的，因为郭嘉的作风不检点而告了他一状。结果，曹操一方面赞扬了陈群，另一方面对郭嘉的事情不予追究。因为在曹操的眼里，郭嘉是非常之人，那当然就不能以常理而论了。也正是如此，郭嘉很感激曹操的知遇之恩，更加尽心地为其出谋划策，多次挽救了曹操的颓败之势。其中最有名的要数他提出著名的“十胜十败”的论说，帮助曹操灭了吕布，后来又在官渡之战中大放异彩。

公元197年，曹操有心统一北方，却又担心自己不具备与袁绍抗衡的能力。这时郭嘉提出了著名的“十胜十败”的论说，从而坚定了曹操与袁绍抗衡的决心，也鼓舞了军士的斗志。在这一论说中，郭嘉指出，第一胜是“道胜”，袁绍作为世族军阀，必为很多形式所拘，而曹操能因时因地制宜，道高一筹；第二胜是“义胜”，作为东汉臣子，曹操兴兵灭乱，合乎道义；第三胜是“治胜”，袁绍以宽济宽的政策使其不能驭下，而曹操能宽严并用；第四胜是“度胜”，袁绍外表宽厚内心却多猜忌，任人唯亲，曹操则能用人不疑，这样在气度胸襟上就胜过了袁绍；第五胜是“谋胜”，袁绍缺乏谋略，常常优柔寡断，而曹操处事果断，能够应变无穷；第六胜是“德胜”，袁绍喜欢虚夸，曹操则以诚待士；第七胜是“仁胜”，袁绍只有“小仁”，而曹操则恩泽四海；第八胜是“明胜”，袁绍刚愎自用，曹操则明辨是非；第九胜是“文胜”，袁绍有时候是非不分，曹操则不会如此；第十胜是“武胜”，袁绍不懂用兵，好为虚势，而曹操则能用兵如神。这就是著名的“十胜十败”说，它奠定了曹操统一中原的基础，并且为其统一全国铺平了道路。

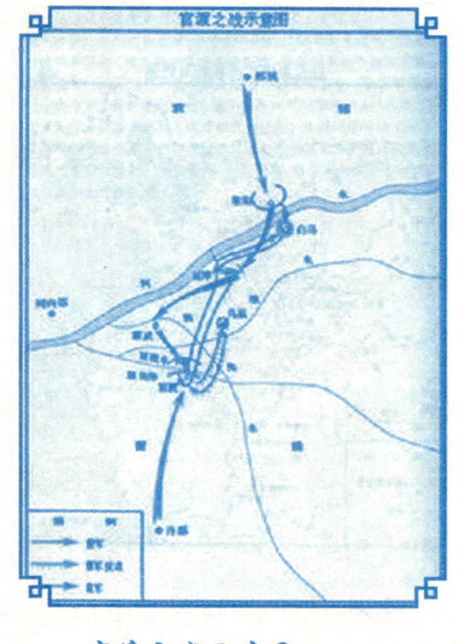

官渡之战示意图。

公元198年，曹操采纳郭嘉的建议出兵攻打吕布，一路进攻都很顺利，最终将吕布围在了下邳。但吕布却坚守下邳不出，曹操久攻不下，就想打退堂鼓。这时，郭嘉力劝曹操要一鼓作气攻下下邳，不给对方以喘息的机会。曹操听取意见后一面攻城，一面用水淹下邳，最终破城，杀掉了吕布。试想，若是没有郭嘉的劝说，恐怕曹操就会先行退兵，从而失去这次消灭吕布的机会，那英勇无敌的吕布日后必定成为曹操一统天下路上的绊脚石。

公元200年，曹操率军和袁绍的军队在官渡久持不下。在相持过程中，曹操要谋划袁绍又担心刘备趁机发难，在他背后捅上一刀。对于曹操来讲，这正是前怕狼后怕虎的时刻。而在众谋士中，郭嘉最懂曹操的心思，于是他就给曹操吃了一颗定心丸，分析说：袁绍优柔寡断，刘备军心未定，所以先攻刘备再打袁绍，就可以改变腹背受敌的局面。曹操依计而行，果然大胜。

其实，郭嘉对于曹操的贡献远不止这些，他还帮助曹操消灭了袁绍的残余势力，只可惜郭嘉在曹操征讨乌桓的途中患疾而逝，令曹操痛失智囊。

曹操的成功离不开郭嘉的扶持。郭嘉生前帮助曹操完成了北方的统一，而在他死后，曹操集团在很长一段时间里几乎就是停滞不前了。如若郭嘉还活着，那么曹操就不会在赤壁之战中落得那么狼狈了。对此，曹操本人也曾经感叹过。从史书上来看，曹操与郭嘉名为君主，实为良友，郭嘉用他天才的头脑为曹操的前进不断铺平道路，为曹操统一中原起了重要作用。人生能得友如此，夫复何求！这正是“亲仁友直，所以扶颠”的道理啊。

周昌：敢骂皇帝的直臣

朋友在人的一生中具有重要作用，圣人孔子就曾教育自己的弟子要交好的朋

友。何谓“好的朋友”？就是那些正直、诚实的人。好的朋友能给一个人带来很多帮助，反之，恶友、佞友就会给一个人带来很多麻烦。将交友这一问题延伸到国家政治方面，就涉及君臣之间的关系。如果君王手下有敢于直言、诚信贤良的臣子，而且君王也肯听取他们的正确建议，就会对国家产生良好的影响。对于汉初的几位统治者来说，周昌就是一位“直友”。

周昌是汉高祖刘邦的同乡，曾担任过秦朝的泗水卒。秦末农民起义爆发后，周昌弃官不做，跟随刘邦一起举起了反秦大旗，陪同刘邦走过了建国之路，并成为西汉的开国功臣。西汉王朝建立后，他被任命为御史大夫，封汾阴侯。由此可见其人功劳卓著。但是，相对于汉初的韩信、萧何、张良等人来说，史书对周昌功绩的记载并不多，但对其人的耿直却浓墨重彩地进行了描写。从哪里可以看出周昌的耿直呢？史料中记载的“周昌骂汉高祖”的故事便非常形象地反映了他的这一特点。

戚夫人是汉高祖刘邦宠爱的妃子。据《西京杂记》卷第一记载：“帝常拥夫人倚瑟而弦歌，毕，每泣下流连。夫人善为翘袖折腰之舞，歌《出塞》《入塞》《望归》之曲，侍婢数百皆习之。”由这段记录可知刘邦对戚夫人的宠爱程度。对于出身于市井的汉高祖刘邦来说，不分场合地和自己宠爱的戚夫人亲热那就是再自然不过的事了。

有一次，周昌进殿奏事，恰恰刘邦正和戚夫人抱在一起亲热。在一般情况下，做臣子的遇到这种事都会掉头就走。周昌也不例外，他转身就向殿外跑。没想到会被臣子看到自己这一幕的刘邦羞恼交加，他跑着追上了周昌，一把抓住他，把他按倒在地，骑在他的脖子上，问：“你觉得我是个什么样的皇帝？”如果换做别的臣子，遇到此种情况，不但不敢说实话，还要恭维对方一番。但是周昌却没这么做，他虽然被压在地上，仍不服气地梗着脖子说：“我觉得你就是夏桀和商纣王那样的皇帝。”刘邦一下子愣住了，他没想到周昌说话会这么刻薄，毫不留情面。为了摆脱尴尬的局面，刘邦只好哈哈大笑着站了起来。这件事之后，刘邦对这个耿直的御史大夫就越发地心存敬畏了。

“翘袖折腰”舞陶俑，汉高祖刘邦的宠妃戚夫人极擅此舞，且花样繁复，极富韵律美。

或许这只是一件生活小事，但周昌的耿直由此可见一斑。在劝谏刘邦不要废太子一事上，周昌的耿直更是得到了很好的体现。

封建时代的储君人选问题一直是非常敏感的。因为这个问题，朝堂上常常充满着血雨腥风。而君王的态度对于储君的人选起着决定性作用。由于宠爱戚夫人，刘邦就想废掉原来的太子——吕后所生的刘盈，立戚夫人所生的刘如意为太子。在耿直的周昌看来，这等“宠妾灭妻”之事是非常荒谬的。因此，当汉高祖征求他对废太子一事的意见时，他盛怒不已。周昌此人有口吃的毛病，尤其是怒火上涌时，说话就更不顺溜了：“臣虽然口吃，但臣期……期……期……期认为这件事不行，陛下您想废掉太子，臣期……期……期……期决不能奉诏。”刘邦听到此话，不但没有因为他忤逆自己而怪罪于他，反而被他的话语逗乐了，从此以后就叫他“期期先生”。而此时，吕后也正在外面偷听，她看到周昌这样力保自己的儿子，非常感动，事后居然向周昌下跪以表达感激之情。

后来，由于张良的妙计，刘邦不再提立刘如意为太子之事，而是封他做了赵王。那时刘如意年仅十岁，刘邦非常了解吕后的个性，担心自己死后，吕后会对刘如意不利，于是便想为他选一个身份尊贵而又强有力的丞相，希望这样可以保全他。刘邦在群臣中看来看去，最终选定了周昌。在他看来，周昌是吕后、太子和群臣都非常敬畏的人，有他的辅佐，赵王应该可以保全性命。

想法确定之后，刘邦单独召见周昌，让他去给赵王做丞相。周昌不愿意去，刘邦便恳求他：“我知道这样做其实是贬了你的官，但是我日夜忧虑的就是赵王啊，如果没有你的辅佐，赵王将来可能会无法保全性命。满朝文武大臣中我只信任你一个，请你帮我这个忙吧。”听到刘邦如此恳切的言辞，周昌只好去上任。

刘邦驾崩后，吕后果然要对赵王下手，屡次派出使者召赵王入朝，意图加害他。周昌便给赵王献计，让他装病，坚决不去长安。后来，吕后恼怒，便先行召周昌入朝，将他支开，然后又派使者去召赵王。赵王无计可施，只好去了长安，一个月后果然被害。

周昌得知赵王被害的消息后，万分悲痛，觉得自己没有完成刘邦交付给他的使命，将来到了九泉之下无颜见刘邦，恼怒之下，便拒绝上朝议政，并且再也不肯面见吕后。三年之后，周昌在愤怒与愧疚中离世。

周昌与刘邦二人互为知己，周昌敢于直言责骂刘邦是夏桀和商纣王那样的暴君，而刘邦居然大度地原谅了他，而且将自己最喜爱的儿子托付给他，可见其对周昌的信任。尽管周昌最终没能保全赵王，但是他给了刘邦一个交代——因为辜负了刘邦的信任，怕将来在九泉之下无颜面对，从此不再与吕后见面，其性格之鲜明与耿直令人感叹。此二人的交往就恰恰符合《素书》中所言的“亲仁友直，所以扶颠”之语。

求人之志章（十）：仁厚对人，总有妙处

经典再现

近[1]恕[2]笃[3]行[4]，所以接[5]人。

迷津指点

①近：追求。

②恕：宽恕。

③笃：忠实。

④行：行为。

⑤接：交好，靠近。

古文译读

对待别人要存宽恕仁厚之心，对待自己要存严于律己之心，这样才会和人相处融洽，拥有良好的人际关系。

前沿诠释

人生在世，不可能永远独自生活在一个孤岛上，必定会和形形色色的人来往。而在与人交往过程中，自己所采取的处世态度就十分重要了，因为这态度可能会直接决定你做事的成败。

先贤对这一问题有过很多精辟的见解。大圣人孔子曾说过“己所不欲，勿施于人”，孟子也曾经这样表述：“强恕而行，求仁莫近焉。”为人处世要有两颗心，一颗是律己之心，对待自己要严格，坚决实践自己定下的目标；一颗是恕人之心，对待他人要宽容，推己及人，施以仁厚。

“近恕笃行，所以接人”，宽厚待人、严于律己，这是中华民族几千年来的传统美德，也是提高个人修养的重要途径。纵观历史，凡是真正实践了这一信条的人大都和他人有着良好的人际往来，也为自身做出一番事业奠定了良好的基础。

唐代宗：不痴不聋，不当家翁

想必大家对“打金枝”这个故事都耳熟能详了。在这个故事中，由于亲家公，也就是皇上的宽恕态度，才得以让这件事成为一段佳话。这个故事发生在唐朝代宗时期，故事中的主人公就是升平公主和郭暧。

唐代宗，名李豫，是开创了中国历史上著名的“开元之治”的唐玄宗的孙子。安史之乱后，大唐由盛转衰，国力江河日下，到了代宗时洛阳还被叛军占据着。后来，代宗在回纥的帮助下夺回洛阳，完全平定了安史之乱，但这也让唐朝的元气大伤。内忧刚刚平定，外患又开始兴起。由于攻打叛军，唐朝原本用来防御吐蕃的军队被大量撤回，这就让吐蕃钻了空子，他们大举侵犯唐朝，甚至占领了都城长安。在危急时刻，代宗起用郭子仪抵抗吐蕃大军。郭子仪有勇有谋，英勇退敌，使唐朝转危为安。不久之后，吐蕃、回纥30万大军联合进犯，又是郭子仪率军战退回纥，大破吐蕃。对于郭子仪为唐王朝立下的汗马功劳，代宗给予了高官厚禄的封赏，还把女儿升平公主许配给郭子仪的儿子郭暧。

唐代宗（726—779），名李豫，唐肃宗长子，初名俶，是唐代第八位皇帝。

升平公主和郭暧结婚后，并没有像代宗所期望的那样和和美美，幸福恩爱，反而是“三天一大吵，两天一小吵”，这令代宗十分苦恼。要知道，他可是希望借这次联姻来加强和郭子仪的关系，好让郭家忠心耿耿地为他守江山的。经过一番调查，代宗发现，他们天天吵架与两人的性格有着很大的关系。升平公主是代宗的掌上明珠，“捧在手里怕摔了，含在嘴里怕化了”，万千宠爱集于一身，有些娇纵任性的小脾气，而郭暧则不是那种希望借着公主攀附荣华富贵的人，他的性格刚直不阿，对公主的任性并不包容；再加上二人年纪都比较小，更是谁也不让谁，于是就天天吵架了。

后来，到了郭子仪过生日的时候，升平公主本已经和郭暧商量好到时候一起去拜寿。可谁知到了那天，升平公主却告诉早早起床的郭暧自己头痛，不想去了，让郭暧一个人去拜寿。这下郭暧的火可大了，新怨旧恨一同爆发，就在气愤之下打了升平公主，还口没遮拦地说：“你父亲是天子又怎么样？我父亲打下了大唐天下，这天子之位他都不稀罕要！”打了皇帝的女儿，还说出如此大逆不道的话来，郭暧这下子可闯了大祸！升平公主哭哭啼啼地跑回皇宫，在代宗面前告状，希望父皇为

自己出气。代宗听了这事的前因后果以后，觉得自己的女儿也有不对的地方，那郭瑷说的可能是气话。于是代宗就对升平公主说："郭暖说的很对啊。如果郭子仪真的有二心，天下早就易主了。"面对如此大逆不道的话，唐代宗竟然可以宽恕对待，一笑了之，这种风度真可以契合《素书》上那句"近恕笃行，所以接人"了。

郭子仪知道此事后，吓得不轻，连忙绑着郭暖来向代宗请罪。代宗让人给郭暖松绑，让他回家和公主好好过日子，还对郭子仪说了一句中国民间流传甚广的话："不痴不聋，不做家翁。"他怕郭子仪心里有负担，还劝慰说做父母的对儿女的闺房小事不要太在意，不可过于认真。但郭子仪回家后还是把郭暖用家法教训了一顿。后来，升平公主和郭暖夫妻二人也和好了，恩恩爱爱地过着日子。这"打金枝"的故事却流传开来，成为佳话。

也正是唐代宗这种"不痴不聋，不做家翁"的做法，不仅未让这对小夫妻的矛盾升级，还引导他们和和美美地幸福生活，又让郭家忠心耿耿地为他守护着李家江山。

吕蒙正：不计人过，名扬后世

有句俗语叫做"穷不过吕蒙正"，人们用它来形容一个人的穷困潦倒。根据史书记载，吕蒙正的生活的确曾经非常贫困悲惨，但他奋发图强，努力读书，科举中第，走上了仕途，后来因为才能突出、德行高尚而被皇帝赏识，最终当上了宰相。吕蒙正最为后世所记住的，并不是他从一个困厄至极的穷小子到最后身居高位的大丞相的曲折经历，而是他身居高位却依然保持着良好的道德修养，不计人过，宽恕仁厚。这使他成为后世的楷模。直到今天，仍然还有很多人被"吕蒙正不计人过"的故事激励着。

吕蒙正（944或946—1011），字圣功，宋代名臣，为官清廉，曾经三任宰相。

吕蒙正，字圣功，公元946年生于河南洛阳，他自幼家境贫寒，生活凄苦，但却志向远大，一直发愤读书。后来吕蒙正在宋太宗时期考中状元，太宗专门赐宴，这也成为中国历史上科举后皇帝赐宴的雏形，后来逐渐发展形成了惯例。之后，吕蒙正在为官过程中勤勉能干，步步高升，自公元988年起还做了多年的宰相。

吕蒙正一生勤奋刻苦，为官廉洁刚正，待人仁厚宽恕，赢得了不少美名，特别是他不计人过的品质更是让人交口称赞，与此有关的故事也一直流传至今。

吕蒙正故里，位于河南偃师市佃庄镇相公庄村。

吕蒙正在读书期间，有一个同窗好友叫温仲舒，此人也通过科举考试走上了仕途，后来却因为犯了事被贬多年，一直不得志，抑郁苦闷。吕蒙正在当了宰相后，因为了解和赏识温仲舒的才能，便向宋太宗举荐他，请求重新起用他。可温仲舒却没有吕蒙正那样博大的胸襟，他重返朝堂之后，不仅经常在宋太宗面前贬低吕蒙正来抬高自己，有时候还在吕蒙正触犯龙颜受到责罚时落井下石，一心想把吕蒙正拉下宰相的位置，自己好取而代之。有一次，吕蒙正在宋太宗面前赞扬温仲舒的才能过人的时候，宋太宗想起两人对对方的评价和态度，于是就问他："为什么你这样赏识举荐温仲舒，他却对你不屑一顾，还把你说得一文不值呢？"吕蒙正听后笑了笑，说："皇上任命我为宰相，而宰相的责任之一就是为朝廷举荐人才，温仲舒确实是个人才啊。至于温仲舒对我的看法如何，那就不在我的管辖范围之内了！"太宗听后，觉得他胸怀宽广，对他更为敬重。温仲舒在听说这件事后，也感到有些惭愧，觉得对不住吕蒙正。

司马光在他的《涑水记闻》中记载了这样一件事："吕蒙正相公，不喜记人过。初参知政事入朝堂，有朝士于帘内指之曰：'是小子亦参政耶？'蒙正佯为不闻而过之。其同列怒，令诘其官位姓名，蒙正遽止之。罢朝，同列犹不能平，悔不穷问。蒙正曰：'一知其姓名，则终身不能复忘，固不如无知也。不问之何损。'时皆服其量。"这个故事大概是这样的：吕蒙正被任命为参知政事后进入朝堂议事，有位官员在帘子后面对他出言不逊，说他这样出身卑微的穷小子不配参政。吕蒙正正好路过听见了，却一点也不恼怒，就当没有听见似的。他的同僚都替他不值，为他打抱不平，要去查查说坏话的那人是谁。吕蒙正急忙制止他们。下朝以后，吕蒙正的同僚仍然愤愤不平，后悔当时没有彻底追究。吕蒙正却淡然地告诉大家："如果知道了那人的姓名，我就会终身不忘了，还不如不知道呢，再说不记得也没有什么损失，不用太计较这种事情。"胸怀宽广到了吕蒙正这个地步，实在是令人佩服。

中国有句俗语叫做："恩情易忘，怨恨难消。"吕蒙正能够不计较怨恨，对别人宽容仁厚，是一种大智慧，是真正实践了《素书》中所说的"近恕笃行，所以接人"。

求人之志章（十一）：量才使用，效率最大化

经典再现

任①材②使③能④，所以济⑤物。

迷津指点

①任：任用。

②材：有才的人。

③使：使用。

④能：能干的人。

⑤济：使得益。

古文译读

任用有才能的人，使人尽其才，可以实现整个大局的稳定和发展。

前沿诠释

“21世纪什么最贵？人才！”这句话在前几年迅速走红，成为一时的流行语。其实，人才不管是在哪个世纪，在什么时期都是极其重要的，他们对社会进步所起的推动作用是不言而喻的。

选拔能干之人，任用有才能之士，是每一个领导都关心、重视的事。把合适的人才放在合适的位置上，就能够达到“人尽其才，物尽其用”的效果，进而推动整个事业的发展。反之，如果用了庸才或者把人才放到了不合适的位置，则不仅没有什么好处，还可能满盘皆输。

纵观历史，每一个成功的领导者背后都有一大群人才。刘邦以亭长之卑微身份最终得到天下，与他善用人才是息息相关的；一代良相诸葛亮虽然也能慧眼识英才，却在街亭一役错用马谡，空留千古遗憾。所以，学会用人，是考验每个领导者的严肃一课，必须认真对待。

李世民：济济人才，造就贞观之治

如果对中国历史上的皇帝进行一次评比，毫无疑问，唐太宗李世民一定在“我最喜爱的中国皇帝”“最有成就的中国皇帝”“最有国际声誉的中国皇帝”这些榜单中。因为他开创了中国历史上著名的“贞观之治”，为盛唐气象打下坚实的基础……他的功绩我们无须赘言，那又是哪些因素造就了“贞观之治”呢？在我们看来，李世民求贤若渴，其麾下聚集了一大批名扬后世的人才，就是必不可少的因素之一。

贞观一朝，人才济济，从十八学士到凌烟阁二十四功臣，他们共同谱写了一曲“贞观长歌”。这些人才的出现与李世民的用人政策有着非常紧密的联系。

提起贞观名臣，就不能不提到中国历史上最著名的“谏臣”魏征。魏征去世后，李世民亲自前往他的家中吊唁，还说：“夫以铜为镜，可以正衣冠；以古为镜，可以知兴替；以人为镜，可以明得失。朕常保此三镜，以防己过。今魏征殂逝，遂亡一镜矣。”由此可见魏征在李世民心中的地位有多高，以及魏征对贞观盛世的开创发挥了多大的作用。实际上，魏征一开始并不是李世民的幕僚，而是他的兄长太子李建成的手下。后来，李世民发动玄武门事变夺权，李建成一党被灭，魏征也因此下狱。但李世民认为魏征才干突出，耿直忠心，于是不计前仇，任命魏征为谏议大夫。事实证明，唐太宗做了一件非常正确的事。魏征不断就国家大事给李世民提出好的建议，甚至不惜触犯龙颜，从而使得李世民对他十分佩服。有一次，太宗向魏征询问明君和昏君的不同，魏征列举了尧、舜和秦二世、隋炀帝等例子向他说明“兼听则明，偏听则暗”的道理，太宗十分满意。在贞观时期，魏征在国事上从不委曲求全，总是直言相谏，李世民也不怪罪他，这就促使其他官员进言，就朝政提出自己的看法，因而使得贞观一朝进谏之风颇盛，推动了贞观盛世的出现。

房玄龄碑。

说到唐太宗的用人政策，还要讲一讲著名的宰相房玄龄。“唐代贤相，前有房杜，后有姚宋。”后世史学家对唐太宗时期的丞相房玄龄的评价颇高。隋朝末年，房玄龄在渭河投靠李世民，从此辅佐李世民

三十多年，功劳甚大。《旧唐书》中赞叹他："文含经纬，谋深夹辅。笙磬同音，唯房与杜。"而唐太宗对房玄龄的知遇之恩，正是房玄龄鞠躬尽瘁的原因。唐太宗对房玄龄十分信任。贞观十九年，李世民亲征辽东，把国事都委托给房玄龄处理，不料有人诬陷他意图谋反。房玄龄为了表示自己的清白，就把诬告人送往前线的军营。李世民得知此事后不仅把那人斩首，还宽慰房玄龄说自己对他是完全信任的。正是李世民对房玄龄如此信任坦诚，才使得房玄龄数十年都对他忠心耿耿：贞观前，他协助李世民扫清八荒，问鼎中原，成就一代帝业；贞观中，他又忠心辅佐李世民，处理政务二十多年，制定一系列规章制度，推荐人才，恪守其职，成为一代良相。

李世民得以从乱世中起家，建立伟业，这其中绝对少不了武将的功劳。尉迟敬德就是其中一位。

李世民诚心对待尉迟敬德，使他为自己出生入死，屡建功勋，这也是一段历史流传的佳话。尉迟敬德原本是李世民的死对头刘武周手下的大将，后来归降了李世民。不久，有人怀疑尉迟敬德叛变，建议李世民杀掉他。李世民却力排众议，坚决重用尉迟敬德，还对他说不要把这些事放在心上。李世民的博大胸怀和爱才之心让尉迟敬德非常感动，从此一心为他拼命，也为唐王朝的建立立下了汗马功劳。此外，面对同样来自敌对集团的人才，如我们熟悉的秦叔宝、程咬金等，李世民也都不计前嫌，诚心相待。

在用人的原则方面，李世民不拘身份门第，礼贤下士，赢得了当时不少名士的心。其中，刘文静出身庶族，地位低微，但才华横溢，志向高远，李世民就和他竭诚结交。长孙无忌是李世民的大舅子，李世民也不怕别人说他任人唯亲，仍然大胆重用。事实证明，长孙无忌为成就贞观之治作出了很大贡献。

唐太宗李世民不拘一格，以诚相待，聚集了大批当时最优秀的人才，为他赢得天下、开创贞观之治奠定了坚定的基础。由此可见"任材使能，所以济物"这句话的正确和重要。一个人想让自己的事业取得成功，关键的一点就在于要善于运用人才，集中人才的智慧群策群力。

知人善任，成就事业

古代有个《西邻五子》的寓言故事，说的是："西邻有五子，一子朴，一子敏，一子蒙，一子偻，一子跛；乃使朴者农，敏者贾，蒙者卜，偻者绩，跛者纺；五子皆不愁于衣食焉。"

西邻人家的五个儿子各有特点：老大质朴，老二聪明，老三眼盲，老四驼背，老五脚跛。按照常理来说，这家人中能够过上好日子的人数可能不足总成员的一半，那些身体有残疾的人甚至可能会生活得非常困难。然而事实上并非如此，西邻的老先生已经把孩子们的差事安排妥当了：老大质朴，正好让他种田；老二聪明，可以让他去经商；老三是盲人，就让他去算命卜卦；老四驼背，就让他在家搓麻绳，这样就算坐一天他也不会感到累；老五跛足，就让他留在家坐着用手纺线。就这样，西邻一家人不愁吃，不愁穿，日子过得其乐融融。

从这个寓言中，人们能够清楚地体会到这位西邻老先生是用人高手，因为他懂得如何最优地安排自己五个儿子的谋生道路。我们看到，西邻老先生对自己的五个孩子秉持了因人而异的原则，根据他们自身的不同情况安排不同的工作。他的这番安排发挥了各人的长处，又避开了各人的短处，称得上是“人尽其才”。

其实，世上的人就如同那五子一样，既有优点，也有缺点，关键是看用人者能否选才而用，发挥出他们的长处。试想，如果西邻老先生胡乱安排自己几个儿子的未来，让质朴的去经商，让跛足的去种地，后果会如何呢？那恐怕就会真如我们一开始设想的那样，一家人的生活过得极其困难。

把有用的人放在最合适的位置上，最大限度地发挥他的长处，管理家庭需要这样做，经营一个企业也需要这样做，振兴一个国家就更需要这样做。而这就是“知人善任”的智慧。

知人善任，是用人艺术的最高境界。作为一个现代企业的领导者，必须掌握量才而用的用人艺术，因为用人之才是顺利实现管理目标的一条捷径。唐代的韩愈在《送张道士序》中说：“大匠无弃材，寻尺各有施。”意思是说，对于手艺高明的匠人来说是没有废弃的材料的，长有长的用途，短有短的用途。用人也是如此。“人无弃才”的关键在于“知人善任”，只有知人善任，才能人尽其才。不知人，谈不上善任；不善任，知人也就没有意义了。善任就是为工作安排最适当的人，或为人安排最适当的工作，从而产生最高的效能。

但是生活中如西邻老先生这样精明的人并不常有，正如俗话所说：“世上千里马常有，而伯乐不常有。”现代的领导者虽然手下有很多人在替他们做事，但他们却未必有西邻老先生那样敏锐的眼光，能够发现人才。

会用人的前提是能够慧眼识英才。真正会用人的领导者善于多角度发现人才，并包容人才的不完美。由于用人者所站的位置不同，视角不同，因此他们眼中人才的判定标准也不同。倘若换个角度，我们会发现许多人都是可用之才。

《庄子·人世间》中说：一个姓石的匠人到齐地，看到一棵被人们当做神树的栎树，其高如山，百围粗细。观赏的人如潮水一般，无不交口称赞。可是，匠人对它却毫不理睬。学徒问他："自从我拿上斧头跟随师父，从没有见过这样壮美的树，可师父却连看都不看它一眼，这是为什么呢？"匠人答道："那是一棵散木呀，用它造船，船要沉掉；用它做棺，棺很快就会腐烂；用它做器皿，器皿用不了多久就会坏。这是'不才之木'，无处可用。"

虽然在这则故事里面，匠人否定了大树的价值，但想一想，这棵树能够吸引那么多的人前来观看，甚至被奉为神树，这不正是一种价值吗？这样高大壮美的树，在地方上具有很强的象征意义，即使是在今天，从园林工作者的角度来看，它也是一棵有价值的树。

匠人说的没有错，树老心空，如果用来造船、做棺、做器皿，那是不行的。而其他人也没有错，因为树不一定要砍下来做物品。不同的观点带来的是不同的选择。 领导者面对不完美的人才时，就需要从"人尽其用"的观点看问题。著名的"枭雄"曹操就很善于知人善任，能够认清人才的优点，并能够为他们选择适合的岗位。看看他任用的这些官员：崔琰和毛玠，这是著名的清流，特点是作风正派，清正廉明，曹操让他们去主持选拔官员的工作，果然这两个人选拔推荐上来的都是德才兼备之士；而枣祗和任峻这两个人做事任劳任怨，曹操让他们去主持屯田，结果曹操的屯田制得到了良好的贯彻和落实，获得了丰厚的粮草和经济基础；在武将方面，曹操选用的最有名的五位将军中，于禁、乐进拔于"行阵之间"，张辽、徐晃取于"亡虏之内"，至于其他军官"拔出细微，登为牧守者不可胜数"。

善于用人最重要的是善于发现、发掘、发挥属下的一技之长。《淮南子》中记载了这样的一个故事：

春秋时期的楚国将领子发爱结交有一技之长的人，并把他们招揽到麾下。其中有个擅长偷盗的人前来投奔，也被子发待为上宾。一次，齐国进犯楚国，子发发兵迎敌。交战三次，楚军三次败北。虽然子发旗下不乏能人悍将，但在强大的齐军面前，楚军仍是一筹莫展。这时，那个擅长偷盗的人站了出来，向子发请战。子发答应了。于是，那个人在夜幕的掩护下，将齐军主帅的睡帐偷了回来。第二天，子发就派使者捧着睡帐送还齐军主帅，并一本正经地说："楚军出去打柴的士兵捡到您的睡帐，特来奉还。"当晚，那个人又去齐军主帅的军帐，把他的枕头偷了回来，再由子发派人送还。第三天晚上，那个人居然连齐军主帅头上的发簪都偷来了，子发又一次派人送还。齐军上下听说此事后都被吓坏了，主帅惊恐地对幕僚们说：

"要是再不撤退，楚将就要派人来取我的人头了。"于是，齐军不战而退。

从这个与"鸡鸣狗盗"异曲同工的故事中，我们可以看出，一些有一技之长的人在特殊时期往往能够发挥出令人意想不到的作用。当然，这并不是要求人们在选拔人才时降低道德标准。当年蒙牛企业在提拔干部时提出的一个原则非常好，这就是"有德有才，破格重用；有德无才，培养使用；有才无德，限制录用；无才无德，坚决不用"。

每一个肩负着统筹全局责任的领导者，都需要牢记"任材使能，所以济物"这句话，只有正确地使用人才，才能使事业兴旺发达，同时也能推动个人的发展。

学荣氏企业，自己养人才

用才而不育才，企业便没有持续的竞争力。任用人才并不一定非要等到人才这颗果实成熟了，自己再去摘。一个企业应当有自己培养人才的体系，并且善于培养人才。

创建于1902年的荣氏企业在近代经济史上写下了浓墨重彩的一笔，它是近代中国规模最大、发展最快的民族资本企业之一，在面粉、纺织领域独领风骚，在旧中国，该企业的创办人有着"面粉大王"和"棉纱大王"之称。而在荣氏企业引人瞩目的发展史中，对人才的培养是极为重要的一环。

培养技术、管理人才

企业的发展不但需要厂房、机器、设备等"硬实力"，还需要技术、管理人才等"软实力"。只有"软硬兼备"，企业才能在激烈的市场竞争中赢得更大的主动权。荣宗敬、荣德生兄弟二人在经营和管理荣氏企业的过程中，非常重视培养技术和管理人才，而人才是企业的骨干，他们往往决定着企业产品的质量高低和整个体系的健康与否。荣氏企业蓬勃发展的时期正处于第一次世界大战之后，当时纺织、面粉两个行业方兴未艾，荣氏兄弟"深知欧美机制工作日新月异，欲资师道，非从实地考察不可"，于是他们积极派遣荣氏企业的人去海外学习先进的技术和经验，还邀请从美国留学归来的工程师介绍美国纺织界的情况。这些做法开阔了企业管理人员的眼界，使身处旧中国一隅的他们得以放眼世界。荣德生还很注重对继承人的培养，让他们也跟着技术人员和管理人员去学习知识和经验，并到各部门实习，从而使荣家的下一代出了不少能人，能够将家族企业延续下去。

荣氏兄弟不仅注重对高级人才的培养，还非常重视培养一般员工，甚至很注重对新员工的培训。1928年，荣德生为了满足企业技术、管理工作的需要，以申新总公司的名义，开办了“申新纺织总公司职员养成所”，专门培养纺织人才。这个“职员养成所”类似于现在的专科学校，学制两年，专门招收有一定文化程度的高中生和中专毕业生，学员半天上课，半天到工厂实习。虽说这只是一个由企业开办的培训班，不过谁要是小瞧它那就闹笑话了，因为这个培训班的师资力量是非常雄厚的：英国留学生沈泮元担任养成所所长，并兼授纺织专业课程；陆荣圻教授日语，薛明剑教授企业管理，施之铨教授机械设计和金工实习。

企业经营者在经营过程中重视对人才的培养，一方面能够保证企业生产技术的连续和更新，另一方面也为企业管理进一步科学化提供了极大的动力。毕竟，一切技术设备归根到底都要由人来操作、管理。一家企业的进步与发展，与专业人员的技术水平密切相关，所以说，现代企业管理者不仅要学现代的管理思想，更要向一个世纪以前的荣氏兄弟学习。

投资教育，培育人才

今天，许多大企业都与著名高校联合办学，合作培养人才，高校得到企业的资助，学生得到实习的机会，而企业则得到了大量优秀的毕业生。这种先人一步，在教育方面下工夫来培养人才的方式荣氏企业其实早在创办初期就开始采用了。

荣氏兄弟自创业之初就很关心地方的教育事业。随着荣氏企业的不断发展壮大，荣氏兄弟投资教育、兴学育才的想法得到了实现。1906年，荣氏兄弟在无锡荣氏家塾的基础上创办了公益第一小学。随后便一发不可收，他们先后兴办了十几所小学，其中包括多所女子小学。1917年，上海申新一厂开办了子弟小学，1927年该厂又添设了高中班。

除了创建公益小学，满足劳工子弟看书识字的需求外，荣氏兄弟还开办了职业学校及训练班，培养适合企业发展的中级人才。1919年，荣氏家族在无锡创办了公益工商中学，聘请近代教育家胡雨人为校长。这所学校已经颇有现代商业专科学校的模样，甚至在一定程度上更成熟。该校重视学习与实践相结合，“中有商店、银行，为商科练习；有工场，为工科实习”，为以后荣氏企业的生产和管理培养了数百名技术人才。

除了“在校”以外，荣氏企业还把员工的培训延伸到了“在厂”。荣德生在各工厂企业中对职工进行文化、技术的普及教育和培训。1928年，荣氏企业在大本营无锡开办了“申新职员养成所”，于1932年设立了“申新三厂女工养成所”，这些完善的培训机构为申新系统各厂培养了一批实用型的中级技术人员和管理人员。从1936年起，荣德生的申新纺织公司再接再厉，又在上海、无锡、重庆、宝鸡等地先后创办了职员培训班。到1940年为止，荣德生在上海、无锡两地创办的职员养成所和训练班已经培训了250多名企业骨干职员。即使是在抗战时期，申新总公司也没有放弃这些举措，仍然在上海开办了中国纺织印染工程补习学校。在这几年里，该校前后共有七届毕业生，走出了400多名优秀人才。

一个企业不仅需要中级人才，还需要高级人才。在旧中国，很多热心社会公益的爱国人士都有兴办教育的热忱，不过，能够像荣氏企业这样把创办大学、研究所与企业自身发展紧密联系起来的可不多。1940年，在荣德生的号召下，申新九厂创办了中国纺织印染工业专科学校，专门培养专科人才。1944年，荣德生的次子荣尔仁邀请一部分专家学者在重庆成立了公益工商研究所，研究项目集冶铁、面粉、机械、化工于一体，随后还增聘了专家教授，添了实验室。后来，申新总公司又把这所专科学校改成了四年制的本科大学——中国纺织印染工程学院。1947年，荣德生还在无锡创办了江南大学，设有农艺、食品、电机、机械、化工、数理等系，并在全国首创面粉专修科。这些都体现了荣氏企业在企业发展的同时，培养人才的深谋远虑。

近代民族企业发展的一个主要的制约因素就是缺乏人才。荣氏企业不仅重视人才，而且能培养自己的人才，企业领导人投资教育，兴学育才，在一定程度上减轻了企业发展中人才缺乏的压力。如果将荣氏企业的育才措施上升到国家教育和经济的高度，我们可以说荣氏企业还为近代中国的职业教育、大学教育以及现代管理的发展作出了卓越的贡献。荣氏企业领导人的这种远见卓识令后人感叹不已。

诚如本文开篇所说，一个成功的企业不一定非要等到人才这颗果实成熟之后才去“摘”，而是完全可以自己培养人才；成功的企业家不仅要会识才、用才，还要会育才。虽然百年已逝，但荣氏企业积极培养人才的理念仍然闪烁着熠熠的光彩，可以为今天的企业家们提供宝贵的经验。

求人之志章（十二）：瘅恶斥谗，明察理智

经典再现

瘅[1]恶斥[2]谗，所以止[3]乱。

迷津指点

①瘅：竭尽，这里指远离。

②斥：驱逐、排斥。

③止：停止、平息，此处指避免。

古文译读

（有志者）必须远离一切邪恶，排斥一切谗言，这样才能避免混乱。

前沿诠释

谗言就像曼陀罗花，虽有倾国倾城的风流姿态，却是世间最致命的毒药，古今多少才子英雄，只因信了那奸邪小人一句带蜜的谎言，便成了青史上任人指点的笑话。

一个普通人，若信了谗言，小则伤了人际关系，大则令亲者痛、仇者快，终是害人害己，悔恨终生；在一个国家的朝堂之上，若奸邪当道，谗言如蜜，则佞臣近，贤臣远，小人得志，忠良含愤，终致狼烟四起，天下大乱，千古骂名不断。

因此为人处世一定要持一双清明之眼，看破花言巧语，远离谗邪分子，做一个睿智的人。如此一来，方能达到“止乱”的目的。

贞观一朝：远谗言，近忠臣，开盛世

自东汉末年天下大乱之后，中国经历了长达四百年的分崩离析状态，烽火狼烟，生灵涂炭。正所谓天下局势合久必分，分久必合，公元6世纪末，隋朝建立，隋文帝统一南北，才使国家有了“国”的样子。继之而起的大唐王朝则进一步巩固和发展了中华大一统的局面，中华民族这才迎来一个前所未有的盛世。

缔造这一盛世的唐太宗李世民则成为统治者的榜样，他为人明智，敢信当信之人，斥退谗臣宵小的作风使贞观时期的政坛呈现出极为可喜的景象。

唐初政治清明，并无朋党之争，但仍有奸佞之徒利用太宗广开言路的政策，进谗言，陷害忠良。贞观三年，监察御史陈师合上《拔士论》，诽谤房玄龄、杜如晦“思虑有限”，觊觎宰相之位。太宗与房、杜二人相处时间颇长，对二人的行事作风了如指掌，又怎么会听信小人谗言？因此陈师合的如意算盘未打成，倒是自己落得个流放岭外的下场。

唐太宗可以说是中国历史上少有的知人善用、用人不疑、推心待士的帝王。贞观年间，太宗与他的臣子许敬宗有过这样一段经典的关于谗言的对话：

太宗问许敬宗：“我看大臣之中，只有你德才兼备，但有人却不这样认为，这是为什么呢？”许敬宗回答说：“春雨贵如油，农民喜欢它对庄稼的滋润，但是走路的人却厌恶它在路上产生了泥泞；秋月如明镜，美丽的女子喜欢欣赏月下的风光，但是盗贼却厌恶它暴露了自己的影踪。普天之下所有的人都这样感叹，何况我呢？我没有山珍海味和美酒佳酿来调节别人的口味，因此别人说三道四不能听，即使听了也不能相信。君王如果听信了类似的话语，无辜大臣就要遭到迫害；父亲如果听了类似的话语，就会杀掉自己的孩子；夫妻如果听了类似的话语，就会姻缘尽断；朋友如果听了类似的话语，就会分道扬镳；邻里之间如果听了类似的话语，就会相互疏远；亲戚之间如果听了类似的话语，就会断绝来往。堂堂七尺男儿，需要提防的是三寸不烂之舌，有些人的舌头像龙泉宝剑一样，说出来的话杀人不见血。”

许敬宗的这段话极为精辟，君子仁人恰若春雨月光，清明之人喜欢他们接近他们，但也有邪恶小人厌恶他们的光明正大，总是不安分地散布流言污蔑他们，不闹得鸡犬不宁不罢休。如果听的人深信不疑，那么最后只会弄得亲者痛、仇者快，甚至天下大乱。李世民听完，觉得这番话鞭辟入里，因此铭记于心，并在实际中加以运用。而李世民与尉迟恭之间的故事就是他不听谗言的一个明证。

许敬宗（592—672），字延族，杭州新城人，曾为隋朝臣子，后被唐太宗召为文学馆学士。

尉迟恭是凌烟阁二十四功臣之一，初为刘武周偏将，后李世民率兵征讨刘武周，尉迟恭开城投降。李世民很欣赏这位武将，任命他为右一府统军。当时，有很多投靠了李世民的刘武周麾下的将士又都相继叛唐而去，尉迟恭因此受到众人怀疑，并被囚禁起来。行台左仆射屈突通和尚书殷开山劝李世民说：“尉迟恭刚刚归顺唐朝，但感情志向却不见得归附秦王，何况他非

常骁勇，如今又被我们怀疑，心中难免怨恨愤懑，好在如今已被囚禁，请杀了他，以免日后成为祸患。”李世民不同意，说：“尉迟恭若真要叛离，早就走了。”他还立即下令放了尉迟恭，把他带进自己的房间，赐给他金子，并安慰他说：“大丈夫讲的是义气，我是不相信谗言的，如果将军一定要走，我绝对不阻拦，这些金子权当我给你的路费，希望你不要忘记我们的情谊。”尉迟恭听后非常感动，慌忙叩拜说：“我当拼死效力，报答秦王的厚爱。至于这恩赐的黄金，我绝对不敢接受。”李世民不信谗言信任尉迟恭很快就得到了回报。就在当日，李世民带兵去榆窠打猎，突然遇到伏兵，王世充麾下的骁将单雄信气势汹汹地杀向他。正在危急之际，尉迟恭骑马赶来，大喝一声，一槊将单雄信打落马下，救了李世民，并保护他杀出重围。唐武德九年，李氏兄弟的矛盾日渐加深，太子李建成密召尉迟恭，劝他归附，还赐给他一车金器想收买他。尉迟恭坚决不肯，并将此事告诉了秦王李世民。后来李建成及李元吉派人刺杀尉迟恭未遂，又在高祖李渊面前说他的坏话。高祖听信谗言要杀掉尉迟恭，李世民再三力争才保住了尉迟恭的性命。而尉迟恭在听闻太子和齐王密谋刺杀秦王的消息后，劝秦王先发制人，于是就有了那场历史上赫赫有名的“玄武门事变”。

京剧中尉迟恭脸谱。

因为不听信谗言，李世民拥有了一大批生死相随的良臣武将，像尉迟恭这样知恩图报而在危难时拯救秦王的人不计其数。太宗凭借这一优点开创了一代太平盛世，这正是“痺恶斥谗，所以止乱”。

米勒：听信谗言惹乔丹

谗言总是无风也起浪，在任何时候、任何地点都有可能出现，扰乱人们生活的轨迹，有时候会使得听信谗言的人受尽耻笑，也会让编造谣言的人受尽指责。下面这个发生在NBA球星身上的故事，更让我们深刻地体会到了谗言的危害。

雷吉·米勒，NBA史上最出色的后卫之一，伟大的纯射手，1987—2005年印第安纳步行者队成员。他超卓的季后赛表现使步行者七年间五次杀入东部决赛，2000年更破纪录地拿到NBA亚军，四次入选全明星赛的他更是队中历史上得分最多的球员，同时也是NBA历史上射入三分球第二多的球员。

查克·佩尔森，绰号“步枪兵”，1986年首轮第四顺位被步行者挑中，新秀年就荣膺最佳新秀并入选年度新秀最佳阵容，以精湛的射术闻名，三分球杀伤力得到全联盟认可，有过四个赛季三分球命中次数进入NBA前十位的成绩。

迈克尔·乔丹，著名篮球队员，被誉为“空中飞人”，在其职业生涯中创造了不胜枚举的纪录，是全世界公认的最伟大的篮球运动员之一，也是NBA历史上第一位拥有“世纪运动员”称号的巨星。他将NBA推广至世界上每个角落，使NBA成为又一无法阻挡的美国文化，并把耐克从一家小公司变成闻名世界的超级巨头。

而这三位NBA巨星却同时登台，在20世纪的1988—1989赛季演绎了一段有关谗言的故事。

在20世纪80年代末，乔丹已在篮坛声名鹊起，然而刚进联盟的新秀们总是不知天高地厚，不断地向乔丹发出挑战，结果总是受到乔丹的嘲笑。当时，雷吉·米勒就是这样一个年少轻狂的新秀。

1988—1989赛季，是米勒进入NBA的第二个赛季，步行者与公牛队在辛辛那提打了一场表演赛。比赛中，乔丹的心情一直很平静，这对一个运动员来说是最好的状态，即使对方运动员使用小动作干扰比赛也不生气，因为这毕竟只是一场表演赛，输了也没什么大不了的。然而这个时候偏偏有人火上浇油。在一次暂停的时候，总是喜欢和人斗嘴的查克·佩尔森就对还是新人的米勒说，乔丹最不喜欢别人对他说垃圾话，如果有人对他说垃圾话，他的情绪状态就会不佳。然后他就一直怂恿米勒去和乔丹说垃圾话，其实是佩尔森自己没胆子对乔丹无礼，企图让米勒去试试。而那天晚上米勒状态极佳，几乎每投必中，心气不免高傲，并未思考这样做的后果以及佩尔森的意图就随口答应了。

于是再次回到场上时，米勒就开始讲垃圾话，不停地骚扰乔丹，终于把乔丹惹火了。接下来就发生了极其戏剧性的一幕，当比赛只剩下5分钟的时候，公牛队原本是落后步行者12分，但是之后乔丹一连拿下了20分，并且都是单靠打压米勒获得的，最终公牛队赢得了比赛。当米勒离开比赛场地时，乔丹严肃地对他说，“以后不要再对我说垃圾话了。”从此之后，米勒就记住了一件事：不能再轻易听信佩尔森的话了，凡事还是要自己先判断清楚为好。

乔丹（1963），美国NBA著名篮球运动员，被称为“空中飞人”。

这就是米勒听信谗言的后果，不但没有达到让公牛队输掉比赛的预期目的，反而让乔丹从自己的

手上夺走那么多分，自己也在“飞人”面前丢了面子。因此，当我们听取别人的说法与建议时，一定要事先判断是非，不妄自听信谗言，做一个正直的人。

谗言恶行引祸乱

谗言是指小人巧言令色地说他人坏话，从而达到惑乱人心、挑拨离间的目的。这种歪风邪气在遇到意志不坚定的人时就会酿成大祸。在千古绝唱《出师表》中，诸葛亮语重心长地告诫后主刘禅要“亲贤臣，远小人”，这和《素书》中说的“痒恶斥谗”是一个道理：人必须远离谗言恶行，如此才能避免祸乱发生，保卫社稷安定。可惜，从古到今，已经有无数人倒在谗言这个障碍物上，让大业由盛转衰。

历史上进谗言的人从来就没有绝迹过，身居高位的进谗言者往往会给其所处的时代造成大祸。商朝纣王无道，听信谗言挖了忠臣比干的心，杀死、逼走了无数忠臣良将，最终导致亡国，而他自己也死在了鹿台的大火中；春秋时的楚国，令尹子兰、奸妃郑袖等人在楚王面前陷害屈原，使得三闾大夫被流放，而愚昧的楚王不听屈原等人的劝谏，被秦国所骗，最终客死异乡；三国时期的蜀国后主刘禅听信谗言，耽误了军机，等到魏军攻来时，他又听信了巴人谯周的谗言，不理儿子北地王刘谌的劝谏，决意降魏，逼得儿子大哭离去，最后在宗庙中殉国自杀，自己也被曹丕软禁；唐朝的唐玄宗听信杨国忠的谗言，统治日益昏庸，引发了“安史之乱”；南宋的宋高宗听信秦桧的谗言，令岳飞屈死在风波亭……

谗言恶行自古就是祸乱的根由，就这一点来说，历史上的例子太多了。其中，最典型的进谗言的代表就是秦朝的赵高。

赵高是历史上著名的佞臣，他是秦始皇身边的近侍，很受宠，但他贪心不足，总想获得更大的权势。后来，秦始皇在出巡的途中死于沙丘（今天的河北平乡县地区）。原本应当是秦始皇的长子扶苏继位，但是赵高认为扶苏太过正直，他继位以后自己没有什么好下场，就与左丞相李斯共谋改立秦始皇的次子胡亥。李斯原本不敢答应，但赵高巧舌如簧，煽动道：“丞相，在你看来，在才能、功绩、谋略、取信天下以及扶苏的信任程度这几方面，你与蒙恬将军谁强呢？”这句话正好触到李斯的痛处，他在这些方面的确不如蒙恬。赵高见状，又加了一把火：“大公子一旦即位，丞相之职必定落入蒙恬手中，到时你觉得自己能够得到善终吗？而胡亥公子慈仁敦厚，实乃立嗣的最佳人选，希望丞相好好考虑。”最后，面对巨大的利益诱惑，李斯选择了妥协。两个人伪造了秦始皇的遗诏，假传圣旨让扶苏自杀，让比较好控制的胡亥继位，即秦二世。

秦二世昏庸无能又生性残暴，大小事情都依仗赵高，于是赵高真正成了“一人之下，万人之上”的人物。他不断向秦二世进谗言，独揽大权，结党营私，残酷地杀戮秦朝重臣，让秦王朝大厦摇摇欲坠。

赵高害怕当时握有兵权的蒙恬、蒙毅兄弟反对他，就向胡亥进谗言说：“臣闻先帝欲举贤立太子久矣，而毅谏不可。若知贤而愈弗立，则是不忠而惑主也。以臣愚意，不若诛之。”于是，胡亥派人杀死了蒙毅，又逼迫蒙恬服毒自杀。除掉了这兄弟二人之后，赵高又对始皇帝的宗室和故臣下了毒手。他向二世建议，既然先帝老臣都不服从他，索性把他们都除掉好了。秦二世接受了这个建议，重新立法，让赵高处置各大臣及诸公子。结果，咸阳城中一片血雨腥风，大批公子、公主被杀。剩下的大臣要么闭门不出，要么依附赵高，而著名的“指鹿为马”事件就是在这个时候发生的。

赵高为了把大权握在手中，说动了二世，让他不必面见群臣，一切奏章都由他整理后再呈上，甚至在后来发展到由他直接代为批阅，而秦二世则躲进深宫享乐去了。至此，赵高基本已经实现了自己大权独揽的目标，但他对另一位掌握大权者——李斯还是心存顾虑的。当初李斯为了谋求权势，参与了沙丘之谋，但由于不像赵高这样善于谄媚秦二世，一直被赵高压了一头，心里很是郁闷。赵高怕李斯危害自己，就想除掉他。于是，他多次在秦二世面前说李斯的坏话，让秦二世对李斯产生了不满。

当时，由于秦国统治无道，陈胜吴广起义已经爆发，其他地方也局势动荡。赵高故意去找李斯说：“函谷关以东盗贼猖獗，皇上不在意这些关系国家安危的大事，反而醉心建阿房宫，我想进谏，却担心说话没有力度，不如你去面见皇上？”李斯就抱怨秦二世根本不上朝，自己没有晋见的机会。赵高说：“只要你真心想进谏，等皇上有时间我就立刻告诉你。”

赵高故意找秦二世正与妃子玩得高兴的时候通知李斯：“皇上现在有空，你可前来奏事。”结果李斯每次来都打断了秦二世的兴致，让他不得不停止游乐，重整衣冠接见自己。骄横的秦二世因此很生气，就抱怨说：“我一玩得高兴，李斯就跑来骚扰，他是故意轻视我吗？”赵高借机进谗言说：“当初我们在沙丘夺取帝位时，李斯也参加了。现在您当了皇帝，他就不高兴了，觉得自己应该裂土封王。现在，李斯在外面的权力太大，甚至比您这个皇帝还大。有件事我不敢说，李斯的大儿子李田是三川郡的长官，函谷关外正在造反的陈胜就是他邻县的人，据说他和那些反贼还有文书往来。”秦二世听信赵高的谗言，自以为是地治了李斯的罪，判其受腰斩之刑。从此以后，秦朝的朝廷内再也没有什么愿意为国效力的人了。等到各

地起义军蜂拥而至，这个大封建帝国就彻底覆灭了。

杀死秦二世的不是别人，正是赵高。刘邦大军直逼咸阳，朝廷一下子乱了，赵高发兵逼宫，抓住了秦二世。于是，这个只会享乐和听信谗言的无能皇帝就这样结束了自己的一生。而赵高最终也没有落到什么好下场。他本来打的如意算盘是完全控制朝廷，再和函谷关外的义军谈判，六国拿回自己的土地，而他统治原来的秦国领土。但是他的恶行已经招致天怒人怨，新立的秦王子婴暗中谋划，杀死了这个祸国殃民的败类。

谗言就像食人花，看起来好看，听起来悦耳，但后果却是致命的，它会使人判断失误，纵容自身的性格缺陷，还会使人作出错误的决定，造成不可挽回的后果。哈桑·巴士里说过："谁对你传送谗言，谁就在害你。"每一个有事业心、仁德心的人都应当记住，远离谗言恶行就是远离祸乱。

求人之志章（十三）：推古验今，覆辙不可重蹈

经典再现

推[1]古[2]验[3]今[4]，所以不惑[5]。

迷津指点

①推：推求，探求。

②古：过去的事物。

③验：检验，指导。

④今：当前的事物。

⑤惑：迷惑，困惑。

古文译读

从过去事物的发展中寻找规律，用来指导分析当前事物的发展状况，这样才能保持清醒的头脑，不困惑。

前沿诠释

《增广贤文》中有这样一句话：“观今宜鉴古，无古不成今。”它深刻地揭示了吸取历史经验教训的重要性。历史的发展不会是一成不变的，但在发展中却总有一些规律贯穿其中。如果我们想理清事物发展演进的过程，对现在甚至未来的事物发展方向有一个清晰的认识，那就得向历史“取经”，以使自己面对复杂的现实问题时可以从容应对，不至于陷入迷惑。

朱棣：吸取教训削藩王

对于明朝初期的历史，人们印象最深的一件事就是燕王朱棣起兵造反，从自己的侄子手中夺取了江山。这是一个在中国古代史上相当有分量的事件，被后人反复谈及。当上皇帝之后的朱棣治国有方，在位期间国家繁荣程度堪称明朝的最高峰，而他奠定统治基础的第一步就是削藩，在这个过程中，“推古验今”对于他的帮助可谓不小。

朱棣是明太祖朱元璋的第四个儿子，封地在北平。在朱元璋所有儿子里，朱棣算是最会打仗的一个了，他多次参与北方的军事行动，两次率师北征，在北方军队中具有极大的号召力，因此成为朱元璋诸子中军事力量最强的一个。后来因为几位亲王先后去世，朱棣更是成了最年长的皇子。然而，朱元璋最后却把皇位传给了皇长孙朱允炆，也就是后来的建文帝。

汉代的玉马车。

燕王朱棣的失望可想而知，也正因此，他和自己的侄子朱允炆的关系变得水火不容。而朱允炆也担心自己那些掌握实权的叔叔威胁自己的统治，于是开始筹划削藩。数位藩王被朱允炆削了权，并被贬到了偏僻的地方。

这样一来，燕王朱棣可不干了，在自己的权力也面临危机时，他干脆起兵造反，从北平一路向南，气势汹汹地攻向了京城。这场战争的最终结果大家已经知道了，朱棣攻陷南京城，夺取了天下。

虽然说朱棣是抢了自己侄子的皇位，违抗了太祖朱元璋的遗命，但是在后来的治国之术上他也向自己的父亲和侄子学习，还吸取了他们的不少教训。

首先就是削藩问题。在洪武一朝，朱元璋有26个儿子，其中有24个封了藩王。他的本意是想用自己的子嗣来巩固统治，但是很快这些藩王就尾大不掉，对中央政权形成了威胁，因此朱元璋在晚年就一心想要削弱藩王的势力。朱允炆也意识到了这一点，他怕藩王势力太大会威胁中央统治，因此在即位后便大刀阔斧地夺了数个藩王的爵位和兵权。

燕王当初就是因为建文帝削藩才起兵的。不过，虽然燕王自己是造反起家的，但在即位后他还是要为稳固皇权考虑，认为必须加强中央集权。于是，他也开始准备削藩。但是削藩绝对不是一件容易的事情，朱棣读过很多历史类的书，他知道前人在这方面的教训。

说起历史上的皇帝削藩，几乎每个朝代都会出现那么一两次，但是有成有败，失败的典型例子就是汉文帝初期的“七王之乱”，以及近在眼前的、涉及他自身的燕王起兵。所以，关于这一点，朱棣认为有必要研究一下建文帝那些削藩的做法，从中吸取教训，至于有用的地方，也要学习。

朱棣知道，建文帝之所以会输给自己，有多种原因，第一个原因就是削藩政策的失败。朱允炆毕竟政治经验少，不够成熟，在朱元璋驾崩之后，他不让朱棣等藩王进京吊唁，从而失去了将藩王纳入京城势力范围，以便从容制约的机会，等藩王都回到封地，再想去约束他们就已经鞭长莫及。而他第二个失误就在削藩的时机选择上。建文帝刚刚登基，帝位尚未巩固就贸然削藩，而且手段凌厉，登基三个月就废了周王，惊死湘王，第二年又废了齐王、代王。这样雷厉风行的措施令藩王人人自危，等于是在逼着藩王造反。而建文帝的第三个失误就是削藩的步骤。当时朱允炆非常重视大臣黄子澄和齐泰，这二人都认为燕王对皇帝威胁最大，但是对于实施削藩政策却提出了不同意见。黄子澄主张先削周王，因为周王是燕王的胞弟，先除去燕王的羽翼。而齐泰则反对，他认为一开始就应该先削燕王，燕王一旦被除去，其他诸王就都好办了。实际上，黄子澄的主张无异于打草惊蛇，可是建文帝却错误地采纳了这一建议，先削周王，导致燕王对朝廷削藩有了准备，也为起兵下了最大的决心。

对于削藩，朱棣感觉是势在必行的。于是，他从即位之后就开始了紧锣密鼓的准备。他知道，既然自己可以起兵“靖难”，那么其他同等地位的藩王也可以。虽然建文帝贬了几个藩王，但是那些藩王的实际权力还在，因此他没有像建文帝那样对削藩操之过急，而是先稳固统治。朱棣占领南京之后，大肆诛杀异己，却没有动那些藩王。不仅如此，他还恢复了藩王们的王位，像功臣一样对待他们，使得藩王们暂时安定下来，放下瓜分天下的念头。

在经过了几年的治理，掌握了国家大权之后，朱棣便开始对付藩王。他吸取了建文帝的教训，并没有采取简单粗暴的方式，而是恩威并施，灵活应对。宁王曾经助他进军，功劳不小，但是朱棣在封王时却把他封到了远离其原封地的南昌；齐王为人恣意妄为，做了许多不法之事，燕王却没有立即用这个借口将他废黜，而是在四年之后才动手；谷王非常凶暴，企图勾结其他藩王危害朝廷，朱棣便让诸王去议其罪，敲山震虎。总之，朱棣虽然一直在进行削藩活动，但从明面上看却显得他对诸王十分宽容，没有动杀念，只是让这些藩王远离政治而已。就这样，朱棣用和风细雨慢慢渗透的方式将藩王的权力不断削弱，直至他们对皇权再也没有威胁，而他的削藩政策至此便成功了。

建文帝与明成祖，同样是削藩，结果却一成一败。建文帝的失败成了明成祖的反面教材，明成祖从中吸取了不少经验，他还参考历史上的相似事件，从而成功削藩，还稳固了自己的统治，从而得以放手治国，成就了历史上的“永乐盛世”。

善学者成，不学者败

黄石公在《素书》中提出的“推古验今，所以不惑”，其实就是告诉我们要吸

取前人的经验教训，以避免我们在自己的工作和生活中重蹈覆辙。诚如明成祖削藩正是吸取了建文帝的经验教训，采取了最为合理的方式，才成功了。同样的道理，在日常生活中，我们做人、做事，倘若能吸取前人的经验教训，自然能少走弯路，收获成功。成功者的高明之处就在于善于学习别人的成功之处，也善于从别人的失败之处中找经验。

股神巴菲特的成功，也是建立在学习前人的长处和经验的基础上的。巴菲特不但学习了格雷厄姆的投资策略，还进一步吸收了费雪的投资策略，同时将二者完美地融合在一起。所以，他称自己是“85%的格雷厄姆和15%的费雪”。被称为“世纪长寿炒股赢家”的罗伊·纽伯格，在长达几十年的投资生涯中，没有哪一年的记录是亏损的。关于自己成功的秘诀，纽伯格在其自传《忠告：来自94年的投资生涯》一书中指出，其中一个重要方面就是自己研究前人炒股的经验。

诚如巴菲特所言：“当说到从失败中吸取经验时，我笃信最好还是从别人的失败中来学习吧，越多越好。”芒格也曾说过：“我始终相信从别人那里学到现成精华的道理，不喜欢一个人坐在那里空想。因为还没有人能聪明到那种程度。”

事实的确是这样。人的一生是极其短暂的，而且并不是每个人都能找到自己失败的原因，并从中吸取教训。更何况，每个人所犯的错误都只是人类所有错误中的极小一部分，同时，每个人在犯错时都是要付出代价的，如时间、金钱和健康的损失等。所以，最好的成功捷径就是从前人的错误中吸取教训，为自己的成功增加助力。

一次，世界零售业巨头沃尔玛和他的下属到一个城市去开会。在他们开完会回酒店的路上，恰逢当地一家规模很大的百货商场因为生意不好，不得不停止营业而举行结业典礼。沃尔玛当即让司机停下车，自己和所有的下属一起站在一旁观看这家百货商场的结业典礼。典礼结束后，沃尔玛和下属继续驱车回酒店。到达酒店之后，沃尔玛没有马上休息，而是立即召开会议，与众人一起分析这家百货商场结业的原因，以防在自己公司的管理上出现类似的情况。

由此可见，沃尔玛之所以能够发展壮大，就在于它的管理者懂得吸取别人的经验教训，及时查找自身的问题，让自己的企业快速走向成功。同样的道理也适用于我们的工作和生活。

小李和小王同时被一家公司录用。作为职场菜鸟，他们深知自己要学的东西很多，于是都在心里暗下决心一定要努力学习，做出一番事业来。一年后，二人在公司的表现有了明显的差别，小李取得的成绩远远不如小王的。于是小李在一次聚会的时候，向小王请教他的秘诀。小王笑着说，自己所做的不过是多看多想罢了。多看多想？小李觉得自己做得也不少啊。小王又说：“我经常和一些老业务员聊天，听他们聊自己过去的事儿。其实从这些事儿中能学到很多东西。你看前几天，李总说到自己当年失去一个大单的情况，就让我想到我手中的一个单子的沟通方式，我就总结了李总说的那些经验教训，用到了和客户沟通上。你别说，最后还真成了。”这下，小李明白自己和小王的差距在哪里了：自己只会从自身的失败经历中吸取教训，而小王却能把眼界打开，从前辈的身上取经，这才是他比自己强的根本原因啊。

小李和小王的故事提醒现代的年轻人，初入职场，要善于从前辈的成功和失败中吸取经验教训，如果将这些所得用到自己的工作中，能少走许多弯路。

某家火锅城开业后，生意一直不太好，为此，老板很是苦恼。每天看到隔壁饭店车马盈门，而自家门可罗雀，他感觉真不是滋味。后来，老板在一个朋友的推荐下，阅读了一些关于管理人士的书。他研究这些人成功的原因，最后总结出一套适合自己的店的经营管理方式。经过调整，他除了加强对外宣传之外，还将自己的管理方式做了改动，坚持走特色之路，强调为顾客提供更好的服务、更舒适的环境、更美味的食品，并以此最终打败了对手，使得自己的店成为当地最受欢迎的火锅店。

综合上面的分析可以看到，我们从别人的失败教训中能找到更多利于自己的经验。投资大家比尔·格罗斯的桌上放着大量别人写的投资书籍，如彼得·林奇的《战胜华尔街》等。芒格每年都要读上百本人物传记，从每个人的人生中学习经验教训。善于学习别人经验教训的人，想不成功都难。因为他们在学习别人的过程中，已经化人有为我有，达到学为我用的地步了。

当然，要想从别人的经验教训中汲取营养，还要有一种积极的心态。因为一个人只有用积极的心态看待别人的失败，而不是一味地沉浸在别人失败的打击中，才能找到可资借鉴之处。热播动画电影《功夫熊猫2》中的阿宝和沈王爷，同样有被遗弃的经历，但是最终阿宝却因为用积极的心态面对人生，不但自己获得了成功，学会了功夫，还拯救了大家。这个结果就说明，学习别人的失败经验，首先要接受自己的人生，再用积极的心态将其转化，最后，你才能用学到的经验成就自己的人生。

求人之志章（十四）：通达机变，善于揆度

经典再现

先揆[①]后度[②]，所以应[③]卒[④]。

迷津指点

①揆：分析，预测。

②度：思量，考虑。

③应：应对。

④卒：突然发生的情况。

古文译读

在事情发生之前就准确地分析预测，然后想好应对的策略，这样才能在发生紧急情况的时候从容应对。

前沿诠释

从古至今，凡是最终成就一番大事业的人，都有一种必不可少的品质，那就是谋定而后动。他们非常有远见，在事情发生之前就有了预测和思考，对于以后可能出现的每一种状况都想好了应对措施。因而在面临突发状况时，他们依然能从容面对。

中国古典文学名著《红楼梦》里有一副对联："世事洞明皆学问，人情练达即文章。"此对联可谓一语中的。历史上那些料事如神的风云人物，并不是什么未卜先知的神仙，只是比别人多了一份思考，多作了一份准备。这就启示人们，在办事时，要密切关注事物自身及其相关因素，然后对其进行分析研究，找到一些突破口，进而预测可能发生的事情，及时作好准备，采取有力的行动。这样一来，最终取得良好的实践效果就是意料之中的事了。

李光弼：善谋者用兵如神

一个创业者除了有远大的目标、坚定的信心以外，还必须有"事前诸葛亮"

的智慧。我们经常说某位名人“料事如神”，有着令人羡慕的好眼光，其实，这些都是建立在事前谋划的基础上的。善于谋划，能够让人少走弯路，更快地实现理想。

唐朝大将李光弼是平定安史之乱的重要人物，与郭子仪齐名，世称“李郭”。李光弼属于用头脑打仗的将领，说起用兵谋略，他的水平在大唐一朝绝对是数一数二的。

李光弼用兵，总是谋定而后战，常常能以少胜多。他作战最大的特点就是一个“奇”字——奇思妙想、出奇制胜，通过周密细致的分析和突破常规的思维来取得战争的胜利。

公元760年，古代战争史上著名的河阳拉锯战爆发，李光弼与叛军首领史思明围绕着河南河阳展开了一系列攻防战役。双方斗智斗勇，各出奇招。史思明在一次战役失败后退到了河清县。李光弼得到叛将史思明进兵河清的消息后，马上猜到史思明要断绝河阳的粮道。事实上，史思明也真是这么打算的。李光弼知道，如果唐军的粮道被断绝，军心必定大乱，万一叛军乘机进攻，己方就难逃灭亡的命运。于是，李光弼率兵抢先一步赶到了史思明大军的必经之路野水渡。

李光弼到了那里之后，一反常态，不像以前那样重视踞城作战，反而命令士兵在平地上扎寨。到了晚上，李光弼更是连营帐都没进，而是决定率兵暗中回到河阳，只留下将领雍希颢带人在野水渡防守。

众人闻听他的计策后都大吃一惊，雍希颢更是着急。李光弼看出大家的顾虑，哈哈一笑，对雍希颢说：“贼将如果前来挑战，你每过一个时辰就出去迎战一次，记住不要纠缠，坚守营垒即可。如果他们指名要我出面一决高下，你可以照实说我已回到河阳；倘若他们投降，就带他们来大营见我。”

雍希颢等人听了都迷惑不解，以为李光弼是在说胡话：不留重兵，不认真作战，凭什么让人家投降?

李光弼这边回了河阳，史思明那边也正在紧锣密鼓地安排。当天，他叫来大将李日越，下令说：“李光弼善于守城，如今他驻军在野水渡，那儿是一片旷野，根本无城池可依，这是消灭这个心腹大患的好机会。你率领骑兵去擒拿他，事情不成就不要回来见我！”

李日越到达野水渡后，命人在唐军营垒前大声喊叫：“李光弼快来受死！”结果营垒上站出来一个人，这个人告诉他们：“司空大人已经回到河阳了。”起初李日越还不相信，可对方强调：“我何必骗你，这对我又有什么好处呢？”李

日越挥军杀过去，结果李光弼的军士打着打着就回营垒，紧闭寨门。李日越气得破口大骂，却又无可奈何。他问对方的将领是谁，得到的回答是雍希颢。这是何许人也？李日越一下子犯愁了，他忧虑地对部将说：“这次受命斩杀李光弼，没想到李光弼不在，反而遇到名不见经传的雍希颢，擒住他也不足以抵罪，完不成大帅交代的任务，我们回去后难逃一死！”

雍希颢正在营垒里郁闷呢，突然听说李日越让人把自己绑了，跪在地上，声称甘愿投降。他非常吃惊：怎么李司空不在，这些人反而投降了呢？他带着李日越回到河阳，李光弼客客气气地把李日越迎了进去，并且任命他为右金吾大将军。本来忐忑不安的李日越因此很受感动，随即写信给高廷晖，说史思明苛刻残暴，自己惧怕受害，所以才投降李司空，来到唐军之后马上受到优厚的待遇，希望对方也早作打算。高廷晖收到信之后，很快就脱离了叛军，单独来降。

就这样，李光弼没用多大力气就收服了两员大将，唐军将士对此都啧啧称奇。

有人问李光弼：“大人怎么知道他们一定会投降呢？”李光弼哈哈一笑，说：“史思明被我打败两次，恨不得要与我决一死战。这次听说我移兵野水渡，那是在旷野地区，他志在必得，肯定会派李日越这样的猛将出击。而他对部将的要求一向严厉，必然会撂下类似‘事情办不成，就不要回来’的狠话。我走了以后留守的雍希颢又没有名气，叛军即便杀了他，也不认为是什么战功。既擒不到我，又不愿回去受死，他们就只好请降了。”

听李光弼这么说完，部将们无不叹服主帅用兵如神。

其实，所谓的用兵如神正是事前多方考虑的结果。“知己知彼，百战不殆”，李光弼既知道自己的作战特点，又知道史思明手中的情报和他的性格，再加上对敌军将领心理的把握，他怎么会想不出妙计并策划出一场好戏呢？

军事家之所以是军事家而不只是武将，就在于他能够在作战时运用自己的智慧。世上没有真正料事如神的人，只有运用逻辑思维分析足够的资料并充分发挥计谋，做到先揆后度的人。善于决策的人不是跟着潮流走，而是主动发现新时机，找到新领域，不出手则已，一出手就会一鸣惊人。

洞察先机，这才是真“运气”

日本网络巨子孙正义有“日本的比尔·盖茨”之称，他被《福布斯》杂志称为“日本最热门企业家”。提起这位韩裔日本人，很多人想到的可能是：他具备娴熟的市场运作能力和无可抵挡的创业激情。不过，也有人认为，孙正义能够成功是因为他“运气好”。

的确，孙正义在发家的道路上经历的事情太具有戏剧性，以至于人们频频惊叹，他怎么就能那么恰当地站在了发财的点子上？甚至有人酸溜溜地宣称，如果自己也有这份好运气，肯定也是亿万富翁了。

世界上真的有可以让人不付出努力就能获得成功的好运气吗？答案当然是否定的。事实上，孙正义之所以能够成为世界级富豪，除了拥有激情、超强的市场运作能力之外，还有一个了不起的优点，那就是他能够在商场中洞察先机。

不错，我们只要看看孙正义为自己制订的50年职业生涯规划就会发现，他行事具有高度的目标性，非常善于抓大方向。他的一位创业伙伴是这么形容他的：“孙正义做具体的事情不行，但辨认方向的本领一流。”喜欢为自己制订职业生涯规划的人很多，但很少有人能像孙正义那样，总能看准方向，使得自己的事业如同乘电梯一样，一次又一次地向上攀升。

孙正义职业生涯规划的具体内容是：20多岁时，要向所投身的行业宣布自己的存在；30多岁时，要有1亿美元的种子资金，足够做一件大事情；40多岁时，要选一个非常重要的行业，然后把重点都放在这个行业上，并在这个行业中取得第一，公司10亿美元以上的资产用于投资，整个集团拥有1000家以上的公司；50岁时，完成自己的事业，公司营业额超过100亿美元；60岁时，把事业传给下一代，自己回归家庭，颐养天年。

孙正义（1957—　），日本软银公司总裁。

孙正义从19岁开始创业，当时他的手中仅有一百多美元，在他的传奇生涯中，“异端”或“疯子”的说法始终伴随其左右，而奇迹也往往追随着他。

1981年，24岁的孙正义用1000万日元注册了Softbank公司，也就是今天大名鼎鼎的软银公司。充满激情的他在公司成立之后，搬了一个装苹果的箱子，站上去对两名雇员发表了“狂妄”的演讲：“我们要在5年内使销售额达到100亿日元，10年内达到500亿日元，我们要使公司发展成为拥有几万人规模的公司。”那两名雇员后来因为看不到公司发展的美好前景而辞职，孙正义坚持了下来，最

终真的把自己的设想一一实现了。

1981年10月，大阪举行了一个电子产品展销会。孙正义看中了这次机会，一口气拿出800万日元（这是当时公司全部资本的80%），租下了会场中最大、距入口最近的展厅，并通知各大软件公司，邀请他们来免费参展。他这一“不要命”的手段发挥了效用，展厅一下子吸引了十几家软件公司，打响了软银公司的知名度。

孙正义具有一双能够发现商机的眼睛，最能体现他洞察先机的锐利眼光的一次冒险就是投资雅虎。

1996年3月，孙正义看中了一家互联网公司，先后把1亿多美元投向它，而当时这家名不见经传的公司还没有获得过一分钱利润。几乎所有的人都认为他疯了，但几个月之后，风起云涌的互联网世界就让人们转而佩服他了。那家互联网公司于1996年在纳斯达克挂牌上市以后，股价猛升，孙正义卖了手中股票的一小部分就换回了4.5亿美元，当初的投资在几个月内翻了好几番。而那家互联网公司就是著名的门户网站——雅虎。

从1995年开始，孙正义涉足互联网和电信投资，先后投资雅虎、UT斯达康、新浪、网易、阿里巴巴、分众传媒、盛大网络等，都获得了巨大成功，人称其为“互联网造梦人”。

于是，人们一边说他是作投资决定时不管不顾的疯子，一边说他运气好得要命。我们知道，商场拼搏确实需要一定的运气，但不可能永远依靠它。纵横网络界30年，孙正义的成功靠的不可能是运气，而是洞察先机的本领。

孙正义一向对中国文化情有独钟，有着浓厚的中国情结，他经营企业用的是中国的《孙子兵法》，而且还认为：“为什么兵法十三篇第一篇是计篇，是因为万事从计划开始，孙子在前面六篇不就都讲战前准备吗？”孙正义说：“战前准备到位，最终结局就不言而喻。”他还把孙子语录作为厂训放在大门口：一边是“胜兵先胜而后求战”，另一边是“败兵先战而后求胜”。他将《孙子兵法》的精髓应用到软银公司的一次次投资并购中，做到了真正的“不战而胜”。

孙正义每一个看似疯狂的行动，其实都有着对事情的充分计划和考虑。如果没有明智而激情的头脑、高度的信息敏感，孙正义怎么会一次又一次抢在别人前面？他对信息时代超强的洞察力，让他总是先人一步地进入回报率最高的信息增值服务领域。在“揆度”过程中最关键的是，孙正义对自己的判断有足够的自信，能够最终坚持下来。这是他能够获得极其丰厚的利润回报的基础，也是软银公司创造信息产业传奇的关键。即使是在2001年，全球互联网面临最低潮的时候，孙正义仍然极有信心地判断：宽带应用将给互联网带来最有价值的商机，第二次互联网高潮很快就会到来。果然，一年之后，纳斯达克就开始复苏了。

很多时候，人们懊悔自己因为没有先见之明而走错方向，其实，这种情况发生后应该仔细想想其背后的深刻原因。世界上本没有先知先觉者，孙正义能够洞察先机，是建立在他对产业长期的敏锐观察、深入了解的基础上的，而他独到的眼光和做事情的计划性帮助其实现了对互联网产业未来趋势的准确判断，因此，他在每一次互联网高潮来临的时候，都能成为潮流的引导者。有心一展抱负的人都应当具有这种态度与眼光，学会“揆度”，先人一步想到，先人一步做到！

本德宗道章第四

黄石公在“本德宗道章”中所用的笔墨并不多，但却道出经历诸多世事之后感悟到的人生经验。人在一生当中，可能会遇到很多事情，有得意之时，有失意之时，本心也会被各种各样的欲望或是困惑扰乱。遇到这些情况时，人们不妨读一读本章内容，可能会受到启发，从而调整自己的心态，使原本迷惘的人生之途有“柳暗花明又一村”的转机。

本德宗道章（一）：忍一时辱，成一世功

经典再现

安[1]莫安于忍辱。

迷津指点

①安：安全。

古文译读

最安全的方式莫过于忍辱。

前沿诠释

张良忍一时意气和不满，通过了黄石公的考验，得到了《素书》这部千古奇书，成就了千古功名，这便是“忍”字的最好例证。小不忍则乱大谋，一个“忍”字体现的不仅是涵养，也是智慧。忍一时风平浪静，退一步海阔天空，有时隐忍不仅是为了求一个内心安宁，也涉及人身安全和事情能否办成，甚至事业成败也在忍与不忍的一念之间。“忍”字的精髓，不是退让，而是其背后的韬光养晦。古今不少成大事者，在“忍功”上都颇有造诣。

冒顿：忍中逃生，忍中东山再起

冒顿是汉初匈奴单于，在他的带领下，草原游牧民族达到强盛的顶峰，连大汉王朝也不能掩其锋芒。冒顿是杀父自立的铁血首领，然而他的崛起，却不是单纯凭借游牧民族的强悍本色和凶狠的手段，其中隐忍的策略就曾被他发挥得淋漓尽致。

冒顿本是匈奴头曼单于的长子，年幼时就被立为储君，却因少时失宠，被送到月氏做质子。质子的身份意味着一旦匈奴撕毁与月氏族的和平盟约，冒顿就会有生命危险。冒顿认清了自己的处境，于是便与月氏人谨慎、和平相处，对于他们的侮辱、挑衅从来只是默默忍受。这种谦卑隐忍让月氏人对冒顿失去了戒心，放松了戒备，也让冒顿交到了一些可以依靠的朋友。后来，在头曼单于不顾冒顿的人身安全，发兵攻打月氏时，冒顿凭借着自己经营已久的人脉，成功逃回匈奴。冒顿在月

氏的隐忍让他得以保全性命，同时换回了父亲的信任。

汉初匈奴疆域（阴影部分）。

之后，冒顿并没有因父亲对自己看法的改变而骄傲自满，而是韬光养晦，暗中积蓄实力，在神不知鬼不觉的情况下培养了自己的人马，以备伺机夺位。而后，冒顿便杀父自立，成了草原的统治者。

冒顿即位之初，匈奴正被强敌环绕，西有月氏，东有东胡，他们俱是骁勇善战的马背民族，而南边正是秦汉交接之际的中原，虽形势混乱却也不是匈奴可以啃下的骨头。可以说，冒顿抢到的就是个烂摊子：匈奴人丁凋零，牛羊被掠颇多，处境堪危。再者，冒顿夺位时的狠烈让周边诸族都心生忌讳，他们都想趁冒顿羽翼未丰时对其加以打压。在这种形势下，冒顿果断地判断形势，西攻月氏，赶走了不会再相信他的月氏人，对东胡却予以安抚，甚至不惜对东胡使者低声下气。东胡首领依旧不放心，派人索要匈奴单于最好的千里马。冒顿不发一言，当即送上千里马给使者。东胡首领二次试探，索要冒顿的阏氏，即他的妻子。匈奴人不堪侮辱，举族震怒，冒顿却力排众议，把心爱的女人送到了东胡。由此，匈奴人和东胡人都把冒顿当成了懦弱享乐之徒。东胡人得到了匈奴的宝马美人之后，也稍稍减轻了对匈奴的劫掠。这两次的忍让换来了东胡首领的心安，给匈奴人争取了一段休养生息的日子。匈奴在外患暂除的情况下渐渐发展，兵力增加，人丁渐兴。此时，东胡首领却不知匈奴底细，依旧以居高临下的姿态向匈奴索要一块土地。正当匈奴人以为冒顿还会如前两次那样隐忍时，冒顿却毅然发兵，攻打东胡，一举夺得千里之地，东胡从此分裂成诸多小部落，再也没能对匈奴构成威胁。匈奴之盛自此开始，其后还一度成为大汉王朝的劲敌，让历代的汉朝皇帝头痛不已。

隐忍所需要的勇气不亚于冲锋陷阵。常言道，忍字头上一把刀，冒顿外要忍受异族人的侮辱，内要忍受本族人的误解，承受着来自各方的压力，这需要的是一种大智慧、大心胸和大清醒。当然，冒顿也没有一味地退让，身为一个游牧民族的首领，宝马和女人可以送出去，但土地却不可侵犯，因为土地是一个民族的立身之本，哪怕只是一块盐碱地，那也是全族人的尊严所在，是全族人的财产。如果一个首领不能保护族人的所有，那么他的威严将会一落千丈。因此在冒顿看来，当忍时忍，不当忍时就要起来反击，不留余地地痛击对手，展示自己的魄力，向族人证明自己的英明正确。而这些，也正是忍的智慧所在。

不去计较一时的荣辱得失，并不一定意味着淡泊处世，与世无争。一个人，当他把目光放长远时，自然不将一时的荣辱放在心上，这就是成大事者的胸怀和自信。隐忍不全是为风平浪静，不求海阔天空，今日忍一尺，来日便争一丈，有时，隐忍是为安身，更是为成功，在这种智慧背后，隐含着决心和自信。在很多情况下，只有真正蛰伏过后才会真正地崛起，只有懂得隐忍的人才能真正懂得释放。“忍”字，是谋略大厦的基石，是一种看似被动，实则争取主动的策略。

司马懿：隐忍而后出击

司马懿是三国时魏国的政治家、军事家，以精明老道而著称。他是辅佐了魏国三代的托孤辅政重臣，后期更成为全权掌控魏国朝政的权臣。西晋王朝建立后，他更被追尊为宣皇帝。在势力一步步壮大的过程中，司马懿最擅长的，恐怕就是隐忍了。

时值东汉末年，汉室衰微，曹操任司空，听到司马懿美名远播，欲征召他到府中任职。司马懿见汉室无望，又不想在曹操手下任职，便以自己有风痹病为由拒绝。曹操派人暗中刺探，司马懿装病多时竟丝毫不露破绽。以曹操之多疑奸诈，司马懿居然能装病瞒过他，可见其演技精湛，隐忍之深，隐得完美，忍得深沉。

装病可算是隐忍中最低级的招数了，但司马懿却把这种最简单的招数玩得花样百出。魏明帝死后，司马懿与曹爽一起接受遗诏辅佐少主曹芳。之后曹爽兄弟却日渐骄横，有篡位野心，一力排挤司马氏。司马懿自知实力不及，无力抗衡，多次忍让后便再次装病，不问政事。曹爽和其同党担心有诈，就派人去刺探，司马懿装作老病不堪，言语模糊，思维混乱，骗走了来人。这场装病的戏码演了很长时间，有过丰富装病“经验”的司马懿再次骗过了众人，隐忍在暗处，伺机而动发动了政变。曹爽由于放松懈怠，最终死在了司马懿的手里。司马懿从此便成为一代权臣，几可一手遮天。

司马懿第一次隐忍，装病不出，是为不事名声不好的曹操，可谓独善其身；第二次隐忍，是为司马家族的兴衰成败。事实上，他还有一次名垂青史的隐忍，这次隐忍就最终拖败了诸葛亮，导致诸葛亮北伐失败。

在诸葛亮又一次北伐时，魏蜀两军在五丈原对峙，诸葛亮不断派人叫战，可司马懿知道，如果仓促应战，一定会以失败收场。于是，司马懿便不理诸葛亮的诸般挑衅，高挂免战牌，死活不出战。诸葛亮见其隐忍不发，便派使者送了一套女人衣服，

嘲笑司马懿龟缩巢中，非大丈夫所为，是小女人行径。然而司马懿并没有恼羞成怒，反而心平气和地赏赐了那个送衣使者。但是司马懿手下的一众将领却被此事激怒，纷纷提出要与诸葛亮决一死战，一雪耻辱，他们说："我们都是大魏名将，岂容诸葛亮任意侮辱？"

司马懿（179—251），字仲达，西晋高祖宣皇帝，三国时期魏国杰出的政治家、军事家，西晋王朝的奠基人。

司马懿自知若毫无反应，只会长他人志气，灭自己威风，有损主将威严，但此时魏军又没有作好应战的准备，不能出战，于是冷静地应道："我并不是怕诸葛亮，只是坚守不出是皇上的命令，我们若意气用事，便是违抗圣旨。不如我上书请战，皇上若应允，我们就同心协力与蜀军一决高下如何？"

于是众将安静下来，等待请旨。司马懿明着上书请战，实则暗示曹睿帮忙打压一下众将的浮躁之心。曹睿会意，于是重申了军令，命令众将坚守城池，绝不出战，再有请战者以军法处置。之后，司马懿面对诸葛亮的挑衅始终不失冷静，决不轻易与蜀军对战。一代智圣诸葛亮不久就病死在了五丈原，抱憾而终。名冠三国的诸葛孔明，就这样被司马懿的隐忍，拖到了"出师未捷身先死"的地步。在三国的故事中，司马懿的光芒似乎稍逊诸葛亮，但尽管诸葛亮有在草庐蛰伏多年的经历，若论隐忍，终究还是司马懿更胜一筹。

此役中，司马懿云淡风轻地化解了诸葛亮对他的侮辱，在没有重大损失的情况下，取得了最终的胜利。所谓笑到最后的才是笑得最好的，忍一时为争取最有利于自己的战机，退一步便夺得了五丈原的广阔天空，司马懿凭借着隐忍，成为诸葛亮难敌的对手。

英雄本色可以是霸王之怒，也可以是佛陀之淡定，面对危险要淡定，面对耻辱也要淡定。司马懿的隐忍，背后透着一股淡定从容，他轻而易举地掌握了战不战由我的主动地位，可见隐忍不仅可以让人为出招作准备，而且其本身就是一种招式。这一招没有惊天动地的威力，走的是低调路线，但却让人找不出丝毫破绽。就是这一招隐忍，让诸葛亮第六次出祁山也未能拿下中原；就是这一招隐忍，司马懿虽屡战屡败，却一直都没有大损实力，才可以屡败屡战，可见隐忍果然是其中最为稳妥的一招。

成就事业要忍一时辱

在现实生活中，想要成就一番事业的人在工作和生活中经常会面临来自各个方面的误解、非议，甚至是羞辱。那么该如何应对这种局面呢？孔子说：“小不忍则乱大谋。”有志向、有理想的人，不应斤斤计较个人得失，在侮辱面前逞匹夫之勇，否则只会毁了自己的前途。在该忍的时候不忍，是一种愚蠢的行为。

忍是理智的抉择，是成熟的表现。“安莫安于忍辱”，这里面的忍辱有一个重要的前提条件，那就是忍辱之人的眼光要放得远，为长远打算，忍一时之痛。2006年的德国足球世界杯令世人瞩目，意大利队战胜了法国队，最后捧走了大力神杯。这是让球迷跌破眼镜的事件，但比这个事件更轰动的是齐达内的失态事件。

在法国队与意大利队的决赛中，齐达内开场不久就罚中一个漂亮的点球，为法国队取得领先地位。然而在加时赛中，意大利后卫马特拉齐对齐达内说了一些侮辱性的话，惹得齐达内顿时失态，他猛地用头撞向马特拉齐的胸部。他的这一暴力举动，导致他被裁判立即亮出红牌罚下场。齐达内灰溜溜地回到了更衣室，连颁奖仪式也没有参加。后来，法国队败北，齐达内退役，齐达内撞人事件一度跃成为当时的热门话题。

在2006年足球世界杯决赛上，法国队队长齐达内被裁判用红牌罚下场。

作为法国队的队长，齐达内是法国队的进攻主力之一，他的黯然下场对法国队的实力和斗志都是一个沉重的打击。倘若齐达内能够忍辱负重，也许法国队就能一鼓作气地拿下比赛，笑到最后。

本来，这次世界杯赛是齐达内退役前的告别演出，如果他能帮助法国队拿到冠军，就会成为继贝利、马拉多纳后的第三位球王。但这些都不可能了，这次不理智的犯规使他的世界杯之旅就此结束。

在社会生活中，人与人之间难免会出现磕磕碰碰，甚至恶语相向的情况。遇到这种情况，一些人会冷静分析，不争一时之长短，忍辱负重，从长计议。但也有像齐达内这样的人，头脑一热就做出鲁莽之事，结果酿成无法挽回的后果。“冲动的惩罚”轻则失了和气，与人结怨，影响自己的事业和前途，严重者会酿成刑事案件，使自己锒铛入狱。

青年孙某在路上与他人起了口角，被对方羞辱两句后便勃然大怒，遂找了几个人把对方打了一顿，结果导致对方伤重死亡，自己也因为故意伤人而被判处十年徒刑。冲动的孙某争锋一时，给自己留下了不光彩的一页；相反，像韩

信那样目光远大的人则会在受辱之时避开狂徒的锋芒，保全自己，那才是大智大勇的表现。

忍有两种，一种是忍而不发，以忍来求安；另一种是忍而待发，以忍求变。无数善于忍让的事例无疑说明了一个道理：在羞辱面前要学会忍耐。“忍一时风平浪静，退一步海阔天空”，这不是单纯的懦弱，而是有策略的后退。

一个人在奋斗的过程中，应当善于隐忍，苏秦忍下家人的嘲笑，发愤苦读；韩信忍下胯下之辱，投身军旅；康熙忍下鳌拜的骄纵跋扈，积蓄力量。最终，他们都取得了非凡的成就。不只是事业处在发展阶段的人，即使是已经坐在高位上的人，也应该在该忍让的时候忍让。有的人对于忍辱有一些认识上的偏差，总以为自己地位低时不得不忍，等到自己飞黄腾达了就可以耀武扬威。其实，忍辱并非苟安，在有头脑、有责任心的人那里，它更是一种成熟、负责任的处事方式。对于领导者来说，这是一种博大的胸怀，也是一种深厚的人生修养。

三国时期，东吴陆逊是出了名的好脾气的人，无论是被人说坏话，还是指挥军队时部将不听号令，他都能够平心静气地面对，一点也不生气。即使被淳于式骂苛待百姓，他也不说什么，反而在孙权面前称赞淳于式：“虽然淳于大人所说的与事实有出入，却是出于爱民之心，令人敬佩。”他之所以“忍辱”是因为他“负重”，他深知自己不是一个普通人，而是东吴的军事指挥者，手下有千军万马，身后是整个东吴的安危。正是这种强烈的责任感，使他能够忍常人所不能忍。这种忍让虽然委屈，却不窝囊，它是一种“苟利国家生死以，岂因祸福避趋之”的崇高境界。每个人肩头都有一定的责任，只有把责任看得重如泰山，才能摆正个人与集体、与社会的位置，处理好小我与大义的关系，促进事业的发展。

忍辱有时是责任的需要。无论是普通的职员还是领导者，都要有强烈的责任感。例如，国家外交人员之所以能够冷静地面对所遭遇的不敬和侮辱，不计荣辱，委曲求全，正是因为他们清楚，所有的个人恩怨都必须无条件地服从大局。一个人在肩上扛有责任时应当铭记以大局为重，忍下一些并非大是大非的屈辱。古语说：“善弈者谋势，不善弈者谋子。”一个人在受到屈辱时应当处理好局部与整体、眼前和长远的关系，当整体利益、长远利益与个人的眼前利益发生冲突时，必须学会忍耐和克制。

“安莫安于忍辱”，学会忍耐是人一生中必须经历的过程，对于大是大非的侮辱我们不能容忍，但是对于一些个人方面的冲突则应当低调对待，能忍则忍，以忍耐作为跳板，成就自己的未来。

本德宗道章（二）：乐善好施，大道所为

经典再现

先[1]莫先于修德，乐[2]莫乐于好善[3]，神[4]莫神于至诚[5]。

迷津指点

①先：首先。

②乐：快乐。

③好善：乐于为善。

④神：神通。

⑤至诚：极其真诚。

古文译读

最要紧的事莫过于提升德行，最快乐的事莫过于广行善事，最神奇的效果莫过于用心真诚。

前沿诠释

古语云："修身齐家治国平天下。"修身，即修习自身的德行，是排在最前面的，由此可见德行乃立身之本、立业之基。

佛家的因果报应之说提醒人们要注意德行，种瓜得瓜，种豆得豆，行善积善，作恶得恶。行善的回报有时是看不见的，它只是在人们心里种下祥和喜乐的种子，之后慢慢地滋润着生活。行恶也并不一定马上就会得到报应，它会无形中让人们的恐惧不安慢慢地生根发芽，从而一点点影响生活质量。

真诚是人与人交往的重要准则，也是人所应拥有的美好德行之一，以诚待人，不仅会得到真诚的回报，还可能得到真诚的朋友。所以说"神莫神于至诚"。看古今中外许多成功人士，"诚"字在其人生长河中皆熠熠闪光。

晏殊：以诚实取信

中国古代的文人，在仕途上一帆风顺的不多，晏殊与其他大文学家相比，却是

少有的没怎么被严重贬黜的人之一。这其中，“诚实”二字起了极大的作用。

晏殊从小便才华横溢，5岁能诗，有“神童”之称，14岁就入殿参加科举考试，从千名考生中脱颖而出，被赐进士出身。然而，晏殊之所以让人印象深刻，除了才华出众外，还有一个重要原因，就是这个年仅14岁的少年已经把诚信作为做人的一大准则了。第一天考试时，晏殊从容不迫，才华气质已经得到了宋真宗的赏识。而到了第三天复试“赋”时，晏殊看到题目，便对考官说：“这个赋题我以前做过，请另改题目。”晏殊的诚实与自信，受到真宗的赞赏，真宗授其秘书省正事，留秘阁读书深造。晏殊学习勤奋，稳重谦和，得到了不少人的赏识，之后他的仕途通畅异常，恐怕和他给皇帝留下了一个好的第一印象是分不开的。

《梦溪笔谈》中记载着这样一则故事：在那个天下太平的时代，京城中的大小官员经常无所事事，闲暇时都外出郊游或是举行各种宴会，吃喝玩乐。晏殊清贫节俭，没有太多钱财可以玩乐，只能在家里和家人读读诗书，写写文章。有一天，真宗突然提升晏殊为东宫官，陪伴和教导太子读书。其他大臣有的不满，有的讶异，不明白皇帝为什么突然作出这样的决定，宋真宗却说：“你们这些人空闲时只知道吃喝玩乐，只有晏殊在家读书学习，这样勤劳持重的人正是东宫侍读的不二人选。”

晏殊知道后并不窃喜，只是实事求是地承认道：“其实我也是个喜欢游玩宴饮的人，只是家贫而已。若我有钱，也早就参与宴游了。”晏殊的坦白不仅让宋真宗更加信任他，也让群臣对他颇有好感，因此晏殊的人缘越来越好。

玉人吹笛。晏殊词，成扇，设色纸本。

宋真宗视晏殊为股肱之臣，经常向他咨询疑难杂事，而晏殊则以渊博的学识、干练的办事风格和诚实的做人态度为人所称道，因此能多年身居要位，更在庆历二年时升任宰相。

晏殊身居要职，一生显贵，却平易近人，性格刚直，善于举荐人才，范仲淹、欧阳修都是经他提拔才崭露头角的，另外，韩琦、富弼、王安石等人也是受过晏殊的栽培而后才得到重用的。其中，富弼是晏殊的女婿，晏殊因爱其才，举贤不避亲，唯才是举，提拔他为枢密副使，后来富弼也曾官至宰相。这种举贤不避亲的做法，也是一种诚实的表现：心中坦荡荡无所愧，自是不怕外人流言。再加上晏殊一贯的真诚处事作风，别人也是真心信服，并无异议。

晏殊的“诚”不仅体现在做人上，也体现在文学上。他的《珠玉词》集中没有一首是和朋友往来之作，没有一首“次韵”之作。他填词，只为心情，不为敷衍，也不为名，不像南宋时的文人大多以词作为晋身之阶或交友之道，所以他的词毫无做作之感，无论惆怅还是欢欣，表现的都是真性情；无论是哲思还是义理，都是真感受。

晏殊身怀绝世文采，却没有一些文人的疏狂之气，也没有个别文人的酸腐之气，因此，他并没有经历那些诗人的颠沛流离，而是将济世之才很好地发挥出来，得以为百姓和国家办事。晏殊诚恳温和的性格让他在官场上不仅能洁身自好，还能八面玲珑，游刃有余，以德服人，以信取信，诚而不迂。简而言之，晏殊的为人为官之道便在于无招胜有招、以柔克刚、真诚质朴一法，胜过万种谋略，此当是抓住了“修德”“至诚”的真谛。

奥黛丽·赫本：用爱装扮人生

奥黛丽·赫本曾一度被评为世界上最美的女人，她就像是误落凡间的天使，让所有的人又敬又爱。如果要问有谁可以美一生，奥黛丽·赫本无疑是其中一个。她因清纯高雅而成为美人，因关爱他人而成为天使。

奥黛丽·赫本，20世纪好莱坞著名影星。她出生在比利时的首都布鲁塞尔。这个优雅怡人的欧洲城市赋予了赫本高贵清纯的气质。赫本有着高贵的血统、显赫的家世，家族谱系甚至可以回溯到英王爱德华三世，母亲是荷兰贵族后裔，然而赫本的童年却因为“二战”而分外颠沛流离。

奥黛丽·赫本（1929—1993），英国人，著名影星，奥斯卡影后，著名作品有《罗马假日》《蒂凡尼早餐》等。

善良的赫本曾在“二战”时做过志愿护士，那时的她只有16岁，曾照顾了无数受伤的兵员，其中就有后来的大导演特伦斯·杨，他在1967年执导了赫本主演的《盲女惊魂记》。赫本还曾为荷兰游击队秘密工作过，包括表演芭蕾舞募集捐款、传递情报等，为反法西斯战争作出过贡献。这位外柔内刚的姑娘，在战争的饥荒中，只能靠郁金香球茎及由烘草做成的“绿色面包”充饥，靠喝水来填饱肚

子。虽然过着营养不良的艰苦日子，但赫本依旧笑着面对生活。

面对家庭的经济压力，赫本做了兼职模特，渐渐地获得了一些出演电影的机会。她从出演一些配角开始了自己的演艺生涯，后来被法国作家科莱特夫人一眼看中，从而获得了到美国发展的机会。《罗马假日》上映后，赫本一下子成为全世界瞩目的焦点，她那高贵的气质、优雅的谈吐，甚至她那简单的短发造型，都受到了万千影迷的追捧。

赫本式的美是永恒的美，然而永恒的美却不是漂亮脸蛋和优雅谈吐就可以成就的。成就赫本永恒之美的，是她美丽外表下的一颗仁爱之心。明星做慈善不是什么新鲜事，沽名钓誉之辈不在少数，贪图新鲜或是迫于压力者也大有人在，然而赫本的慈善是出自真心的，出自可以接受世人和历史检验的真诚。“乐莫乐于好善”，赫本之所以能永葆青春，就是来源于她发自真心的善良。

也许是受童年的波折的影响，从20世纪80年代起，赫本逐渐淡出影坛，全心全意地用自己的影响力帮助贫困地区的儿童。1988年，她担任联合国儿童基金会亲善大使，参加各种活动，发表演讲，努力唤起全社会对无助儿童的关注。她曾多次不顾战乱和传染病的危险亲赴非洲，走到地球上苦难最深重的角落拥抱饱受折磨的儿童，展开考察并实施援助。她的足迹遍布埃塞俄比亚、苏丹、萨尔瓦多、危地马拉、洪都拉斯、委内瑞拉、厄瓜多尔、孟加拉等亚非拉许多国家，受到当地人民的广泛爱戴和欢迎。赫本甚至在重病之中和弥留之际也不忘那些面临饥饿和死亡的儿童。2002年5月，联合国儿童基金会在其纽约总部为一尊七英尺高的青铜雕像揭幕，这座雕像被命名为“奥黛丽精神”，以表彰赫本为联合国所作的贡献，而奥黛丽·赫本是获此项殊荣的唯一的个人。

“记住，如果你在任何时候需要一只手来帮助你，你可以在自己每条手臂的末端找到它。随着你的成长，你会发现你有两只手，一只用来帮助自己，另一只用来帮助别人。”这是奥黛丽·赫本的名言。赫本用一生践行了她的话，也用爱心装扮了人生。美在她的人生里超越了高贵，超越了青春，定格成了天使一样的永恒。这，就是善意为赫本带来的经久不衰的魅力。

学学老字号的“诚”

中国人常用“精诚所至，金石为开”来说明人的诚心能感动天地，像金石那样坚硬的东西也能使之开裂。中国传统经商者，尤其是那些儒商，十分讲究以“诚”做生意。那些鼎鼎大名的“老字号”秉持的就是“诚信为本”的商业道德和经营理念。比如制茶的吴裕泰，始终秉承“采之唯恐不尽、制之唯恐不精”；比如制药的同仁堂，信守“炮制虽繁必不敢省人工，品位虽贵必不敢减物力”的质量信条。它们的这些信条就是优秀传统商业诚信文化的集中体现。因为“诚”，它们才能够成为“老字号”，传承百年，经历时代变迁仍然屹立不倒。

中华老字号——同仁堂。

同仁堂是中药行业著名的老字号，国家首批非物质文化遗产，至今已有340年的历史。300多年里，同仁堂走过皇朝变迁，历经民国风云，又在新中国遭遇一系列起起伏伏，如今又搏击于市场经济大潮。这家老字号历经沧桑，始终昌盛不衰。

虽然300多个春秋过去了，但同仁堂对于诚信经营的追求却从未改变。在选用药材上，同仁堂一直有自己独特的原则——“取其地，采其时”，极为重视“地道”二字：人参要用东北吉林的，蜂蜜要用河北兴隆的，大黄要用青海西宁的，白芍要用浙江东阳的，枸杞必须是宁夏的，山药必须是河南的光山药。“处方规定用16头人参，就决不能用32头人参取代。”在药材的加工炮制上，同仁堂的要求更是苛刻：黄连必须一根根地去掉须根；远志必须人工去除有副作用的芯；为了让药品拥有最好的口感，同仁堂一直坚持使用80目的箩过筛；为了保证紫雪丹的效力，在制药时一直坚持使用“金锅银铲”……这些外人看不到的地方，均闪耀着同仁堂经商以“诚”的熠熠之光。

曾经，一些人不理解同仁堂的做法，认为这些对药材的要求太苛刻，而繁复的工序又会增加药物的成本，包括一些同仁堂新来的伙计都对此有很大怨言：“炮制药材的过程又没人看见，省下一些工序也不见得会影响药效，何苦如此呢？”这时，同仁堂的老人就会用药行里的老话教育他们：“修合无人见，存心有天知。”恰恰是这种对老传统的坚守，这种发自内心的自律，成就了同仁堂的辉煌。

北京的瑞蚨祥开业于1893年，至今已100多年了。100多年以来，这家老字号一直恪守着自己的百年经营宗旨：至诚至上，货真价实，言不二价，童叟无欺。

作为老北京“八大祥”之一，瑞蚨祥一直恪守着一个原则，那就是货真价实。各地的优秀面料会聚一堂，成衣无不是一针一线精益求精。从百年前在前门开店开始，瑞蚨祥就对店员有着严格的要求，力求店员的言谈举止令人赏心悦目。为了保证产品质量，确保瑞蚨祥这块百年招牌的含金量，今天的瑞蚨祥继续秉承祖制，同

祥对商品质量精益求精，其制衣所需的很多丝绸产品严格依照各种相关法规与店规，授权其指定企业加工，产品出厂时要由瑞蚨祥的技术人员仔细查验，达到要求才能收货。尽管时代背景已经有了很大的不同，但以“诚”为本的原则仍然不可忽视。

前门瑞蚨祥。

有关研究表明，目前我国企业的平均寿命不超过四年，这种短命式的发展源于一些企业盲目扩张和追求一时暴利，缺乏扎实的经营作风。一些商家用不道德手段牟取暴利，赚的是短期的钱，他们认为：无奸不商，不动手脚就不能发财。让我们观察一下，像上文所说的那些由小到大，不断发展，历久不衰的大企业、大名牌，依靠的则都是诚信经营的原则。欺诈可以谋取一时利益，却留不住长期顾客，也不能维持长久的品牌。“诚”字经营是一种可持续发展的经营理念，“老字号”之所以能成为百年老店，就有一部分原因在于此。

人世间最大的智慧莫过于至诚。至诚的内涵不只是诚实无欺，同样也是一种心态，宁静坦荡、问心无愧。至诚之心，其实就是一颗赤子之心，用一双清眸看透世间纷乱的利益追逐，放下心中算计的蝇头小利，用坦荡的心胸面对社会，面对世界，任何时候都能够问心无愧。这样一来，人就不会拘泥于外物，从而能光明磊落地去迎接人生的每次挑战。与人相交，要心地坦诚，诚心待人对事；对待工作，要尽心尽力，竭尽所能；褒贬事物，要立身端正，大公无私，从客观的角度出发；对待客户，要以诚相待，诚信、诚心。

一位企业的经理说起了这样一件事：有一次，一个客户要在本市作市场考察，他负责接待对方。在刚刚接触的时候，经理就发现客户的脸色不太好，有些灰白，但是出于礼貌，经理也没有多问。按照接待客户的一般流程，经理带着客户参观，并在一旁为他进行讲解。这时，他发现客户有些精神不集中，步伐不稳，于是他便旁侧敲击地问对方哪里不舒服。得知客户有慢性疾病，却还要为了市场调研而奔波之后，他立刻安排客户去休息，还特意安排了一些清淡可口的晚餐送到客户住的宾馆里。第二天，还没等经理说继续参观的事情，对方就已经决定和企业合作了。客户感慨地说：“考察了这么多地方，能够关心到我的身体的，只有你们一家。”

其实，这位经理的行为并没有什么特别之处，但是他能够从客户的角度出发，真正地去关心客户，体现出了他的真诚，因此客户才会那么痛快地决定与他所在的企业合作。

李嘉诚是华人首富，他的核心成功秘诀正是一个字：诚。他说过：“我绝不同意为了成功而不择手段，如果这样，即使侥幸略有所得，也必不能长久。”在创业之初，李嘉诚因为缺货而无法兑现与外商的承诺，但他以诚相待，向外商讲明自己的实际情况，赢得了外商的谅解与支持，从而与对方建立了长期的合作关系，扩大了产品的销路。

经商的目的是为了利润，但取得利润的过程却十分耐人寻味。今天的企业家们不妨多学学“老字号”，以诚为本，此举不仅能打响品牌，也能对行业规范起促进作用，从而促成良好的经营环境的形成。

本德宗道章（三）：明察秋毫，参透人生

经典再现

明①莫明于体②物。

迷津指点

①明：高明，明智。

②体：体察，感受。

古文译读

最高明的办法莫过于亲身感受事物。

前沿诠释

“聪明”一词，最初意为耳聪目明，均是从人的感官说起的，可见要想真的做一个明智的人，就要切身体会事物而后才能有所领悟。只有深入事物之中，用心感受，才能明白事物的表里本末、前因后果。叶公好龙其实只因空想无知，而庖丁解牛则是实践出真知，在亲身感受时逐渐摸索，掌握规律。马克思主义将实践作为检验真理的唯一标准，引导了历史的前进，其实，黄石公所谓的“体物”，也无非就是去实实在在地感受，去实践，去检验，最终达到明晓的目的。体物能让人颇有建树，造福自己与他人；反之，照本宣科，不去实践，则可能害人害己。

神农：亲尝百草，开创中医

关于神农的传说，由于太过久远，就带了几分神话色彩。传说中神农，即炎帝，是三皇五帝之一，是中国的太阳神。《白虎通义》中记载，神农知稼穑，懂耕种，始种五谷，制作耒耜，是发明农业的人；又相传其尝百草，创医学，是医药之神。除此之外，他还制定了历法，开创水利灌溉技术，使中华民族脱离了饥寒交迫、患病无医无药、颠沛流离的日子，完成了人类从游牧生活到农耕生活的转变，从蒙昧到文明的过渡，从旧石器到新石器的跨时代进步。他是继伏羲之后，又一个对中华民族有颇多贡献的人。在这些贡献中，神农的亲身实践便发挥了十分重要的作用。

在远古时代，人们过着采集、渔猎的生活，五谷和杂草长在一起，药物和百花开在一起，人们不知道什么该吃，什么不该吃，就算吃错了东西也不知怎么补救，只能忍着病痛，甚至无奈地死去。而且，为了满足生存需要而进行的采集、渔猎活动使得人们居住地方的飞禽走兽和百花野草越来越少，终于有一天，人们连果腹都成了问题。神农氏将百姓的疾苦看在眼里，经过冥思苦想，决定带领大家再找一个新的地方定居。

神农尝百草。神农为了寻找药品，曾一天中了70次毒。

神农带领着人们不停地走，走了整整七七四十九天，来到一片高山峡谷前，看到这里生长着各种奇花异草，馨香四溢。正当他们喜悦之时，峡谷里突然来了一群豺狼虎豹，神农便带领臣民用神鞭驱赶野兽，将虎豹蟒蛇身上都抽出了一条条花纹。其他人看此地异常凶险，都劝神农回去，神农却说："不能回去，百姓都没有食物吃，没有药物医，我们怎么能回去？"说着，神农率先进入了一道峡谷，来到一座茫茫大山下。这座山峰高耸入云，上面布满了青苔，非常湿滑，根本无法攀登。其他人又心生退意，神农却坚持前进。正当他埋头苦思爬山的办法时，突然看到几只金丝猴，它们正顺着高悬的古藤和横倒在崖腰的朽木爬过来。神农灵机一动，想到可以用藤条和木杆来搭架子，顺着高崖一层一层地搭上去，就可以直到顶峰。春去秋来，工人们从不停歇，整整搭了一年，共360层，才终于到达了山顶——一个花草缤纷的世界。

在这样不停寻找食物和药物的过程中，神农白天带领人们跋山涉水，亲自采摘花草，放到嘴里品尝，晚上，他叫人们生起篝火，就着火光把一天的收获详细地记载下来：这些"草"哪些苦，哪些热，哪些凉，哪些能充饥，哪些能医病，都写得清清楚楚。

据记载，神农为了寻找药品，曾一天中了70次毒，然而他并没有退缩。在不断地尝试的过程中，他渐渐地发现，甘草可以治疗咳嗽，大黄可以治疗便秘，黄连可以消肿等。有一次，神农中了一种剧毒，吃下后霎时倒地，说不出话，只是用手指着一棵灵芝。身边的人忙喂他服下灵芝，毒气才消去了。从此，人们便知道灵芝可以起死回生。

神农一次又一次涉险，身边的人都劝他放弃，可他却硬是凭着一股毅力，尝遍

了百草。在一次品尝一种藤状植物时，神农不堪忍受剧痛，肠断而死，于是后人便称那种草为断肠草。

神农亲尝百草，开创医药学，为后世留下了宝贵的财富。经过了漫长的岁月，无数次的反复试验，神农留下的医药知识已经逐步演变成了今天的《神农本草经》。其中共记载了365味中药，是中药学的经典之作，也是本草类著作的开山之祖。

神农尝百草的故事，在诸多史书中均有记载，西汉的《史记》写道："神农氏以赭鞭鞭草木，始尝百草。"东汉的《淮南子》记载："神农尝百草之滋味，水泉之甘苦。"由此可见，神农其人是有真实原型的，只是经过历代人的改编，多了些神话色彩而已。若无神农的亲身"体物"，中华医学不知还要在黑暗中摸索多少年。

赵括：纸上谈兵终害己

历史上著名的长平之战不仅奠定了大秦帝国千古霸业的基础，也在史书上印下了一个人的名字，那就是纸上谈兵、留下千古遗憾的赵括。

赵括是战国时期赵国重臣赵奢之子。赵奢因战功被封马服君，在他死后，赵惠文王就赐赵括袭封马服君，因此军中将领皆尊称赵括为马服子。赵括喜欢研究兵书，与人辩论兵法时少有败绩，其父赵奢也说不过他。但赵奢并不夸奖他，而是说："打仗是生死攸关的事，你把它想得太容易了。如果赵王不让你当将军就罢了，如果一定要让你当将军，打败赵军的人一定是你自己。"

战国后期，赵国成为唯一能与秦国抗衡的国家。公元前260年，秦、赵两国间爆发了著名的长平之战。

大战开始时，赵国派名将廉颇守长平。廉颇采用固守不出之计，秦军远道而来，不能速战，不堪耗时，便用上了反间计，派人到赵国散布流言，说秦军只怕马服子赵括，廉颇很容易对付，等等。赵王信以为真，临阵换下了德高望重的廉颇，任命赵括为将。

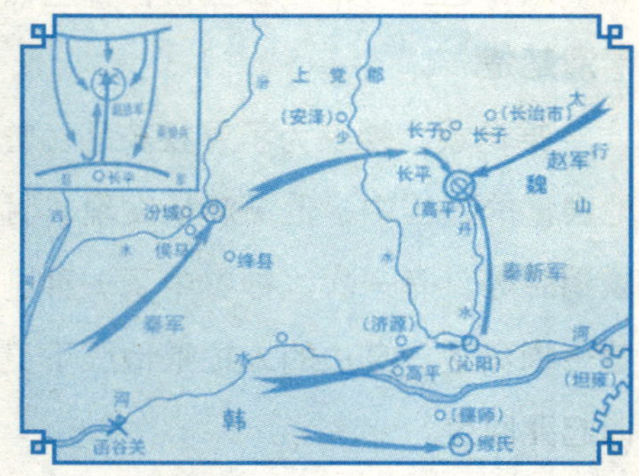

长平之战示意图。

赵括为将后，全面更改了廉颇的部署，大量撤换将领，导致赵军战斗力下降。秦国见赵国中计，就任命名将白起为主帅来主持对赵作战。白起深知赵括自视甚高，鲁莽轻敌，遂采用后退示弱诱敌的战法，想将赵军分割围歼。赵括在不明虚实的情况下贸然采取进攻行动，不料被埋伏在两翼的秦军伏兵截为三段。赵军首尾分离，粮草也无法补给，形势危急，只能筑垒坚守，等待救援。秦王见此大好时机，便亲临督战，同时在国内征发15岁以上男丁从军并赐爵位。秦国全民请战，上下一心，大量秦军切断了赵军的粮草和后援。

长平之战遗址。遗址范围广阔，西起骷髅山、马鞍壑，东到鸿家沟、邢村，宽约10公里；北起丹朱岭，南到米山镇，长约30公里，东西两山之间，丹河两岸的河谷地带均属于重点保护区。

赵括走投无路，想集结部队突围却没能成功，自己也被秦军射杀。赵括死后，40万赵军群龙无首，只得投降白起。而白起考虑到40万人难养，而且赵国民风彪悍难驯，这些人很难融入秦国，便使诈坑杀了全部降卒。这次大屠杀震惊了众诸侯国。

再后来发生的就是著名的“窃符救赵”的故事。赵国平原君赵胜向魏信陵君求救，信陵君谏魏王不成，于是窃得虎符，率兵救赵，在邯郸打败秦军，这就是历史上著名的邯郸大战。赵国虽然先败后赢，却已经元气大伤，颓势难以挽回，被白起坑杀的40万精锐也回不来了。赵括的纸上谈兵最终害人害己。

这场战事，当然不能说是赵括的一己之错，细算一下秦赵两国综合国力的差距、统治层的决策失误等，诸多因素都加速了赵国的没落，催生了大秦帝国的诞生。然而赵括在军事指挥上贻误战机，致使全军覆没，是难辞其咎的。长平之役，纵观双方主将的成长经历，赵括一直局限于书房之中、书本之上，对于战场形势的风云变幻、人心的揣测都没有经验。虽说赵括也曾跟随赵奢参加过战争，然而他本身毕竟没有亲身指挥过作战，没有设身处地进行战略部署的经验。再看秦将白起，在长平之战前就已经名动天下，身经百战不说，而且是行伍出身，是从最低级的小卒一步一个脚印地走到了主将的位置的，冲过锋，陷过阵，指挥过，也谋划过，战争中的每一个环节他都亲身体会过。这样看来，整日和书本打交道的赵括如何能是修炼多年的白起的对手呢？其实，赵括也是天资聪颖、悍勇绝伦的人，他和白起的成败得失，只在于白起是经过“体物”而“明”，赵括则是太过盲从间接经验罢了。

陈忠实：表现来源于体验

提起陈忠实，我们就会想到那部史诗式的著作《白鹿原》。这部小说带着朴

实浓厚的乡土气息，描绘了一幅渭河平原一个村落50年变迁的斑斓画卷，曾获得第四届茅盾文学奖。对于这部著作，陈忠实最大的感触便是认真体验生活。

陈忠实（1942— ），当代著名作家，中国作家协会副主席，代表作品《白鹿原》。

陈忠实的这部作品构思于对民族历史的一种思考，用陈忠实自己的话说，是要留一部死后可以带进棺材当枕头的大书，而他后来写出的这部作品也当之无愧地被称为中国当代文学史上少有的传世之作。在《白鹿原》中，家族纠纷，革命斗争，三年内战，一段宏大的历史被白鹿原的起起落落折射得纤毫毕现。从这一片古老的土地在新生中的战栗，我们感受到了时代的变迁。

陈忠实只有高中文凭，却能如此淋漓尽致地表现一个民族动荡时代的缩影，这与他所做的准备和多年的生活体验是分不开的。为了这部书，他花了两三年的时间做准备。在此期间，他翻阅历史书籍，研究心理学、美学、艺术、民族问题等，从各个方面去详细而完整地认识那段历史。他还认真研究了国内外各个文学流派的重要作品，借鉴他人之长，分析作品的结构和写作角度。

做足了准备后，陈忠实便回到了老家的旧屋里。陈忠实的老家在西安市东郊灞桥区西蒋村，村里每一家的后院都紧紧贴着白鹿原的北坡。在那个僻静的小村落，他给了自己一个沉心静气的空间，也让自己能时刻感受到最淳厚的乡土气息。那里没有清晰的电视信号，没有工业污染，只有清清的河水、错落的房舍、成堆的柴火草垛、成片的庄稼麦田，树林里有狐狸、獾、稚鸡、呱啦鸡、猫头鹰等，一派田园风光。这里就是真实的白鹿原，陈忠实忍受着清贫寂寞，过着与小说中描述的一样的生活，体验着与小说中人物所经历的一样的酸甜苦辣，真实的生活不停地赋予他灵感和动力。

在陈忠实的笔下，国共两党、农民土匪、宗法家族、精神领袖，历史的每一个因素都被生动地刻画出来了。如果说这些都只是来源于知识的积累，那么书中人物的恩怨情仇，欲念的相互交织，则来源于作者对生活和人性的观察和感悟了。如果不是细心地观察生活，只会隔岸观火，是不可能刻画出如此深刻的人性的。曾经有人用一个字来形容陈忠实的风格，那就是“干”，是陕北高原、渭河平原特有的干，这种表现手法也同样来源于对生活的体验。

不只是陈忠实如此，文学家想要表达清楚一种感情时，都必须要有深刻的体悟，只有自己感同身受，才能传达出让人信服的感觉。左拉为写《萌芽》，曾亲自到矿工中间去体验生活，才有了小说中形形色色的矿工和真实可信的工人暴动；司汤达屡次恋爱失败，亲尝了个中滋味后，才写出了独特的爱情理论著作《论爱情》。19世纪初期的西欧经历了拿破仑帝国和王朝复辟，历史出现短暂的曲折倒退，在孕育出一大批忧郁空虚的年轻人的同时，文学史上也出现了一个个患有“世纪病”的形象，如夏多布里昂笔下的勒内，拜伦笔下的恰尔德·哈洛尔德等。这些形象的出现都体现了黄石公所说的“明莫明于体物”理论，其实，这与马克思哲学中的“物质先于意识，认识来源于实践”的观点有着异曲同工之处。

本德宗道章（四）：知足常乐，繁华奢侈莫强求

经典再现

吉[①]莫吉于知足，苦[②]莫苦于多愿。

迷津指点

①吉：吉利，好的。

②苦：痛苦，苦恼。

古文译读

最吉利的事莫过于知足常乐，最大的烦恼莫过于贪得无厌。

前沿诠释

知足不是要人故步自封，踌躇不前。知足是一种心态，是清楚自己的所有，珍惜自己的生活，看到事情阳光的一面。佛陀说："众生有求皆苦。"大儒们则说："君子无欲则刚。"修道之人也讲求两袖清风，一身逍遥。金银财宝，功名利禄，自古就为大贤们所不屑。而对于普通人来讲，知足常乐，不过分地奢求便不会产生诸多的烦恼与不甘了。于是，知足者留下千古佳说、段段风流；贪心者留下发人深省的教训，足以警示后人。

秦皇汉武：长生无望毁英明

作为第一个完成中国统一大业的君主，秦始皇是第一个使用"皇帝"称号的人。他继承了孝公变法后的雄厚基业，一统中原，登上华夏权力富贵的最高峰。然而当秦始皇站在最高处，再没什么能阻挡其眼界的时候，他的欲望也随之泛滥。秦朝最终没能千秋万世传承下去，反而二世而亡，正是败于秦始皇的贪婪。

在一统天下，有了领土、子民之后，秦始皇还觉得不够，他想要臣民彻底而绝对的思想臣服，于是便有了对中国文化造成重大打击的焚书坑儒之举，使得先秦的许多宝贵文化消失在了历史长河中，文化思想一度停止前进的脚步。

统一六国后，秦始皇的生活也日渐奢靡。他不惜动用数十万人大兴土木，修建阿房宫和其他宫殿群，将珠宝美女陈列其中，极尽奢华之能事。

有了生之殿，还要有死之墓，骊山秦陵修建前后历时30余年，每年用人70万，给百姓造成了极其沉重的徭役负担。百姓怨声载道，王朝基业已现危象。

阿房宫图绢本，清代画家袁耀所作，画面的内容是画家想象中的阿房宫。

然而，最能体现秦始皇欲求无度的，却是他的长生之念。在中国和日本流传着一个相似的故事，那就是徐福为秦始皇求不死药而东渡的传奇。

徐福不过是一个胆大聪慧的方士，除了可能懂一些化学知识外，基本上就是个骗子。然而秦始皇为求长生而被迷了心智，把徐福当做世外高人一般礼遇有加。

徐福来到秦始皇的宫中，花言巧语地骗秦始皇说："《山海经》中所记载的三座仙山：蓬莱、方丈、瀛洲，它们就在东海之中，我愿意为陛下去那里采集不死仙药。"秦始皇大喜，答应了他的一切要求，送他出海。徐福第一次东渡回来告诉秦始皇，东方的确有神仙和仙药，只不过神仙想要三千童男童女和各种人间礼物。秦始皇信以为真，从民间征得三千童男童女与徐福同行，还赐下大量的金银财宝送走了他，却没想到徐福从此一去不复还。

徐福一去不复返并没有让秦始皇幡然醒悟，他继续服用各种丹药，继续寻找不老仙丹，导致身体日渐虚弱，终于在一次东巡途中驾崩。

秦始皇死后，赵高弄权，威逼李斯，陷害扶苏，扶持年幼好控制的胡亥上位。胡亥无德无能，终于把一个偌大的王朝葬送了。

秦始皇一心想要传万世基业，却不料秦王朝二世而亡，赵高、胡亥虽是重大罪人，然而大秦帝国的根本——民心，却是被秦始皇自己的无度欲望给弄丢的，不知他在九泉之下，可曾认识到这一点。

人越是站在高处，贪念就越像是能让人上瘾的无解之药，即使有了秦始皇的前车之鉴，还是有人步其后尘。在秦始皇身后不久，便有了同样渴求长生而不得的汉武帝。

徐福东渡群雕像。徐福，秦著名方士，据说曾经率童男童女为秦始皇东渡仙山取药，一去不回。

汉武皇刘彻是中国历史上可与秦始皇比肩的一位帝王。他7岁被立为太子，16岁登

基，在位54年，其间曾灭匈奴，吞朝鲜，通西域，开拓了汉朝最大的版图，是西汉王朝最繁荣昌盛的时期。

汉武帝即位时，大汉王朝已经经历了文景之治，综合国力有所上升，使得他有了施展政治抱负的机会。于是，他即位初期便颁布推恩令，削弱了诸侯，加强了中央集权，又实行“罢黜百家，独尊儒术”的策略，为儒学在我国的特殊地位奠定了基础。汉朝国力蒸蒸日上，内部政治也基本统一稳定之后，刘彻便将帝王之业的重心放在了开疆扩土上。他先是派张骞两次出使西域，揭开了汉与西域的往来史，之后又派卫青、霍去病出征匈奴，前后数次大战，俘虏了匈奴右贤王，斩敌数万，夺回河套和河西走廊地区，扩张了西域版图。在东北方，刘彻派兵灭卫氏朝鲜，置乐浪、玄菟、临屯、真番四郡，之后又收夜郎，服南越，在海南岛置儋耳郡、珠崖郡，大汉帝国的版图至此基本成形。

沉浸在胜利喜悦中的汉武帝渐渐无法自拔，竟为了传说中的西域汗血宝马不惜牺牲数万人的生命攻打大宛，劳民伤财，一度民心尽失。

汉武帝晚年和秦始皇一样醉心于方士之术，妄图长生不老。也许对于一个帝王来说，天下尽在掌控中时，可以追求的，也只剩下时间了。刘彻也曾遍访方士，其中最著名的莫过于栾大，刘彻对他的信任曾经达到无以复加的地步，封其为五利将军、天道将军、地道将军，赐列侯甲第、童仆千人，还将卫长公主嫁给了他。一个骗子方士，获如此恩荣，也算是汉武帝一生中的败笔之一了。

好在汉武帝晚年幡然悔悟，发布罪己诏，向天下人坦承自己的过失，也不失明君的魄力，否则，他必将晚节不保。

从这两位帝王身上，我们发现，人拥有得越多想要的就越多，如果不能控制自己的贪念，保持心境的清明，那么终其一生，只能是烦恼多于快乐，正如《素书》中所言“苦莫苦于多愿”。

季羡林：知足常乐的学者

2009年7月的一天， 北大的百年讲堂气氛庄严，门外排着五十多米的长队，这里正在举行一代国学大师季羡林的追悼会。照片中的老人穿着朴素的中山装，面带微笑，慈祥而安宁。前来参加仪式的宾客对于季老的一致评价是：温和谦逊，知足常乐，从不计较名利，是一位踏踏实实做学问的学者。

季羡林于1911年出生在山东省清平县，受过旧社会的私塾教育，后来先后进入山东大学附属高中和济南高中学习。少时的他对外国文学产生了浓厚的兴趣，并开始学习德文。1930年，季羡林考入清华大学西洋文学系，主攻德文。1935年，季羡林获得了作为交换生去德国留学的机会，进入哥廷根大学学习。在那里，他选择了无人问津的梵文作为研究对象。因为他觉得中国文化深受印度文化的影响，想要深入研究中印文化的关系。他跟从著名的梵文学者瓦尔德施密特教授学习，成为这位教授当时唯一的听课者。1940年，季羡林以优异的成绩获得了博士学位。“二战”结束后，季羡林辗转回到祖国，在恩师陈寅恪的推荐下被聘为北京大学东方语言文学系教授，并且成为该系的创建人之一。在之后的几十年里，季羡林一直是北大最有名望的学者之一。然而在荣誉和各种头衔面前，他却始终保持着朴实的生活作风，安于简朴生活。

季羡林像。

北京大学的一名学生曾回忆他初见季老的情景：那一天他大包小裹地来到学校的门卫室前，由于临时有事，就让门前的一位穿旧式中山装的老人帮忙看包，老人欣然答应。后来才知道，那位老人原来就是大名鼎鼎的季羡林。

这位中国学术界的泰斗，一直都满足于做个普通人，从来不以教授自居，没有居高临下的权威做派，在穿着打扮、生活起居上更是极尽简朴，和学生们以朋友的身份平等交流。在他看来，职称和名望都不算什么，有一间房可供读书就是最大的快乐。

季羡林的学术研究用他自己的话概括就是：“梵学、佛学、吐火罗文研究并举，中国文学、比较文学、文艺理论研究齐飞。”他做学问不是为名也不是为利，他只是不想让这些没有人愿意研究的学问失传。他兢兢业业，刻苦钻研，却从不奢求别人的赞扬，什么“国学大师”“学界泰斗”“国宝”等别人扣在他头上的“桂冠”，他都辞而不受，他说过：“我连‘国学小师’都不够，遑论‘大师’？”“三顶桂冠一摘，还了我一个自由自在身。身上的泡沫洗掉了，露出了真面目，皆大欢喜。”

经常去北大的人可能都见过这个衣着朴素、谦恭有礼的老人。他的房间门窗老旧，堆满了各种书籍，他的生活除了研究学问之外就别无其他。季羡林能吃苦，对环境的要求也不高，这一点在“文革”时期尤为突出。许多人在回忆起那段动荡历史时都心有余悸，可见当时的环境有多恶劣。回忆起当时的不幸遭遇，季羡林写了一本回忆录，就是《牛棚杂忆》。书中季羡林以幽默的笔调讲述心酸往事，他并

没有因此而愤世嫉俗，而是淡然地品尝着生活的苦辣酸甜。他还说：“这一本小书是用血换来的，是和泪写成的。能够活着把它写出来，是我毕生的最大幸福，是我留给后代的最佳礼品。愿它带着我的祝福走向人间。”“十年浩劫”中，季羡林被打成了“走资派”，受尽侮辱和折磨，但他依旧坦然地、默默地做着学问。知足常乐的心态让他无视外面的狂风暴雨，走过了让许多知识分子栽跟头的一段艰难路程。

季羡林之所以被人敬仰，除了他的学术成就，还有他的人格魅力。他是2006年“感动中国”人物之一，评委会在给他的颁奖词中说：“智者永，仁者寿，长者随心所欲。曾经的红衣少年……言有物，行有格，贫贱不移，宠辱不惊。学问铸成大地的风景，他把心汇入传统，把心留在东方。”这段话可以说是对他的最恰当评价。

季羡林一生治学，精通12国语言，他的成就和他的知足常乐是分不开的。正是由于没有过多的欲望，他的生活简简单单，才可以把精力都用在实现自己的理想上；正是由于知足常乐，他的人生简简单单，才能以98岁的高龄安然辞世。这不正是“吉莫吉于知足”的写照吗?

知足者常乐

《素书》中说：“吉莫吉于知足，苦莫苦于多愿。”意思就是说，没有比知足常乐更好的了，没有比贪得无厌更加令人烦恼的了。其实，这句话我们经常听到，传统文化提倡的“知足者常乐”，鼓励人们要知足，不对利益有过多贪求，说的也是这个道理。

俄罗斯诗人普希金写过一篇寓言，叫做《渔夫和金鱼的故事》，它是这样讲的：

从前有个老渔夫和他的老太婆住在大海边的破泥棚里，生活十分贫困。一天，渔夫撒网捕鱼，竟然捕捉到一条金鱼。金鱼像人一样开口说话，请求渔夫放了它，它愿意满足渔夫的愿望。渔夫没有要任何东西就把金鱼放走了，回家之后被老太婆大骂一顿：“你这个傻瓜，真是个老糊涂！哪怕要个木盆也好，家里那个已经破得不成样了！”于是，渔夫回去找到金鱼，金鱼马上满足了他的愿望。但是老太婆又骂他，让渔夫再要一个木房子。金鱼这次又满足了他的要求。回去之后，老太婆再次不满，又提出了新的要求——要当贵妇人。渔夫只好再去海边呼唤金鱼，告诉金鱼：“她不愿意做庄稼婆，她要做个世袭的贵妇人。”金鱼答应了渔夫的要求，让他回家去。渔夫回家之后，看到老太婆一身珠光宝气，正站在豪宅前颐指气使地鞭打奴仆干活。这样的日子没过多久，老太婆又厌倦了，骂骂咧咧地驱赶渔夫去实现她更狂妄的愿望——当女皇。金鱼出现时，海面已经阴沉无比，就如同这位精灵的不满一样。老太婆的愿望再一次得到满足，渔夫战战兢兢地看着住在皇宫里，被大臣、贵族环绕的老太婆，连忙行礼叩头，说道："您好，威严的女皇！这回您总该满足了吧？"可惜老太婆的贪欲无止无尽，没过几星期，她就叫士兵把老渔夫抓来说："滚回去，去对金鱼行个礼。我不愿再做自由自在的女皇，我要做海上的女霸王，让我生活在海洋上，叫金鱼来侍候我，供我随便使唤。"这个狂妄的要求让逆来顺受的渔夫发抖了，当他迎着海风走到海边呼唤金鱼时，大海上怒涛滚滚，海浪汹涌澎湃。渔夫告诉金鱼老太婆新的愿望："她要做海上的女霸王，这样，她好生活在汪洋大海上，她还叫你亲自去侍候她，听她随便使唤。" 金鱼终于忍无可忍了，它一句话也不说就游回了深深的大海。渔夫在海边久久等待，却没有得到回答。

寓言《渔夫和金鱼的故事》相关图画。

故事的结局我们已经可以想到：当渔夫回到家时，他的家依旧是那间破泥棚，贪心不足的老太婆一身破烂地坐在门槛上，旁边摆着那只破木盆。

在这个寓言里，老太婆的形象让人印象深刻，她贪心而暴躁，当一个愿望实现后，她毫不满足，马上产生更大的欲望。人心不足蛇吞象，最终，就连好脾气的金鱼都不再理睬她了，收回所有的神力，于是，贪婪的老太婆被打回原形。

一个人如果被无止境的贪欲操控就会陷入疯魔，不择手段地追求那些不恰当的欲望，从而毁灭自己。《老子·俭欲》中说："罪莫大于可欲，祸莫大于不知足。"意思是说，罪恶没有大过放纵欲望的了，祸患没有大过不知满足的了。只有对自己的所得感到满足，人才会快乐；只有对自己的所得感到满足，人才会平安。人人都明白这个道理，却不是人人都能做到，有些人在欲望得到满足之后，总是希望得到更多，乃至产生非分之想。

在今天，一个人不可缺少奋斗精神，不可缺少事业心，但这并不意味着人要为了金钱名利而争个不停，或者是像葛朗台一样贪婪，变成财富的奴隶。当然，所谓的"知足"也并非不思进取，而是欣赏自己拥有的一切，并知道感恩。

知足者即使身贫，心灵也是富足的；贪得无厌者即使身富，心灵也是贫瘠的。有所追求是人性之一，人们都希望自己生活得更好一些，再好一些，但是当追求过程中的快乐被焦灼的欲望所困时，人就会变得不快乐。

一个人喜欢钓鱼，兴致一上来，他就准备好渔具，拌好鱼食，扛着钓竿到河边去钓鱼。但是每次他都会对人说："有条大鱼差一点就钓上来了……跑了一条最大的……"总之，他对自己钓上来的鱼从来没有满意过。于是，他反复地去钓鱼，却从未享受到钓鱼的快乐。其实，很多人都有这种钓鱼心态：跑掉的都是大鱼，到手的都不是最好的。因此，他们对自己目前的生活求全责备，对身边的人横挑鼻子竖挑眼，折磨了别人，也折磨了自己。

小惠是一名普通的护士，丈夫是一名医生。二人结婚后，家里的生活还算小康。不过，在参加了一次同学会之后，她就有些失落了。原来，在结婚以前，她曾谈过两个男朋友，后来因为这样或那样的原因告吹了。但是如今，那两个人，一个经商做了大老板，资产千万，另外一个则成了他们总医院的处长——自己和老公的上司。小惠左想右想，觉得自己目前的生活不尽如人意，有时甚至想，当初要是和别人结婚，是不是现在自己的生活能过得更好？因为有这种心理，她开始觉得家庭生活不幸福："房子买的是二手房，还有贷款没还，夫妻两个都是上班族，无钱无势的……"渐渐地，她变得越来越不快乐。而这一切的根源，就是因为她对自己所拥有的一切的不满足。

适度的欲望是人类前进的动力，促使人不停地努力，因此，人感到"不满足"也是对的，因为只有不满足，才能不断进步，完善自我，成就辉煌的事业。问题是这个"走"的步伐和心态要把握好。我们要以平和的心态去对待宠辱得失，微笑着面对生活，理智从事，用"刚刚好"的心态安慰自己，就不会产生过多的痛苦。

知足，并非不思进取，《素书》教导的是人要修身养性、成就事业，而非安于现状，庸庸碌碌。知足的人应懂得在哪些方面应当知足，在哪些地方应当进取。学习那些善于知足的人，我们的生活会更加快乐。

本德宗道章（五）：苟得之物，须臾便无

经典再现

短[1]莫短于苟得[2]。

迷津指点

①短：短暂，不能长久。

②苟得：以不正当的手段获得。

古文译读

最短暂的收获莫过于以不正当的手段得来的东西。

前沿诠释

子曰："君子爱财取之有道"，所谓"道"，是为仁道，道义。不义之财即便是得来也未必守得住，反而成为累赘，甚至招来祸患。孔子不饮盗泉之水，齐人不食嗟来之食，陶潜不为五斗米折腰，圣贤求的不仅仅是清高名望，更是人生的心安理得。不属于你的东西抢到手里，可能会变成烫手的山芋，即便是意外收获，也会很快失去。因此，"苟得"是明智之人不应挑战的底线，"苟得"还贪心者一场空。

完璧归赵：竹篮打水一场空

在中国，"完璧归赵"的故事可谓流传已久。这个故事不仅体现了蔺相如的机智，也体现了秦国的"短莫短于苟得"，它对宝物所采取的掠夺的方法就决定了最终的失败。

和氏璧在战国时就已名传天下。相传楚国琢玉大师卞和在荆山发现一块上好璞玉，想将其献给楚厉王。楚厉王命玉工前去查看，孰料那玉工并不识货，只回复楚厉王说那是块石头。楚厉王大怒，砍下了卞和的脚。卞和抱着璞玉在山中痛哭了三天三夜，一直哭到双眼出血也不停歇。后来，即位的文王派人询问，卞和说，他不是哭自己的冤屈，而是悲伤宝玉被当做了顽石。文王叫人切开璞玉，里面果然是稀

世美玉。经过打磨之后，此玉就成了大名鼎鼎的和氏璧。后来它更成了楚国的镇国之玉。楚国和赵国联姻后，和氏璧便辗转到了赵王手中。

赵国有和氏璧的事情传到了秦昭王的耳朵里，秦昭王便打起了和氏璧的主意，提出以15座城池与赵国交换和氏璧。然而在战乱纷争之际，各国都对领土珍而重之，秦国岂会真的拿城池交换？赵国上下都不相信秦国会如此大方。但秦国比赵国强盛，赵国并没有力量与秦国对抗，既怕不答应秦国会兴兵来犯，又不甘心就此交出和氏璧，赵国君臣为此一筹莫展。正在此时，有人向赵王举荐蔺相如，说此人机智有大才，可能解决此难题。于是赵王便招来蔺相如问策，蔺相如说："就让臣带和氏璧赴秦吧。如果秦国真的交城，那送出和氏璧也算值得。如果秦国不交城池，臣一定将和氏璧完好地带回赵国。"赵王很高兴，封蔺相如为使节，让他带和氏璧入秦。

到了秦国，秦王在宫中接见蔺相如，蔺相如双手奉上宝玉。秦昭王拿着宝玉左看右看，爱不释手，半晌后又将宝玉给大臣传看，而后又给妃子们传看，却绝口不提交接城池的事。蔺相如见此情景，明白了秦王压根就没有拿城池换宝玉的诚意，于是灵机一动，说道："这块玉好虽好，但其实有一处不易发觉的瑕疵，请让我指给您看。"秦王信以为真，便让人把和氏璧送回了蔺相如的手里。蔺相如一拿到玉，便后退几步走到柱子前，高举宝玉说："赵国臣民本不相信秦国会拿15座城池来换宝玉，我说堂堂秦王怎会是不讲信誉之人，赵王听了我的劝告，才让我送和氏璧过来。谁知秦王将宝玉随便交给大臣、后妃们传看，也不提15座城池的事，可见秦王是没有诚意的。您若逼我的话，我就将宝玉撞碎，和宝玉同归于尽。"

蔺相如（前329—前259），战国时赵国上卿，著名的政治家、外交家。

秦王见蔺相如决然的样子，心中大急，忙叫人拿来地图，假惺惺地说："大夫不要着急，从这里到这里，城池尽归赵国，如何？"

蔺相如不再相信秦王，但又不好直接拒绝，于是说道："赵王请出宝玉之前，特地斋戒了五天，还举行了隆重的仪式，秦王也应郑重对待，斋戒五天，五天后我再交玉。"

秦王猜到蔺相如是想拖延时间，可又怕蔺相如真的摔坏和氏璧，无奈之下只得答应，派人送蔺相如回驿馆休息。蔺相如回去之后，想到秦王狡诈无常，忙叫随从打扮成商人模样，偷偷地送和氏璧回了赵国。

过了五天，秦王准备完毕，召蔺相如觐见。蔺相如来到秦王面前，坦然地说道："秦国自从孝公开始就惯于背信弃义，所以我已经把和氏璧送回赵国了。赵国实力不如秦国，秦国如果真的拿城池去换，赵国怎敢不从命？我知道欺骗大王应该被处死，我请求受汤镬之刑。"

秦国君臣面面相觑，无可奈何地苦笑，又由衷地敬佩蔺相如的果敢机智，再加上秦国也没必要为了一块玉而与赵国交恶，所以只得好好招待蔺相如，放他回了赵国。

此后秦国没有给赵国城池，赵国到底也没有把和氏璧给秦国。蔺相如维护了赵国的利益和尊严，回赵国后受赵王封赏，被封为上大夫，而秦王则竹篮打水一场空，白折腾半天，什么也没得到。

秦王恃强凌弱，想要骗取和氏璧，却在正义凛然的蔺相如面前没有占到一分便宜，只匆匆观赏了一下宝玉，就任人将和氏璧拿回了赵国。在这个故事中，秦昭王因为手段不正当而理亏，因此始终让蔺相如占据上风，可见实力也不是万能的，以强秦之国力，没有正当的理由，也只能暂时地妥协。这可真是"短莫短于苟得"中的最短的"苟得"了。

合理收益，心安理得

诚如《素书》中所说："短莫短于苟得。"这告诉我们，做人要凭自己的本领去获得自己想要的，而不要借用一些不正当的手段去获取利益，因为这样获得的利益终究不会长久。

《伊索寓言》中有这样一个故事：一头驮着沉重盐袋的驴子正在过河，它深一脚浅一脚地走着。没想到，突然脚下一滑，驴子跌倒在了河中，盐袋里的盐湿了。等驴子挣扎着站起来后，盐大都已经溶化在水里了。站起来的驴子觉得非常轻松，背上也不沉了。于是它高兴地走了。第二次，驴子驮着一块海绵过这条河。驴子心想，上次那么重的盐跌一跤后就变轻了，这回这么轻的海绵，跌一跤后应该会更轻。于是它就故意摔下去。没想到的是，海绵吸了水，变得越来越沉重。驴子想站起来，但挣扎了半天也没站起来。最后，这头驴子就被淹死在河里了。

寓言中的驴子之所以丧命，就因为它持着侥幸的心理，想投机取巧，结果偷鸡不成蚀把米，赔上了自己的性命。生活中，如这头驴子一样想通过不正当的手段达到自己的目的的人，大多也得到了和这头驴子类似的下场。

一天，老张下班回到家，还没坐稳，开小商店的妻子就跑进了家门。老张见妻子跑得面色发红，便问她发生了什么事。妻子神秘地告诉老张，发财的机会到了。老张狐疑地看着妻子。妻子告诉老张，听别人说，因为前段时间日本地震，核辐射污染了海水，所以最近的盐价要涨。妻子说自己有渠道可以弄到便宜些的盐，想多进些盐，高价卖出，以便狠狠地赚一笔。老张一听，觉得不太靠谱，但看妻子信心满满的样子，也不好说什么，就由着妻子去做了。

半个月后，出差回来的老张刚到单位，就接到通知让交单位集资房的首付款，于是他就回家找妻子取钱。走在路上，老张接到了邻居李大妈的电话。原来自己的妻子进医院了。这是怎么回事？妻子的身体还不错，没什么大毛病啊。老张急忙赶到医院，在急救室门前看到了守在门口的邻居和家人。老张一问才知道，原来妻子喝农药自杀了。这到底是为什么呢？听了大家的一番解释，老张才知道妻子进高价盐想从中赚一笔，没想到国家调控，盐价没上涨，找对方退货，对方又不同意。看到自己的损失这么大，妻子又着急又上火，觉得没脸见老张，就喝农药自杀了。幸亏被邻居发现，不然她的命就没了。

事后，虽然经工商局出面协调，老张的妻子进的盐终于得以退货，但经过此事，老张的妻子元气大伤，身体受损，再也不像以前那么健康了。

究其根源，老张的妻子错就错在总想通过不正当的手段获取利益，岂不知“一山还比一山高”，比她精明的人大有人在。当她遇到比自己精明的人时，这种妄图通过不正当的手段谋利的想法就被别人利用了，自己上当吃亏也就在所难免。相反，那些本着踏实做人的态度做事的人，总是能心安理得地享受自己的成果。

高先生是一家家具厂的老板。自从接手了岳父的这个家具厂，高先生没少下心血。因为他的付出，家具厂的生意越来越兴旺，不到三年的时间，规模扩大了，利润也增加了。不过，在利润增加的同时，纳税额也越来越高。这一年又到年底了，新聘任的会计主管拿着账本向高先生汇报。听着那巨大的纳税数额，高先生有些心疼。还没等他说什么，善于察言观色的会计主管就出谋划策，建议高先生搞点小动作，将税额降一降。听了会计主管的话，高先生半天没说话。思考了一会儿，高先生对会计主管说：“虽然税额这么高，我听着也心疼，不过，与其因为偷税漏税最后被罚，还不如踏踏实实地纳税，自己也落得心安。而且，纳税到了一定数额，说不定国家就会给咱们优惠政策了。今天你说的话，我就当没听到。”会计主管碰了一鼻子灰，心情颇郁闷地走了。

巧的是，就在高先生的家具厂连续三年成为当地纳税大户之后，当地政府推行

了一项优惠政策。高先生借着这个东风，以极优惠的价格购得一块地皮，办起了自己的第二家工厂。更让他感到踏实的是，自己的一个竞争对手因为偷税漏税被罚了款不说，名字还被电视台曝光了，真是丢人啊。想到自己面子、里子都赚了，高先生做梦都笑醒了。

其实不只是老张的妻子和高先生的竞争对手会走歪路，在现实生活中，还有不少人会为了追求利益采用不正当的手段。这种行为虽然可以带来一时的利益，却会导致严重的后果。个人或企业一旦因为小利而上当受骗或失去别人的信任，就很难再有翻身之日。贪图“苟得”之利，无疑是目光短浅的表现。以不正当的手段获取利益，最终不但利益会损失，个人或企业的声誉也会受影响，所以，做人和做事都应该注意：合理收益，心安理得。

本德宗道章（六）：贪鄙害人，为祸不浅

经典再现

幽[①]莫幽于贪[②]鄙[③]。

迷津指点

①幽：昏暗。

②贪：贪婪。

③鄙：卑鄙。

古文译读

最昏暗愚昧的念头莫过于贪婪卑鄙之心。

前沿诠释

利令智昏令很多人犯错误。在崇尚利益的社会，想保持清醒的头脑，是需要一些自制力的。贪婪无德，人一旦过贪则道德全失，结果往往得不偿失。一个人要想不行差踏错，就要学会放眼未来，着眼大局，分辨出哪些是蝇头小利，哪些是真正值得在意的，否则，一着不慎，满盘皆输。历史上因此一步走错，满盘皆输的例子并不少。只有放下贪婪之心，避免贪图小利而坏大义，才能成为财富的主人，否则，便是被功名利禄牵着鼻子走，被动地去追逐利益，一生疲惫不说，也很难做出明智的决定。

虞君：贪一时之利，成经典教材

三十六计之中有一计为“假道伐虢”，在军事上意为先利用甲做跳板，去消灭乙，事成之后再回头消灭甲，或者是借他事之名，先进行势力渗透再趁机消灭对手。这个计策的背后便隐含了贪婪终至灭亡的道理。翻开历史书，我们就会找到这个计策背后的真实历史事件。对战的三方分别是晋献公当政时的晋国，还有晋国的两个小邻国：虞国和虢国。

春秋初期，晋国已经渐成气候，逐步强大，到了晋献公时期，国力更是蒸蒸日上，呈现强势扩张之势。虞国是周初武王所封的虞仲之国，大致在现在山西平陆、

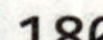

夏县一带。虢国也是西周初期的重要诸侯封国，这个典故中的虢国即为西虢国，大致位于今天陕西宝鸡附近。虞国和虢国因为都属于毗邻强大晋国的小国，随时都有被晋国灭国的危险，所以他们便缔约结成盟友，约定晋国若是进攻虞国，虢国就要发兵相救，反之，若晋国攻打虢国，虞国也要出兵援助。这样两国虽然弱小，但齐心协力，晋国倒也不敢轻易进犯他们。

晋献公墓。此墓位于山西绛县南樊槐泉村东岭，高百尺，没有墓祠，整个墓的形状好像一个没有柄的木铎。

然而晋献公毕竟是个想要有所作为的君主，他认为扩张晋国领土势在必行，因此，便日思夜想灭掉虞国和虢国的事情。正当晋献公苦思良策之时，晋国的大臣荀息献计说："要想攻占这两个国家，必须先离间他们的关系，使他们不能再互相援助。我听闻虞国君王是个贪婪成性的人，大王可以拿出两件宝物——屈产良马和垂棘之璧送给虞公，虞公必然被收买，就不会再管虢国的死活了。"

晋献公皱着眉，犹豫不决，显然很舍不得那两样宝贝。荀息又劝道："大王不用担心，宝贝只不过是暂时放在那儿保管而已，等灭了这两个碍事的小国，什么宝贝不都回到大王手里了吗？"

晋献公想想也是，就派人送了宝马和玉璧给虞公，虞公一看到就高兴得合不拢嘴。后来，晋国故意制造事端，找到了讨伐虢国的借口。但是军队伐虢必须经过虞国，晋献公就派人向虞公请求借道而过。虞公得了好处，自然爽快地答应了。虞国大臣宫子奇劝道："虞虢两国，唇齿相依，虢国一亡，唇亡齿寒，晋国是不会放过虞国的。"虞公却自作聪明地说："为了一个弱小的朋友去得罪强大的朋友，那才是傻瓜做的事呢！"

晋国大军途经虞国攻打虢国，很快便取得了胜利，晋国还将掠夺来的战利品送给虞公许多，虞公对晋国更加亲密了。班师途中，晋军大将里克装病，趁机提出把军队暂时驻扎在虞国，虞公也不疑有他。过了几天，晋献公亲自率军前来，邀虞公出城打猎，虞公便和晋献公一同出了城。不多时，只见城中起火，虞公大急，等到他匆忙返回时，虞国已经被晋国里应外合轻而易举地拿下了。

假道伐虢。春秋时晋国以借道的名义，途经虞国，先灭虢国，回来时把假道的虞国也消灭了。

晋献公假道伐虢，又转身攻虞，是典型的过

河拆桥之举，但兵不厌诈，争霸大业本就如此。虞公贪恋晋国宝贝在前，所谓拿人的手软，吃人的嘴短，贪一点儿小利往往也会付出代价，更何况是贪了野心勃勃的晋献公的宝贝呢？这和与虎谋皮又有什么分别？虞公不考虑自己的国家身为在夹缝中生存的小国，没有一点忧患意识，如此轻而易举地被人收买，背信弃义，得到这样的结果也算是咎由自取。

但凡有雄才大略之人，都不会计较一时的成败得失，晋献公便是懂得舍得之理的人。正所谓有舍才有得，在珍宝面前能保持清醒的头脑，是做大事、成大业的人不可或缺的品质。像虞公那样一看到宝贝就犯糊涂，不听人劝的人，即便他变成大国、强国的君主，最后也只能落得亡国身死的下场。

和珅：敛一世之财，得万世骂名

中国古代最臭名昭著的两位大奸臣，一是秦桧，一是和珅。秦桧以奸闻名，和珅则以贪昭著。作为中国历史上最著名的贪官，和珅以其花样繁多的敛财手段聚敛了大量财富，死后被曝财产等于清政府15年的财政收入。他的结局——在家中自尽，已经是嘉庆皇帝网开一面的结果，而财产充公，遗臭万年，可谓罪有应得了。

和珅原名钮祜禄·善保，字致斋，满洲人，在乾隆一朝曾任多职。他的官阶之高、权势之大、受宠之极，在整个中国封建社会的历史上都属罕见。他曾任首席大学士、翰林院掌院学士、军机大臣，兼管吏、户、刑部，还担任过步军统领等武职，与乾隆皇帝还是儿女亲家。乾隆在世时，他权倾朝野，说他是一人之下、万人之上也不为过。

和珅故居，即恭王府，位于北京市西城区前海西街，中国现存王府中保存最完整的清代王府。

和珅年幼时即父母双亡，着实过了一段时间的贫困日子，不知这是否是他日后对财富惊人贪婪的原因。和珅最大的本事就是揣摩上意，他经常妙语连珠，哄得乾隆帝龙颜大悦。不过和珅的发迹倒也不是全靠溜须拍马，他也确实有些才华，而且这种才华并没有因他的贪污而被埋没，有人就曾将他与刘墉、纪晓岚并列为乾隆时期的三大中堂。和珅年轻时英俊潇洒，文采不俗，且精通满、汉、蒙、藏等多种语言。为了迎合乾隆皇帝的喜好，他在诗词书法方面也下过苦功，造诣不俗。

和珅做官之初还算清廉，也给乾隆留下了一个很好的印象。但是在31岁时，和珅接到了一个任务，去查办大学士、云贵总督李侍尧贪污案。精明老练的和珅以快刀斩乱麻之势将此案查了个水落石出，李侍尧和他的党羽的大部分财产都被和珅私吞，再加上乾隆的赏赐，和珅一下子得到了万贯家财。之后百官竞相前来巴结，和珅府邸一时间门庭若市，这就使他尝到了掌握大权大财的滋味。渐渐地，和珅由坚决不受贿变成了贪污成性。此外，他还广结党羽，培植势力，排斥异己，迫害政敌，隐隐成了一个大犯罪集团的首领。此后，和珅与乾隆皇帝的关系日渐亲密，乾隆对他非常信任，所以他年年加官晋爵。在和珅为官的29年中，史料有载的加封就有47次之多，各种肥差要职也都成了他的囊中之物，这些更加方便了他中饱私囊。

和珅（1750—1799），原名钮祜禄·善保，字致斋，满洲正红旗人。乾隆时期宠臣，嘉庆上台后被抄家赐死。

和珅之所以能够这样肆无忌惮地敛财，从某种程度来说，也是由于乾隆皇帝的纵容导致的。乾隆晚年挥霍无度，国库经常入不敷出，而和珅能把别人算不明白的一笔笔糊涂账理清，能在国库枯竭的情况下，满足乾隆的各项要求。所以乾隆便只能重用和珅，从而为和珅敛财大开方便之门。

和珅敛财的手段之一便是巧设议罪银，号召各位大臣用交罚款的方法免于受罚。许多官员都受到过和珅的敲诈。而官员们受到敲诈后，就层层盘剥，最终从老百姓身上讨回来，最后弄得民不聊生，怨声载道。有官员就此事弹劾和珅，却遭到乾隆斥责。

乾隆对于和珅的敛财行径睁一只眼闭一只眼，对他的信任始终不变。在乾隆一朝，管钱的财官、管官的监察官全由和珅一人来担当。事实上和珅监守自盗，已引起了公愤。所以乾隆皇帝刚去世，嘉庆皇帝做的第一件事就是命人抄了和珅的家，把和珅的家产都搬到国库里。不搬不知道，一搬吓一跳，和珅的家产数目大到已经成了一笔糊涂账：房产、地产、金银珠宝、绫罗绸缎、人参鹿茸……负责抄家的人好不容易整理出来一张财产清单，发现和珅的家产竟然相当于15年的国库收入，连嘉庆皇帝都瞠目结舌。

年仅49岁的和珅最终得到嘉庆帝御赐白绫一条，经营一生，却不想一朝落魄，凄凉、冷清、饥饿、刑罚、痛苦等万般滋味接踵而来，功名富贵都已成空，这正应了一句古话：“多行不义必自毙。”和珅本是有大才之人，若不是贪恋荣华走上了错路，未必不能成为名垂青史的治世能臣，若说“财”误人，倒不如说是“贪”误人来得恰当。

本德宗道章（七）：自恃过高，难以成事

经典再现

孤[①]莫孤于自恃[②]。

迷津指点

①孤：孤独，孤立。

②自恃：恃才自傲。

古文译读

最能让人孤立的事莫过于自视甚高。

前沿诠释

对于中国古代那些怀才不遇的被贬文人来说，孤芳自赏的孤独意境似乎是一种解脱，但那也仅仅是一种退而求其次的解脱。对于常人来讲，骄傲就如同给自己武装了一身的刺，让人敬而远之。无论是才华、钱财、勇猛，还是机智，一旦与骄傲沾上了边，这些美好品质的价值就会大打折扣。孔子谦恭有礼，所以能遍游诸国，传道解惑；蔺相如不居功自傲，才有将相和的美谈。而曹植恃才孤高，丢了王位；杨修恃才自满，丢了性命。历代有太多文人墨客是因为恃才傲物而流连于庙堂之外，一身济世之才无处施展。更有许多本可成就大业的人，由于自视甚高，不采纳良言，终至失败。在那个自给自足的小农时代，当一个人陷入孤立境地时，还可以说自己大不了“采菊东篱下，悠然见南山”，而在当今这个社会化大生产的时代，分工合作使地球成为一个村落，孤高自恃就无异于自掘坟墓，成为为人处世的大忌。

项羽：四面楚歌源于自恃

提到“霸王”一词，如果没有加上特殊说明，人们首先想到的便是项羽，可以想见西楚霸王当年的风范。“力拔山兮气盖世，时不利兮骓不逝”，这是项羽自作的《垓下歌》中的一句，前半句可谓气壮山河，然而霸王的陨落，却不像他自己所说的“时不利兮”那么简单。若不是他为人过于孤高自恃，致使帐下的谋臣良将都改投别人的帐下，让自己落得个四面楚歌的境地，也就不会身为一代战神却又自刎乌江了。

项羽，名籍，中国古代著名的军事家，秦末起义军领袖，秦亡后自立为西楚霸王，统治黄河及长江下游的梁、楚九郡，是刘邦开创西汉王朝的最后一个对手。项羽以勇猛而被历代人们所称颂，传说中他力能扛鼎，气压万夫，中国史书上共记载五个人目有双瞳，项羽便是其中之一。

项羽是楚国贵族后裔，楚国被灭后，项氏家族惨遭屠杀，项羽和弟弟项庄开始跟随叔父项梁流亡，最后在吴县定居下来。项梁请人教项羽读书习武，传授他兵法谋略。有一次，项羽看到秦始皇的出行仪仗队很是威武壮观，便说：“我可以取代他。”这不是一句空话，项羽很快就将抱负付诸实际行动。在陈胜、吴广揭竿而起之后，项梁、项羽也举起了反旗，其中项羽以一己之力诛杀吴中太守，独自斩杀了近百卫士，显示了其高超的武艺和无双的勇猛。而后秦军攻打同为起义军的赵军，楚怀王派人前去救援。这就是巨鹿之战的开端。

巨鹿之战给项羽提供了展示军事才华的平台。当时各路诸侯都畏战，各自打着保存实力的小算盘。而项羽要独自面对的是秦国名将章邯，而他手中的军队，无论从质量上还是数量上都逊色于秦军。但最终项羽以高度的战略眼光和高超的谋划打败了曾经横扫天下的大秦精锐，充分运用了“陷之死地而后生，置之亡地而后存”的计谋，将一支杂牌弱军打造成了一支勇往直前的队伍，大败章邯。项羽也凭借此功劳称霸诸侯，分封天下。但他也从此变得居功自傲，自认为才华和功劳都无人能比，把同样在灭秦中功劳很大的刘邦封在了偏远的汉中，为日后的覆败埋下了伏笔。

项羽一生中犯的最大的错误，就是不听范增的劝告放走了刘邦。刘邦之所以能够两次从项羽的眼皮底下逃生，有机会休养生息，积聚力量东山再起，和项羽打了四年的拉锯战，全赖于项羽当初的刚愎自用。当年刘邦被项羽困在咸阳，为了脱身，刘邦暗中派张良去向当时还在项羽帐下的陈平请教对策。陈平和张良的一致意见就是想办法先让范增离开，这样刘邦就能顺利地离开了。于是陈平就向项羽建议尊楚怀王为义帝，把他送到郴州去养老，因为项王才是真正应该号令天下的人。项羽一向自视甚高，陈平的话让他很是受用。陈平趁机又说应该让范增去送楚怀王，项羽果然动心，立即让范增动身去送楚怀王。范增毕竟不是一般人，临走前特意嘱咐项羽无论如何不能放走刘邦。范增刚走，陈平又去找项羽，

以耗费军粮为由，提出让刘邦和他的军队离开咸阳。项羽不顾范增的嘱托，就这样轻易地放走了刘邦。

项羽放走了刘邦，使自己后患无穷，驱逐了楚怀王，做下了冒天下之大不韪的事情，导致人心尽失，受到越来越多人的非议。

后来楚汉对峙，以鸿沟为界分割天下。刘邦在时机成熟时转头就撕毁和约，偷袭正在撤退的楚军。为了调动韩信和彭越，刘邦封二人为王，于是便有了刘邦、韩信、彭越、刘贾、英布五路大军围攻项羽，形势对楚军极为不利。此时，刚愎自用的项羽却一味对战韩信，不顾其他战场，渐渐把十万楚军将士甩在了后面。失去主帅的军队逐渐失去了配合，只能靠勇猛与敌厮杀，以致落后的楚军兵士都被合围歼灭。项羽战败回营，被汉军重重围困。到了晚上，四面皆闻楚歌声，虞姬凄然自刎，留下了“霸王别姬”这个凄美的故事。

霸王衣冠冢。项羽衣冠冢，又称霸王墓，在安徽省和县乌江凤凰山上。

项羽虽是个军事奇才，却自恃勇猛，在战场上不够冷静，只知一马当先冲锋，而抛弃后方将士，最后被合围也是情理之中的事情。

项羽自视甚高，不听人劝。刘邦手下有诸多谋士大将，如张良、萧何、韩信、彭越等，刘邦都能使人尽其才，而项羽帐下的人才却因其乖张个性先后离他而去，最后剩下一个范增，他也不能完全信任。结果在几年争战之后，他最终被刘邦打败，只落得个众叛亲离、四面楚歌的末路结局。

在我们的生活中，存在着很多这样的“楚霸王”。他们未必像项羽那样强势，却往往在心理上孤高自恃，对于他人的意见、自己的缺陷听而不闻、视而不见，这样做，岂不是将自己逼向“乌江渡口”吗？所以，人可以有傲骨，却不可以有傲气，更不能够自恃过高，以至于不采纳良言，否则，最后吃亏的仍然是自己。

与其孤高自恃，不如团体作战

有才华的人最容易犯的一个错误就是恃才自傲。在他们的眼中，其他人都是俗人，都是庸人，因此，恃才自傲的人不屑于也不会和其他人交流。然而，细数一下古今中外的历史，我们就会发现，这样的人很少有不失败的。毕竟，这个世上的事情很少是单打独斗就可以完成的，大多数都要依靠“团体作战”，恃才自傲的人不听他人建议，不愿意与他人配合，怎么可能不失败呢？

有人说孤高自恃的人也没有什么不好，那不正说明人家有本事吗？陶渊明不为五斗米折腰，而他本人确实才华横溢；牛顿自视甚高，生性孤傲，一辈子连个朋友都没有，但人家是科学巨擘。

实际上，这两个例子同样可以从另一个角度说，孤高自恃不是一件容易的事情。陶渊明孤高之后就离开了官场，过的是隐士生活，这相当于他自退一步，而不能说是一种成功。而牛顿，现代人要想效仿他就更加困难了。牛顿是不世的天才，他的发明和发现拿到现在连摘几个诺贝尔奖都不在话下，尽管他情商不高——实际上他的情商确实很低，但他的智商已经让他取得了足够大的成就，获得了足够高的地位，因此就算他闹脾气、自高自大，后人也不会说什么。只是这样的大人物我们学得来吗？学不来。现代人很少能够取得像他那样的成就，以使自己足以忽视其他人的力量。

而且，现实生活中的一些恃才自傲的人即使对自己的才智有足够的自信，在某一个领域或某几个方面能力特别突出，却还是由于自己的孤高自恃吃了不少亏。民国时期的学者刘文典就是一个很典型的例子。

刘文典，字叔雅，曾任安徽大学校长、西南联大的教授。此人出了名的清高孤傲，狂放不羁，人称其为“狂人”。

刘文典在西南联大教学和作研究时可谓目中无人，大有“老子天下第一”的傲气。他在研究《庄子》时曾经大发感慨：“古往今来，真懂《庄子》者，两个半人而已。第一个是我刘文典，第二个是庄周，另外半个嘛……还不晓得！”

或许正是这种对学识的自信，导致他在众多著名学者面前也是孤高得很，甚至将这些学者视为无物。他对沈从文的态度就体现了这种孤高。

刘文典（1889—1958），国学大师，被称为“狂人”。

在西南联大教授中文时，刘文典对曾是自己的学生、同为教师的沈从文心存偏见。当他得知联大当局要提升沈从文为教授时，他竟然勃然大怒，说：“陈寅恪才是真正的教授，他该拿四百块钱，我该拿四十块钱，朱自清该拿四块钱。可我不会给沈从文四毛钱！他要是教授，那我是什么？” 在讨论将沈从文提升为正教授的教务会议上，刘文典不但表示不满，甚至还说：“沈从文是我的学生，他都要做教

授，我岂不是要做太上教授了吗？”最让人哭笑不得的是，一次跑警报，沈从文碰巧从刘文典身边擦肩而过，结果刘文典不高兴地对沈从文说：“我跑是为了保存国粹，学生跑是为了保留下一代的希望，可是该死的，你干吗跑啊？”

由此可见，此人的孤高可谓是天下奇葩。然而，孤高的刘文典虽然深受学生的喜爱，拥有众多的崇拜者，但这种孤高毕竟是建立在个人力量基础上的，所以当真正将这种孤高用以对抗当权者的时候，他的孤高就显得柔弱得多。

1928年，他在担任安徽大学校长时，学校的学生闹学潮，蒋介石到安庆后特意召他前去训话。在去见蒋介石之前，刘文典就心存不满，放言说：“我刘叔雅并非贩夫走卒，即使是高官也不应对我呼之即来，挥之即去！我师承章太炎、刘师培、陈独秀，早年参加同盟会，曾任孙中山的秘书，声讨过袁世凯，革命有功。蒋介石一介武夫耳，其奈我何！”

结果，二人见面后，刘文典称蒋介石为“先生”却不称其官名“主席”，一向在意自己身份的蒋介石当然很不满。紧接着，当蒋介石要求刘文典交出学校在学潮中闹事的共产党员名单，而且要严惩罢课学生时，刘文典就公开顶撞说：“我不知道谁是共产党。你是总司令，就应该带好你的兵。我是大学校长，学校的事由我来管。”最后说到激烈处的时候，两人甚至互相拍桌对骂。当然，刘文典最后的结果并不好，被蒋介石打了两记耳光后，以“治学不严”的罪名关进了监狱。

由此可见，在现实生活中，不管是名人刘文典，还是我们普通人，无论我们有没有孤高的资本，都要明白“水唯善下方成海，山不矜高自极天”。一个自信又谦和待人的人，才能在集体工作的环境中迸发出最强的活力，而单兵作战的人即使再有本领，也不可能面面俱到。倘若那种自恃又是建立在盲目的基础上的，其结果就更糟了。

在现代社会中，无论在哪一个行业，完全由个人操作的事务很少，政府部门要合作办公，企业对内要讲究团队精神，对外要加强合作，即使是一位自由摄影师，也要和模特、杂志社、展览厅管理者等有交集的人交流。这就是说，无论是什么人，个人能力都是有限的，只有依靠团队的力量才能做好自己分内的工作。我国古代很早就有“一支箭易折，一把箭难折”的谚语。团队精神在现代社会中具有极其重要的意义，尤其是在现代企业中。挖一个人才不是特别难，但要营造一个企业的团队精神并非易事。“人才+人才+人才”未必等于合格的团队，要想建设好团队往往需要大家通力合作。而在个人方面，聪明的人会选择融入团队，而孤高自恃的人则会被团队抛弃。

劳林是一个工作能力很强的员工，尤其善于谈判。在一次与客户的谈判中，由于他表现出色，为公司争取到很大的利益，受到了老板的称赞。一向自信的他从此更是觉得自己非同一般，不屑于和其他同事交往、沟通，平时摆出一副自高自大、目中无人的样子，在公司里独来独往。

劳林的态度使得同事们渐渐疏远了他，谁都不愿意与他合作。于是，他成了被孤立的人，在公司里陷入了极其尴尬的境地。在办理一单业务时，由于对情况判断失误，又没有搭档提醒他，劳林给公司造成了不小的损失。同事的讥笑、经理的恼怒使他无法继续在公司里待下去，只好很不体面地辞职离开了。

成绩、才能和荣誉会使人产生骄傲的情绪。当你取得成绩，拥有荣誉时，更应该戒骄戒躁。只有保持清醒的头脑，才能与同事相互支持、帮助，巩固已得的一切，因为人不可能孤立地存在于任何地方。不论才能有多大，一个人如果恃才自傲，就找不到容纳自己的地方。

合作对于一个人来说是十分有必要的，它是所有组合形式的开始。一群人为了达到某一特定的目标而联合在一起，拿破仑·希尔把这种合作称为“团结努力”。它可以让个人的工作事半功倍。乔治马修·阿丹说：“帮助别人往上爬的人，自己往往也会爬得更高一些，一个能与同伴合作的人，将会飞得更高、更远，而且更快。”

“孤莫孤于自恃”，有本领的人总是有一些小毛病的，但如果这些毛病已经影响到自己的人际关系和未来的发展，就必须严格要求自己，放下不切实际的骄傲与特立独行，不要对他人求全责备，注重日常的人际交流，使自己的工作能够顺利开展，使自己的人脉畅通无阻。

谦虚做人，方能长久

黄石公在《素书》中所说的“孤莫孤于自恃”换个角度来讲其实就是说，一个人要谦虚谨慎地做人，绝不能恃才放旷，目中无人。因为只有谦虚做人，才能得到更多人的认可，也才能获得更大的进步。普通人倘若持谦虚的态度做人，人脉会更广，办事会更方便，成长得也会更快；企业家倘若谦虚做人，事业会更成功。

江苏诚泰投资集团公司董事长王北城就是一个低调谦虚的人。这位年轻的企业家在十多年的商场生涯中，对内对外始终持低调谦虚的做人风格。他不喜欢做场面上的事情，不喜欢到富丽堂皇的酒店吃饭，而是喜欢在公司食堂和员工一起吃饭，即使有时吃的不过是一份炒饭，因为他喜欢那种与员工“称兄道弟”的感觉。王北

城还有一个习惯，就是一边吃饭一边和员工聊天。在聊天中，他经常谈到自己刚参加工作时的经历，尤其是一些失败的经历，他希望自己的员工从自己的失败中找到成功的方法。

今天，江苏诚泰投资集团公司已经成为多元化发展的公司，公司的规模也越来越大。但王北城深知，只有谦虚做人，企业才能做得越来越好。正如21岁时的他把自己定位为“最小的员工”一样，在他看来，不论是企业家还是一般的职员，最重要的是始终保持谦虚的态度。

除了王北城，很多知名的企业家都把谦虚看做做人、做事成功的前提。联想集团的柳传志的办公室内有一尊低头的铜牛，据说这个牛低头的造型就是柳传志本人选择的，因为在他看来，低头意味着低调，意味着谦虚向前，而低调和谦虚是一种蓄势的态度，说明其中蕴藏了无限的力道。长江实业的李嘉诚更是把谦虚作为做人的原则，他的事业做得越大，他就越是非常小心地做人，甚至不想让他人感到自己的存在，更不愿让竞争者觉察出自己对他们的威胁。我们可以发现，那些真正成功的企业家极少出现在媒体面前，他们总是“潜水”生活，甚至对于其中一些企业，我们只知道企业的名称，不知道企业老板的姓名。

这些成功人士的态度告诉我们，一个成功的企业家身上必备的品质之一就是谦虚，要有低头做人的魄力。所以说，谦虚是成功的巨大力量。当我们持谦虚的态度的时候，我们就能获得众人的认可。而这种众人的认可就是一种力量。所谓一个好汉三个帮，当我们获得了外部力量的支持时，我们取得成功的概率就大得多。谦虚能助我们将危难的时刻变成逢生的契机，能使我们在倏忽的机缘中成就毕生的理想。

很多人都知道这样一个故事：一位路人问智者苏格拉底：“您是喜欢挺直的麦穗，还是喜欢低头的麦穗？”苏格拉底回答：“我喜欢低头的麦穗。”路人奇怪地问为什么，苏格拉底说：“因为低头的麦穗是谦虚的，同时也是成熟的。”

这个简短的故事道出了人生的真谛：谦虚是一种修养，谦虚者会得到更多的守望，因此也会获得更长久的发展。

本德宗道章（八）：用人不疑，疑人不用

经典再现

危[1]莫危于任疑[2]。

迷津指点

①危：危险。

②任疑：任用怀疑的人。

古文译读

最危险的事情，莫过于任用自己怀疑、不信任的人。

前沿诠释

“用人不疑，疑人不用”是一句流传多年的格言警句。《孙子兵法》中说：“将能而君不御者胜。”意思是想要赢得战争的胜利，除了将领的才能外，君主的信任、不干涉也很重要。仔细想来，用人不疑，更多是指从感情上不能轻易怀疑下属的忠诚和信念。至于对下属的办事才能是不是可以完全信任，那就要具体问题具体分析了。监察下属的办事能力，是进行工作的必要步骤，不能称之为怀疑。而疑人不用，更多的是考虑团队的和谐问题，如果领导和下属之间有了猜忌，团队不能很好地合作，即使是招来了有才能的人，他的才干也有可能发挥不出来。由此可知，“用人不疑，疑人不用”无论在古代还是在现代，都是应该得到很好的贯彻的。

企业用人之道

在用人上，很多领导者遵循的原则除了“能干”以外，还有很重要的一条——“放心”，只有在各个岗位上安排让自己放心的人，领导才会感到自己的命令能得到贯彻，事务才能被妥善地处理。这就是“疑人不用”的道理。无论是兵法还是修身古籍，都强调了“任疑”的影响。《素书》中也强调“危莫危于任疑”。不过，天下哪儿有那么多让人“不疑”的人才呢？用人者要想达到“用人不疑”的水平，

是要下很大一番工夫的。

办企业也好，做事也好，最终成功的关键是把现有的人才用好。钢铁大王卡内基曾说过，即使把厂房等资产全部夺走，只要把他的员工留下，那么四年之后他又是一个钢铁大王。这正说明了人的重要性。在现代企业中，人才是塑造企业品牌的核心资源，因此，大批企业在管理模式上出现了由“以资本、设备为中心”向“以人为中心”转变的人本管理，人才竞争一跃成为企业竞争的重要内容。新的人事管理模式要求理解人、尊重人，充分发挥人的主动性和积极性，因此，企业每一位决策者都应当明白“用人不疑”的道理。

企业在发展过程中面临着各种各样的风险，其中选人和用人就是一个主要风险。“疑”代表着不确定、不信任、有疑心、有顾虑。当领导对一些人的感觉“吃不准”时，心里就会嘀咕：到底用还是不用？怎么用才能不出问题？如何正确地招聘、选拔与善用人才，对于各家企业来说都是至关重要的。自己有疑虑的人固然不可用，但是我们可以运用手段，将其变成可用之人。

首先，要根据需要带着问题招才、识才、用才。为了避免生疑，提前作一些调查研究、进行实践鉴别、安排一些考验都是必要的。通过多方面的观察，认为这个人过关了，能让自己放心了，就可以善加利用了。从另一个角度来讲，千军易得，一将难求，人才来之不易，一旦发现人才，就要用信任去感染对方，使人才为我所用，从而因人成事，因“神”盖“庙”，开辟出另一片天地。

的确，那些忠心耿耿、不贪心、无邪念的工作好手，人人都喜欢，但可遇不可求，更多的人才还要靠用人者自己去发掘和培养。然而作为领导者，“疑”和“用”是理性与感性的组合体，也是矛盾体。诸葛亮用魏延，一再猜疑，处处掣肘，以至于魏延谋反被杀之后，后人总是怀疑他是被诸葛亮逼反的。反倒是拿破仑在这方面很慷慨，直接起用那些曾经反对他甚至背叛过他的将领，一句否定的话都不说。

我们之所以说“疑人不用”，一是担心不太了解甚至担心还不成熟的职员做不好工作，因此本着对企业、对那个人负责的态度，对他先存一分“疑”；二是对一些已经暴露出缺陷的人持有猜疑的想法，不放心把重要的事情交给他，试图把可能发生的风险降到最低。这是一种谨慎的做法，不过也是一种相当保守的做法。本着保护人才、爱惜人才的目的，领导者可以试着在起用人才之前观察他、培训他，甚至改变用人的监管体制，从而避免埋没人才和浪费人才。这才是不拘一格的大胆用人观。

比如说，一个企业的采购部门往往是最易发生问题的敏感部门。领导者应事先估计到其部门职员由于岗位的特殊性，有可能拿回扣或胡乱报账。对于这样的职位，如果心中没有绝对可靠的人选，贸然推一个“疑人”上去就危险了。因此，不如完善企业的监察制度，用制度管人，使职员自发约束自己的行为。有的企业为了对这方面加以控制，会事先设立市场调查员，他们受企业领导直接管辖，企业领导在公司大会上当众宣布其职能，让采购部的职员心中清楚有人在监督他们，只有严格遵守规章制度，才不会犯错。同时，公司又要求采购人员每次采购回来，都必须在单据背后写上供货单位的电话或地址，以便市场调查员能用客户的身份到各处讨价还价，摸清市场行情。这种做法相当于把一群人培养成了可靠的人。

现代企业管理如同排兵布阵，但又和古代的点将有所区别，因为领导者使用的是现代管理方式，在管理人才、促进人才转化方面有众多方法可以使用，在加强企业员工凝聚力、向心力方面有着独特的文化指导。

1.合理组织。根据企业实际及科学管理的要求，调整好本企业的组织结构、管理制度、组织文化、运作流程等，从而在组织上确保合理用人。

2.剔除不安因素。把可疑、有疑的人拒绝在组织门外，是让团队团结的有效方法。作为领导者，应当有能力在每天的运作过程中找出有疑的人，并加以排除。

3.控制得当。在企业中，要想不“疑”，除了对员工的人品加以信任之外，还要有制度上的监督。企业监督机制与实施办法清楚明了，奖惩有理有据，能够使领导者加强对人才的控制，更加放心地用人。

4.合理激励。科学的激励制度是企业人才战略成功的必要保证，也是企业兴旺发达的必要前提之一。为了让我们喜欢的人才也喜欢公司和工作环境，充满干劲地奋勇争先，为企业作出最大的贡献，企业应当通过建立科学的薪资体系、福利制度、绩效考核制度、动态竞争机制等人本管理模式，确保人尽其才。

现代企业组织的设计重视制度与系统，不相信个人，因此任何职位在有一定的授权的同时，也都要有一定的监督机制，绝对不应让某一个人有一手遮天的机会。不过，前面所说的制度管理其实都是手段，让企业中上下级、平级之间达到互相信任才是真正的目的。人与人之间如果没有信任，做起事来处处设防、互相猜忌，这个组织绝对维持不了多久，也不可能产生耀眼的力量。

用人者信任被任用者是基本美德，而要具有全然的信赖，就需要事前的仔细过滤、检查，即“先小人，后君子”。在彼此彻底地互相了解之后，才能真正达到“不疑”，使团队上下一心，共创伟业。

任疑伤人又伤己

每个工作环境都有自己的氛围。走进一家公司，你会感受到它独特的氛围，是人心涣散，还是人心凝聚？是互相猜疑，还是互帮互助？总体来说，积极的工作氛围有助于企业提高工作效率，增加经济效益，反之，则会给企业带来败落和萧条。

做老板的要对员工做到信任，信任他人换来的是忠心、踏实，而怀疑他人则往往会带来反感和排斥，甚至背叛，尤其是当你毫无根据地怀疑某个人的时候，对方更是会为此感到难过。所以说，老板如果怀疑某个员工的能力、承诺和资历的时候，最好就不要用他，否则拖泥带水的既无法对其完全信任，又不想放弃，最终误了别人，也误了自己。

唐毅是一名经历丰富的外贸人员，在国内外都有过工作经历。他在加拿大求职时，去一家福建老华侨开的公司应聘。老华侨约唐毅会谈四次，每次谈话的时间少则两个小时，多则四个小时，但是却迟迟不跟唐毅签署合同。他之所以仍然不放弃唐毅，是因为他看中了唐毅对中国和北美两地都较为熟悉的背景，以及在两地都具备的人脉关系、客户资源。但是，因为他们毕竟是在网上结识的，况且在海外，华人之间的防范意识特别强，所以老华侨对唐毅国内外的教育背景、工作经历、社会活动经历一概要追问到底，并像警察局预审员一样逐条核实。有哪一个细节让他不确信，他都会打破沙锅问到底。

不仅如此，老华侨还不敢确定唐毅以后是否能发挥自己的能力，是否能为他的企业创造显著效益，因此他千方百计地要唐毅表明他的志愿，勾勒未来的蓝图，并对他将来的贡献作出口头承诺。为了避免白付薪水，第四次会谈在谈了两个小时后，老华侨才吞吞吐吐地对唐毅透露出他会支付给唐毅佣金，却不保证基本底薪的想法。唐毅很不高兴，断言谢绝。老华侨又咬牙答应给唐毅最低保障的基本月薪，同时反反复复地用计算器计算钱数，口中念念有词："多来两个客户，就能弥补你的月薪了。"老华侨的算计和吝啬让唐毅浑身不舒服，他对老华侨说："如果您不是很信任我的话，我看我最好还是不来了。只是决定聘用就这么困难，那以后即便我来了，工作起来也一定不会舒心的。"

老华侨原本就比较看重唐毅的才干，被唐毅这番话一激，当即拍板和唐毅签署了聘用合同。但他明显是"任疑"了。在这之后的两个月，多疑又吝啬的老华侨让唐毅在工作上寸步难行，唐毅每天要用大量的时间解释自己从几点到几点在做什么，在几点到几点去了什么地方，有谁可以作证等。唐毅为公司介绍来的客户，居然也被老华侨怀疑是托儿。结局可以想象，不到两个月，唐毅便不辞而别。因为他一想起被老板怀疑到那个程度，就会感到一阵寒心，于是选择一走了之。

由此可以看出，用人不信会对人才造成多大的伤害，而人才离心之后，公司也会因此受到影响。用人者既然对人才不放心，就不应当勉强任用，既然任用了人才，就应当给予信任。美国通用电气的CEO韦尔奇认为，经营的最高原则是："管理得少"就是"管理得好"。反之，如果上司对下属既用又疑，必然会使下属缺乏安全感和责任感，上司猜疑下属，下属腹诽上司，这种互相之间的抵触状态必然会导致工作状态不稳，彼此顾虑重重。想一想，这种提心吊胆的日子能创造出良好的效益吗？答案自然是否定的。

"任疑"还有更加严重的后果。陈先生在北京开了一家广告公司，经人引荐，聘请了一位精明能干的中年妇女白女士做公司的经理。白女士以前自己也开过广告公司，但因为亏损只好把它结束，退而求其次地为别人打工。白女士十分敬业，工作非常认真，还非常能吃苦，在外谈客户、跑业务，早出晚归，废寝忘食。可以说，有这样的员工真是陈先生的幸运。但是，一件小事让她的敬业态度发生了180度的大转弯。原来，陈先生见识了白女士的精明之后，萌生了请会计查账的念头，因为他不太放心，认为白女士这么精明强干，一定会动念头做假账、吃回扣、私吞公款。

对于陈先生的想法，周围的朋友劝告他说："既然聘用了，就不要怀疑人家。说出去影响不好。"但是陈先生依然故我。白女士看在眼里，心里很不高兴。后来，陈先生惊讶地看到他最担心的事情发生了：白女士逐渐控制了广告公司的所有命脉，辖制住了陈先生，成为实际上的老板；她控制了客户资源，为自己积累了雄厚的人脉资源。现在人家都知道有一个白女士，却记不得陈先生的广告公司的名字了。这个时候，陈先生算是尝到了"任疑"的苦果了。可以说，白女士就如同沙场大将，被自己主公的怀疑给逼反了。

一名私企的董事长说："我让总经理去和广告公司谈一笔大业务，我没有插手，而是给予他充分的信任。就算他吃回扣，我也睁一只眼闭一只眼。瞎猜疑有什么用呢？有能力的人，你就是防他也防不住。而如果你不信任他，他反而会成为双刃剑。"

"危莫危于任疑"，如果用人者无法放下心中的芥蒂，那就不如换下岗位上的人选，让彼此都好过一些，解除危险的信号。

本德宗道章（九）：自私自利，害人害己

经典再现

败①莫败于多私②。

迷津指点

①败：失败。

②多私：自私自利，多有私心。

古文译读

最容易导致失败的行为莫过于自私自利，只想着自己。

前沿诠释

从远古时代起，人类就在团结合作的集体中维持着生存。若是有人想独自占有猎物，就要自己单独去打猎，到时候只怕猎物没打着，自己先成为猛兽的晚餐。历史告诉我们，人类正是靠着分工合作，才能够推动着历史不断前进。所以，我们在追求利益、行使权利的时候，也要考虑到其他人。帝王要先考虑百姓的疾苦，江山才稳定，皇位才有意义；管理者要先使整个公司赢利，才能考虑自己的薪水问题，否则，皮之不存，毛将焉附？追逐利益乃天经地义之事，但谋利是一件需要遵守规则和道义的事，这样大家才能都得利。若是人人都只顾自己的利益而不管他人，恐怕天下就要大乱了。在人与己之间，最好的做法莫过于利人利己，若是损人利己，通常都不会有什么好下场。

尼禄：自私暴君引火烧身

尼禄是古罗马历史上，甚至是整个欧洲史上最有名的暴君之一。他最大的恶行莫过于罗马城的那一场大火，这使得罗马城的许多古迹在今天只能以废墟的面目出现在人们眼前。尼禄的自私暴行数不胜数，以致他自杀后，元老院和民众毁灭了一切与他有关的痕迹，使得这位皇帝在历史上的形象有些扑朔迷离。

尼禄全名为尼禄·克劳狄乌斯·德鲁苏斯·日耳曼尼库斯，公元54—68年在位。他在位时，罗马已经进入帝国时期，政治稳定，经济繁荣。在这种情况下，尼禄却成为朱里亚王朝的最后一位统治者，全是他自私自利，统治不得人心所致，即“败于多私”。

尼禄17岁登基，执政初期还有些建树。在统治初期，尼禄为百姓做了一些好事，比如降低赋税，压低粮价，打击贪官等。另外尼禄还是个热爱艺术的人，他本人就喜欢写诗，创作剧本，演奏竖琴，还经常下场参加比赛。在尼禄的统治下，罗马出现了自屋大维以后的文艺勃兴，政治也比较清明，社会景象一片繁荣。

尼禄渐渐成长起来，其自私的性格和对权力的欲望，使得他与同样有很强权力欲望的母亲阿格里庇娜发生矛盾，因此他经常阻止阿格里庇娜干涉政事。阿格里庇娜就以扶植尼禄的弟弟作为威胁。孰料不久之后尼禄的弟弟就中毒而死，史学家纷纷猜测这是尼禄指使人所为。后来，尼禄为了巩固权力，又阴谋暗害了自己的母亲。而他的授业恩师也在一次阴谋中受到牵连，最后割腕自杀。尼禄的自私由此可见一斑。不仅如此，为了独揽大权，尼禄对元老院也不再崇敬，他大肆打击异己，整个上层社会都时时感受到皇帝的恐怖统治。

尼禄塑像。

后来，为了在罗马城中建造自己想要的宫殿，尼禄指使人在人口密集的罗马城中纵火。大火由竞技场烧起，一发不可收拾，从高卢战争纪念碑、凯旋门、神殿到街道、民居无一幸免，大火肆虐了六天七夜，罗马城成为一片焦土！所有人都相信那是一场人为纵火案，而凶手直指尼禄皇帝。尼禄为了平息自己是凶手的传言，便污蔑纵火凶手是基督教徒。他借此开始大肆逮捕、残害基督教徒，成为欧洲历史上第一个压迫基督教的暴君。

尼禄的自私暴政使得民众和元老院都对他心生怨恨。尼禄曾经数次遭遇刺杀，人也变得越来越多疑，更加大了政治压迫力度，将元老院迫害得苦不堪言。公元68年，高卢行省的长官温代克斯率先喊出起义的口号：“拯救人类。”很多城市纷纷响应。尼禄忙命令日耳曼军团去高卢平叛。几个月后，温代克斯兵败自杀。听闻温代克斯的失败，同样起义的西班牙行省士气大跌，军心不稳，西班牙行省长官加尔巴不得已也有了自杀的念头。可就在此时，首都罗马发生暴动，消息不通的尼禄还以为西班牙已经打到罗马了，于是仓皇逃出

罗马。元老院得知后，立刻推举加尔巴为皇帝，宣布尼禄为人民公敌。尼禄走投无路，只得自杀身亡。随后，有关尼禄的塑像、碑文、建筑物上的铭刻等尽数被元老院销毁。

尼禄的一生可谓是“败莫败于多私”的最好诠释。他为了权力不惜杀害自己的亲人，又迫害异己，导致元老院将他视为仇敌。身为一个庞大帝国的君主，他只按自己的喜好、利益办事，为了建立新宫殿，竟不惜放火烧城，不知让多少文明的印记彻底消失在了历史的长河中，后人对着今天的废墟，只能凭着想象去揣测那里曾经的辉煌。一个人的自私可能只是对身边的人造成伤害，一个国君的自私，却能对一个国家、一种文明、一段历史造成伤害，留下难以弥补的遗憾。

绥靖政策：自保引发“非必然战争”

丘吉尔称第二次世界大战为“非必然战争”，意思就是这本来是可以避免的一场战争，至少是本来可以不形成那么大规模的战争，但由于英、法等大国的绥靖政策，“二战”打得极其惨烈，成为一段令人类不堪回首的历史。这里所谓的绥靖政策就是指当时英、法等国对非正义的侵略姑息纵容，消极抵抗，为了维护自身的利益而牺牲弱小国家和民族的利益，在法西斯势力的扩张面前，一味地退让妥协。这就是一种自私自利的表现。

“二战”初期的绥靖政策的根源还要从第一次世界大战说起。“一战”时，内外矛盾的加剧加速了沙皇俄国的灭亡，催生了十月革命的爆发；作为欧洲传统大国的法国，经济受到重创，原本还是世界霸主的英国也呈现衰落之势，美国和日本却在战争中大发横财，美国更是一跃成为世界经济强国。“一战”之后，由《凡尔赛和约》和其他和约构成的凡尔赛体系主宰着战后的世界。这一和约将战争的责任全部归咎到德国的头上，对德国实行了严厉苛刻的经济和军事惩罚，引发了德国国内的不满情绪，复仇主义高涨。再加上德国虽然是战败国，但“一战”中的大部分战役都不是在德国境内进行的，所以它受到的损失并不是很大，这就为德国的再次崛起提供了条件。与此同时，苏联社会主义作为一种新生的制度，不断表现出强大的生命力。英、法、美等帝国主义国家对苏联心生忌惮，一来不希望苏联强大，二来也是怕社会主义的崛起会引发本国的反资本主义思潮。这时，他们看到了德国的地理位置，便想把德国当做反社会主义的屏障。

于是，德国复仇主义势力便紧紧抓住英、美等国和苏联暗中较劲的空隙，大力发

展军备，将军队开进莱茵非军事区，停止支付赔款，逐步撕毁了《凡尔赛和约》，而日本、意大利此时也加紧对外扩张。英、法、美各国出于种种原因，对这些侵略行为均采取视而不见的漠然态度。英国还为了保持欧洲均势，想任由德国做大，好与法国抗衡。此时德国利用三国对苏联社会主义的仇视，打着反共反苏的旗帜和日本、意大利结成了轴心联盟，而英、法等国不但不觉危险，还自鸣得意，以为把德国的战火引向了东方，自己就可以坐等社会主义的灭亡了。

温斯顿·丘吉尔（1874—1965），“二战”时期英国首相，著名政治家、画家、演说家、作家，曾获诺贝尔文学奖。

1931年，日本侵略中国东北；1935年3月，希特勒重整军备，英、法均采取了漠然的态度，8月份，美国通过了中立法案，10月，纵容意大利侵略埃塞俄比亚；1936年3月，各国放任希特勒占领莱茵非军事区，8月，意大利、德国干涉西班牙内战，各国依旧不闻不问；1937年，日本发动全面侵华战争；1938年，希特勒兼并奥地利；1938年9月，英、法、美居然达成《慕尼黑协议》，通过牺牲捷克斯洛伐克来实现欧洲大陆的普遍绥靖。这个过程中，英国大臣丘吉尔曾经在议会中发表声明，坚决反对绥靖政策，并警告说德国正在撕毁《凡尔赛和约》，希特勒法西斯将给欧洲带来灾难。可丘吉尔的话在当时被视为危言耸听，并无人理会。于是，德意日法西斯主义在几个大国的无视中加紧发动侵略战争，终于在德国1939年闪电袭击波兰后，掀开了全面大战的序幕。英、法、美等国这时才开始逐渐清醒，但为时已晚，战火迅速蔓延，曾经推行绥靖政策的国家无不遭到重大打击。

此事件中，英、法、美等国为了明哲保身，也为了削弱苏联，不惜牺牲弱小国家和民族的利益，对法西斯势力一而再、再而三地退让容忍，导致第二次世界大战全面爆发，最后自己国家也被卷入战争的洪流当中，自食恶果。

富兰克林·罗斯福，美国历史上最伟大的总统之一，是身残志坚的代表人物，受到世界人民的尊敬。

事实上，在欧洲和亚洲已经遍地燃起战火的时候，美国还在奉行孤立主义政策，拒不参战，这是另一种形式的绥靖行为。后来，罗斯福总统上台，力挽狂澜，坚定地和孤立主义作斗争。在

英国面临危亡的时刻，罗斯福开始向英国提供武器装备。对孤立主义势力，罗斯福打了一个很容易理解的比方："把花园的浇水管借给家宅起火的邻居，以帮助邻居扑灭火灾，而灭火之后邻居是归还水管还是赔偿水管，都好商量。"

纵观整个事件，绥靖政策的"自保"带来的后果是极其严重的，一场本可以避免的战争就那样无可挽回地爆发了。由此看来，这样的"自保"是绝对要不得的，因为"败莫败于多私"。

遵义章第五

这一篇的内容与前面几篇略有些不同，如果说之前的人生格言如同在培养士大夫，那么本篇更像是在讲授古代的帝王术。它不断提醒人们在驾驭属下时要注意的事项和需秉持的心境，例如如何深藏不露、如何团结部下、如何任命官员等，这些充分体现了黄石公对张良所言的学此书“可为帝王师”。同时，对于现代人来说，这些内容就相当于一部领导人宝典，可以派上大用场。读者不管是想做一名优秀的领导人，还是希望查知自己上司的心思，本章都值得一读。

遵义章（一）：内明外晦，不显聪明才是真聪明

经典再现

以明[①]示[②]下[③]者暗[④]。

迷津指点

①明：明察。

②示：表示，显示。

③下：部下、下属。

④暗：愚昧不明。

古文译读

对下属表示自己过于明察的人就是愚昧不明。

前沿诠释

黄石公认为，圣人贤人应当是“明于内而晦于外”，尽管心里洞若观火，在表面上却应该不动声色，即俗话说的“揣着明白装糊涂”。历史上的贤君能臣都很善于“装傻”，对于一些事情即使知道了也不会做声，或是不理睬，或是悄悄行事。由此可知，成就大事业需要明察秋毫，但是这份明智完全可以藏一分露一分，要知道，“水至清则无鱼”，领导者如果过分显露出自己的聪明和明察，下属会反感，以致发展到欺骗甚至违逆上司的地步。所以，聪明的管理者要学会的不仅是“藏拙”，还要藏起一些不需外显的明智。

人太明则无福

“水至清则无鱼，人至察则无徒”，同样地，人太明则无福。在领导位置上的人，头脑要灵活，心思也要缜密，但是却不一定要把事事都弄清楚、挑明白，而“以明示下”更是不妥。做人要心里明白，但心里明白不等于要表示出来。

老人们常说：“要学会憨一点。”这并非要人自贬身价，而是要求人们学会采用不同的方法处理问题，一些不适宜明说的事情就不要说出口，否则只会给自己带来危害。

春秋时的齐国人鲍叔牙是齐桓公的得力臣子，他推荐自己的朋友管仲当上了齐国丞相。后来管仲病重，齐桓公问他鲍叔牙是否可以接任，管仲虽然和鲍叔牙是知己好友，却坦诚地说鲍叔牙不适合。当时齐桓公手下有几个受宠爱的佞臣，其中一个叫易牙的故意对鲍叔牙说："管仲对大王说你不能接任他的位置，我真为你感到非常不平啊。"疾恶如仇的鲍叔牙当时就驳斥易牙说："我如果当了丞相，恐怕你等小人就没有容身之处了。"

这就是典型的"以明示下"的行为。宁惹君子，莫惹小人，鲍叔牙直接向君主的宠佞之臣口出恶言，怎么能够不被记恨呢？鲍叔牙虽然显现出了他耿直的本色，却对以后的为政很不利，也为自己树立了一群小人政敌。

春秋时期的晋国，有一段时间年景不好，盗贼横行，大夫荀林父为了整顿国内治安，访求了一个叫郤雍的人做捕快。这个人十分有本领，善于辨别盗贼。他每次去市集上转一圈，就能够指出十几个盗贼来，官兵把人抓去一番审问，他们便招供认罪了。荀林父问他有什么经验，郤雍信心十足地说："那些人见到市集上的东西有贪色，见到市集上的人眼神躲躲闪闪，听见我来了，脸上又露出惧怕之色，所以我能够判断他们是盗贼。"郤雍可以说是古代的抓贼高手了，但是，明眼的人却看出了其中的危机。大夫羊舌职听到这个事情后说："察见渊鱼者不祥，智料隐匿者有殃。恃郤雍一人之察，不可尽群盗，而合群盗之力，反可以制郤雍，不死何为？"他认为，郤雍虽然有识人之明，但如此招摇，恐怕会有隐患。他一个人的力量诛杀不了所有盗贼，自己的死期却快要到了。果然，不久，郤雍就在郊外遭到数十个强盗的报复，这位捉贼高手就这样遇难了。

笔者引用郤雍的事例并不是倡导大家遇事时明哲保身，而是希望大家能够看好时机再处理问题，不要为逞一时的快意而给自己带来不幸的后果。身居领导之位的人更应以此为戒。作为一个领导者，应当对全局洞若观火、明察秋毫，表面上却不动声色，不把自己全部的、真正的意图显现出来。

当领导的太精明，向下属过度展示自己明察的行为其实是一种昏庸。将事情全部挑明容易过早暴露自己的目的，或是削弱一些决策的实际效果。另一方面，一个过于"坦荡"，把自己的想法暴露给下属的领导也是不明智的。领导自以为精明，殊不知却被旁人看出了短处，从而在下属面前失去了威信。一旦下属完全了解了领导的图谋、思维方式，知道了领导做事的意图与用意，那么领导再想加强对下属的控制和管理就难了。下属们轻则从中取巧，重则使领导处处受制，进而影响了整个

体系的运转。

那么，做领导的应当如何做呢？适当的“掩”很重要。子张曾向孔子咨询如何做官，孔子指导他说：“古代圣明的君主要在帽子上挂上垂帘，以遮挡视线；用软物塞住耳朵，以模糊听觉。”黄石公认为，英明的人应当“明于内而晦于外”，即使对事情了如指掌，对外也不动声色。不要把自己的意图全都暴露出来，也不要说得太明白，把对下属的了解全暴露出来。

赵海是一家民营企业的老板，正值而立之年，却已经脸色蜡黄，像生病了一样。一次，他去朋友家做客，把对方吓了一跳，“一年未见，你怎么这么憔悴？”原来，赵海小时候家境贫寒，凭着一股韧劲，硬是自学成才办起了工厂。经过七八年的发展，企业规模也不小了，产值也上了千万。他已经从个体户发展到了有几十个员工的公司老板，按说可以轻松一些了，可惜赵海太过勤奋，一年的大部分时间都用来跑市场，自己既是老板，又是经理，既是采购员，又是业务员，还是售后服务员。朋友劝他：“让你的雇员帮忙呗，撒开手锻炼锻炼他们。”结果赵海说：“他们不行。”在赵海的眼里，所有的员工没有一个是合格的，不是这方面不行就是那方面不行，天天等着被他批评。

如果要送给这位赵老板一句话，“以明示下者暗”再合适不过了。领导太过聪明，或是自认为聪明，实际上是一种愚蠢的行为，不利于企业的长期发展。《菜根谭》中说，天道忌盈，业满招损，事事留个余地，便是老天也不能忌我，鬼神也不能损我。领导的地位本来就很高，如果再处处显示自己很聪明，只会对工作和管理产生负面作用。自认为聪明的领导，总是会犯两个错误：一是狂妄，听不进去不同的意见，总认为自己是正确的，一意孤行；二是诸葛亮式的事必躬亲，不肯将事情交给其他人去办。上面所说的赵海就犯了这两个错误。

领导太聪明或太爱显示自己的聪明，会产生怎样的后果呢？一是下属不能充分展现自己的聪明才智，在领导的无形压力之下不敢发表不同意见，缺乏斗志和创造力，而且一直处于被否定的负面情绪中，有如芒刺在背；还有就是领导外露的太多，以至于“露拙”，反而让下属轻视。

所以说，一名领导者要有智慧，但不可处处显露，无论是表现出20%也好，80%也好，只要场合、时机恰当，足以满足管理和开拓的需要。给智慧不如自己的人留下空间，使大家都有成长的动力，这样大家才好一起做事。聪明的领导在做人上不妨学学老子的“大智若愚”，内明外晦。

“以明示下者暗”，智慧是个好东西，但也要谨慎使用，千万不要将它当枪来比画，否则就是聪明反被聪明误了。

乾隆：自诩“十全”难出名臣

如果问清朝哪一位皇帝在民间最出名，十个人中有九个会说是乾隆。这个乾隆皇帝比任何一朝的皇帝都虚荣，恨不得把天下所有的荣光都安到自己身上，每巡游到一处都要为自己歌功颂德一番。到了晚年，他还自诩为“文治武功十全老人”，用来夸耀自己十次重大战役的“胜利”。

乾隆皇帝曾经说过“本朝无名臣”，他认为本朝纲纪整肃，政治清明，因此既没有出现名臣也没有出现奸臣。这套理论其实就是说，“乱世出英雄”，现在我治理的是太平天下，自然就没有什么力挽狂澜的大臣出现了。乾隆怀着这种想法自鸣得意，却不知道满朝文武大臣都在他的这种虚荣下苦不堪言。

谈到朝臣们的痛苦，就不能不说一下乾隆其人。乾隆名为爱新觉罗·弘历，文武双全，自少年时就习武，对文学创作也很有兴趣，可以说是具有多方面的才能。他25岁即位，足足当了60年皇帝还依然耳不聋眼不花，只是碍于圣祖康熙只当了61年皇帝，自己不能超越祖宗，才在61年将至时退了位。

乾隆通宝。“乾隆通宝”铸于清高宗乾隆年间（1736—1795），径约2.2~2.5厘米，重约2.4~4.8克。

身为一个皇帝，正处于清朝最鼎盛的时期——康乾盛世，自己又能够完全掌控国家大权而不受掣肘，这对于乾隆来说是极大的福利。想当初他的祖辈都没有得到他这样的优厚待遇：康熙一朝战事太多，屡次发生危及国本的动乱，而且朝政长期被权臣限制；雍正一朝就更不用说了，先是经历了“九王夺嫡”的政治斗争，之后又因为国家的隐患而殚精竭虑。到了乾隆这一代，他不但享受着祖宗留下的基业，自己又具有才学和用不完的精力，因此，乾隆就成了一个相当自负的皇帝。

乾隆的智力在历代皇帝中算得上是排在前列的。从以往的史书和野史中，我们都可以看出这位心思深沉的皇帝极为擅长驾驭臣子，也具有比较强的治国能力，在军事、内政、外交方面都有比较大的建树。正是因为如此，乾隆一朝才出现了繁华景象——即使在现代人看来，这种繁华只是表面的。

不过，对于朝堂上的大臣们来说，有这样一个顶头上司可不是他们的幸事。

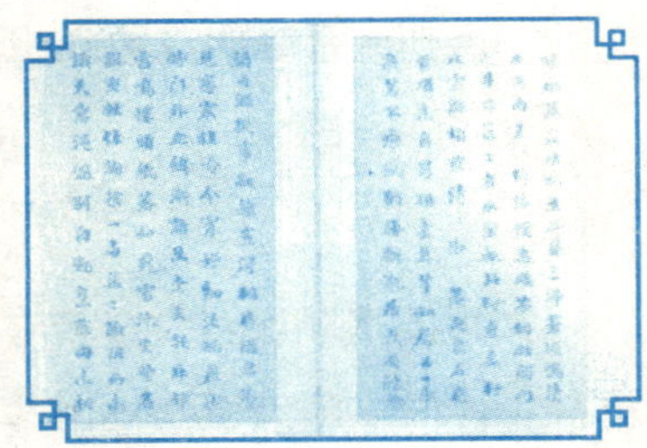

故宫博物院所藏刘墉书法笔迹。刘墉，清乾隆、嘉庆两朝重臣，以奉公守法、清正廉洁闻名于世。其书法味厚神藏，有廊庙气度，是清代最有名的帖学大家。

乾隆皇帝十分聪明，而且聪明得十分外露，以至于朝堂内的大小官员都知道他的聪明和城府。因此，各级官员，无论官位高低都不敢在乾隆面前放肆，办事全都畏首畏尾的。这从名臣刘墉身上就可以看出来。

刘墉是乾隆时期一名非常清廉的官员，在后世民间传说中被戏称为“刘罗锅”，深受人们喜爱。他在地方任职时作风刚正，颇有政绩，“一时有阎罗包老之称”。乾隆四十七年四月，刘墉被调入京城出任左都御史，在南书房行走。当时和珅在朝中权势炙手可热，刘墉进京不久就遇到了一件与和珅有关的大案：御史钱沣参了山东巡抚国泰一本，指责他专横霸道，以进贡的名义在地方大肆聚敛钱财，导致地方州县亏空。刘墉与和珅奉旨查办此事。刘墉虽然知道国泰与和珅过从甚密，却依然坚定地支持钱沣，将案件查了个水落石出。

然而刘墉的光华只闪烁了这么一下，从此以后就变得平庸起来。此后，他大错不犯、小错不断，几次因为一些“无心之失”而被乾隆斥责。即使是到了乾隆退位，在幕后指挥嘉庆的那两年，刘墉也被乾隆评价为“向来不肯实心任事，行走颇懒”。乾隆看到刘墉时，每每露出一副恨铁不成钢的样子，可是他却不知道，这位有才能的臣子正是被他硬生生地打磨成“半废品”的。

其实，站在旁观者的角度，不难看出刘墉的前后变化。他在地方担任州政长官的时候还很有政绩，但是到了乾隆身边之后就什么都不会做了。究其原因，朝堂的气氛是一个很重要的因素。

乾隆在统率下属这方面，远远不如草莽出身的刘邦。刘邦总是把自己表现得很糊涂，同时又能虚心受教，因此跟着他做事的谋臣都会有很大的成就感。乾隆就不一样了，他不仅才能外露，而且铆足劲儿地要求别人对他歌功颂德。他大兴土木、六下江南，到处题诗作画，目的就是为了塑造自己前无古人后无来者的“圣主”形象。乾隆对官员的声名极力打压，禁止地方给官吏建德政碑、送万民伞，禁止出现为地方官扬名的现象。到了晚年，乾隆虽然依然耳聪目明，人却变得更加有城府，不愿意看见别人在自己面前卖弄小聪明。他喜欢的是和珅这类没有什么大作为却会逢迎自己、为自己跑腿办事的奴才，而不是什么治世名臣。

在这种氛围下，乾隆手下的哪个官员要是做出了出色的成绩，他心里不但不会喜悦，反而开始惴惴不安，生怕引起乾隆的注意。刘墉之所以会把自己变得无棱无角，大概就是这个原因吧。

所以，综观乾隆在位的60年，他除了给自己加了一大串封号之外，没有出现什么君臣佳话，满朝文武也没有对政事作出特别突出的贡献和改革，清王朝就在这种繁华的表象中不断走向衰弱。究其原因，乾隆的聪明是造成这一切的罪魁祸首。所以，聪明的管理者要善于学习“揣着明白装糊涂”的本领，否则就会由于“明示下”，造成“暗”的局面。

遵义章（二）：谨慎言辞，祸端容易从口出

经典再现

以[①]言取[②]怨者祸[③]。

迷津指点

①以：因为。

②取：引起。

③祸：招致灾难、祸患。

古文译读

因言语不慎而引来怨仇的，必定会招致无穷无尽的灾难。

前沿诠释

俗话说“祸从口出，患从口入”，说话不当的确会引起祸患，无论是吹牛、侮辱他人还是失信于人，这些口头上的失误都会成为灾难的导火线。无论在什么朝代，因为发表不恰当的言论而遭受不幸的人都曾有过。在我们身边也经常可以看到很多人因为管不住自己的嘴巴，出言不逊，最终给自己招来大祸。

杨恽因言惹祸

说起“因言取祸”的例子，就不得不提起西汉的杨恽。他正是因为一张嘴而死的典型人物。

杨恽，字子幼，陕西华阴人。他有一个特别的身份——史学家司马迁的外孙。在历史上，杨恽是一个轻财好义、廉洁无私的人，但是他同时也有一个非常得罪人的缺点，那就是恃才傲物、为人刻薄。这一性格特点使杨恽形成了一种恶习，那就是爱揭别人的隐私。

杨恽起初因为清廉出名。他的母亲去世之后，父亲又娶了一个后母。杨恽与后母的关系非常好，对待她如同对待亲生母亲一样孝顺。这位后母去世时把她的财产都留给杨恽继承，但是杨恽一分钱都没要，把这笔财产分给了后母的亲人。他的父亲杨敞去世之后，杨恽又得到了一大笔财产，这次，他依然保持清廉本色，将财产拿出接济了穷困的宗亲。

杨恽虽然非常廉洁，但他在为人处世方面由于棱角分明，令很多人难以容忍。杨恽在出仕之后仍然保持刚正不阿的特点，见到朝廷中贪赃枉法的事情便十分愤慨。为此，他屡次在皇帝面前直谏，大胆揭发一些不法官员。这说明了他的正直，但同时也体现了他的冲动。最令同朝为官者怀恨的是，杨恽非常喜欢挑理，总是抓住别人的错误不放，非要把人斗倒不可。不可否认，杨恽的性格有些极端，这导致他动不动就要指责别人，小到批评别人的小过，大到指斥奸佞，指责人几乎已经成了他的生活方式，因此他便被人们认为是毫无“口德”。

据史书记载，杨恽为人非常“刻害”，“好发人阴状”，如果有谁得罪了他，他就一定要挖出那个人的缺点公布出去。

公元前68年，掌控汉家三朝大权的霍光去世。霍光终其一生都没有谋反，但是他架空皇室却是不争的事实。汉宣帝在许多人的怂恿下，对霍家进行了“去皮见骨”式的打击，准备剥夺霍家的一切权位。霍光的儿子因为无法忍受这种地位落差，便密谋造反。公元前66年，好揭发别人隐私的杨恽第一个探听到了霍家人要谋反的消息，便立刻去向皇帝告密。不久之后，他就因告发霍氏后代霍显、霍禹、霍山、霍云谋反而立了大功，被封为平通侯。至于他为什么能这么敏锐地得到消息，恐怕与他褊狭、爱打探的性格有关。不过，这件事之后，朝廷中人对杨恽就更是指指点点了。因为在他们看来，杨恽的父亲杨敞曾经长期在霍光手下做事，并受到霍光器重，如今杨恽却成为霍家秘事的首告之人，这件事怎么说都不算仁义。今天看来，杨恽或许是尽了一个臣子忠于国家的本分，但从做人的角度来看，他的这种行为就为当时的人所不齿了。

霍光，字子孟，河东平阳人，是汉昭帝的辅政大臣，执掌汉室最高权力近20年，为汉室的安定和中兴建立了功勋。

从另一个角度来看，这也为杨恽后来遭遇的祸患埋下了伏笔。

杨恽当了平通侯之后，地位提高，就更加喜欢到处宣扬别人的隐私之事。于是最后出现这样一种现象：在朝廷当中，只要有人的隐私被曝光，大家就认为是杨恽说出去的。

西汉宣帝刘询墓。此墓位于陕西西安市曲江乡三兆村南，始筑于元康元年（前65），初元元年（前48）汉宣帝葬此，为西汉诸帝陵中规模较大、保存较好的一座。陵园平面方形，边长430米。

杨恽说话肆无忌惮不仅表现在谈论普通人时，即使提到皇帝，他也不加忌讳。有一次，他与富平侯张延寿谈话，说看到高昌侯的车狂奔着撞上北掖门，可能即将有事发生。富平侯不懂，就问他会发生什么事情。杨恽说："先帝（汉昭帝）未死之前，有一次，突然有一匹马在宫门前狂奔着撞上殿门，居然撞死了，随后先帝就驾崩了。今天又有马狂奔出事，一定是上天要安排什么事情发生了。"这些话后来就被别有用心的人解释成了杨恽期盼汉宣帝早死。

还有一次，杨恽去看古代帝王的画像，他站在桀、纣的画像前面说道："天子在经过这里的时候，应该向史官问问这些人曾经犯下什么过失，从中吸取教训才是。"将当朝皇帝与古代暴君相提并论，对于统治者来说是非常忌讳的说辞。他的这句话同样也被别有用心的人记录了下来。

太仆戴长乐受宣帝委派去祭祀宗庙，他因得到这项差事扬扬自得，回去之后对人吹嘘，但吹得过头了，冒犯了历史功臣。戴长乐这席话被人原封不动地告诉了皇帝，于是戴长乐便被投入狱中。戴长乐认定是杨恽告的密，一不做二不休，把前面提到的杨恽说过的"忤逆"之言写告发信呈给了汉宣帝。于是杨恽因为他那肆无忌惮的嘴巴被罢了官。

杨恽赋闲在家，嘴巴却不肯闲着，整天发泄满腹牢骚。他的好友安定太守孙会宗警告他说："你现在这副怨气冲天的样子怎么能行？大臣被废退后，要做出胆小怕事的样子，低调一些才好。"杨恽却不这么认为，他挥笔写下《报孙会宗书》，诉说自己的不平。在这篇文章中，他先是夸耀自己的显赫世家，又抱怨自己被贬为平民。接着他还非常狂傲地说，古代有个叫段干木的不肯做官，我要效仿他。他的侄子读到这篇文章之后觉得不妥，便跑来劝他向皇帝低头认错。杨恽大怒，训斥侄子："胡说！这种皇帝，我还为他卖命干什么！"骂完之后丝毫不为自己说了大逆不道的话而感到不安。公元前54年，长安出现了日食现象，这在古代是凶兆，需要君主和重臣向人认罪，以求免去国家灾祸。汉宣帝正想找个替罪羔羊，恰逢有人告发杨恽，说他对朝廷有怨恨之意。汉宣帝把《报孙会宗书》拿来一看，果然发现了一些可以引申出大逆不道意义的话语，因此勃然大怒。就这样，一向口无遮拦的杨恽被判处腰斩之刑。

杨恽因为言语莽撞而多次得罪人，又喜好挖人隐私，最终自己的事情也被人抖了出来，这岂不是"以言取怨者祸"的典型例子？

陈轸妙言解祸

与那些因为言谈惹祸的人相反，在历史上也有不少人因为说话得当而免除了祸患。战国时期的纵横家陈轸就是这么一个会说话的人。

当时，陈轸和张仪都投到秦惠王门下，但是时日不久，他就遭到了张仪的嫉妒。张仪此人可是不得了，他曾经将楚国骗得团团转，让楚国为了六百里土地和齐国断交，等楚国要求履行诺言的时候又来个死不认账。所以说，被张仪盯上的人通常都会很倒霉。张仪见到陈轸很有辩才，怕他有一天会被秦王赏识从而取代自己，就去向秦惠王进谗言。他对秦惠王说："大王经常让陈轸携带丰厚的礼物往来于秦国和楚国之间，现在秦楚两国关系已经出现了裂痕，楚国变得对秦国不太友好了，但是楚国国君却仍然重视陈轸，对他客客气气的。所以说，陈轸一定是和楚国有勾结，出卖秦国的利益给楚国，他并不是真心为大王办事的，这样的贰臣怎么能留着呢？我不愿意再和这样的人一殿为臣，请陛下把这个人赶走。而且最近我探听到陈轸想离开秦国到楚国去，这等于给秦国养了一个心腹大患，大王还不如杀掉他。"

陈轸，战国时纵横家。

秦惠王信以为真，就对陈轸动了杀心，传令召见陈轸。还不知道自己被谗害的陈轸照常来到秦惠王面前。秦惠王劈头就问："听说你想离开这里，不知准备去哪儿呢？告诉我，我好为你准备车马呀！"

陈轸很奇怪秦惠王怎么会突然说这样的话，但他很快就镇定下来，猜到是有人谗害他。陈轸注视着秦惠王，没有急着向秦惠王申辩，因为无论怎样的辩驳在已经有先入为主印象的秦惠王看来，只会被认为是狡辩。于是他干脆顺着秦惠王的话往下说："我准备到楚国去。"

一听陈轸说真的要去楚国，秦惠王怒气陡生，对张仪的话更加相信了，冷冷地说："张仪说你一定会去楚国，寡人本来还不信，原来是真的。"这下子在秦惠王心目中，陈轸的"离心"行为已经是板上钉钉了。

这时，陈轸得到了他需要的信息——原来是张仪在说他坏话。他想到，自己此时辩驳不仅于事无补，反而会惹怒秦惠王。于是他说："既然大王已经相信我会背秦赴楚，那我就是不去也不行了。我只好故意去楚国以使大王和张仪的推测成真。只有这样才能说明我和楚国没有利益往来。"

秦惠王一听陈轸话里有话，就追问他是何意。陈轸就用了一个寓言来解释："楚国有个人娶了两个妻子。他的邻居曾经偷偷去勾引这两个妻子，年龄大的妻子一口回绝那个人，还叱骂他；而年纪轻的妻子和他私通了。不久之后，那个楚国人死了，他的两个妻子都成了寡妇。有个客人问那个邻居：'在这两个寡妇当中，你想娶哪一个？'邻居出乎意料地回答说：'我娶年龄大的那位！'客人奇怪地问：'年龄大的那个曾经骂过你，而年轻的那个顺从你，你怎么反倒喜欢那个不顺从的呢？'邻居说：'当她们做别人的妻子时，我希望她们受我的勾引；但是娶回家的话，我还是想要一个坚贞的妻子。"

陈轸希望用这个寓言启发秦惠王思考，他看秦惠王还有些不解，就接着说道："以前吴国有个伍子胥，对吴王忠心耿耿，因此天下诸侯都希望他给自己做臣子；殷高宗的儿子孝已非常孝敬自己的后母，天下人就都希望有个这样的儿子；卖出奴仆和小妾的时候，还没走出巷子左右邻居就争着要，这就说明他们是好仆好妾；被休弃的妻子仍然被乡里人再娶，说明她一定是个好女子，因为同乡都了解她的为人。我举这些例子都是为了说明我目前的处境：如果我真的里通外国，楚国的国君和大臣怎么可能信任我这个贰臣呢？楚国宰相昭阳也是一位贤明的大臣，他一定不愿意和贰臣共事。所以我现在去楚国恰恰说明我对秦国没有二心，走得很坦然。我这样忠心的人却被别人怀疑，我不走还做什么呢？"

这么一番精妙的话说下来，就算之前秦惠王被张仪洗了脑，此时也已经被重新说服了。秦惠王觉得陈轸的话很有道理，就放弃了诛杀陈轸的念头。

陈轸的高超智慧就体现在了这一问一答中间。虽然秦惠王表面上客客气气的，但他随时可能因为陈轸"叛国"而发怒，给他安个间谍罪名就把他杀了。陈轸发挥了自己的聪明才智，顺着秦惠王的疑惑往下走，再突然说出与众不同的道理来，让他明白自己心中正大光明，没有二心，从而打消了杀自己的念头。所以说，语言这种技能非常重要，一句话可以带来杀身之祸，也能救人于险境。故在平时的言谈中，切记当说时，三思而言；当讲时，过过大脑，否则就会以言取祸。

遵义章（三）：朝令夕改，法度不力无人肯服

经典再现

令[①]与心乖[②]者废[③]，后令缪[④]前者毁[⑤]。

迷津指点

①令：命令。

②乖：乖戾。

③废：停止。

④缪：错误。

⑤毁：毁灭，指彻底破坏或消灭。

古文译读

命令同心思相违背，那么做事就会半途而废。后到的命令如果与先到的命令出现巨大差异，那么做事就会因没有依据而失败。

前沿诠释

在战争中如果朝令夕改，出尔反尔，就很少有不打败仗的。不只是战争，在任何事务中，对待指令不严肃认真都会带来大祸。“令”自古以来都是极其重要的，在古代很多军事活动中，能否依令行事往往成为战争成败的关键。在现代社会的事务管理中也是一样。所以说，要想做一个合格的管理者，就应该说到做到，执行明确的章程，发布统一的命令，这样才能指挥有度，带领下属完成工作。

孙武令行禁止训女兵

孙武，春秋时人，又称“孙子”，他是我国古代的“兵圣”，著有《孙子兵法》，被称为兵法祖师。孙武在兵法中奉行令行禁止的原则，无论是练兵还是行军打仗，都坚持军令如山，任何人都不得违逆，就连主将自己也不可以随意变动军令。孙武本人不只是个军事理论家，更是一位言出必行的将领，他不只在理论中强调军令如山，在练兵实践中也是这么做的。

孙武在没有成名之前曾经去拜见吴王阖闾，希望受到重用。阖闾在看了孙武撰写的兵法之后，觉得奥妙无穷，对治国治军很有帮助，就召见了孙武。阖闾问他：“我看了你写的兵法，觉得受益匪浅，你能不能运用到实际中让我看看效果？”孙武一口答应，认为这很简单。谁知阖闾又突发奇想：“可以用来训练妇女吗？”孙武虽然觉得阖闾的要求有些莫名其妙，但还是自信地说：“可以。”于是阖闾兴致勃勃地调出了后宫一百八十多名宫女妃嫔，让孙武将她们训练成一个小部队。于是孙武将这些女子分为两队，并让吴王阖闾宠爱的两位妃子分别担任两队的队长。

孙武画像，出自明万历《三才图绘》刻本。

一声令下，孙武开始训练这些宫女妃嫔。他知道这些女子和士兵素质不同，练兵时要多费些工夫，于是用了循序渐进的方法。他先让女子们手里拿着戟站好队形，然后问她们：“你们知道心、左右手、背后的方向吗？”女子们都回答知道。孙武就说：“那好，我们先明确军令，一会儿我喊什么你们必须照做，否则按军法处置。我喊‘前’，你们就看心朝向的方向；喊‘左’，你们就看左手所在方向；喊‘右’，你们就看右手所在方向；喊‘后’，你们就看背后的方向。”说明完毕，孙武就命令士兵把象征军纪的斧钺摆出来，开始操练。孙武命人擂鼓，自己为宫女妃嫔们喊口令。然而宫女妃嫔们却嘻嘻哈哈不听号令，在原地闹作一团，谁也没有严格做指定的动作。孙武只得再走过去说：“约束不清楚，指令不明确，这是我做将领的错，我再向你们解释一遍。”他为宫女妃嫔们再次演示了简单的军事动作，又回到台上命人擂鼓。

然而，笑闹惯了的宫女妃嫔仍然没有听从号令，这次孙武拉下脸来说：“号令不明是将领之过，现在号令已经讲明却不执行，就是士兵的错了。左右，把带头玩闹的两个妃子斩了！”

原本在高台上看得津津有味的阖闾一听孙武要杀他的宠妃，吓坏了，连忙派人去求情，说他离不开这两个妃子，没有她们就会食不甘味，让孙武吓唬吓唬她们就算了，不要真的杀她们。孙武却严肃地反驳了阖闾：“臣下既然已经被任命为将，就全权负责军务，对君王的命令也不能接受。”然后他毅然下令让士兵执行军法，将两个妃子斩杀。阖闾只得眼睁睁地看着自己的两个宠妃被砍了头。

随后孙武再执行号令，被杀人之事震住的宫女妃嫔们全都战战兢兢地按照号令行事，谁也不敢多做声，向前、向后、伏下、立起，无不符合规矩。于是孙武向阖闾报告说：“士兵已经训练好，请陛下检阅，现在就是让这些宫女妃嫔去赴汤蹈火也没问题。”阖闾观察了一下，队伍果然非常整齐。

虽然交给孙武的任务被完成了，阖闾心中却冒出了小疙瘩，接连数天都惦念着那两个被杀的宠妃，对孙武有些不满，甚至产生了不用孙武的念头。

这个时候，伍子胥看出了阖闾心中的芥蒂，就前来进谏。他告诉吴王阖闾：“自古以来，用兵对于国家来说都是头等大事。治军就要严格执行军法，才能使军令畅通。大王希望通过征伐来威震天下，每天都期望得到一名良将。如今良将已经在朝，大王怎么能因为失去两名妃子就不起用孙武呢？”

吴王阖闾本身是一个有大志向的人，经过伍子胥一番劝导，思想上很快就转过弯来。他在权衡了利弊得失之后，决定正式任用孙武主持吴国军务。

第二天，阖闾和伍子胥等人亲自前往馆舍，向孙武为这几天的怠慢致歉。而孙武也向吴王为杀妃一事请罪，这件事就此放下不再提起。

孙武再次向吴王阐明了自己的观点：“令行禁止、赏罚分明是兵家必用之法。治军如果没有固定的通则就难以练成一支整肃的部队。为大将者对士卒一定要威严，才能使士卒畏服，听从号令。将领下的每一道命令都有其深意，要坚决执行，不可随意更改。只有这样，打仗才能克敌制胜，军队才能所向披靡。”

吴王阖闾，公元前514至公元前496年在位，著名军事家。

不久，吴王就在吴宫筑起拜将台，正式拜请孙武为将军，尊其为国师，参与朝政。孙武接受了将军的印绶和兵符，开始用自己的方法严格训练吴国军队。于是，吴国就在文有伍子胥、武有孙武的情况下强大起来，吴王阖闾也成为春秋五霸之一。

从这件事情中，我们就可以看出孙武治军的严肃性，即使只是在演习，也必须斩杀不听令者以立军威。军事如此，其他事业方面也是这样，如果不照章办事，就难以使一支团队的纪律严明，难以达到工作效率最大化的目的。

梅考克：虽然温情仍然开除

西洛斯·梅考克是美国国际农机商用公司的董事长，也是国际上著名的企业家和企业管理理论家。梅考克在他的公司推行一种非常有特色的管理方式，即对待员工实行温情态度，尽量满足员工的物质需要和精神需要。梅考克的名言之一就是“让员工心存感激”。他经常设身处地地为公司员工着想，给员工各种福利，对年老员工更是关怀有加。梅考克采取这种管理方式的理由来源于西方一个著名的寓言——“鸬鹚罢工”。

一些鸬鹚为渔夫辛辛苦苦工作了十几年，捕捉了很多鱼，立下了汗马功劳，还教会新来的小鸬鹚捉鱼的方法。后来一些鸬鹚由于太老了不能再捕鱼，渔夫索性就把它们杀了。结果年轻的鸬鹚突然集体罢工，任凭渔夫如何驱赶也不下水捕鱼了。渔夫抱怨说：“我待你们不薄呀，喂你们吃鲜嫩的小鱼，让你们住舒适的窝棚。为什么你们现在这样对待我？”年轻的鸬鹚回答说：“你对我们越好，我们就越恐慌。现在我们身强力壮能够得到优待，要是哪一天我们老了，不是也会落得像老鸬鹚一样的下场吗？”

梅考克从这个寓言中受到启发，认为一个公司的人性化管理不应该只体现在对新锐员工的优待上，更应该体现在对年迈体弱者的人道关怀上。这样，公司才会形成良好的氛围，出现上下一心、其乐融融的情景。

由此看来，梅考克是一个非常具有人情味的管理者。不过，如果你把他当成一个“好好先生”，那就大错特错了，他在执行公司制度方面可是非常严格的，无论是谁，只要犯错，都必须接受惩罚。正是因为梅考克平时和蔼可亲，因此当他真正严肃起来要处理一些人时，惩罚的手段才显得更加具有威慑力。

有一次，公司里一个跟着梅考克工作了二十多年的老工人工作状态不佳，在几天时间里一直迟到早退。大家看到这个人这样散漫都对他产生了不满。某一天，这个老工人居然在上班时间酗酒，在工房里大闹了起来。接到报告的梅考克根据公司相关规定，决定开除这个老员工，以儆效尤。

说起这个老工人，他对梅考克来说，并不是一个普通的员工。他从梅考克创业的时候起就跟着梅考克工作，两人一起挨过了最艰难的几年，可以说是风雨同舟的患难之交。当开除这名工人的决定在公司发布之后，老工人火冒三丈地跑来找梅考克理论。他对梅考克抱怨说：“当初公司债务累累的时候，我都没有离开公司去找别的工作。如今我为公司兢兢业业干了二十多年，你就因为一点小错开除我！”

梅考克耐心地向老工人讲道理，说：“公司是一个有规矩制度的地方。无规矩不成方圆，要想使公司上下服气就得照章办事，不偏不倚，否则我制定了公司制度，然后自己又突然变卦不予遵守，怎么能服众呢？”

在这次谈话中，梅考克知道了一件重要的事情：这位老工人的妻子刚刚去世，留下了两个幼小的孩子，偏偏祸不单行，一个孩子不慎跌断了腿，另外一个则还嗷嗷待哺。老工人天天照顾两个哭闹的孩子，心里又急又烦，压力实在太大，只好借酒浇愁，没想到酗酒惹出了麻烦。梅考克听了老兄弟的一番诉说，感到非常同情，他立刻拿出一大沓钞票，塞给老工人说：“你现在别想那么多，快回去把家务好好料理料理吧！照顾好孩子们，好好过日子，我绝对不会让你走上绝路的！”老工人感激地说：“老板，你不开除我了？”梅考克却反问他：“按照工作条例，你应该被免职。你希望我撤销那道免职命令吗？”

老工人想了想，说：“我其实也不希望你因为我个人而破例。”

梅考克称赞说：“这才是我的好朋友。你放心回家，我一定会安排好你的生活的。”最终，这个老工人还是被开除了，对他的处理结果也在公司公示了。但在私下里，知情人却了解到，梅考克把那个老工人安排到了自己家的牧场当管家，没有让他失去经济来源。

在梅考克看来，“管理是一种严肃的爱”。既然管理者已经制定了公司的章程就必须按章办事，不能心慈手软或是犹豫不决。公司制度就像古代的“军令”一样，诸葛亮都可以挥泪斩马谡，现代企业管理也需要用铁腕来贯彻组织制度，坚决执行相关规定。要知道，“令与心乖者废，后令缪前者毁”，如果自己没有执行“令”的严肃态度，那么再精密、优化的制度都会形同虚设。没有军法的军队是一支松散的军队，不能贯彻执行纪律的组织则是一个没有希望的组织。所以，无论是管理者、领导人、政治家，还是普通的工作者，都要记住：“令”无论在何处都是一个严肃的存在，必须认真对待。

遵义章（四）：学会不怒自威

经典再现

怒[①]而无威[②]者犯[③]。

迷津指点

①怒：生气，愤怒。

②威：威力，指慑服人的力量。

③犯：触犯。

古文译读

盛怒而没有慑服人的力量，别人就敢于触犯他。

前沿诠释

文学中在形容某个高人时，常常用到“不怒自威”一词。能够达到这种境界的人往往是胸中有丘壑者，他们只用平常的言谈举止就可以表现出威仪。至于以怒容来显示权威是否有效果，则要看怒的来源了。古人说，怒气无私才能形成真正的威严，而无理的怒气即使声势再大也只会招人厌恶，毫无威严。

威权不立，他人就没有惧怕之心。但是以怒立威者大多不长久。一个人如果盲目地用发怒这种方法来驱使人，自己却没有威权，就只会招致祸端。而若是想真正树立起不怒自威的威仪，就必须具有一定的胆识、胸襟、气度和宠辱不惊的心境，只有如此，才会从内而外地散发出慑人的气魄，进而在事业和人生中得到更广阔的发展。

周文王以德立威

古人在治国贤君方面有一个共同的偶像，那便是周文王。这位三千年前的君主用自己的贤明为历史学家构造了一个传说中的美好时代，他的治国方式也成为后世学习的典范。

在历史上，周文王姬昌是以和蔼可亲的形象为人熟知的。我们很少听说周文王“大怒”的故事，却知道不少他礼贤下士的传说。然而，周文王的威严却是公认的，他是用温和的方式获得了四方人们的敬重，真正做到了不怒而威。

周文王庙。文王庙位于羑里城，始建于汉代，重修于明代，保留了宋代的建筑风格。内有周文王、姜嫄圣母、百子娘娘等塑像。

周文王是商朝末年的西方诸侯之长，时称西伯，建国于岐山之下（小说中称为西岐），在位约50年。他实行仁政，在西岐推行了很多有利于人民的政策。他对内奉行以德治国，大力发展生产，减免租税，努力实现“裕民”。在西岐，农民助耕公田，只需要纳九分之一的税。另外，他还实施了许多优厚政策：商人往来不收关税，犯罪者的妻子不连坐，等等。就算是文明更加发达的后世朝代，也很少实行过这样的仁政。这些仁慈的政策使得西岐成为一片王道乐土，国家不断强盛，人口也不断增长。而姬昌自己虽然是国君，生活却非常俭朴。他提倡勤俭，总是穿着普通人的衣服，并亲自下地劳动，每日更是勤奋地处理政务。虽然他一身普通人的打扮，不靠君主的袍服、车辇来增加威严，但全西岐的人见到他，都会恭恭敬敬地向他行礼。

此时的商朝和西岐正处于两重天的境况。帝辛（纣王）无道，宠信奸佞，穷奢极欲，不听逆耳忠言，杀死了老臣比干。见帝辛如此昏庸残暴，商朝的贤臣能人都非常失望，而此时繁荣昌盛的西岐对他们来说，则具有非常大的吸引力。因此，许多商朝人便都投奔了西岐。

西岐的壮大引起了商朝的不安，帝辛的亲信谗臣崇侯虎对帝辛进言说：“西伯姬昌到处行善，在诸侯和百姓中树立了威信，这可是对大王很不利啊！”

虽然崇侯虎此言是想害姬昌，但他的话却揭示了一个客观道理：一个人要树立威信，不一定要通过制定严刑峻法、杀一儆百之类的方式，像姬昌这样，把推行仁政作为树立威信的方式也是一种不错的选择。崇侯虎的话从侧面反映了姬昌当时已经在诸侯中有了威信，也证明了姬昌的威信来自于他的“德”。

八卦图，相传为周文王姬昌所创。

如果说姬昌之前的威信来自于臣民对其道德的感激，那么当他历经磨难之后，这种威信就更加有了王者风度。

因为被崇侯虎谗害，姬昌被帝辛拘于羑里（今河南汤阴县）。此时的姬昌在狱中做了些什么呢？他不但没有惊慌失措、灰心丧气，反而在被监禁之地用心研究伏羲的先天八卦，并据此推演出后天八卦，为后世留下了一部内涵精深、影响广泛的典籍——《周易》。这种面对逆境不屈不挠，专注于自己事业的气度充分显示了姬昌的王者素养。

几年之后，姬昌被赦免出狱，开始筹划讨伐无道的商朝。不久，千古传奇“周文王遇姜子牙”就上演了。姬昌为了建设国家、筹备灭商大业而到处寻访贤能。这时，他在渭水之滨遇到了年老的姜子牙。姬昌展现出了一位明君应有的高明眼光，敏锐地发现姜子牙胸中有丘壑，会成为西岐强大的助力，于是恭敬地请姜子牙同车回城，尊其为国师。从此，西岐就在明君贤臣的治理下变得更加强大。

谁说恭顺的人就一定没有威信呢？周文王姬昌的例子就是对其最好的反驳。姬昌在位时期，虞（今山西平陆县）、芮（今山西芮城）两国发生了纠纷，两国的国主不去向天子帝辛诉说事情的来龙去脉，而是慕名去西岐请姬昌来裁决。这一事件形象地表明了姬昌在诸侯中的威信和地位。后来，周文王死去，百姓都十分悲痛，哭声遍野。因为姬昌的功绩和仁德，以后的历代王朝也都把周文王作为圣君的代表。

从周文王的故事中，我们可以看出，真正的领导者要有虚怀若谷的胸襟和气魄，在顺境、逆境中都能不动如山。如此，才能够应对一切磨难，并让自己成为一个从内到外有威严、有威仪的人。

不怒自威，亲而难犯

黄石公有言曰：“怒而无威者犯。”意思是说一个人如果以怒立威却不能慑服人，就会使他人敢于触犯他。千年之后，康熙大帝也总结出了一句相似的话语——“不怒自威，亲而难犯。”说的是不通过发怒的方式就能够树立威严，让其他人畏惧服从而不敢冒犯。这是领导人的一种极高的境界，既让下面的人“敬重”他，还让他们“畏惧”他。

人们发现，大多数有权威的领导者，其实并不是那种专横暴虐的人，反而是那些不经常发怒、温和中透着威严的人。很多年轻的老板经常喜欢抱着《如何做一个老板》之类的书看，可以看出，他们迫切地希望提高自己的领导力。不过，提高领导力并非一朝一夕的事情，而且还要避免走入误区。秦始皇嬴政可以说是一个有威严的人，但他一向给人残暴嗜杀的印象，如果这样的人在现代社会做公司领导，恐怕会有不少人被他吓得辞职。而嬴政的继承者秦二世胡亥，则是典型的色厉内荏之人。他没有功绩，没有自己的政治班底，更没有治国的才能，每天只知道纵情享乐。不过，他有时候也比较狠，一发威就会下令把人砍了——但他依旧毫无威严，被赵高左右，最后还被其谋害。所以说，立威实在是一门很深的学问，位置高的人本来就有一种天生的威严。可惜的是，很多人没有利用好这份威严，反而让自己的权威受损。

领导想立威，往往通过奖惩的方式，用赞美和奖励拉拢人心，用惩罚来威慑众人。这就牵涉到一个“言行一致”和“令行禁止”的问题了。比如，有的领导爱在企业中大谈“以人为本”“人才中心论”，但平时并不尊重下属的意见，不听下属的抱怨，下属有了什么困难，也不去帮助解决。长此以往，员工就看出了领导的真面目，不再敬重这样的领导。在树立权威的方式中，部分领导往往偏爱用“怒”的方式，拍桌子、瞪眼睛、张口骂人、闭口惩治人。殊不知，这是最危险的方式之一，因为一不小心就会让员工将敬服转化为怨恨，或是暴露出领导简单粗暴的作风。

徐东是一家公司的老板。一次，他的一名下属章廷与客户签订了一份大合同。徐东为此事夸奖了章廷两句，但随后他就从合同文本中发现了疏漏。那份合同中的一些条款表面上似乎是本公司占便宜，实际上却会转化为不利因素。徐东看出毛病后大发雷霆，从总经理办公室走到大工作间狠狠训斥了章廷一顿，骂得他狗血淋头。章廷刚刚被表扬了，正在兴头上，突然一盆冷水从天而降，他一下子就“蔫”了，在长达半个月的时间里都郁郁寡欢。原本其他员工还觉得章廷太不小心，犯了不应该犯的错误，但一看章廷委屈的样子，转而又觉得老板太过火了。

从徐东的表现来看，他的做法很不恰当。当众训斥不仅会把下属的问题公之于众，使他们丢了面子，同时也是一种入侵行为。在管理学理论中，管理者与被管理者各有自己的权力场所，徐东放弃自己的权力场所（总经理办公室）进入公共工作间进行斥责、警告，客观上已经形成了入侵行为。在工作间里发怒相当于对全体员工施加了压力，原本对象只有一个人的训斥被所有人听到了耳朵里。这样一来，领导是逞了威风，却让员工们不舒服了。其实，如果徐东把章廷叫进自己的办公室批评一顿，章廷虽然会一时感觉难受，但马上就会重整态度，认真工作，这样岂不是更好?

我们这样讲，并不是说以怒立威不好，其实严厉的整治方式向来是历代统治阶级及领导人的备选管理方法之一。比如著名的冷面皇帝雍正，就是一个颇有威严的

人，而且很善于用小事情立威。在雍正二年四月的一个朝会上，雍正上殿时看见刑部官员李建勋、罗檀在群臣尚未落座的时候就不行礼坐下了，马上勃然大怒，下令把这两人拿交刑部问罪。官员们一下子都愣住了，觉得皇帝有些小题大做。雍正却告诫百官说："朕见这几年上朝的礼节执行得很松弛，圣祖皇帝并不是不知，而是对朝臣包容。监察官员也就睁一只眼闭一只眼，把这些视为常事。朕即位以来，屡次见到规矩不严的事情，这不是个好苗头，必须狠抓。今后若再有类似的失礼事情发生，我就处死这两个人，到时候他们可不是我杀的，而是你们杀的。"就这样，大家都被吓住了，以后上朝时都规规矩矩的。

雍正皇帝此举是典型的借题发挥，用眼前的小事情来敲打臣子们，从而整顿朝堂上礼制松懈的风气。这样的怒气发得有理有据，朝臣们也心知肚明，无话可说。

领导在该发怒的时候以适当的方式发怒，才能加强自己的权威，而另一方面，足够的权威又使领导即使不动声色，也能够得到大家的敬重和配合。道德高尚、精于业务、富有内涵的领导往往具有"先天"的威严。"领导在这个领域是权威，他的成绩有XXX、XXX……""领导对事不对人，平时都是很关心员工的。""领导知识丰富。"如果下属对你有这样的印象，你必然会受到员工的尊重。在"文革"之前，中国社科院文学研究所评职称。所长何其芳对钱锺书说："你是一级研究员。"钱锺书点点头。何其芳又对某某人说："你是二级研究员。"某某人也点头。于是，一天内，何其芳就把放在今天很复杂的一件事务办完了。研究所的人也都对何其芳拟定的评职称决议案没有异议，因为他们都信赖何其芳的学术判断力和公正之心，这件事也被文学研究所视为美谈，传诵了几十年。客观来说，促成这件事的应当是当时致力于学术的所有研究所的大师，但何其芳的学术地位和个人魅力也起了相当大的作用。

"不怒而威"是领导者追求的最高境界。领导立威有多种方式，以德立威、以内涵立威、以才干立威、以行动立威，以人情立威等。同样，以怒立威也是其中的一种，不过要谨慎使用才好。

遵义章（五）：人才可贵须爱护

经典再现

戮①辱所任②者危③。

迷津指点

①戮：杀戮、杀害。

②任：任命。

③危：危险。

古文译读

对于所任命的人进行杀戮侮辱，这样的统治是非常危险的。

前沿诠释

大家都知道，人才就是生产力。为了发展壮大，古今中外各种组织纷纷招揽人才。我们在史书中也看到过许多令人遗憾的例子，在某些重大的历史时刻，一些可以拯救国家危亡的能臣武将却因为统治者的糊涂而无辜被杀，最终导致国破家亡。这些残酷的教训无不提醒人们，不可以随意严惩下属，否则可能会出现自毁长城的悲剧。

赵迁错杀大将，悔之晚矣

说起战国四大名将中的李牧，他的人生可谓是一段传奇，他为战国末期的赵国稳定了半壁江山，是国家的中流砥柱，但是最终却被一个昏君无辜杀害。这个昏君就是战国时期赵国的最后一位国王——赵迁。

赵迁，即赵王迁，又称赵幽缪王，从这个谥号中就可以看出他是一个不怎么合格的君主。赵迁是赵悼襄王（赵偃）的儿子，青年时即位。他只做了七年皇帝，赵国就在秦国的铁蹄下被灭掉了。

赵国的灭亡与这个昏庸无道的君主有着直接关系。赵迁素行不良，当上国君以后每日淫乐，宠信佞臣郭开。朝中的大臣都为此忧心忡忡，屡次想铲除郭开，都没有成功。就这样，赵国被这君臣二人弄得乌烟瘴气。而此时，西方强大的秦国一直

在对山东六国虎视眈眈。韩、魏先后被秦国控制，赵国也因此变得岌岌可危。在这危难时刻，要想保住赵国，最能够倚重的就是武安君李牧了。

李牧（？—前229），战国时期赵国柏人（今河北邢台市隆尧县人），杰出的军事家、统帅，战功显赫，生平未尝一败仗。

李牧是一位不世名将，他曾经北拒匈奴，经历数次战役未曾一败，保护了赵国边境的安定，后来又用围魏救赵之计大败秦国桓齮，挽救了赵国。赵迁起初对李牧还是比较重视的，他对立下重大军功的李牧说："秦国名将白起的封号是武安君，牧就是寡人的白起。"

如果赵迁对李牧能够一如既往地信任，也许赵国可以挽狂澜于既倒。但是赵迁的糊涂病再一次发作，犯下了临阵杀大将的致命错误。

实际上，赵国在战国末期已经非常衰弱，实力远远比不上强秦。这是由于自赵惠文王之后，赵国接连出现了几位性格鲁莽的国君，一再作出愚蠢的决策，将一个原本强大的赵国一步一步拖向危局：赵迁的祖父孝成王贪图小利与秦结怨，又临阵换将，结果在"长平之战"中葬送了赵国大半军队，赵国从此一蹶不振；赵迁的父亲悼襄王赵偃任意妄为，迫使名将廉颇出走魏国，又一次极大地削弱了赵国的军事实力。后来悼襄王又因为宠爱赵迁的母亲而不顾传位于嫡长子的传统，把国家交给了性格方面有严重缺陷的赵迁。历史是不断重复的，赵迁也没有改变几个父辈那种小事自作聪明、大事糊涂无比的作风，作出了错误决定，使赵国陷入了灭国的泥潭。

赵幽缪王二年（前234），秦国再次挥师攻向赵国，大将桓齮（即樊于期）率军斩杀了十万赵军。在这个危难时刻，李牧临危受命，担任了赵军主帅，用计策将秦军杀得大败。在之后的两国交战中，李牧又几次阻挡了秦军东进的步伐。因此，秦国人对李牧恨得咬牙切齿。后来，赵国发生了一系列天灾人祸，民不聊生。秦国认为灭赵的时机来了，便再次发兵攻打赵国。赵迁又一次将李牧派遣了出去。

这一战，秦国派出了大将王翦。王翦遭遇到李牧和司马尚军队的阻击，他知道李牧不是等闲之辈，也没有贸然进军，就原地驻扎观望起来。经过前几次的交锋，秦国已经充分认识到了李牧这位良将的厉害，把他视为眼中钉。秦王感到，要想在战场上消灭这个心腹大患恐怕会付出很大代价，不如采用别的方法。他知道赵迁是个昏庸的君王，便决定实施反间计，借赵迁的手杀掉李牧。

只知道缩在深宫享乐的赵迁没有多少政治头脑，朝政也一直被郭开等人把持着。秦王看准了这一点，派遣间谍到赵国贿赂赵迁的宠臣郭开，让他向赵王说李牧的坏话。无耻的郭开便向赵迁大进谗言，说什么李牧手握重兵，对大王不利，现在他一直坚守不战，其实是想找机会叛乱。

赵迁轻信了谗言，尽管他知道李牧有大功，但是听多了人们对李牧的赞扬，感到李牧功高震主，他也开始不放心了。于是赵迁作出了一个非常短视的决定：调李牧回邯郸。

临阵易帅是行军作战的大忌，赵迁此举无疑是把李牧带的军队推向了险境。而李牧深知“将在外，君命有所不受”的原则，违抗了赵迁的旨意，拒绝交出兵权。赵迁听说李牧不肯回来，更加深了对李牧的偏见，于是他一不做二不休，设下了圈套将李牧诱捕杀害，并撤销了另一位将领司马尚的职务。

李牧被杀的消息传出，他手下的几十万大军一片哗然。在他们心中，李牧就是赵国的常胜将军，有他在就一定可以抵抗秦国军队，没想到他竟然被自己的国君调离战场杀害了。军心涣散的赵军明显不是秦国军队的对手，接连战败。在赵迁杀害李牧之后仅仅三个月，秦国大军就迅猛地攻占了赵国的都城邯郸。惊慌失措的赵迁被俘，成了亡国奴。

赵迁后来被秦国流放到了房陵（今湖北房县），日日悲哀。然而，这能怪得了谁呢？他连社稷股肱之臣都可以杀害，赵国上下当然会变得离心离德，毫无斗志。如果不是他对自己的部将不信、不用，赵国又怎么会这么快就灭亡呢？

赵迁的结局十分悲惨，这也是他为自己的行为付出的代价。李牧是战国后期六国中唯一能和秦军抗衡的良将，然而赵迁却没有看出李牧的重要性，轻易地杀害了他，断绝了国家最后的希望。后世人都需要从这个事件中吸取教训，记住“戮辱所任者危”的道理。

尊重下属的人格

我们听说过许多贤明君主访求能臣的故事，如“周公吐哺”“三顾茅庐”，同样地，也有一些君主或上司苛待自己的臣子或下属，轻则辱骂，重则灭族。古往今来，这样的例子不知有多少，而事情的主角往往因此遭遇大祸。在《三国演义》中，张飞急于为败走麦城身死的关羽报仇，嫌手下制作孝服动作太慢，竟然把两名将领范疆、张达绑起来鞭打了一顿。结果范疆、张达怀恨在心，聚在一起商议：

“与其他杀我，不如我杀他。”于是他们趁半夜砍了张飞的脑袋，投奔东吴。张飞的莽撞行为就这样让自己赔上了性命。

血淋淋的故事告诉人们一个道理：下属不会永远服从你，你对他们的侮辱和伤害最终都会让自己付出代价。成大事者虽然不拘小节，却不会轻视自己身边的助力，毕竟，“水能载舟，亦能覆舟”，下属既可以帮助你登上事业的顶峰，也可能离心离德，弃你于不顾。

在现代，员工对于任何一个企业和单位来说都是至关重要的，没有员工，又何来领导与老板呢？一些老板认为：现在找工作不容易，只要有钱还怕招不到人吗？说这种话的老板都是眼光狭隘、没有长远规划的人。要知道，没有尊重、没有思想、没有亲和力、没有礼贤的态度，真正的贤能之人会归附吗？现在的下属会全身心地投入工作，为公司的命运而奋斗吗？自然是不会的。只有与下属共同奋进、同甘共苦的上司才能得到真正的拥护。有一些企业，在起步阶段经历了许多困难，一度面临绝境，正是依靠全体员工同心同德，甚至几个月不拿工资的苦干才最终扭转局面。

某个单位的负责人之一梁某是个官僚主义作风严重的人，他在管理下属时，总是依靠批评下属来逞威风，就算是遇到鸡毛蒜皮的小事，也要把人骂一顿，并灌输一番自以为是的大道理。时间一长，梁某被下属深深地厌恶，平时大家聊天谈到他时，没有一个人说他的好话。但他自己偏偏浑然不知，照样乱批评人，在下属面前摆谱、端架子。他最终自食恶果。一天，单位为了填补一个重要领导岗位的空缺，要从几个副职中向组织部门民主推荐一个人选，供上级组织考查任用。结果在投票中，梁某分管的下属们没有一个人给他投票。在宣布投票结果时，他得的票数少得可怜，排名最末，自然也失去了晋升的机会。

以己之心度人之心，天下没有一个员工愿意挨骂受辱。员工的工作压力是很大的，他们在自己的圈子里渴望成长、渴望前进、渴望财富，如果你占用着他人生中最美好的时光，却不能给他更光明的前景，就会导致他今后的怨恨。更何况是占用着他的时光，还在那里对他表示出极大的不尊重，甚至辱骂呢？侮辱员工、轻视员工的领导不仅自身道德素质不过关，而且十分短视。

一家人力资源网站作过一次调查，主题是“您认为上司应该如何对待下属”。在参与调查的人中，绝大多数人都认为，上司应当尊重下属的人格，犯错误批评可以，但是不希望出现任何方式的侮辱。人们对问卷中的一个问题的回答应当引起居于领导位置的人的注意：“假如被不尊重人的上司羞辱，您会不会因此而离开？”

人们的回答惊人的一致："当然离开！"

在封建王朝，君主或是将领对下属任意侮辱时，下属还可能会迫于他们的权势而忍气吞声，但在劳动力自由流动的今天，员工可以痛痛快快地跳槽，即使因为现在的职位待遇优厚而犹豫，也不会长期委屈自己。笔者听过这样一件事：一个参加工作不久的年轻人，因为一点鸡毛蒜皮的事情被领导当着众人的面大骂。那个领导用语粗俗而低级，对下属的人格造成了极大的侮辱，让年轻人颜面扫地。那个年轻人受了这种羞辱，很长时间都觉得抬不起头来，因此对这件事耿耿于怀。后来，他觉得在单位没有前途，干脆辞职不干了。

从上下级的关系来看，下属并非工具，而是一个具有人格尊严且需要尊重的人，领导应学会尊重下属，因工作方面的失误批评下属很正常，但批评要讲究艺术，应当尊重对方的人格。如果不是因为对方有错，而是自己想逞威风、发脾气，那就更加过分了。领导和下属是长期合作的关系，怎么能够轻率地破坏双方的关系呢？被下属记恨的领导就如同走在刀丛中一样，万一下属生了二心，背叛领导，甚至出卖领导，那么领导就只能咽下自己种的苦果了。

"戮辱所任者危"，杀戮、侮辱为自己办事的人，这种做法在行军打仗时，可以不客气地说就是一种找死的行为。即使在其他情况下，这也是一种蛮横地把部下推开的愚蠢做法。在本书前文中，笔者曾说过一件史事，在安史之乱中，史思明派李日越去攻打野水渡，用威胁的语气下令，不把李光弼的头拿来就要他们的头。结果李日越到那儿之后发现完不成任务，害怕回去被史思明杀了，于是他立刻投降了唐军。在这件事中，李日越连向史思明求情的想法都没有，这就从反面说明了史思明干过多次"戮辱所任者"的事情。

领导的权威不是靠随随便便训斥下属树立起来的，侮辱和迫害只会把自己推向众叛亲离的处境。领导在批评下属时，该批评的理应批评，不该批评的就不应乱批评，更加不能口出污言秽语。否则，领导的权威不但树立不起来，还会因此而大打折扣。随意侮辱对方人格的做法，非但不能很好地树立自己的权威，还会给人一种无修养、"缺德"的感觉，强化对方的对抗心理，以后再想做好工作就难了。

员工对上司的敬重，不是来自上司的目中无人，而是在于上司的人格魅力以及他对自己的尊重与肯定。如果跟着一位领导需要时时为自己的尊严担忧，那这样的关系迟早要崩溃。

学习《素书》后我们要记得：不要侮辱或轻蔑你的属下，上下级之间其实是相生的关系，毕竟，你的事业要靠他们的帮助来完成。

遵义章（六）：忘记尊人者难成事

经典再现

慢①其所敬者凶②。

迷津指点

①慢：轻侮怠慢。

②凶：危险。

古文译读

一个人对以前还尊重有加的贤能渐渐怠慢了，这是很危险的事情。

前沿诠释

人们都希望自己被别人重视，“士为知己者死，女为悦己者容”，人与人之间的尊重和重视可以激发出巨大的精神力量。在古代社会里，值得尊敬的人有长者、贤者、君主，等等。从一个人对于别人的敬重态度往往能看出这个人的品行。当一个人对本应该敬重的人表现得无礼，或是以前敬重，现在逐渐怠慢的时候，危机就出现了。无论此举是由于雄心消退，还是由于个人开始骄横跋扈，都会影响他以后事业的发展。

秦昭王重视范雎得妙计

战国时期，秦国的崛起不是偶然的，这与秦王的重视人才密切相关。几代秦国君主都正确任用人才，改革统治政策，因而使得国家不断强大。在这些君臣合作的故事中，尤其值得人们关注的就是秦昭王对范雎的招揽。

秦昭王是战国后期秦国一位重要的君主，在位时间长达56年，是中国历史上在位时间较长的国君之一。在他的治理下，秦国凭借实力成为七雄之首，国势达到了最盛，基本完成了统一天下的前期工作。因此可以说，促成战国后期秦国富强的主要因素就在于秦昭王。在他去世之后30年，他的孙儿嬴政就灭掉了六国。

虽然数百年前秦孝公任用商鞅变法，但是秦国通过改革形成的优势在诸侯国中并不突出，实力还没有强到令其他诸侯仰视的程度。直到秦昭王任用范雎，秦国才开始以惊人的速度成长起来。

秦昭王雄心勃勃，为了一统天下，他在招贤纳士方面展现出了非凡的气度，对待贤士十分恭敬。为了表示对范雎的敬重，他在两人对谈时数次“跪起”（从坐姿起身变为跪姿），恳请范雎指教。

范雎在遇到秦昭王之前曾经经历了九死一生的磨难。他是魏国人，一心想建功立业，但是家境贫寒无法得见魏王，于是便投在中大夫须贾门下当门客。有一次，须贾奉命出使齐国，范雎也随同前往。在齐国，范雎凭借雄辩之才打动了齐王，结果齐王一再挽留他做自己的客卿，并赠给他黄金十斤、牛、酒等物。范雎得到了在魏国所没有的敬重，心里十分高兴，但是他一心想为祖国效力，便婉言谢绝了这些礼物。没想到，这件事给范雎惹上了大麻烦。回国之后，须贾就向相国魏齐诬告说范雎私受贿赂，出卖国家情报。可怜一代有才之士范雎就这样被拷打得体无完肤，又被须贾用席裹住弃于茅厕，让宾客往其身上撒尿。范雎不得不靠装死才逃过这一劫。即使他原本想为魏王效命，但在遭受这样的屈辱之后，也不能继续隐忍了。于是，范雎把效力目标转向了秦国。

此后，范雎化名为张禄隐居起来。后来在朋友郑平安的帮助下，他与秦国使臣王稽暗中会面。经过交谈，王稽发现范雎是难得的人才，便将他和郑平安带回秦国。范雎来到秦国之后，在很长时间内都没有受到秦昭王召见，心里着急起来：难道在秦国也不能受重用吗？

范雎，战国时魏人，著名政治家、军事谋略家。他同商鞅、张仪、李斯先后任秦国丞相，为秦的强大和统一天下起了重大作用。

其实这只能说范雎来得不巧。时值秦昭王三十六年（前271），当时的秦昭王正对来自各国的宾客和游士有抵触情绪，谁都不想见。范雎在秦国待了一段时间，慢慢了解了秦国的形势：国家虽然比较强盛但止步于关中地区，朝政大权被秦昭王的生母宣太后和舅舅穰侯、华阳君以及两个弟弟泾阳君、高陵君所把持。于是，范雎抓住穰侯企图出兵齐国对外扩张封地的机会，向秦昭王上书，要求面谈。

秦昭王当时还没有意识到范雎的价值，只是把他当做一个普通的客卿，心不在焉地接见了他，等着他抛出什么奇谈怪论。结果在前两次会面时范雎基本没说什么有用的话，这让举荐者王稽很没面子。范雎告诉王稽说：大王心不在焉，我即使说

什么他也是听不进去的。于是王稽便恳请秦昭王善待范睢。

秦昭王此时做了他一生中最英明的一个决定，即第三次接见范睢。这次秦昭王推开了所有政务，把时间空出来与范睢单独见面，非常诚恳地向他请教。他改坐为跪（先秦人们一般是跪坐在地面席子上的）向范睢请教：“请先生教我！”但范睢支支吾吾，欲言又止。秦昭王又再三请求，终于使范睢说出了他进言的顾虑。秦昭王立刻表示出充分的诚意，请范睢知无不言，言无不尽，只要是能够富国强兵的妙计，他一定会按照范睢所言去做。当时的秦昭王还不知道范睢的底细和才学，他居然会做到这种程度的敬重，真的是非常难能可贵。

范睢得到了国君重视，便说“秦国人只知有太后、穰侯，不知有秦王”，提到了昭王有苦难言的心病，并指出秦国国政的弊端。接着他又向秦昭王畅谈了他“远交近攻”的战略构想，告诉秦昭王，现在秦国越过韩、魏而攻齐的战略是有害无益的，要想称霸就必须分化诸侯，对齐、楚等距秦较远的国家先行交好，让他们不要插手秦国的军事行动，再对近处的国家进行攻击。范睢还具体地指出：韩、魏两国地处中原，如同天下之枢纽，是秦国最近的邻国，应当首先攻打，以除心腹之患，一旦成功还可以掌握四面出击的地理优势。

得到治国妙计的秦昭王便依言行事，发动了一系列征战，控制了韩国，又在长平之战中重创赵国，军威震惊了其他诸侯国。范睢还为秦昭王谋划了“固干削枝”的政策，剥夺了四位专权贵族的大权，将太后安置在深宫禁止她干政。从此，秦昭王大权在握，消除了内部隐患。在秦昭王的治理之下，秦国也向着霸权之路一步步迈进。

后人看这段历史，无不歆羡于范睢与秦昭王君臣风云际会般的相遇。但是我们设想一下，假使秦昭王没有对范睢毕恭毕敬地请教，也许范睢永远没有机会向这个陌生国度的君主畅所欲言。所以说，秦昭王之所以能够建设强秦，重要原因就在于他认识到了自己应该尊重人才，只要有才华，无论出身如何、背景如何、为什么来到秦国，他都可以不去追问。

“慢其所敬者凶”，而敬其当敬者则昌。秦昭王的故事就启发了现代管理者：如果对人才没有应有的尊重，是不会激发出人才的最大力量的。一个“敬”字抵得上百万酬劳。

鳌拜擅权终入囹圄

熟悉清朝历史的人都知道“十四岁康熙智擒鳌拜”的故事。这个故事经常被简化为少年读物来普及，以此说明“有志不在年高”之类的道理。然而在成人看来，这其实是一个暗流汹涌的政治故事。这个故事的主角之一鳌拜，便是古代臣子中“慢其所敬者”的典型代表。

鳌拜在一生的大多数时间里都是威风八面的。他出身非常显赫，伯父费英东早年追随努尔哈赤起兵，是清朝的开国元勋之一。鳌拜的二哥卓布泰也是一员大将。鳌拜则跟随皇太极南征北战，立下了许多军功，不仅是皇太极的心腹，也成了清初的猛将之一。满清入关之后，鳌拜多次驰骋疆场，曾经在四川南充斩杀张献忠，被封为二等公，成为著名战将。鳌拜不仅立下了大量军功，在政治上也比较有作为。鳌拜忠于皇太极，坚决反对掌权的多尔衮，虽然因此遭受了数次迫害，却依然坚定不移。正是由于这个原因，鳌拜深得顺治皇帝的信任，被委以辅佐下一任皇帝的重任。

顺治十八年（1661），顺治皇帝驾崩，八岁的小皇帝玄烨即位，年号康熙。因为皇帝年幼，便由索尼、遏必隆、苏克萨哈、鳌拜四大臣辅政。顺治临终时没有在爱新觉罗宗室中选择辅政大臣，而是用了异姓满族大臣，这和他早年被叔父多尔衮把持朝政的不愉快经历有关，因此他希望在自己的幼子玄烨身上不要出现这种情况。然而，权力总是会带来腐化的，一向忠心耿耿的鳌拜在到达权力的顶峰之后也逐渐变得目无君上。

鳌拜能够成为辅政大臣，这就足以体现他在朝廷中举足轻重的地位。虽然他的地位在四大臣中最低，但是其他三位身上都存在各种缺点：索尼年老多病，畏事避祸；遏必隆生性庸懦；苏克萨哈因为曾经是多尔衮的旧部，又在多尔衮死后告发他，而被其他辅政者瞧不起。在这样的局面下，鳌拜因为资格老，又是军功封爵，说起话来便底气十足，慢慢地就成为四大臣中的实际掌权者。

鳌拜，满洲镶黄旗人，清朝三代元勋，康熙帝早年辅政大臣之一，以战功封公爵。

手握大权的鳌拜开始得意扬扬，不把皇帝放在眼里，这种心态促使他迈出了走向危险人生的第一步。

鳌拜历经皇太极、顺治、康熙三朝，但是到了康熙这一朝，以往旧主的余恩已经淡化，所以鳌拜对年幼的康熙皇帝是看不起的。这种轻慢的态度逐渐被鳌拜表露出来，而且是公开地表露。在朝堂之上，鳌拜肆无忌惮地顶撞康熙，还经常

当着康熙的面呵斥其他大臣，此举对于皇帝的威严来说是极大的挑衅。康熙虽然年幼，但是非常聪慧，小小年纪就已经有了相当敏锐的政治头脑。面对鳌拜的跋扈，小康熙因为尚未掌权，只好选择了忍气吞声。结果，鳌拜便更加骄横，经常做出“僭越”的事情来。

有一次，在新年朝贺的时候，鳌拜居然穿着与康熙相似的黄袍去上朝，只有帽结与康熙不同。鳌拜还在民间大肆兼并土地，直接违反了康熙的统治政策，甚至为此制造冤狱。一次，鳌拜想杀掉违抗他的三名地方官员，康熙不肯答应，坚持用刑部拟定的处罚方法，即将三人各鞭一百，谁知鳌拜竟然矫旨将三人处死。康熙心中愤愤不平，他把这一切看在眼里，也记在了心上。

康熙六年（1667）六月，索尼病死，苏克萨哈又上疏请求解除辅臣之任。这样一来，余下的两位辅政大臣鳌拜、遏必隆两人照理说也应该跟着辞职。鳌拜不甘心就这么放权，便陷害苏克萨哈。他上奏康熙，说苏克萨哈有“心怀奸诈”“久蓄异志”“欺藐幼主”“不愿归政”等二十四项罪名，要求康熙将其凌迟处死并诛其九族。可是康熙怎么可能答应呢？鳌拜这个时候就做出了一个极其无礼的举动，他冲到康熙身边，攥住康熙的手臂，气势汹汹地强行逼他准奏。被威胁的康熙只得下旨杀了苏克萨哈。

鳌拜这样对待皇帝，如果是在王朝末世，他还可能猖狂一段时间，但是此时正值清朝建国不久，处于上升期，而他的对手恰恰是未来的“千古一帝”康熙，这些都注定了鳌拜悲惨的结局。最终，康熙在14岁那年发难，训练了一支少年亲军，在鳌拜进宫的时候出其不意地将他拿下，宣布了他的十几条罪状，将他软禁起来。鳌拜最终老死在了囹圄中。

无论什么人，只有敬其所敬才能得到美好的名声，才能在事业上顺利前行，鳌拜对君主不敬最终受到了惩罚，后人要引以为戒，决不能因为自身之才或权势就忘乎所以，以致“慢其所敬者”。

遵义章（七）：领导有方，小心离心

经典再现

貌合心离[1]者孤[2]，亲[3]谗[4]远忠者亡。

迷津指点

①貌合心离：指外表亲密，内怀二心。

②孤：孤立。

③亲：亲近。

④谗：本义是说别人坏话，这里指谗臣。

古文译读

与他人表面上关系很密切而实际上都怀有二心，这样的人必定非常孤立。君主亲近宠信谗臣，却疏远忠臣，一定会招致国家灭亡。

前沿诠释

这两句话阐述了古代君主或是其他掌权者容易犯的错误。第一句话告诉我们：领导者的身边可能有很多阿谀奉承的人，但是他们未必是真心相待；在对外交往中可能会有许多盟友，但是大家未必就是一条心。貌合心离的团体只会成为一盘散沙，要想实现团结一心，就必须正确认识自己和身边人的关系。而在处理这个关系的时候必须重视第二条，“亲贤远佞”。诸葛亮曾经在《出师表》中对后主进行谆谆劝导：“亲贤臣，远小人，此先汉所以兴隆也；亲小人，远贤臣，此后汉所以倾颓也。”无数事实证明，掌权者放纵自己，宠信奸佞，最终都会遇到亡国、灭家、事业失败的危险。

光武帝器重“强项令”

光武帝刘秀是东汉的开国皇帝，他治国有方，任用贤能，使得当时的政治极为清明。其中，他善待“强项令”董宣的故事就成为千古佳话。

刘秀的帝位得来不易。西汉末年，王莽篡权建立了新朝，很快就天下大乱。宗室刘秀起兵讨伐，进行了一系列的统一战争，先后平灭了更始、建世和陇、蜀等诸

素书谋略全本

多割据政权，终于结束了大乱局面，再次统一了中国。

光武帝是历史上比较有作为的皇帝，在用人方面很重视选贤任能，他曾经任用过一个叫董宣的贤臣，被后世传为佳话。董宣一向以奉公守法、襟怀磊落、不惧权贵而扬名。光武帝先是任命他为北海相。董宣到了北海之后就把在当地横行霸道的郡中武官公孙丹逮捕，判定罪名后斩首示众。公孙丹的亲信不服，跑来向董宣示威。董宣查明这些人也曾经跟着公孙丹狼狈为奸，就干脆利落地把他们也投入了大牢，并顺从民意，将他们全部斩首。董宣这种雷厉风行的行动惹怒了他的上司青州太守。青州太守怒气冲冲地将董宣等九人抓捕并判处死刑，眼看就要把他送上刑场。

就在这个时候，光武帝出面了，他派遣使者拿着圣旨前去刑场，从刀下把董宣救了回来，然后又派人了解原委，确认董宣没有做错，便下诏书赦免董宣，并提升他为宣怀令。

光武帝是个明君，对董宣这个直脾气的忠臣十分包容，但是董宣后来做了一件事让光武帝勃然大怒，差点下令把董宣打死。这件事还要从董宣担任洛阳令开始说起。

东汉王朝是依靠豪强地主的势力建立起来的，因而豪强地主在地方上十分专横，严重威胁着中央政府的正常统治秩序，东汉一朝一直都在为如何抑制豪强而苦恼。在都城洛阳，皇亲国戚多，大官僚多，权贵们经常纵容子弟和家奴横行霸道，因此这里被认为是全国最难治理的地方，朝廷接连换了几任洛阳令，还是控制不住局面。最后，光武帝作出决定，把董宣派到这个位子上。

董宣当时虽然已经69岁，却依然不改他的耿直脾气，到任之后办的第一件大事就直接闹到了公主头上。

湖阳公主是光武帝的姐姐，她经常纵容自己的家奴在京城作恶。有一次，她的家奴在街上杀了人。董宣查明凶案后便率领人去抓捕，这个恶奴就躲进湖阳公主的府邸里不出来。按理说，董宣只是一个洛阳令，当然不能去闯皇家公主的府邸。无奈之下，董宣就派人每天监视着湖阳公主府，准备等那个家奴一出来就抓人。

湖阳公主向光武帝哭诉。

过了几天，湖阳公主以为董宣不敢管这事了，便大模大样地带着那个家奴出门。董宣得到消息后二话不说，带人追上前去拦住公主的车马，要求公主交出杀人犯。公主虽然不会心疼一个奴仆，但是被一个官吏当街拦住要人，非常没面子，这口气怎么能平？于是她骄横地斥责董宣：“你好大的胆子，竟敢在我这里抓人！”董宣毫不畏惧，拔出刀来在地上一划，说道：“追捕犯人是我的职责所在，公主身为皇亲理应为民表率，怎么能不守国法，纵容奴仆杀人？”说完便一声令下，直接把那个作恶多端的奴仆从车上拖下来当场砍了。

光武帝让董宣向公主磕头谢罪。董宣跪在地上，把脖子挺得直直的，两只手在地上死死撑住，坚决不肯磕头，两个侍从按着他也不能使他低头。

董宣拦车抓人，这对于湖阳公主来说可是奇耻大辱，她怒气冲冲地去宫中找光武帝哭诉，要光武帝一定要杀了这个目无皇家的董宣。光武帝听了之后大怒：董宣此举虽然是为了抓捕犯人，但是冲撞皇家也就相当于不给他这个皇帝面子。于是光武帝下令把董宣押来，说要“棰杀之”。董宣毫不畏惧地反驳说：“陛下要实现汉室中兴，就要以仁德治国，怎么能纵容恶奴杀戮无辜。您在这件事上偏袒公主，还谈什么治理天下？”说完就要撞柱子自杀。光武帝连忙叫侍从拦住他。虽然此时光武帝已经不想杀董宣了，但是公主在场他也不能不给公主一个面子，他就叫董宣向公主磕头谢罪。董宣跪在地上把脖子挺得直直的，两只手在地上死死撑住，坚决不肯磕头，两个侍从按着他也不能使他低头。光武帝无奈，感叹地说道：“你可真是个强项令啊！”又把他放了回去。事件的最终结果是，光武帝训斥了湖阳公主一番，要她以后在洛阳约束自己的行为。

公主不解地问道：“文叔（光武帝的字），以前你当老百姓的时候，还在家里窝藏过逃犯，根本不把官府律法放在眼里。怎么现在当了皇帝，反而怕一个小小的洛阳令？”

光武帝严肃地告诉她：“就是因为我当了一国之君，才应该律己从严，严格执法，不能再像以前那样办事了。”之后，光武帝为了表示对董宣不畏强权的嘉奖，又派人给董宣送去了30万赏钱。董宣没有私用，而是把这笔赏金全部分给了手下的官吏和衙役。

“强项令”的故事被人们传为美谈，光武帝虽然在大怒的情况下差点杀了董宣，但是他很快醒悟，认识到董宣是可以依靠的忠臣，因而选择支持董宣。正是因

为有了光武帝的支持，董宣才能够放手大干，在洛阳对不法势力进行坚决打击，整肃了洛阳治安。

光武帝对于身边的人的忠奸有着清醒的认识，他亲贤远佞，维护董宣这样的忠臣直臣，对豪强贵族予以打击，最终使东汉出现了“光武中兴”的繁荣局面。

孙刘联盟，貌合心离

东汉末年到西晋建立之间的这段时期，魏、蜀、吴三国并立，他们各自拥有一片势力范围，这是中国历史上最著名的一个乱世。在北方，先有曹操把持的汉献帝政权，后有曹丕建立的曹魏政权，曹氏父子一直占据着黄河流域，而在南方，刘备、孙权也各有千秋。在经过了几十年的兼并战争之后，汉朝末年大大小小几十个诸侯都逐渐地被这三股势力吞并，因此在公元3世纪的几十年中，中国大地上便出现了曹氏、刘氏、孙氏三股势力建立的割据政权，三国之间形成了一种微妙的平衡。

舌战群儒邮票。当初，诸葛亮奉命出使东吴，对东吴的众人晓以利害，舌战群儒，说服他们与刘备的军队组建联军对抗曹操，形成了孙刘第一次联盟。

读有关三国时期的史书，人们会发现，北方的曹氏政权在相当长的时间里都是三国中最强大的一个，时刻想征服其他两个政权，因此同在南方的蜀国政权和东吴政权为了自保，经常结成同盟，对抗来自北方的威胁。

19世纪英国政治家和作家本杰明·迪斯累利曾说过：“没有永恒的朋友，只有永恒的利益。”这句话放到三国时期也十分恰当。刘备、孙权曾经多次组建联军对抗曹操，然而他们之间的这个同盟却是貌合心离，一边结盟，一边为了各自利益打着小算盘。因此，孙刘联盟可以说是一个破绽百出的联盟，它虽然在紧急关头派上过用场，却也阻止不了两国彼此消耗、攻伐。

公元208年，曹操率领几十万大军南征，如同乌云压顶一样打到了长江流域。此时的刘备军队刚刚被曹操打得大败，只能狼狈地向东吴政权借荆州栖身。在曹操大军的威胁下，孙刘两家都想到要联合起来才能渡过这次危机。但是因为各存心思，此次的联合之路走得磕磕绊绊。刘备的谋士诸葛亮和孙权的谋士鲁肃是这次联盟的主要推动者。鲁肃积极将诸葛亮引荐给东吴将领，但是东吴此时人心浮动，有不少人出现了投降的倾向，最终诸葛亮晓以利害，舌战群儒，说服了他们与刘备的军队组建联军对抗曹操，形成了孙刘第一次联盟。二者联合之后，集合了双方的谋士和兵力，共同策划了赤壁之战，用火攻将曹操的军队烧得丢盔卸甲。然而，在共同的敌人暂时撤退之后，孙刘联军很快就分裂，并且打了起来。围绕着荆州的归属问题，刘备和孙权屡次开战：刘备向荆南地区施压，成功逼降荆南四郡，将这里收为自己的领土；孙权部将周瑜也向荆州南郡发兵，花了很大代价最终占领了南郡。

白帝城托孤。章武三年四月，刘备病势加重，自知不起，遣使至成都召诸葛亮等大臣到白帝城永安宫（今奉节师范学校内）受遗命。

后来，为了促进两股势力结盟，孙权和刘备结成了姻亲。这是双方的第二次密切互动。刘备深知和孙吴结盟的重要性，便答应了东吴的提亲，前往孙吴的势力范围。这次成亲是一次暗流汹涌的斗争，双方都希望通过联姻来达成同盟，但在这一过程中又防备重重。东吴势力屡次想把刘备扣下来做人质以便夺回荆州，但刘备一方屡次在诸葛亮的安排下化险为夷。在刘备携夫人回归蜀地之后，双方便暂时保持了相持状态，各自扩展地盘，逐渐将南方地区一分为二。

然而，表面上的和平并不能掩盖联盟中的貌合心离。围绕着荆州问题，孙刘两方一直僵持不下。公元219年，刘备从曹军手中夺得汉中地区，然而他还来不及高兴，孙刘联军就出现了一次大破裂。诸葛亮为刘备定下的计划是联吴抗曹，然而驻守在荆州地区的关羽却不肯与东吴军队联合，自行北进攻打襄樊，并威胁到了东吴的利益。于是，孙权遣吕蒙攻击了关羽，占领了荆州大部。孙权俘获关羽之后将其斩杀，和刘备结下了大仇。这次事变的结果就是，东吴从此与蜀军相持，彼此仇视。

刘备的军师诸葛亮虽然大力促成了孙刘联盟，但是他从根本上就不信任东吴一方，他曾经对蜀地重臣法正说："主公在公安的时候，北面害怕曹操的强大，东面害怕孙权的威胁，主公的身边又害怕孙夫人。"很明显，刘备对曹操和孙权是同样忌惮的。孙权一方也不是省油的灯，在杀了关羽之后，他们就将关羽的首级送到了曹操那里，想嫁祸于人。还是曹操老辣，立刻将关羽厚葬表示尊重，才没把刘备的大军引来。

公元222年，刘备率兵出益州为关羽报仇，讨伐东吴，与东吴军队爆发了夷陵之战，被陆逊"火烧连营七百里"，损兵折将，一病不起，最终死在白帝城。然而，经过这次大战，孙刘联盟却再次建立起来，因为刘备死后，蜀国主事的诸葛亮

是赞成联盟的，所以双方又站在了一起。就这样，三国鼎立的局面完全形成。最令后世军事学家感到遗憾的是，诸葛亮六出祁山伐魏，因为防备孙权都没有联合东吴，结果蜀国的国库和人力透支得非常严重，最后还是功亏一篑。

无论是在军事上还是在经济上，如果要结盟的话，孙刘联盟这样的同盟都是非常要不得的，双方一边对外攻击，一边内斗，貌合神离，最终只能是大家一起吃亏，因为“貌合心离者孤”，国家也是这样。

遵义章（八）：公事公办，用人之道

经典再现

私[①]人以官者浮[②]。

迷津指点

①私：出于私情。

②浮：肤浅。

古文译读

因为私情而任命官吏，是非常肤浅的做法。

前沿诠释

在古代，官位是一个政权的枝干，对国家具有非常重要的支撑作用，只要是有为的朝廷，都会在吏治上下大工夫。但是如果出于私心而将自己喜爱的人安插到官位上，最终只会损害政令通行。为君者不仅要礼贤下士，更要控制住自己的私心，因为并不是每个人的亲信都像卫青、霍去病那样有才能。在管理方面也是如此，任人唯亲虽然不是完全不可以，但是如果对方实在不合适的话，这种做法就是极其危险的。要知道，只有用智慧、客观的眼光去任命下属，事业才会走得更远。

汉武帝：用外戚时运气很重要

汉武帝是我们熟知的人物，他的一生可谓是毁誉参半。其中，在用人方面，汉武帝就是历史上公认的任人唯亲的代表。

汉武帝刘彻素有雄才大略，在位期间建立了无数彪炳后世的伟大功业，在这些功业中最引人注目的就是武功：他征匈奴，定西域，收百越，臣朝鲜，称得上是丰功伟业赫赫千古。不过，很多人都说，汉武帝之所以能够获得这样的成就，有相当大的运气成分在里面。对于这一评价，你只要看看他的大将的身份，就会明白其中的意思了。

“武帝三大将”全部是后宫嫔妃的亲戚。卫青是卫子夫的弟弟，霍去病是卫青的外甥，李广利是李夫人的哥哥。当然，这些亲戚的素质也是良莠不齐的，不过幸

好里面出了卫青和霍去病。

任用卫青一向是汉武帝的得意之举。这个出身于奴仆的年轻人，因为自己的姐姐卫子夫被汉武帝宠爱而一步登天，不断被提拔，进入京城宿卫任职。在卫子夫因为生下太子而被封为皇后之后，卫青也一步登天，被拜为大将军。如果卫青本人不争气，那他也只会成为历史中一个湮没无闻的外戚，但是卫青却是一个天生的名将！他骁勇善战、有勇有谋，每次出征必立军功，还在汉朝抗击匈奴的过程中摸索出了一套作战方案。卫青虽然是外戚，却因为从小受苦，养成了良好的性格。他为人谦恭，带兵严谨，总是和将士同甘共苦，在受封时总将军功推让给其他将领和部下。卫青备受恩宠，行事却非常低调，对于名利也很淡泊，在这种情况下，就连一些因为卫青外戚身份而对他不屑一顾的人也慢慢地开始敬佩他。

卫青（？—前106），西汉名将，屡立战功，为人谦和，是汉武帝皇后卫子夫之弟。

霍去病的出现更是将汉武帝的军事行动的威力发挥到了极致。霍去病是卫青的外甥，幼时就因为姨母被封为皇后得以成为皇亲国戚，在18岁的时候已经成为汉武帝的侍中。武帝非常喜欢这个锋芒毕露的年轻人，很快就任用他做了将军。霍去病的表现也没有让人失望，他出塞六次，所携皆“敢力战深入之士”，累计杀敌11万余人，极大地震慑了匈奴势力，也使雄心勃勃的汉武帝分外得意。霍去病从18岁首次出征到23岁病逝，数年间参加大战无数，无一败绩，将匈奴打得毫无还手之力，因此被称为军事史上的不败传奇。

任用了两个外戚都很成功，这似乎说明汉武帝有识人之明，不过，他任用的另外一个外戚就打破了这个神话。这个人就是贰师将军李广利。

汉武帝后期，卫青和霍去病先后去世，卫氏势力中衰，汉武帝改为宠爱李夫人。后来李夫人病逝，汉武帝十分怀念，便对她的两位兄长多加提拔，其中之一就是李广利。因为李夫人在宫中地位低微，她的两位兄长也不能贸然提拔得太高，而且汉朝祖训规定，无功不得封侯，于是汉武帝又开始拿军职送人了。当时西域大宛国有个贰师城，李广利自负地说拿下贰师城轻而易举，汉武帝立刻顺水推舟，封了一个贰师将军给他，让他带兵出征。后世史官无不指责汉武帝此举，认为他完全是私心作祟，想给爱妃的哥哥一个立军功的机会以便对其封侯。

李广利的表现可比卫、霍二人差得多了，他先是率领数万大军西进攻打大宛，打了几年也没打下大宛一个小小的郁城，军队还伤亡惨重。汉武帝一怒之下封闭玉门关，叫他不胜利就别回来。李广利没有将才，品行也一般，后来和匈奴对敌时又临阵变节，兵败投敌，给外戚狠狠地丢了一次脸。

霍去病墓。墓地在陕西省兴平县东北约15公里处。霍去病元狩六年（前117）病逝，汉武帝为纪念他的战功，在茂陵东北为其修建大型墓冢，状如祁连山。

汉朝建立之时，汉高祖刘邦曾经与群臣有约：非有功不封侯。而汉武帝为了宠信外戚，硬是把一个不学无术的人安插到军中，让他得一个便宜军功好封侯。这种自作聪明的做法，即使是汉武帝的崇拜者都不能认同。汉武帝重用李广利几乎已经成了古代任人唯亲的典型事例。司马光在《资治通鉴》里痛批汉武帝居然动辄就把关系国家危亡、百姓生死的“军旅大事”拿来换取私情。即使从今天的角度看，汉武帝此举也是非常不妥的：卫青性情沉稳，在领兵出外作战之前曾经在宫中做了十年武官，霍去病也曾经和卫青学过孙子、吴起的兵法，又有骑射练武的功底，这两个人都有可取之处。只有李广利完全是因为私情而被重用的。这种任人唯亲的后果就是汉朝军事为汉武帝的私心交了很大一笔“学费”。

史学界从汉武帝的行事作风中发现，汉武帝是个性情中人，做事好走极端，一旦看重一个人就会毫不吝惜地赠予其功名富贵，因此也造就了他对宠妃的亲戚大加重用的现象。然而这种做法对于一个皇帝来说是极其危险的，他能够得到卫青、霍去病两位绝世名将，不能不说有一定的运气成分。然而，他将运气当成必然，习惯性地以私情任命官职，几乎葬送了大汉朝的边关军务，损害民力，得不偿失。后世人面对这一史实，也应当扪心自问，自己是否也曾做过类似的决定。

王安公司，衰于后继者

王安电脑公司曾经是美国的一个传奇，它是一个华人企业，曾经在世界科技企业中占据了半壁江山，为华商扬眉吐气，然而它“其兴也勃也，其亡也忽也”。王安用20年时间创造出来的财富神话在数年内就突然被打破，令后人无限欷歔。

说起这个公司的兴亡始末，就先要了解王安其人。毕竟这段发生于20世纪八九十年代的传奇故事距离现在有些远，有些人可能还不清楚这个名字曾经在华人界中的地位。

王安是一名赴美留学的华人，曾经在哈佛大学攻读应用物理学博士学位，因为

素书谋略全本

王安实验室，王安电脑公司的前身。

成绩优异，在1948年获得应用物理学博士学位后加入了霍华德·阿肯的“哈佛计算实验室”。他在1951年离开哈佛大学，创办了王安实验室，后来这个实验室便成为华人科技企业的一面旗帜。

王安通过出售发明的专利权得到了40万美元的创业资金，他将这笔钱全部用于支持研究工作。公司在起步时期锐意进取，不断推出新产品，每次都能开发出令大众惊喜的新奇事物。科研方面的成就使得王安电脑公司迅速成为美国著名的企业。雄心勃勃的王安在经营过程中扩展过快，导致公司出现了债务问题，只得发行股票来融资，不料这竟然成为王安公司迅速壮大的起点。公司的股价飙升，给王安带来了巨大的财富。后来王安公司不断壮大，在1986年达到了鼎盛时期，它在美国《幸福》杂志所排列的全美500家大企业中排名第146位。王安本人也以20亿美元的个人财富成为美国第八大富豪。同时，他也在1986年被评选为全美最杰出的12位移民之一，获得里根总统颁发的“自由奖章”。

可惜，这个充满了传奇色彩的华人企业却没有走出“富不过三代”的怪圈，在20世纪80年代末就陷入了危机。问题首先就出在了公司的接班人上。

王安公司充满了中国化的色彩，王安不喜欢美国式的管理，而是喜欢运用传统的权谋之术来领导美国员工。当时王安公司有几大灵魂人物，其中包括主持王安实验室的“三剑客”考布劳、斯加尔和考尔科，这三个人才华横溢却很难在一起相处。王安总是让他们各自负责，鼓励他们三个互相竞争，然后再选择最好的新产品投放到市场中。这种方法不但消耗公司内部力量，而且不利于抵御风险。王安还有一个亲密的属下约翰·卡宁汉，此人对于王安的要求言听计从，因此深受王安信任。许多人都认为卡宁汉是能够引导王安公司迈进21世纪的最佳人选。然而最终他也没有被推上总裁的位子。因为王安从一开始就打算把总裁的位子留给自己的儿子。

晚年的王安失去了早期的进取心，变得刚愎自用，他背离了现代化企业“专家集团控制，聘用优才管理”的通用方式，而是延续传统的家族管理方式。他让自己的儿子王烈担任研发部门主管，接自己的班。客观上讲，王烈在某些方面是有一定才干的，他提出了很多新的想法，颇有创造性，但是他没有父亲那样的个人权威和管理能力，例如他在1983年宣布推出的十余种产品就无一兑现，而且许多人也受不了他的工作方式，因此在两年内，“三剑客”就走了两位。尽管如此，1986年，王安仍然以“虎父无犬子”的心态，不顾众多董事和部属的反对，将36岁的儿子王烈送上了公司总裁的宝座。

但是，王烈的到来却给王安电脑公司造成了强烈的冲击。王烈缺乏杰出的才干和领导魄力，导致公司里人心浮动，很多老员工因为不服气而出走。从1986年底王烈就任总裁至1988年，仅一年多时间，王安公司的财务状况急剧恶化。在王安公司走下坡路的时期，电脑产业却正在蓬勃发展，许多公司为了争夺客户竞相推出优惠措施，然而此时王安电脑公司的产品和服务收费却很高，总是通过已售出商品的维修、软件更新、技术咨询和其他附加费用来榨取利润。这种已经过时的经营方式在公司发展后期没有引起领导人的重视。据商界人士回忆，在王安电脑公司走向衰败的几年时间里，他们既没有推出新产品，也没有改变那些伤害顾客的政策。而王烈对于公司的危机束手无策，却盲目自信地在公司高层会议上说：“我们有30亿元的年收入，怎么会垮呢？”

王安曾经对美国媒体说过：“我是公司的创始人，我要保持我对公司的完全控制权，使我的子女能有机会证明他们有经营公司的能力。”正是这种任人唯亲的价值取向导致王安公司在短时间内陷入了混乱，并且由于救难不利而失去了卷土重来的机会。

王安在创业初期可以说是一位具有先锋风范的领导人，但是当他步入老年之后就变得有些故步自封，固守着传统的管理方式和开发理念，甚至不顾其他决策者的反对，任人唯亲，盲目地让儿子接替自己的岗位。而他的儿子却没有相应的才能，也没有对公司的一系列缺陷进行修补，结果不仅未能重整河山，反而使公司的经营状况雪上加霜，最终导致公司走向了破产。王安电脑公司的破产结局与王安的徇私情不无关系，也从一定的角度验证了“私人以官者浮”的道理。

遵义章（九）：严以律己，宽以待人

经典再现

略[1]己而责[2]人者不治[3]，自厚[4]而薄[5]人者弃[6]废。

迷津指点

①略：忽略、省略。

②责：责备。

③治：治理好政事。

④自厚：自负自满。

⑤薄：鄙薄。

⑥弃：被抛弃。

古文译读

忽略自己的缺点却对别人求全责备的人不能治理好国家，自我满足而又鄙薄别人的人，必定会被别人抛弃。

前沿诠释

“严以律己，宽以待人”是老祖宗留下的关于为人处世的至理名言，它要求人们严格要求自己，宽容别人。但是在现实中，不少人是对自己宽容，对别人求全责备。这种“略己责人”的不对等，注定了这类人在人格修养和做事上不会有太大的作为。而“自厚而薄人者弃废”也是如此，厚待自己，苛待他人，让大家对你失望，最终得到的只能是别人的背弃。如果一个人总是想着享乐在人前，吃苦在人后，那么这种性格是很难成大事的。

卫懿公：薄待群臣终误国

春秋时期的卫国曾经出现过一个特殊的昏君，他就是卫懿公。他的特殊之处在于，他既不好女色，也不好征伐，而是爱鹤，且因此把国家搞得分崩离析。

卫懿公，姬姓，卫氏，名赤，是卫惠公之子。当初卫惠公在国内就很不得人心，能够掌权只是因为有齐国支持。到了卫懿公这一代，朝廷的情形更加令人不满了。

卫懿公当国君当得很不得人心，他每天只关注自己豢养的鹤，却把那些兢兢业业治国的臣子扔到了脑后。卫懿公对养鹤如痴如醉，每天像着了魔一样和鹤待在一起。他不仅在全国搜寻各种各样的鹤，还让使臣到别的国家去搜集。他又派遣手下在宫廷定昌、朝歌西北鹤岭、东南鹤城（今长垣县鹤寨）等处建立了专门的鹤园，养了几十种鹤。如果有人投其所好向他进献仙鹤，卫懿公就会兴高采烈地给他们封赏。

卫懿公还将自己最喜爱的鹤抱进宫中居住，一同吃住，把应该放到朝政上的注意力都用在了养鹤上。他把鹤编成小队，并且派遣专人训练它们鸣叫和舞蹈。作为一国的国君，卫懿公不专心国事，却热衷于和他的那群鹤一起“过家家”。他封丹顶鹤为太师，封两只灰冠鹤为将军，封一只蓝鹤为国相。每次出行就要“鹤将军”走在前面开路。他还命玉匠在玉器上镌刻上太师、将军、国相等字样，挂在鹤的脖颈上，显示这只鹤的身份，还为群鹤发俸禄，给上等的鹤的俸粮与大夫无异。最荒唐的是，卫懿公还由着自己的性子，把鹤弄到了朝堂上，任凭这些羽毛族类在列队的大臣中捣乱。迷信的卫懿公甚至看到鹤啄哪个大臣或者对其鸣叫，就认为那人必是奸臣，轻则将其逐出大殿，重则立即斩首。大臣们对荒唐的卫懿公和他那群无用的鹤都恨得咬牙切齿。卫懿公却毫无知觉，浑然不知自己已经犯了众怒。

彩绘卫懿公好鹤亡国图提梁壶，壶高15.5厘米，图中人物惟妙惟肖，笔法灵动。

仙鹤色洁形清、仪态曼妙，在古代被视为高洁的象征，喜欢鹤是无可厚非的，但是卫懿公喜欢鹤到了荒废朝政的地步，这就出问题了。而且他把鹤放到了比人还高的位置上，这让为卫国打拼天下的人十分不满：一只不事生产的白鹤都可以当上“将军”，那还要打仗的将士做什么呢？更何况，卫懿公在民间横征暴敛，得到的财富都用到了他自己和鹤身上，至于百姓们饿死冻死，他却连管也不管。

卫懿公在鹤的陪伴下过了一段无忧无虑的日子，但是无忧无虑的只是他自己而已，他的国家早已动荡不安。周惠王十七年（前660）冬天，北狄人率两万骑兵向南进犯卫国。卫懿公此时正带着两位“鹤将军”出游，得到这个消息后惊恐万分，

立刻下令将士们抵抗。谁知士兵却说："大王可以派遣鹤去打败狄人，鹤有爵位，我们没有爵位哪能去战斗？"有的大臣也讽刺说："大王只要招来一样东西就足以抵御狄兵了，哪里用得着我呢？"卫懿公喜出望外地问道："是什么东西？"人们回答说："鹤。"卫懿公不信，又说："鹤怎么能打仗御敌呢？"人们冷笑着说："鹤既然不能打仗，没有什么用处，那为什么君主给鹤加封供俸，却不顾老百姓死活呢？"结果谁也不肯为卫懿公效命。此时，卫懿公悔恨交加，只得流着泪把鹤群都驱散了。朝中大臣见他有悔过之意，才聚集了一些士兵守城。卫懿公分别给将军祁子和庄子玉玦和矢，让他们两人守都城，自己亲自带兵去战场。由于军心离散，卫懿公率领的军队最终全军覆没，卫懿公自己也兵败被杀。

卫懿公是一个厚己薄人的人，在他看来，能够陪自己玩乐的鹤应该好生伺候着，而百姓和战士就没有那么重要了。卫懿公以为即使薄待百姓和将士，他们也会乖乖服从君主的权威，为自己拼死效命，但这是不可能的。于是，卫懿公的报应来了。他薄待下属，下属也抛弃了他。《素书》中"略己而责人者不治，自厚而薄人者弃废"说的就是这个道理。放到今天来说，卫懿公的事例就可以总结为当政者不知以人为本，只看重自己的私欲，却忘了臣民也需要得到基本的重视。

大顺军旗的倾倒

"略己而责人者不治，自厚而薄人者弃废"，宽待自己的失误，苛责他人，自以为是，以人为非，从来都不是正确的做法。在历史上，不少人做出了"略己而责人，自厚而薄人"的事情，最终自食恶果。

明朝末年，政权风雨飘摇，李自成起义爆发，大顺政权建立。一开始，这个政权还算比较稳定，李自成曾号令军队："军令不得藏白金，过城邑不得室处，妻子外不得携他妇人，寝兴悉用单布幕绵。"这一系列不得扰民的命令为李闯王在民众中获得了威名，各地都出现了"开门迎闯王"的热闹场面。但是大顺军在攻下京城之后却背弃了这些得民心的军令，犯下诸多大错，以至于数百年后，毛泽东在教育领导干部时说："共产党员绝不能当李自成。""你们要学刘宗敏，我劝你们不要学。""你们要做刘宗敏，我可不想当李自成啊！"

当初，大顺军初入北京城的十来天，军队的纪律还算严明。随后不久，大顺军的军纪就变得一团糟了。李自成等农民军领袖目光短浅，进城之后就沉迷于享受，比起他们的"前辈"刘邦、朱元璋差得不是一星半点。

李自成命人遍索大明皇宫，发现大内府库中只有黄金17万两、白银13万两，顿时大失所望。大顺军的各级官兵觉得攻陷京城就算天下太平、新朝建立了。李自成也认为理应大赏将士，而且还要补充军饷，但是如今府库里找不到那么多金银，这该如何是好？思来想去，最后，李自成、牛金星、刘宗敏等农民军将领掀开了北京城血雨腥风的大幕。

“文武各官，于次日投职名，二十一日见朝。愿为官者量材擢用，不愿者听其回籍。如有隐匿者，歇家、邻佑一并正法。”大顺政权下达了这样的命令。同时，李自成还采用了以往筹军饷的老办法，要求贪官污吏们贡献出家财作为农民军的军饷，即追赃。醉心于金钱和权势的大顺官兵没想到，追赃追掉了大顺政权的未来。成百上千的官员被农民军抓起来，由刘宗敏发落。刘宗敏根本不问他们是贪官还是清官，一律要求“以官第献银，一品必须献银累万，以下必须累千。痛快献银者，立刻放人；匿银不献者，大刑伺候”。一时间，北京城大顺军抢占的官衙里棍杖狂飞，炮烙挑筋，挖眼割肠，城内四处响起明朝官员的惨号之声。同时，城中富民中也有不少人被加以拷掠，平民的薪米尽被农民军抢掠以供军用，以致城内饿殍遍地。大顺军对俘获的明朝官员求全责备，随便安一个罪名就予以诛杀。这一政策对于一个新生的政权来说，打击可谓是毁灭性的。

在刘宗敏所杀的官员中，第一个就是大奸臣李国帧。他是崇祯王朝末期最受宠信的臣子，也是一个高官。此人在京城外率领守军投诚，结果李自成根本没有理会“不杀降卒”的规矩，呵斥他说：“崇祯皇帝那么重用你，你最应该殉国，居然敢厚着脸皮来投降？”随后，李自成让士兵把李国帧绑得严严实实，押进京城关了起来。结果，在追赃的拷掠中，李国帧第一个被折磨致死。

见证了农民军政权的明末钱币“大顺通宝”。

大学士魏藻德是明崇祯十三年的状元，善于察言观色，在李自成兵临城下的危急情况下被崇祯任命为内阁首辅。城破后，他被单独囚在一个小黑屋中。他战战兢兢地隔着门缝乞求农民军：“新朝如欲用我为官，就把我放出来吧。”刘宗敏听了，把人提入厅堂亲自审问，直接就上了夹棍，边夹边问：“你这个首辅怎么当的，把国家搞得这么乱？”魏藻德惨叫：“我是书生，不谙政事，先帝无道，遂至于此。”刘宗敏大怒，上去“啪啪”就是几个大耳光，说：“你一个书生被皇帝提拔为状

元，为官三年就升任首辅，崇祯哪里对不起你，竟然敢说他是无道昏君！”之后，刘宗敏严命兵士加紧拷问。无功于明朝却被礼遇的魏藻德在“新朝”被视为粪土，最后脑袋被刑板夹裂，脑浆流出致死。

由于农民军大张旗鼓地说要杀奸臣，北京城里人心惶惶，官员们全都后悔当初没有顽抗。其实，被杀的何止奸臣，翰林、科臣那些清贫官员最倒霉，他们家中没有油水，实在拿不出银子，多被刑掠而死。

经过数天的拷掠，农民军共得银7000多万两。这可不是小数，崇祯帝十多年加饷摊派，从民间得到的钱款才不过2000万两，还因此导致民心涣散而亡国，而农民军在北京城一个月就搜刮了7000万两，其中的残酷可以想到。

在这次“追赃”过程中，大顺政权的领导人李自成、刘宗敏、李锦、牛金星等惩治起明朝官吏时用的理由可谓冠冕堂皇，但是他们却没有严格要求自身，生活迅速腐化。文臣之首牛金星做起了太平宰相的梦，忙着筹备李自成的登基大典，招揽门生，开科选举，陶醉在阿谀奉承的氛围中。其他文臣武将也认为大势已定，开始大肆享乐，曾经有过出众才能和极高战略眼光的谋士顾君恩也每天携妓取乐，不思进取。尤其是刘宗敏，作为最重要的军事首领，他的腐化给大顺朝造成了极其恶劣的影响。

刘宗敏为人骄横，仗着功劳极大又与李自成情同手足，行事可以说是无法无天，以至到后来，李自成也管不了他了。刘宗敏刚到北京时的表现还是不错的，史籍载：“刘宗敏整军入，军容甚肃。”但是很快他就暴露出暴虐的性格，醉心于享乐和拷打明朝官吏。他的军队是大顺最精锐的部队，在他的影响下迅速腐化。北京城内，到处都是刘宗敏的兵。这些官兵虐待官吏，追缴“赃款”，甚至劈门闯入寻常富户为非作歹。而刘宗敏这样一个在起义军中算得上铁面无私、执法严明，在民间威望很高的重要将领，竟然不能以身作则，自己就专干奸淫掳掠之事。前面所说的那个魏藻德为了保命，把自己女儿献给刘宗敏，结果他的女儿马上就被刘宗敏奸污了。

由于军纪败坏，农民军中抢占钱财、滥杀无辜的事情屡屡发生。同时，农民军首领对“敌人”严苛，对自己放纵，将明朝上下官员视为猪狗一样，这种行为不但起不到杀一儆百的作用，反而更令将士们离心离德。结果，农民军占领北京城42天，不但把旧官僚得罪了个遍，导致树敌太多，同时军纪的混乱又使他们失去了民心。随后，吴三桂降清，清军挥师入关，农民军却因腐败无度再无可以上阵的将领，为此李自成不得不亲自带兵出战。从此，农民军就陷入了战败的旋涡，被清军追着打，被地主武装围堵。最终，大顺军旗倒下了，这个昙花一现的政权消失了。

大顺军旗的倾斜与倾倒可以作为一个教训，提醒我们，不要将“己”与“他人”划成壁垒分明的两部分，实行双重标准。尤其是做领导和团队领袖的人，在严格要求下属的同时，首先应严格要求自己，努力增强自身素质。忽略自己，只批评别人是不可能管理好团队的。

遵义章（十）：重诺重赏，人人归心

经典再现

行赏吝色者沮[①]，多许[②]少与[③]者怨，既迎[④]而拒[⑤]者乖[⑥]。

迷津指点

①沮：沮丧，灰心失望。

②许：许诺。

③与：给予，兑现承诺。

④迎：迎接。

⑤拒：抗拒、拒绝。

⑥乖：指背离常道。

古文译读

论功行赏时如果脸上显露出吝惜的神色，功臣们就会感到灰心。原来许诺得很多后来兑现的却太少，必定会造成怨恨。把别人迎来却又拒绝入内，这是背离常道的。

前沿诠释

古人云“重赏之下必有勇夫”，说的就是对人才的激励政策。办事情要给予一定的酬劳，取得成绩要进行一定的奖励，这些都是用人过程中所必需的。但是很多人却自作聪明，在办事之前空口许诺，等到事情办成后却吝啬奖励，不兑现当初的承诺。如果君主这样做，就会造成臣子将领离心离德；如果领导者这样做，就会引发下属不满，导致他们不愿意与你同进退。所以说，要想得人心，不能只是嘴巴里笼络，还需要施予实际的恩惠，应当给予什么奖励就一定要做到；答应了别人的报酬也必须兑现，把人才招来之后就应当及时任用。如此一来，才可以成为优秀的领导者。

晋惠公外交耍无赖

对于“骊姬乱国”以及“重耳流亡”的故事，大家都耳熟能详了，但是在这两件事发生的同一时期，晋惠公的故事也引人深思。此人在背诺方面可谓千古一绝。

秦穆公，嬴姓，名任好。在位39年。他被认定为“春秋五霸”之一。

春秋时期，晋献公因为宠爱骊姬，将她生的儿子奚齐立为太子。野心勃勃的骊姬勾结权臣分化晋献公其他几个儿子的权力，将国政搞得大乱，还将原来的太子申生迫害死了。晋献公的其他几个儿子怕遭到迫害便纷纷外逃。其中比较有名望的公子夷吾和公子重耳也出逃到了外国。公元前651年，晋献公病逝，奚齐即位。但是大夫里克对献公废长立幼的行为颇为不满，便与邳郑等人聚众作乱，趁给献公发丧时派人杀死了奚齐，后来又杀掉了骊姬的妹妹与晋献公所生的儿子卓子，逼死了辅政的大臣荀息。在这一系列血腥行动之后，里克派人迎接几位公子回国即位。他先是来到了翟国请重耳，但重耳犹豫不决，认为回国太危险，便拒绝了。于是，里克又派人到梁国去请公子夷吾。

公子夷吾这边倒是答应了里克，但是他为此另外做了打算。夷吾手下的吕省等人劝告夷吾说：“里克弑二君之后本来有可立之人，为什么偏偏找你回去？就这样随同他们回去即位，将来必受钳制。不如借助秦国的威势入晋，那样威风十足，回去后就能掌握实权。”夷吾听完觉得有理，就派谋士芮去秦国求助，向秦穆公许诺说如果能够帮助他回国即位，就将河西之地割让给秦国。此后，夷吾又向里克和邳郑许诺，在即位之后给里克汾阳之地，给邳郑负葵之地。就这样，夷吾还没有登上王位，就已经开始用国土做筹码交换利益了。

秦穆公如约发兵护送夷吾回晋国即位。但是夷吾在当上国君之后却背信弃义。他暗自琢磨：当时只不过是借一下兵力而已，又没有打仗，何必许诺给秦国那么多土地；而且秦穆公是寡人的姐夫，有了这层关系，他怎么还能要那么多土地？于是夷吾便想对秦国赖账，甚至连借口都找好了。

夷吾在即位之后出于礼节考虑，派人送礼到秦穆公那里致谢，秦穆公就询问何时将河西之地交割。使臣回答说：“大王原本是想把这片土地给您的。但是他在回国之后一提起这件事就遭到了众大臣的反对。大家都阻拦说河西之地是先王的领土，怎么能轻易许人呢？还有人说，大王当初流亡在外的时候还不是国君，所以不能拿晋国土地对外许诺，即使做这种约定也不能算数。所以大王现在也很为难，怕

是不能把土地交给您了。”

听了这番托词，秦穆公火冒三丈：“我早就知道夷吾那个家伙不守信义，没想到他居然真的找借口打发我！以后我一定会让他付出代价！”

晋惠公不仅赖掉了许诺给秦国的土地，也赖掉了原本许给里克的封地。邳郑看到晋惠公对秦国耍无赖，已经明白了晋惠公是个什么样的人，也知道自己是无法要到封地了。继位之后，晋惠公很快就开始削弱里克与邳郑的兵权，后来干脆派邳郑出使秦国，随后还诛杀了里克。过了不久，邳郑也被杀掉。

之后晋惠公又做了一件非常不明智，甚至有些无耻的事情。晋惠公四年，晋国发生饥荒，晋国向秦国求救。秦穆公虽然对晋惠公之前的背诺行为不满，但是仍然派人运去粮食支援晋国。第二年，秦国发生了饥荒，秦穆公派人向晋国请求援助，晋惠公却立刻换了一副嘴脸，不仅拒绝援助，还趁机在秦晋边境骚扰。

经过这两次事件，秦国上下已经对晋惠公彻底愤怒了。过了一年，秦国从饥荒中恢复过来，就开始发兵讨伐晋惠公。晋惠公两次不义在先，道义上占了下风，很快就被秦穆公的军队打得大败，晋惠公本人也被俘虏到了秦国。秦穆公本来已经准备杀掉这个人，后来因为夫人（夷吾之姐）求情才免他一死。晋惠公灰溜溜地答应将儿子送到秦国做人质，并且割让河西八城给秦国，即他许诺过的那片土地。晋惠公回国之后，他的大臣也不同情他，都在私底下说：“大王毫无信义，失败不是必然的吗？”

古代社会对人的诺言看得很重，认为信守诺言是每个做大事者应当有的涵养。但是夷吾却偏偏违背了这一原则，他在危难时得到秦穆公的帮助，就应当有所回报。在河西之地问题的处理上，无论是从道义方面还是从政治方面来考量，背信弃义都是非常不明智的。身为一国之君，夷吾没有显示出重诺守信的风度，反而成为一个著名的无赖。这样的人，他不失败谁失败呢？古人重诺，今人更是如此，上司对下属，厂家对消费者，为政者对群众，如果许诺而不兑现，都将遭到唾弃，失去道义上的支持。

项羽杀义帝之过

项羽在楚汉之争中之所以会失败，其中一个重要原因就在于他本身的性格存在许多缺陷，导致不断丧失人心。黄石公就曾经说过“行赏吝色者沮，多许少与者怨，既迎而拒者乖”，而项羽恰恰就犯了这些错误。

韩信原本是项羽一方的官员，后来从项羽那里逃走，去了刘邦的阵营。他向刘邦阐述了项羽的一系列缺陷，其中有一条就是项羽吝于赏赐：将士立下大功，他却迟迟不能兑现封侯拜将的许诺，把印信放在手里一再摩挲就是不肯赏赐出去。实际上，项羽不仅“行赏吝色”，他还“既迎而拒”。这主要表现在他对义帝的态度上。

秦朝末年，天下大乱，六国之民纷纷起来反抗。义军中最早起兵的是陈胜吴广，但影响最大的却是项梁叔侄。秦朝时曾经有一句流传很广的话——“楚虽三户，亡秦必楚”，就是反映楚国人对秦国的刻骨仇恨和坚忍的反抗决心。项梁和项羽都是楚国大将之后，声名显赫，在各路义军中具有非常大的威望。在陈胜兵败而亡之后，项梁召集了各路义军首领共商灭秦大计。此时的义军正面临着群龙无首、无人调度的境况。谋士范增献计说：“秦朝灭亡六国，和楚国的仇恨最大。自从楚怀王被秦国诱骗扣押，身死异国之后，楚国人就对秦国恨得咬牙切齿。如今诸侯并起，没有一个共同的领袖是不行的。如果能够立楚王的后代为首领，一定会成为天下的表率。”于是，项梁就找到了怀王之孙熊心，将他立为楚怀王，尊为义军的首领。当时的各路义军因为项梁的威望便也对这位楚怀王尊敬有加。

熊心对于反秦大业有着不小的贡献。首先，由于身份、地位符合正统，熊心具有天生的威望和号召力，令更多的楚国遗民投入到反秦斗争中来，义军力量迅速壮大。另外，在出现了熊心这个“共主”之后，反秦队伍便不会出现人人称王、彼此相斗的混乱局面。其次，熊心其人比较有头脑，他对于反秦事业并非只想坐享一个封号。熊心在项梁死后取得了楚军的实际统治权，主持楚国军政，并因为楚军的强大力量，而成为各路诸侯的盟主，他的职责便是协调各路诸侯的伐秦行动，指挥义军分路进军强秦，使得不同将领所率的军队各司其职又彼此支援，有力地推动了反秦斗争的胜利。

楚怀王（义帝）熊心铜像。他是楚怀王熊槐之孙，公元前223年楚亡后流落民间牧羊，后被反秦义军尊为义帝。

当初迎立熊心也有项羽的一份功劳，但是在楚军队伍不断发展壮大之后，项羽开始拥兵自重，对义帝熊心所发的命令采取阳奉阴违的态度。在秦国灭亡之后，他佯尊熊心为义帝，让熊心做了一个名义上的皇帝，实际上把义帝手中的权力全部夺取过来。在项羽看来，当初叔父项梁拥立楚怀王只是为了时局需要，并不是真的要把天下让人，自己未必要听这个皇帝的。然而，项羽当时只是西楚霸王，六国军队已经各自拥立了自己的国君，项羽要想保有现在的地位，就需要承认义帝的正统地位。于是项羽开始了对义帝熊心“既

迎而拒”的过程，一方面对其表示尊敬，让他做个荣誉首领；一方面又强行将义帝送到了湖北郴县的边陲之地，让他远离中原势力，削弱其影响力，后来干脆派英布将义帝杀死。

义帝虽然很长时间内缺乏实权，但是却拥有一定的声望，他的人格魅力也为他在秦汉乱世之际获得不少人的支持。他有胆有识、诚信守约，执政时力行道义，扶宽抑暴，使得各路诸侯都比较信服他。因此，当项羽弑杀义帝的消息传出后，天下哗然，项羽一时之间成为众矢之的。于是，刘邦军队出师讨伐他也变得师出有名了。

苏轼曾经这样评论项羽的失败：“项羽之兴也，以立楚怀王孙心，而诸侯叛之也，以弑义帝。”其他史学家也说：“自羽弑义帝，为天下所不容，而汉乃得起而乘之。”后世人评价这段历史时都认为，项羽虽然在巨鹿之战后成为诸侯中实际的霸主，然而熊心对反秦不可谓无功，即使不能继续尊其为皇帝，也应当在这件事上做好表面功夫。项羽所为虽然与曹操挟天子以令诸侯相似，但是曹操自始至终都把汉献帝尊为君主，在有生之年都没有放弃汉献帝这块挡箭牌。项羽却对这位楚国王室后裔下了杀手，寒了天下人的心，因而使得自己的功业也不断走下坡路。后人提起此事，不可不深思其中的道理。

遵义章（十一）：贵而忘贱者不久

经典再现

贵①而忘贱②者不久。

迷津指点

①贵：地位尊贵，这里指由地位卑微突然上升到地位高贵的人。

②贱：贫贱，地位卑微。

古文译读

突然处于高贵地位的时候却忘记了处于贫贱地位的时候，他的高贵地位是不会长久保持的。

前沿诠释

在人际交往中，可以共患难而不能共欢乐是一种非常典型的现象。一些人出身贫贱，他们中大多数人的成功靠的是自己的努力。因此这些人中的有些人一旦富贵起来就忌谈过去的贫贱生活，其实这是一种不自信的表现，更不用说那些忘记贫贱之交的行为了。那些一旦成功就翻脸不认人的人，无论为人还是做事最终都会失败。

陈胜：贵而忘贱终致败

“苟富贵，无相忘”是我们熟知的秦末反秦首领陈胜的豪言壮语。然而，陈胜本人对于这个誓言的践行却恰恰相反。陈胜在富贵之后便杀掉了自己在贫贱时期的旧友，最终使得和他共谋大业的人们心寒，雄心勃勃的反秦事业也遭到挫败。

秦朝末年，朝政腐败，统治暴虐，百姓生活十分困苦，许多人有了反叛念头。在阳城（今河南周口市太康县），有一个叫陈胜的人就胸有大志。陈胜，又名陈涉，原本是个贫苦的农民，以佣耕为生。一次，他在和其他佣工一起做农活后休息时，站在田埂上，感叹“苟富贵，无相忘”，意思是如果有谁富贵了，可不要忘记这些穷兄弟。一起干活的人还嘲笑他：大家都这么穷苦，怎么可能会富贵呢?

秦二世元年，陈胜被征调去戍守渔阳（今北京密云西南）。陈胜等九百人艰

难地向北方前进，当他们来到大泽乡时遭遇了大雨，眼看就要误期，而误期是要被斩首的。陈胜和另外一个小队长吴广便一起策划了起义，鼓动戍卒造反。他们斩木为兵，揭竿而起，掀起了轰轰烈烈的反秦起义的序幕。

大泽乡起义。秦二世元年，陈胜吴广领导戍卒发动兵变，口号是“大楚兴，陈胜王”。

随着起义规模不断壮大，陈胜手中的兵力越来越多，等到他们攻下陈县之后，部队已经拥有战车六百多辆，骑兵上千人，步兵数万人。陈胜因而建立了张楚政权，自立为陈王，并派遣部下到各处征伐暴秦。一时间，陈胜的队伍在各路反秦义军中风头无二。

如今陈胜做了一个政权的大王，算是达到了他当初所说的“富贵”了，虽然还没有达到极致，但是与佣耕干活时相比，已经是一个天上一个地下。陈胜称王以后，当初和他一起干活的同乡想起他，都不禁感慨陈胜果然有富贵命，有些人还起了投奔之心。

然而，此时的陈胜真的会履行他当初所说的“苟富贵，无相忘”的承诺吗？从正史和野史当中，我们都可以很明显地看出：没有。

在秦末反秦浪潮中，陈胜最先起事，因此后人说起这段历史一定会先提到他。但是，陈胜虽然是最先崛起的，却同样也是最先灭亡的。为什么他的大业只是昙花一现？其中原因之一就是他不念旧情，寒了人心。

在陈胜建立政权之后，陈胜妻子的兄长来投奔他。这可不是一般的同乡，而是大舅子。按说当初陈胜对着普通佣耕的伙伴都可以说“苟富贵，无相忘”，如今对待自家亲戚怎么样也不会差吧？但实际上，陈胜却对妻兄一点也不显亲热，而是大摆“王”的架子，处处显示自己的威严，把妻兄当做一般客人来对待。他的岳父得知此事之后，火冒三丈，大骂：“怙强而傲长者，不能久焉！”气呼呼地离开了王宫。

后来，曾经和陈胜一起佣耕的几个同乡来到了陈县，战战兢兢地站在富丽堂皇的陈王宫殿外面，想象着：这个和陈胜同名的大王是不是我们那个同乡呢？当陈胜坐着车驾出宫时，同乡们看到了他，立刻大叫他的名字，说来投奔他了。陈胜还算客气，带这些人参观了王宫，留了他们几日。这些朋友进陈王宫殿之后，看什么都新鲜，乡下人的粗鄙也随着精神上的放松而暴露出来。这些人在宫殿里大呼小叫：“陈涉，你现在住这么大的房子，真是富贵了啊！”惹得陈胜一阵不高兴。后来，这些人到处炫耀自己当初和陈胜的交情，让陈胜有些恼羞成怒，他觉得自己过去的贫贱身份被抖出来是件很没面子的事情，毕竟，当时起事的各路反秦义军首领大多都是六国之后，只有自己身份最低微。这时候就有人在他面前出了一个馊主意："这些人这样粗野无礼，对您的君威有损，应该杀一儆百。"骄横的陈胜真的下令把那些同乡抓起来，一个个都砍了脑袋。此举一出，那些想来投奔他和已经投奔他的旧友立刻闻风而散，怕自己也会倒霉。而陈胜杀的绝对不只是这几个人。根据各种史传记载，陈胜在起义之后亲信谗臣，多次诛杀故人，与下属关系日渐疏远，埋下了日后失败的祸根。

不只是对待一起佣耕的同乡如此，陈胜的不念旧情还表现在对待和自己并肩作战的战友身上。和陈胜一起组织起义的吴广是陈胜最早的战友，因为他是大泽乡起义的筹划人之一，所以在张楚政权中地位颇高。但是在张楚军队进攻荥阳的过程中，吴广却被阴谋夺权的将领田臧谋杀。陈胜得知此事之后，不仅不遗憾，反而庆幸和自己有同样威望的人死了，并且赏赐了田臧。

陈胜的称王之路没有走多远，仅仅半年之后，他就在离心离德的情况下，遭到秦军和己方叛军的夹攻，战败身亡。他之所以会遭遇这样的结局有着多种原因，例如他过早称王享乐，暴露了野心；不会用人，重用奸臣；气量狭小，妄杀大将；战略错误，指挥失败，等等。不过，富贵而忘贫贱却是最令后人鄙薄他的原因，这直接暴露了他个人品行上的缺陷。

俗话说"贫贱之交勿相忘"，一个人的地位提升之后，心态也会变得"高"起来，就想把自己的贫贱过去一笔带过。其实，人的过去、现在以及未来是紧密相连的，任何事物的发展都有一个过程，冷静理智的人会仔细揣度自己地位高下之间的变化，自尊自信而不得意忘形。"富贵不忘贫贱"是对自己过去的一种肯定，打下的是未来的坚实基础。

洪秀全尚奢华，太平天国腐化

清朝末年，曾经有一场席卷全国的农民大起义——太平天国运动。它建立了自己的政权，和清政府对峙了13年，却最终覆亡，让无数人为之遗憾。然而仔细研究这段历史，你就会发现，太平天国之所以覆亡，不只是由于清军的攻击，它内部的高度腐化也是重要原因，内外因素的共同作用，才导致这场大起义失败。太平天国的诸位领导者大多出身下层，但是在定都天京（今南京）之后，他们全都丢掉了劳动人民的本色，变得穷奢极欲、争权夺利。一个曾经以平等、自由的旗号召唤大众

的起义势力，就这样慢慢地蜕变成了一个腐化的政权，直至最终灭亡。

洪秀全是太平天国的天王，他的一生就像是一个传奇。他创立了拜上帝教，想在东方王国里建立一个充满基督教义的世界。1843—1851年，洪秀全辛勤地传教，并寻找到了志同道合的杨秀清、萧朝贵、冯云山、韦昌辉、石达开等人，与他们结为异姓兄弟。1851年，金田起义爆发，洪秀全作为起义的领导者率领教众和兄弟们一起打拼，那个时候的洪秀全还能保持一个下层知识分子的本色，与教众打成一片。可是，起义军势如破竹地攻入南京，并把这座繁华的城市定为太平天国的国都之后，洪秀全就变了。

洪秀全铜像。洪秀全是太平天国创建者及思想指导者，被称为“天王”。

“富贵”来得太快太猛，洪秀全很快就在纸醉金迷的金陵飘飘然了。从进入南京的第二个月开始，洪秀全就叫人修建王府，在原两江总督署的基础上向周围扩建十里建成了天王府。这座足以和故宫媲美的王府金碧辉煌，雕梁画栋，仅黄墙就高达三丈。有人指责天王府过于豪华奢侈，洪秀全把眼睛一瞪，说：“天王的王宫要是不豪华壮丽，哪能威重天下！”但他却忘了，当初他们几个兄弟衣着朴素、兵器简陋的时候是如何深受起义军爱戴的。而且，以平等和平均为主要思想的拜上帝教还需要高楼大厦来表现威仪吗?

太平天国在全盛时期有军士一百多万人，将领数千，凭借这些兵力足以占据半壁江山了。洪秀全看到自己的实力已经这么强盛，就把军政大事丢到一边，心满意足地享乐，做他的太平皇帝，全然不顾天京城周围清军的虎视眈眈。在洪秀全的带领下，太平军的诸王和将领也有样学样地大兴土木，竞奢争华，比清朝官员还要排场。例如舆马定制，管辖25人的“两司马”就要乘坐四人抬的黑轿，往上，随着品级的提高，抬轿的人数层层加多，到了东王杨秀清这种仅次于天王的级别，每次出行要乘坐48人抬的大黄轿，前后的仪仗要排出数里，就像赛会一般。洪秀全自己则要乘坐64人抬的大轿，不过很少有人见到这样的仪仗，因为洪秀全很少出王府，他整日忙着在太阳城金龙殿里坐享荣华富贵。

因为宣传西方教义的关系，一些对太平天国没有敌意的外国传教士和官员得以在南京进出。一个翻译官拜见了洪秀全，看到了极为奢华的场景：这个天王倚在镶金嵌银的炕上，炕上铺着刺绣繁复、金银线织就的炕垫。接着他听到鼓声、钹声、锣声与炮声交作，原来是天王准备进膳了，他要在鼓乐齐鸣中用餐。那些餐具都是用黄金打造的。据统计，天王有24只金碗，就连浴盆、净桶、夜壶也都是金子做的，就更不用说王冠和金项链了，那更是数不胜数。

洪秀全不仅生活奢侈，还丧失了进取心。他任凭天京诸王争权夺利，自己却懒得过问政事，直到发生天京变乱，两个异姓兄弟先后被杀。这段时间洪秀全干什么去了呢？原来，他一直待在自己的天王府里大门不出二门不迈，即使动也要乘坐着金车由侍女服侍着。在王府里面，他竟然拥有88个妃子。

太平天国到最后已经变质了，尽管还有几个忠臣良将，但已是独木难支。洪秀全已经完全背弃了当初起义时的主张，刚愎自用，大封洪家兄弟为王，搞得朝中人心浮动。他为了安抚军心，将军功很大的陈玉成越了四级提拔为英王，谁知这一下子引起了轩然大波，其他将领也纷纷要求封赏，结果太平天国在最后的两年时间里居然封了两千多个大大小小的王。这些王只顾着聚敛财富，当陈玉成的两万士兵和清军苦苦对抗时，周围的太平军将领竟然没有派出援军！

"富贵而忘贱"，尝到胜利果实的太平天国领袖们已经忘记了起义初期的同舟共济，只知道享乐和争权夺利，直至将太平天国弄得腐化堕落，最终败亡。天京败落时的冲天大火刚刚消失一百多年，历史的教训历历在目。任何一个国家、组织可能都会像太平天国这样：创业时披肝沥胆、同心协力，等到大业一成就一哄而散去享乐，完全忘记了当初的团结和勤俭。无论多么成功的人或者企业，"忘本"都是致命的。

遵义章（十二）：用人用真心，强留终难得

经典再现

用人不得正[①]者殆[②]，疆用人者不畜[③]。

迷津指点

①正：正直，有道德。

②殆：危险，不安。

③畜：容留，挽留。

古文译读

用人时得不到正直有道德的人，那就危险了；勉强任用他人，一定挽留不住这个人。

前沿诠释

关于人才，古往今来总有说不完、道不尽的传奇，燕昭王筑黄金台求贤成就霸王业绩，萧何月下追韩信为汉王留住倾世良将，太宗李世民登端门笑言“天下英雄尽入吾彀矣”，创造出太平盛世。这些典范总让后人翘首瞻望。可以说，自古以来，妄图称王者得到了真正的人才，便等于得到了半壁江山，从古至今，国与国的较量，企业与企业之间的竞争，实际上就是人才的竞争。不过，千军易得，一将难求，选择人才时，挑选者还是应该擦亮眼睛，对那些才华冠世但道德不高尚的人敬而远之，因为这些人心中所想的不过是使自己的利益最大化，对待管理者表里不一，并非真心诚意，终有一天会给管理者带来危害。管理者也应该明白，留住一个人才最重要的是要留住他的心，如若他的心不在这里，你强行留之，亦不过留下一具空壳，害了他，也于事业无益，倒不如成全他，让他离去，显示出对于人才的尊重，那样定会有更多的人才因为你的这份尊重不远千里前来助你一臂之力。

宋高宗：妄用奸臣国家乱

在中国历史上，有许许多多令后世人产生无限义愤的人，他们拥有经天纬地的才略、旷世倾国的英武，却不为天下苍生谋福祉，而是因着自己的私利陷害别人，贻毁国家，造成天下大乱，使人民陷于水深火热之中。这样的人可谓奸诈之极，可偏偏当权者又不擦亮双眼，还重用这些奸臣，任由奸臣摆布，使自己在青史中受尽谴责。

宋高宗赵构与秦桧恰是这样的一对昏君奸臣。

公元1126年，宋徽宗、宋钦宗二帝为金兵所掳，北宋王朝灭亡，赵构携千余人逃往南方，建立南宋，是为宋高宗。赵构对于奸臣秦桧极为看重，任秦桧肆意妄为，颠倒黑白，不闻不问。作为主降派的领头人物，他对秦桧谋害主战忠臣的行为予以支持，最终自己也没得到什么好下场，可谓应了那句“用人不得正者殆”。

秦桧，字会之，中国历史上十大奸臣之一，北宋末年任御史中丞，与宋徽宗、钦宗一起被金人所掳后，变节投靠讨好金人。在金人为了南北局势的权衡而放秦桧南归之后，秦桧便走上了奸臣之路。他搬弄是非，谋害忠良，卖国求荣，弄得整个南宋王朝乌烟瘴气。

在秦桧渐渐控制朝堂的时候，他就想尽方法除掉挡住自己路途的人。枢密院编修官胡铨上书，愿斩秦桧以谢天下，随后便受到秦桧的打击报复，被贬往昭州，编入该地户籍，并由当地官吏管束。他因妻子临产，想稍晚几天再走，结果秦桧派人给他戴上刑具，将他强行押往昭州。至此，秦桧还觉得对胡铨的处理过轻，又迫使高宗发了一道诏令，说胡铨上书是放肆逞凶，倡导犯上之风，告诫朝廷内外，不得效法。大臣陈刚中支持胡铨上书，秦桧大怒，把他贬到赣州安远县。安远县地处边远山区，条件极差，瘴气很盛，陈刚中不久即死在安远。可以这样说，翻开《宋史·秦桧传》，几乎满篇都记载着秦桧血淋淋的害人账：邵隆在商州任职十年，披荆斩棘地进行治理，召回流散人手，发展生产，多次打败金兵。《绍兴和议》签订后，商州被割给金国，邵隆很不满意。后来朝廷任命他主管金州，秦桧对他怀恨在心，就转而调他去主管叙州。但秦桧觉得仍不解恨，

秦桧在岳飞墓前的跪像。

又暗中派人用毒酒杀害了他。大将解潜罢官闲居，因不同意和议，被流放南安。大臣白锷说秦桧办事荒谬反常，被刺配于万安军中。而对此朝堂大乱之景，高宗依旧无动于衷。

赵构与秦桧联手害死抗金英雄岳飞的事情，更是让二人受尽千秋所指。

岳飞，字鹏举，靖康元年投军抗金，此后多年征战战场，精忠报国，为收复失地披肝沥胆，多次上书反对与金议和，力主收复被金人占领的宋朝土地，均遭到高宗和秦桧的拒绝。绍兴十年，完颜宗弼毁约南进，岳飞按照其联结河朔进军中原的方略，遣将联络北方义军，袭扰金军后方，自率主力北上，在郾城、颍昌之战中大破金军精骑，击败金军主力。然而正当岳飞行将渡河时，高宗与秦桧却向金乞和，一日十二道金牌，急令岳飞“措置班师”，使岳飞收复中原的计划功败垂成。次年，岳飞一回到长安，就陷入了秦桧编织的天罗地网中，被以谋反的罪名关入临安大理寺，遭到严刑逼供。在“莫须有”的罪名之下，绍兴十一年农历除夕夜，岳飞被高宗下令赐死。自那之后，宋朝少了一位良将，而秦桧更加猖狂，操纵着南宋的局势，整个南宋王朝摇摇欲坠，濒临灭亡。

而在残害岳飞这一场阴谋中，宋高宗亦承担着罪恶的责任，若不是他偏安一隅乐于享受，就不会有秦桧的恣意妄为，亦不会让一代良将就这样魂归黄泉，不得瞑目。尽管秦桧活着时写意风流，但他死后，正义的人们千年来始终让他不得安宁。如今，在杭州古木森森的岳王庙大殿里，岳飞器宇轩昂，按剑而坐，而在他的面前，秦桧、王氏等四个害死他的奸人则跪在铁栅栏里，忏悔他们的罪过，有联曰：“青山有幸埋忠骨，白铁无辜铸佞臣。”

由此，我们便应该明白滥用奸臣的后果了，尽管他们可能有些才华，但是道德低下，自私自利，凶险阴狠，终不会为国家社稷立下功劳，相反，只会害了忠臣良将，毁了国家。

有才的奸佞不可用

用人时要用人才，但是人才的标准不一。只要有才就万事大吉吗？当然不是，人才的品质也是需要考查的重要内容。“不正”者虽然能够做出一些成绩，从长远来说却会造成更大的祸患。因此，三国时期的吕布和张辽，在被曹操俘虏之后的待遇便不一样。

吕布可谓当时第一战将，“人中吕布，马中赤兔”这句话称赞的就是他的才能。当时曹操刚刚崛起，正是用人之际，但他在手下抓住吕布之后，却不愿意用这个有大本事的人。原因很简单，吕布为人摇摆不定，为了利益翻脸无情，被称为“三姓家奴”。他的两个义父丁原、董卓都很器重他，后来却都被他杀了。曹操怎么敢用这样的人呢？而张辽就不一样了，这个人讲情重义，名声甚好，本事也大，又能打仗又能带兵。曹操在将张辽收为己用之后，对他非常信任。张辽后来一直竭忠尽力地为曹操打天下，既成就了自己的英名，也巩固了曹魏的基业。

蔡京（1047—1126），北宋宋徽宗时的奸相，极受宋徽宗宠信。

由此可见，人才的品性高下并非可以忽视的“小问题”，而是直接关乎用人者安危、事业成败的“大问题”。无论是历史上还是现今，有才而无德的人比比皆是，是用还是不用？很多人都会迷惑。那么，当你拿不定主意的时候，不妨想一想黄石公的告诫——“用人不得正者殆”。

谈到人才的品性，人们自然会想到奸臣。而一说到奸臣，人们常常会想到他们巧言令色、阿谀奉承的样子，实际上，许多奸臣本身就是才子。比如童贯、蔡京、严嵩、阮大铖，这些人都颇有本领。如果没有皇帝的特别宠爱，也许他们只是普通的才子。但现实却无比讽刺，皇帝重用了他们，于是他们具有争议的品行影响了大政，最终误国。

蔡京是宋代有名的奸臣，当时民谣说：“打破筒（童贯），泼了菜（蔡京），才是人家好世界。”但他在政事上并非完全没有作为。蔡京是王安石变法的倡导者和执行者，推动了变法措施的施行。同时，蔡京的艺术造诣也在当时被称为大家，他在书法、诗词、散文等各个领域均有不错的表现。其中，他的书法自成一格。著名书法家米芾一向狂傲，但说起当时人的书法成就的时候，却把自己排在了蔡京的后面。据有关史料记载，一次蔡京在一个官吏的扇子上题了两行杜甫的诗句，没想到，几天之后，这把扇子竟被端王（宋徽宗即位前的封号）花两万钱买走了。这些钱相当于当时一户普通人家一年的花销。

然而，蔡京毕竟不是一位直臣。宋徽宗奢侈淫逸，挥霍无度，蔡京就投其所好，找来江浙花石献上，从而得到了重用。他主持应奉局，让百姓交纳“花石纲”，弄得民不聊生；在朝堂上，蔡京大权独揽，控制政务，箝制天子，压制朝臣，为所欲为。而这一切都是宋徽宗的纵容推动的，是他用“火箭式”的速度提拔

了蔡京，且对其十分宠信。当时朝中朝外正义之士多次揭露蔡京的恶行，却总是被宋徽宗压制。即使带有不祥之兆的彗星出现，世人哗然，百官反对蔡京专权风潮高涨，宋徽宗还是在风头过后重新起用了蔡京。可以说，宋徽宗是非不分，爱用小人，是一个完全的用人失败者。

严嵩（1480—1567），明朝嘉靖时期权臣，操纵国政达20年之久。

历史给了爱用小人的宋徽宗一个大大的耳光。靖康二年（1127），宋徽宗和他的儿子钦宗成为金兵的俘虏，国破家亡，受尽侮辱，成为后人的笑柄。

至于明朝嘉靖皇帝的宠臣严嵩，更是权倾朝野，一时无人能敌，许多趋炎附势的人纷纷投到他的门下，以至于当时竟有三十多个官员做了他的干儿子。严嵩本人也是一名才子，他的书法极富气韵，顺天府乡试的贡院大殿匾额上的“至公堂”三个大字，正是严嵩所书。这样一个为朝廷选拔俊才的神圣地方，悬挂的竟然是大奸臣题写的匾额，后人无不感到十分别扭。乾隆皇帝曾想把它换掉，便命满朝擅长书法的官员都写一写这三个大字，他本人也写了数遍。可是把最后的成果摆开一看，自己的御笔和他人所书居然都不如严嵩写得好，无奈之下只好仍然让那匾额挂着。从这则逸事中，我们可以看出，严嵩的书法水平有多高。但他的名声与才气恰好成反比。他专擅媚上，争权夺利，并大力排除异己，还私吞军饷，废弛边防，招权纳贿，大肆贪污，激化了当时的社会矛盾。后来，严嵩败落，朝堂查抄严嵩的家时，一共查出来3万多两黄金、200多万两白银，这个数额抵得上明朝一年的财政收入。

历数古代权奸，人们会发现，他们的罪行与君王的纵容是分不开的，而那些爱用小人的君主最终自然没落到什么好下场，轻则国衰，重则国亡。由此看来，人才好的品德与节操是一个机构、一个企业、一个集团，甚至一个国家的宝贵财富，也是决定事业发展的命脉之一。以史为鉴，今天的用人者在这方面要慎之、重之！

强留人才岂不糊涂

能够得到人才是对事业大有辅弼的好事，因此只要是重视发展的企业都会做出“求贤若渴”的姿态，甚至强用人才，强留人才。这样做又会怎样呢？

曹操强用关羽，结果关羽逮到机会就封金挂印走了；后来他又强留了徐庶，结果“徐庶进曹营——一言不发”。无论是在硝烟不断的乱世还是在一派升平景象的和平年代，无论是古代还是现代，人才都是一个国家或组织竞争力的重要组成部分，爱惜人才是正确的，但强行用人，或是不择手段地留住人才就很糊涂了。

不顾人才的意愿强留人才，造成的直接后果就是人才的心态扭曲。这种强留违背了人才的意愿，使他们感到不受尊重，并且阻碍了他们选择其他途径发展，因此，人才会“貌恭而心不服”，就算被迫留下，也是得过且过，甚至可能会选择背叛。如今，国内外信息交流频繁，人才流动非常普遍，竞争异常激烈，如何将人才留住，已经成为一个企业成长壮大和保持增长劲头的关键。

人才有成长周期，也有成功周期、回报周期。企业的人才流动如果过于频繁，今天培养好了明天就走，对企业的影响不言而喻。

为了留住人才，众多企业各出奇招，不过，其中有些方法看似有效，却是“昏招”。比如，根据一项调查，有两成的企业选择将年终奖推迟到年后发放，早一点的在3月份发，最迟的甚至会拖到5月份。这样做的原因自然是防着那些想离开企业的员工，怕他们在年底把工资和年终奖结清之后就挥手说“Bye-bye”了。表面上，这项举措属于企业内部决策，说是本企业的惯例也可以。实际上，问题并不那么简单，它恰恰是对员工的一种束缚，在客观上给他们造成了心理压力。

漫画：年终奖。

就像临近过春节，孩子们必定会盼望着父母长辈们给压岁钱一样，年终奖也成为普通上班族在岁末的念想。对很多人来说，并不在乎红包里的钱有多少，重要的是得到年终奖时心里的那份满足与愉悦。但推迟年终奖发放做法的出炉，却让普通上班族对年终奖的期盼变得不再轻松，注定让大批上班族在新年的喜悦里无端带上莫名的担忧。其实，如果员工真有去意，即使老板许以重金恐怕也于事无补，因为他们对当前职位上的机会、工作氛围、发展空间、事业理想等并不满意，这种想要离去的心情是年终奖这根“捆仙索”束缚不住的。

因此，聪明的管理者想要留住人才，应该讲求科学的方法，而不是“强留”。要知道，人才不选择你，要离开，必然有自己的若干理由。作为管理者，肯定会心理不平衡。但管理者如果不去检讨和反思自己用才之道的缺失，反而对员工百般阻

挠、穷追猛打，只会把情况弄得更糟，显然不符合企业求发展的正道。

有一家大型企业，为了防止人才外流，抛出了一个不近人情的“撒手锏”，作出如下规定：凡是调离本厂的技术骨干，夫妻必须同时调离；若是夫妻一方除名，另一方仍在本厂的，就按有关规定有偿解除后者的劳动合同。

于是该企业在一些技术骨干离职之后，按内部文件规定与被除名职工的配偶解除了岗位聘约。而部分家属为了保住工作岗位，竟然闹到了要离婚的地步。这家企业的负责人面对媒体时强调：必须如此，否则没有更好的防止人才外流的办法。

这家企业用类似古代“连坐”的办法制约人才外流，看上去很严厉，但实际效果却可能适得其反。众所周知，挽留人才比较常用的也是比较有效的几种方法是：事业留人、待遇留人、感情留人。当一家企业生机勃勃、发展空间大，能够给人带来荣誉与前途时，人才自然会争先恐后地进入；当一家企业待遇优厚，福利完善，为员工设身处地地服务，使员工生活质量高、人前有面子时，他们就很少会离开；当一家企业的老板与员工、员工与员工之间感情深厚，整体氛围活泼而健康，让人不必烦恼于钩心斗角和互相打压时，员工也会因为工作“顺心”而长期留驻。而“夫妻连坐”的留人之法，本身就暴露出该企业在事业与待遇方面已经留不住人才，偏偏又用“连坐”的方式破坏了员工对企业的感情，结果如何？原本要走一个，现在会失去一双，即使勉强留下的心里也极不舒服。因为此事造成员工的家庭矛盾更是会伤害那些已执意离开的人才的心，还可能吓跑那些想进这家企业施展才能的人才。

探究人才外流现象，我们可以发现，除了最简单的薪金、发展平台等硬性的指标造成员工跳槽以外，有些单位之所以留不住人才，关键是机制上的欠缺。拿上面那家企业来说，如果不采取“夫妻连坐”的办法，而是走一个人就更厚待另一个人，纵使走的人不回来，也能提高广大员工的工作满意度，形成良好的工作氛围。

重视人才，就应当建立与人才贡献相适应的收入分配制度和奖励制度，充分调动各类人才的积极性、主动性、创造性，提供一个充满创造力的发展环境让人才脱颖而出；建立公开、平等、竞争、择优的人才选拔任用机制，能够广泛调动人才积极性的激励机制和有利于人才资源优化配置的流动机制；同时，还要在管理上下工夫，完善人事选拔机制、竞争机制，使有才者、有业绩者能够及时得到奖励和提拔。此外，管理者还要善打感情牌，抓住人心的动向。

大凡人才，都希望人尽其才，才尽其用。他们最渴望的，无非是一个展示才能的舞台。若要引进人才、留住人才，最重要的是搭建起广阔的大舞台，让人才自己先“动心”，来了之后就“定心”。强留人才无异于饮鸩止渴，即使人才暂时委曲求全，留在企业，也会心不在焉，时时想离开，不会产生工作和进步的热情。

遵义章（十三）：无所凭恃者难成大事

经典再现

失其所强①者弱。

迷津指点

①强：强大的一方面。

古文译读

失去所依靠的强大一面，必会趋于衰微破败的弱小一面以致灭亡。

前沿诠释

无论是国家、团体还是个人，强和弱没有一定的界限，当拥有某些足以提供强大力量的因素时就会变得强盛。反之，则会衰弱。这些可以作为倚靠的因素有很多，可以是人才，可以是名望，可以是军队，可以是德行，还可以是一项制度或是一种体系。黄石公清楚地看到，一个人能够成功必是有所凭借，如果不珍惜这些，就可能使强弱之势逆转。

唐朝失府兵制则国乱

一个人、一个团体、一个国家之所以能够发展壮大，必须有所凭借，而失去了这个凭借就可能由盛转衰。《素书》中说："失其所强者弱。"古代的君与国，"有以德强者，有以人强者，有以势强者，有以兵强者。尧舜有德而强，桀纣无德而弱；汤武得人而强，幽厉失人而弱。周得诸侯之势而强，失诸侯之势而弱；唐得府兵而强，失府兵而弱。其于人也，善为强，恶为弱；其于身也，性为强，情为弱"。这些话正表现了强弱无定型、依形势而动的意思。有的人对此观点不屑一顾，认为自己的基础稳固，不会因为丢了什么东西马上就走下坡路。世事难料，谁也不能确保自己能够常胜不败。无论是在战场、职场还是商场，形势都是波谲云诡、瞬息万变的，因为某一关键因素的变化而导致形势大变的事情常有。所以，繁盛的王朝在失去建设热情和廉洁风气之后便由盛转衰，大公司在失去高昂的斗志、严谨的态度和公正公平的风气之后发展便陷入停滞。譬如大唐盛世，缔造这一胜景的除了贤君能臣，还包括三位一体的均田制、租庸调制和府兵制这些国家基础制度。而府兵制因为关系到国家军权，更是成了社稷稳定的关键。

隋朝末年，天下大乱，李唐王朝依托关中地区崛起，不久就统一海内，建立了大唐王朝。在这一过程中，唐朝已经在关中地区推行了承袭自西魏并进行了改进的军事制度——府兵制，等到统一全国之后便将其推行到了其他地区。

唐朝统治者吸取前朝军人容易干政和篡国的教训，在平定天下后就把原来从太原便跟随他们起兵的老部队只留下少数兵士担任京城宿卫，其余的全部遣散归乡。从那以后，全国的武装力量结构就变成了府兵制度。

所谓府兵制，是在全国设立军府，士兵归军府管辖，战时则上阵打仗，战役结束后便解甲归田。唐朝前期，军府遍布全国，较多的时候有633府，多数在关内。这种布局体现了居重驭轻，“举关中之众以临四方”的政治、军事意图。

唐朝在京城附近设261个军府（称为折冲府，在特定时期亦有其他名字）。军府根据不同的情况分成上、中、下三个等级，规定：上等府编有府兵1200人，中等府1000人，下等府800人，平时都由一名折冲都尉统率。府兵制建立在均田制的基础上，兵丁出自得到国家授田的农民。参军的人员范围包括20岁到59岁之间的男丁。这些府兵平时都在家种田务农，冬季由折冲都尉率领参加军事训练。府兵所有武器装具乃至战马都要由自己置备，负担不小，但是一旦成为府兵，就可以免除税赋方面的租庸调。另外，这些府兵还要定期轮流到长安当宿卫一个月，这项制度被称为“番上”。不过这个定期是依照各地和京城距离的长短来限定的，最远的12年去一次，比较近的5年去一次。总体来说，在唐朝初年政治清明的环境里，均田制、租庸调制、府兵制都能够公正地实行，府兵服役的强度是很轻的，所以并不怎么影响日常生活。

实行府兵制之后，唐朝的军事管理也变得井井有条。一旦国家四方或边境有事，朝廷就任命将领率领集结起来的府兵部队出击，等到战事结束，府兵回归原籍各府，领兵的将军也回朝述职。因此，将领与府兵之间不会形成太密切的关系，避免了统兵将领拥兵自重局面的形成。从史书中，后人就能够看出这一制度的明显效果：唐朝前期，因为折冲府的设立，在长安附近就有府兵26万听调，却没有任何军人能够手握重兵，专擅军权。于是，我们可以看出府兵制具有三大优点：（一）政府不必耗费国家的巨额资金和粮饷来装备和豢养一支庞大的常备军；（二）全部府兵都是由生活殷实的精壮农民选任，武器装备自置，人员素质高，军纪较佳，而且训练充足，战斗力强；（三）无人能够拥兵自重，造成像五代十国那样的混乱割据局面了，因为任何

地方将领的军队都不足以对抗甚至取代中央政府。所以唐朝建立后，百余年间国威远播，政府的库帑却不耗费半点，军力强大，但从没有军阀产生，国内政局稳定，百姓负担也不重。可以说，府兵制对唐代前期的强大与繁荣起到了相当重要的作用。

总体来说，府兵制虽然也有不当之处，但在唐朝初期还是相当有益的一项制度。但是，当这一制度出现偏差时，唐朝的政权也开始摇摆动荡了。府兵制的动摇是因为另外一项国家制度——均田制——的崩溃。

唐朝到了唐高宗、玄宗朝以后，土地兼并之风日趋严重，农民的田地逐渐被贵族、豪强瓜分殆尽，原本的军府之人都沦落为雇农或佃农。而且，原来的府兵都是有地域限制的，当兵的农民不能自由流动，但由于国家的苛敛增加，逃难到外地的农民越来越多，终于，在唐德宗时期，均田制完全崩溃，府兵制也逐渐变质、废弛。原本最初的府兵制征兵是从富到贫，从壮到老，后来律令败坏，兵役全落到贫户身上，一些农民为了不当兵，便想方设法逃亡。

当兵的农民少了，府兵的待遇也变了。原来的府兵是国家的军事力量，但这股军事力量在唐朝中期就开始长期不受重视，沦落为地方贵族的私人卫队，且地位低下，于是人们都觉得当府兵是一件很丢人的事情。因此，从唐玄宗李隆基时期开始，唐朝便采用募兵的方式，征集部队担任拱卫京师的宿卫。不过此时的府兵制还没有完全消亡，只是改为专门从事征伐和戍边的任务了。到了唐玄宗末年，府兵制彻底崩溃，就连守卫京师的军队都是招募来的。

我们再来看看募兵制。用募兵制招募来的士兵属于国家雇佣军，国家招募男丁当兵，供给衣食，免征赋税。客观上，它确实减轻了农民的兵役负担。但是，它直接导致了军阀的形成。因为这些士兵以当兵为职业，将领长期统率一支军队，而兵将之间一旦有了隶属关系，唐朝初期统治者百般防备的拥兵自重现象就死灰复燃了！

由于地方将领掌握了惊人的军事力量，唐朝的政局开始不稳。唐玄宗天宝十四载（755），席卷半个唐朝的安史之乱爆发，天下顿时大乱。尽管朝廷花了八年的时间最终平定了战乱，但也没能让唐朝重回之前的盛世局面，唐朝从此由盛转衰。唐德宗以后，统治者宠信宦官，任命宦官统率禁军，使得中央的军权落到了宦官手中。宦官势力得以强大，从而以兵权挟制朝政，而在外的兵权则落入了藩镇将领的手中。于是，唐朝在内外混乱之下，国家乱亡之机随之到来。

府兵制兴，大唐兴；府兵制亡，大唐乱。虽说府兵制不是唐朝的统治命脉，却是关系着社稷安定的关键因素。这一道理放在其他方面也同样行得通，无论是人，是企业，还是其他因素，一旦失去所依托的事物，然会大伤元气。因此，每个人都应当认真思考，如何保护好自己的为“强”之道。

在公司，制度才是强者

很多时候，企业的管理者常常想，如果自己能够拥有一些经常更新知识储备，且对公司无限忠诚的员工就好了。不过在市场经济的影响下现代人才高速流动，与其幻想得到永远优秀又不会离开的人才，还不如给自己的企业建立一套合理的制度。

在美国，有一个家族式的企业——詹森维尔公司，它在刚成立时规模并不大，只是一个普通的中型企业，在改革了公司制度之后，这家公司有了很大的进步，发展非常迅速。

这家公司的CEO斯太尔认为，虽然公司是一个家族企业，但是这并不意味着家族成员就要把企业大权牢牢抓在手中，“要学会把权力下放。如果公司老板把权力一把抓，那么公司就危险了。控制一个公司最好的方法应该是每个人的自制。”抱着这种思想，斯太尔对公司权力进行了循序渐进的下放，首先是制订预算。在公司草创阶段，公司的预算都是由财务人员统一制订的。现在，斯太尔开始训练现场工作人员制订预算的能力。一开始就做好自然是不太可能的，但是斯太尔并不着急，让财务人员多做指导。过了一段时间之后，现场工作人员就做得很顺手了，最后只需要财务人员把把关就行了。因为预算由一线人员制订，大家都知道哪些设备更新最频繁，哪些设备需要更换，预算的制订也就更加合理了。拿到了一线人员自行制订的预算之后，公司的工作人员就可以自己设计生产线。而现场工作人员在制订预算时也变得越来越严谨，在需要添置新设备时，会在预算中附上一份分析报告，验证添置设备的可行性。

除了在财政方面放权，斯太尔还在公司实行了“可持续发展”。为了让员工能够更好地运用手中的权力，斯太尔作出了一个非常大胆的决定，这个决定使得以后人们来到詹森维尔公司竟然找不到人事部，因为它已经被改为“终身学习人才开发部”。这个特殊的部门也是管理人的，不过却更加人性化，它致力于推动每个员工学习，鼓励员工进步。在詹森维尔公司，员工每年拿到的不仅有工资和奖金，还有学习津贴。对于学习有成效的员工，公司还发给奖学金。在这种制度的激励下，员工们都更加喜欢学习了，他们在岗位上如饥似渴地学习专业知识，努力提高自己。这样一来，公司的运营形势就变得越来越好，销售额也不断增长。

其实，“富不过三代”并不是不可以打破的神话，很多大企业都是家族企业，

仍然能够在四代、五代，甚至更多代之后兴盛。要想使一个企业长期活跃，与其依靠几个商业奇才，不如依靠公司本身的制度。

对于一家成熟的公司而言，凭借制度比凭借杰出的经营者更加可靠，尽管松下幸之助、盛田昭夫、韦尔奇等人被称为“经营之神”，但他们都会老去，会离开自己的管理岗位，到时候，公司的管理层就需要继任者。这个继任者也许很优秀，也许才能平庸，甚至可能做得一塌糊涂，因此，与其希望公司出现第二个经营天才，不如在第一位天才还在的时候为公司上下建立一套完善的决策、人事、福利等方面的制度，将公司推上符合发展方向的运行轨道。那样，公司就会如同钟表一样，持续不断地走下去。相反，如果太过依赖领导者的威严，使得公司决策层的个人意识太过浓烈，那么对于公司而言绝对不是好事。海尔集团的张瑞敏就深刻地意识到了这一点。当他发现自己已经成为海尔的权威人士时，不仅没有感到骄傲，反而表示了忧心。因为在他看来，公司领导人在成为全体员工的偶像之后，大家的眼睛就会看着这个领导人，他说什么大家就认为什么正确，公司的安危就会被绑在这个人身上，一旦领导人犯了错误，产生的后果将是致命的。因此他不断完善公司的决策制度，力图使“我”的话语消失在集体决策当中。张瑞敏的目标就是：即使有一天他退居二线，或是对海尔的经营再也不说一句话了，公司依然能够照常运行，不受到影响。而在许多强调领导者权威的家族企业里，领导者的名字虽然一再被人提及，却只是作为一个精神偶像，真正可以左右公司决策的往往不是公司里最受尊敬的老板，而是集体，但这恰恰是一种安全的决策方式。

在大多数人看来，家族式企业是一种不成熟的企业形态，因为它经常会变成一个人说了算的集中控制形态。上层领导全部都是家族中的人，外人无法参与，员工没有归属感，一旦家族成员集体犯错，整个公司就会面临灭顶之灾。很多家族企业的创始人都对培养接班人尽心尽力，就是想把成功的神话延续下去。但是事实证明，一个好的接班人远远比不上一套完整合理的公司体系。IBM的沃森和摩托罗拉的高尔文都把CEO的位置传给了自己的儿子，不过一起留下的，还有为客户服务的宗旨和集体决策的公司体制。日本松下电器的创始人松下幸之助曾经说过：“授权可以让未来规模更大的企业仍然保持小企业的活力，同时也可以为公司培养出发展所必需的大批出色的经营管理人才。”

所以说，拥有一个好的继承人并不是最强的，有一套完美的、令任何人都愿意为之效命的、能够最大限度地挖掘员工潜力的公司制度，才是企业真正的强。生命力持久的企业，最强的不是某个管理者，而是企业本身。

遵义章（十四）：暴敛惹人怨

经典再现

厚敛[①]薄施者凋[②]。

迷津指点

①敛：征收，索取。

②凋：衰败。

古文译读

过多地索取而吝啬施恩的人最后一定会失败。

前沿诠释

不管是对于古代的君王还是现代的领导者，施恩都是必要的手段。只顾自己享乐而不能与人分享的话，还有谁会为之效忠呢？在这个世界上，无论什么事，都是付出后才会有回报的，不劳而获的果实不是谁都能享受得到的。尽管儒家的忠君思想是整个封建社会的主流，但毕竟追逐利益是人类的天性，任何形式的效忠都不是无条件的，谁能让百姓过上好日子，谁就是他们心中的君主，相反，如果这个君王只是个自私享乐而不顾黎民百姓的人，百姓一旦翻了脸就会把他从王位上拉下来。这便是所谓的“厚敛薄施者凋”的内涵。

厚待自己的员工

在一家企业中，员工比老板更加重要，没有员工，老板去领导谁？又有谁去给他赚取利润？所以，聪明的老板会厚待得力的员工，让他们能够安心地工作。太过急功近利的企业家总是恨不得化身“周扒皮”，把员工的能力都榨干，却不给人家提高待遇，最后他们自然会尝到苦果。“厚敛薄施”，只会使人心生怨怼。不懂得厚待员工的企业家不值得托付。

一个负面例子可以给广大企业家提个醒：万老板是一家仪器制造公司的老板，最近他遇到了一件很恼火的事情：他的竞争对手不知从哪里打听到了他的下一步计划，火速上了一套最新设备，生产率一下子提高不少，给客户的报价比他的低了

5%。工厂的客户大量流失，万老板心里很郁闷。不久，更恼人的事情发生了。公司里一些熟练技工陆续辞职。一开始，他以为是正常现象，但人走得多了，他就开始留心打听了。原来那些人是被竞争对手挖走了。最后，就连他送往上海培训的几个优秀工人也找借口跳槽了，还带走了学到手的新生产设备操作技能。

万老板气坏了，了解他的朋友给他指出了原因："你的公司太压榨员工了，让他们从内心对公司十分反感，一找到好点的机会当然就全都走了。"原来，万老板的公司为了节省成本，极力下压技术工人的工资，有时候为了满足客户的需要，还时常让工人们加班，且不提供晚饭或就餐补助。工人干到深夜，食堂却不开门，只好到路边的大排档去吃夜宵，一边吃一边抱怨老板扣自己的加班费。他的竞争对手听说了这件事，就派人去和工人混熟了，这些人特意夸赞自己的老板和公司，说工作时间正常，就算加班也把加班费给足了，平时包三餐，就算吃夜宵也不用自己掏腰包。结果，万老板的工人都动了心，去对方工厂试工，一过去就拿到了超过万老板所给工资25%的酬劳。于是，得了甜头的员工一个告诉一个，万老板的员工就此慢慢地流失了。

企业的业务骨干走了之后，万老板才发觉问题严重，他想找劳动仲裁部门告他们违约，却被告知：当初工人来的时候，他为了省钱，没给工人上"三险"，因此根本没有胜算。

万老板的遭遇其实应该主要从企业的内部找原因，因为他的公司对待工人过于苛刻，不要说是"以人为本"了，就连基本的善待员工都谈不上。比如说，公司规定了许多罚款条例，却没有什么奖励机制。这种管理机制最终让万老板尝到了苦果，以往他"负"员工的地方现在都反弹到了他自己的身上。

在现实生活中，总会出现这样的事情：短视的企业家为了眼前的一点点利益，不肯善待自己的员工，最后却使自己的企业蒙受了巨大的损失。这就是所谓的"厚敛薄施者凋"，只顾自己的利益，苛待员工，吝于施恩的人，最终也会被员工抛弃，企业也会因为员工没有旺盛的斗志而陷入困境。

员工是企业的支柱。即使是一名普通的员工，也是公司这台机器上一颗必不可少的螺丝钉。企业家要想长远发展，就要重视人，爱护人。一个称职的老板永远会把员工摆在第一位，懂得厚待员工的领导者才是真正的爱惜人才之人，他们明白人才对于企业发展的意义，明白员工是一家企业发展的支柱。

对员工永不吝啬，才是做大事的人的风采。山西信联集团的老板刘良才就是这样做的，因此获得了自己应得的回报。

信联集团是一家私企，但这里的劳资关系却分外地和谐。老板刘良才在企业成立之初就建立起了一整套关爱员工、维护员工合法权益的机制。他是老板，却没有只想着发财而不顾及员工的感受。他在公司里善待员工，让员工得实惠。他这样做不仅没有使公司的利润降低，还因为员工积极性高，公司的业绩蒸蒸日上，发展成为机械制造行业的龙头。刘良才的公司在成立的第二年就召开了职工代表大会，企业与职工签订劳动合同的同时，还与工会签订了集体合同。他还特意聘请了山西总工会退休干部担任企业工会负责人，维护员工的利益。公司给员工的待遇也非常好，逢年过节，领导们还会去慰问员工。因此，公司形成了自己的企业文化，大家都是亲切的“自己人”。2001年，信联集团兼并太原脱粒机厂。当时，拥有300多名职工的太原脱粒机厂负债累累，职工们的工资长期被拖欠，生活都没了着落。其他想要兼并太原脱粒机厂的企业大都是只要硬件，不要职工，刘良才却说了这样两句：所有拖欠工资，一个月内补发；所有职工，全部留用。后来，他将这些承诺全部兑现。当时，老脱粒机长宿舍楼面临拆迁，市政府给出了900万元的拆迁补偿。因为这幢楼的产权是属于企业的，按当时的规定，拆迁补偿由职工和企业四六分成。但刘良才把手一挥下了指示：将拆迁补偿款全部给职工。他的短短的一句话，使职工得到了实惠，使企业得到了职工的心。

有一次，一名老员工的儿子结婚，刘良才把自己家的几辆好车都派出去接亲，公司还专门派出人员和车辆进行全程服务。一对新人坐进自家老板的奔驰车，不约而同地说：“太有面子了！”在信联集团，这并不是偶然现象，只要公司员工办喜事，公司的车队就是员工们的免费婚车。平时员工有事，也可以随时调用这些好车。

刘良才的故事告诉我们，关爱员工不难，有心就行。“厚敛薄施者凋”，厚待员工者赢。因此，有才能、有抱负的企业家们都应当重视员工的作用。没有积极向上的员工，就没有企业的美好明天。

从包车回家看企业的“情感牌”

每年春节将临之际，许多企业的员工便都开始焦虑，许多用工单位也在焦虑，只不过，他们一个是在焦虑怎么回家，一个是在焦虑怎么让员工回家之后还能回来。

独具中国特色的“春运”是不少在外谋求发展的人每年必然要经历的，当然这个过程是相当不舒服的。喜剧电影《人在囧途》就用夸张的手法反映了春节前夕，

一个老板和一个农民工波折不断的返家旅程。艺术来自于现实，由此可见，大家是多么在意春节返家，且这一行程又是多么困难。而这，也正是企业大打“情感牌”的好机会。

一家玩具企业的职工大部分都是外地人，一到春节大家就会加入浩浩荡荡的春运大军。因为刚刚经历了一次沿海企业用工荒，几位老板担心员工在春节之后跳槽，便大打“情感牌”，包了两辆长途客车送员工返乡。当老板宣布这个消息时，员工们都很兴奋，他们说：“太好了，不用去挤火车了！现在买火车票太麻烦了。”等到腊月二十五，大家提着大包小包上了车，发现车上还准备了小吃和饮料，车载电视里正放着电影。大家一路上有吃有喝，说说笑笑，不知不觉就到家了。于是，员工们这个年过得分外高兴。在这家企业里，员工感到自己被老板重视，所以很少有离职的现象发生。

企业和国家一样，要想长治久安、长期发展，就需要厚待员工，要想员工之所想，像这家企业这样，为员工在春节时包车给他们带来的心理满意度远远超过了平时带员工去旅游之类的福利。关怀员工，就要把事情落到实处，落到员工的心坎上。这就是企业在心理和感情方面的施惠。

企业要想让员工拥有归属感，感情投资必不可少。有一项关于员工流失原因的调查发现，员工最看重的是自己在企业里是否受尊重、对工作是否有兴趣，以及企业和自身的发展，其次才是收入和待遇是否优厚。由此可见，员工除了最基本的生活需求外，越来越重视自我价值的实现与被尊重、被需要的需求。企业要想管理好自己的员工，就要更多地满足员工更高层次的需求。比如，现在越来越多的企业都喜欢在公司名字后面加上“人”字作为群体的称呼，如“海尔人”“奇瑞人”等。这相当于画出一个“圆”，将员工包在里面，使员工在情感上获得满足，为自己能够成为其中的一员而骄傲。

对于员工来说，被企业当做“自己人”共同进退，得到公正的待遇，是一件愉快的事情。而如果被领导或明或暗地排斥，就会令人感到不满，甚至萌生去意。

一个食品企业的老板为了扩大规模，快速建立销售网络，提升销量，专门找“猎头”从另外一家企业挖了一大批营销业务员。这些人入职之后，果然不负所望，兢兢业业地为企业开辟了一大片市场。但是到了销售淡季后，老板一算账：哎呀，事情少，员工却多，如果再养这么多人，利润就要下降了。于是，他就把那些业务员叫来说：“现在是淡季，公司没有什么事，从现在起大家放假，等到旺季再过来上班吧。”老板自以为很聪明，还为省了不少工资和分成而偷偷高兴。谁知，意想不到的事情发生了。这批业务员不久就办理了辞职手续，转投其他企业。尤其严重的是，那些业务员的离开让企业中的老员工开始担忧：万一老板以后也给自己来这么一手那可怎么办？于是不少人也开始辞职另找工作。因为公司大幅度换血，许多经销商也随着离开的业务员离开了，公司原本扩大了的市场份额又缩了回去。

其实，在这里，业务员们不仅是因为酬劳上的损失而离去的，他们很大程度上是恼怒在公司得不到认同，还被老板赤裸裸地视为赚取利益的工具：有用时就让他们来上班，没用时就让他们回家吃自己，如同兼职一样。老板以对待兼职的心态对待他们，他们自然不会对企业忠诚。于是，恶果出现了，新员工的出走引起了老员工的不安定情绪，产生了多米诺骨牌效应，让老板竹篮打水一场空。

员工管理是一门大学问，既包括物质上的满足，也包括方针政策的得人心，以及人力资源管理等方面的工作，员工的发展问题也是其中的一个方面。当一家企业达到一定规模，拥有众多岗位、分公司、子公司时，员工往往具有很大的发展空间。但是许多企业的员工对自己的发展和前途没有特定的规划，时常感到迷茫，不知自己的明天在哪里。如果企业能够帮助员工去作好他们的人生规划，尤其是职业生涯规划，使员工了解自己的优势所在，企业会给他们提供什么样的发展空间，从而让他们感到“这是一家关心员工个人发展的企业，值得让人终身为之工作”，试问，这样一来，还会有谁愿意轻易地离开呢？

总之，厚待员工，要从心开始，在进行科学规划的同时，不要忘记情感方面。人都是情感动物，当员工在情感上感受到企业的付出时，就会自发地把自己与企业联系在一起，为企业尽心尽力地工作。

安礼章第六

本篇内容比较有概括性，列举了一般人在为人处世或是做事方面可能会出现的一些情况，指出了人性中的很多缺点和失误，提醒人们在遇到一些失意或是窘迫的情况时该如何做。虽然距离此书成书已经过去了千年，但在人生的法则方面，古今却是共通的，这些方法对现代人来说依然具有借鉴意义。沿着先贤指出的轨迹，我们要学会反思、学会谦让、学会思索、学会正确判断人心，然后才能修德、立志，获得人生的大智慧。

安礼章（一）：不舍小过易生怨

经典再现

怨[1]在[2]不舍[3]小过。

迷津指点

①怨：怨恨。

②在：产生于。

③舍：赦免。

古文译读

怨恨产生于不肯赦免小的过失。

前沿诠释

“人非圣贤，孰能无过”，谁没有犯过错呢？要想苛求别人不犯错是不可能的。然而在现实生活中，人们彼此之间，尤其是老板对待员工时，总是百般挑剔、鸡蛋里面挑骨头，总觉得在这个世界上除了自己，别人都是错的。面对这样的老板，哪个员工能受得了？他们心里必然会有不满的情绪，进而滋生怨气。所以，会做人的老板不会为了一点小事喋喋不休，这样才能体现出领导者应该有的雅量和涵养，员工心情舒畅，公司的凝聚力才会越来越强。

作为个人，我们要用博大的胸怀去包容别人的缺点，不因为一些小的过失就轻易否定一个人，只有具备了这些品质，才能成就大事。

郑灵公：一只癞头鼋引发的血案

春秋战国时期，天下大乱，礼乐崩坏，社会动荡不安。宣公四年（前605），郑国发生了一件事情，非常生动地显示出居上位者心胸狭隘，对人设计刁难，结果反而惹怒了对方的情形，正验证了“不舍小过”的危害。

人们常说吃饭事小，生死事大，可偏偏就有这么两个人，为了一点吃食，结下了深仇大恨，由此引发了一场让人感叹不已的血案。最后的结局就是国君枉送了自己的性命，国家也没有逃脱改朝换代的命运。

青铜器王子午鼎。春秋时期楚庄王的儿子、楚共王的弟弟王子午铸。该鼎平底束腰，两耳外撇，三足粗壮稳固。鼎口上扣平盖，盖顶有桥形把手。

郑灵公即位不久，楚国为了向郑灵公表示祝贺，特送上一只鼋，寓意郑国能千秋万代，万古长存。郑灵公非常高兴，特意下令让后厨炖成一大锅鼋羹，要与满朝大夫一同享用此等美味。

来得早不如来得巧，这时公子归生和公子宋正好来拜见郑灵公，他们二人都是郑国的权臣贵戚。快到大殿时，公子宋突然停下了脚步，让公子归生看自己右手的食指。公子归生看见他的食指在一动一动的，并不觉得有什么奇怪。公子宋说："老兄，你再仔细看看啊，这可是它自己在动啊，不是我在动。"公子归生仔细观察了一番，果然发现公子宋的食指在自己动，好像在抽筋一样。公子宋得意地说："你别小看了我的食指，它每次自己动的时候，就说明我今天要有美味享用，屡试不爽。看来今天国君那儿一定有好吃的等着我去享用呢。"

公子归生却不以为然，觉得一定是他自己想象的，也没有放在心上。没想到等二人踏进大殿时，真的有一股香气扑鼻而来。他们看见郑灵公的大厨正忙着把一只巨大无比的鼋大卸八块，放进旁边一大锅煮沸的汤里。鼋可是极其美味而且有营养的补品，没想到食指动一说真的灵验了，公子宋和公子归生两人不由得相视而笑。

等到百官都被招进宫后，大家纷纷议论公子宋神奇的食指。郑灵公见状便问道："你们大家都在说什么呢？说出来也让寡人高兴高兴。"公子宋很是得意，就站出来把事情的来龙去脉绘声绘色地讲了一番，最后还不忘说："原来今天国君要招待我们喝鼋羹，怪不得我的食指动得那么厉害呢！"

郑灵公看到公子宋那副得意的表情，心里有种莫名其妙的不快，就显出怀疑的样子说："那我们今天就试试是不是真的有那么灵验。"

一直等到太阳快下山了，鼋羹才煮好。几个厨师抬上来一大鼎热气腾腾、香气四溢的鼋羹，顿时整个大殿里都飘荡着鼋羹的香味。等待已久的人们早已饥肠辘辘，闻到这股香味更是忍不住直咽口水。公子宋急切地拿起了筷子，准备品尝这美味。

厨师们把大鼎放到郑灵公的面前，郑灵公先说了几句场面话："这只鼋是楚国为了祝贺寡人登基特意赠送的，是稀有的美味，但是寡人又不忍独自享用，特邀请各位大人前来一起品尝，希望大家今天都不要拘束。来，给各位盛上。"话说完后他却悄悄示意手下不要给公子宋盛。

厨师舀了一碗鼋羹先奉给了郑灵公，郑灵公小尝了一口，啧啧称赞："真是美味啊！"接着，厨师又把盛好的鼋羹一一送到大夫们的面前，眼看就要轮到公子宋了。公子宋急急忙忙地伸手要去接。谁曾想厨师却端着汤径直向前走，递给了他邻座的大夫。公子宋接了个空，心里猛地一沉，再看看周围人都在品尝美味，唯独没人管自己，立刻明白了：这绝对是郑灵公的意思。

郑灵公一边品尝着美味的鼋羹，一边跟大夫们说笑，还不时地用眼角的余光得意地瞅瞅公子宋，仿佛在说："我不赏赐你，你的食指再灵验，也是没用的！"公子宋看到这种情形，愤怒至极，心里想着："好啊，你不给吃，我今天还就吃定了！"他愤然起身，走到大鼎面前，伸出他那会动的食指，放在鼎里蘸了一下，然后在众目睽睽之下，把食指放在自己嘴里狠狠地吮吸了一下，说："哈哈，果然是美味啊！"说完就大摇大摆地走出了殿门。

郑灵公看到此情景，暴跳如雷："公子宋在寡人面前竟敢如此放肆！他眼里还有国君吗？寡人一定要杀了他才能解心头之恨！"殿上的大夫们听到这样的话，个个吓得不寒而栗，连大气都不敢出了。其实郑灵公此举实在太过分，两个人不过是为了面子赌气，闹过之后就应该大事化小，小事化无，但郑灵公却因为公子宋"染指"鼋羹一事不依不饶，连杀人的话都说了出来。这怎么能不让群臣忧心、让当事人怨恨呢？

公子宋回到家中怒气难消，他也意识到自己闯祸了，不一会儿又听说郑灵公要杀自己，心中更是惴惴不安。于是，公子宋就想：与其在这里等死，何不先下手为强。于是，他就来到公子归生的家里，同他一起商量对策。结果公子归生胆小怕事，不敢与公子宋合作。公子宋怕公子归生会跑去给郑灵公通风报信，就到处散布谣言说"公子归生和郑灵公的弟弟公子去疾一起密谋造反"。

郑灵公（？—前605），春秋时郑国国君，姬姓，名夷。郑穆公之子，为公子宋与公子归生所杀，在位仅一年。

公子归生吓得赶紧去找公子宋商议。公子宋的目的就是要将公子归生拉下水，他趁机说："你看看郑灵公为了那么一口汤就跟我斤斤计较，可见他是一个心胸狭窄之人，在处理国事上也昏庸无能，长此下去，我们郑国定然会毁在他的手里。所以我们现在应该一起废除昏君，另立明君。"听完公子宋这一番慷慨激昂的说辞，公子归生不得不答应了与他合谋。

郑灵公为了汤羹的事一直耿耿于怀，他想杀了公子宋，又怕天下人知道他是

为了这种小事杀人，会留下笑柄，便想等人们把这件事忘得差不多了再杀了他。可是，郑灵公还没等到那个时候，公子宋便发动政变先杀了他。

郑灵公死后，他的弟弟公子坚继位，就是后来的郑襄公。公子宋虽然出了一口气，但也没落得什么好结果，他最终因弑君而被诛杀。

纵观整件事情，其起于微末细节，然而却让国家和百姓都无辜地陷于水深火热之中，着实让人啼笑皆非，如果郑灵公和公子宋其中一个能有“宰相肚里能撑船”的胸襟，也不至于落得如此下场。郑灵公身为一国之君，却没有一国之君的风度，为了臣子的一番话而较真，而公子宋也是太过于斤斤计较，故意违逆君上，最终两人都招致杀身之祸，可是这种结局又能怪谁呢?

我们做人应该懂得取舍，不要凡事都斤斤计较，对别人要有宽容之心、海纳之量，这样我们在人生前进的道路上才能得到更多人的帮助，成就大事。

楚庄王：从“绝缨之宴”看领导艺术

“春秋五霸”之一的楚庄王是历史上一位很了不起的君主，关于他的故事有很多，其中“绝缨之宴”的故事最著名。楚庄王在处理此事的过程中体现出的领导艺术为人所称道。

有一次楚庄王对外作战大胜而归，要好好地犒赏三军。他大宴群臣，将士们从中午一直喝到天黑掌灯，都喝得东倒西歪，满面红光。庄王见将领们都在兴头上，就破例让自己的爱姬许姬出来跳舞助兴，并让她给群臣斟酒。大家喝得正高兴的时候，不知从哪里忽然刮来一阵怪风，将蜡烛吹灭了，帐内顿时一片漆黑。这时将领中有一人不安分，趁着黑拉扯许姬的衣袖。许姬急忙挣脱，并趁机把这个人的冠缨扯了下来，然后走到庄王跟前小声地告诉他这件事，并要求检查大家谁缺了冠缨，一定要严惩那个人。

楚庄王（？—前591），又称荆庄王，芈姓，熊氏，名旅，谥号庄。楚穆王之子，春秋时期楚国最有成就的君主，“春秋五霸”之一。

此时庄王却吩咐掌灯的人等一会儿再点灯，然后对群臣说：“今天难得大家都喝得这么高兴，不如把头上的冠缨都取下来，痛痛快快地喝个一醉方休。你们谁不拿下来，就不许再喝酒了！”等在场群臣都摘下了头上的冠缨，庄王才叫人去掌灯。这样一来，就没有人知道刚才是谁扯了许姬的衣袖，此事也没有声张出去。后来在与敌国的交战中，有位将领总是冲在军队的最前边，奋勇杀敌，立下许多战功。庄王问他为什么要如此奋力杀敌，那个人说："大王还记得当年的'绝缨之宴'吗？当时我有点喝多了，做出了无礼的事情，许姬扯下的冠缨就是我的。然而您却有意宽恕我。为了感谢大王的宽宏大量，我每次打仗都一定要冲在最前边。"

楚庄王宽容属下的小错却得到一员猛将，真是划算。其实，在现实生活中，我们经常会遇到类似的尴尬场面。有时，员工会有错误的举动或是一时冲动惹了麻烦，遇到这种状况我们该怎样处理？平庸的领导会当着众人的面斥责这个员工一顿，这样不但不能解决问题，反而会把矛盾激化，也会招来员工的抱怨和不满。聪明的领导总是能看清问题的本质，会改变思路，将这些看似尴尬棘手的问题巧妙地解决，化不利为有利。比如说：休息时间闲来无聊，员工总是喜欢议论别人的长短。如果员工正在议论某位领导的时候，恰巧被这位领导听见，那可真是一件极其尴尬的事情。你身为领导，员工在背地里骂你，而且很多人都听到了，面对此种局面你该怎么处理？如果你当着其他人的面惩罚这个员工，很显然会被认为是在公报私仇，以后员工会更加不尊重你，而那个被惩罚的员工也会更加怨恨你；如果对此置之不理，员工就会觉得你这个领导太好欺负了，以后就会更加肆无忌惮。好像不管你怎么办，结果都不会很理想。聪明的领导遇到这样的事情，一般都会用开玩笑或者其他的方式来化解尴尬的局面。这样，骂你的员工也一定会觉得不好意思，从而感谢你的宽宏大量；反之，如果他不但不感激你，反而变本加厉的话，你惩罚他的机会还有很多，不必非要在人前追究此事。

楚庄王没有因为部下的一时冲动而责怪他，反而演绎了一场"绝缨之宴"的传世经典，为自己赢得了部下的无尽感激和报答。这才是领导者的艺术和魅力所在。然而也有很多人不明白其中的道理。在楚庄王大宴群臣之后，许姬就问楚庄王："男女授受不亲，更何况我还是您的爱姬呢！今天在宴席上，大王让我给群臣斟酒，这是大王对大臣们的尊敬，可是有人拉扯我的衣袖，这就是他们对大王的不敬。大王为什么不严整君臣之礼呢？"楚庄王解释道："自古以来，酒桌之上无大小，更何况是我让群臣不醉不归，尽情饮酒的，酒后失态也是难免之事。如果我因此就把那人拿来问罪，不但会显得我度量狭小，而且也会伤了将士们的心，最后弄得不欢而散，这并不是我想要的结局。"听了楚庄王这番话，你是不是会有所感悟呢？《东周列国志》中髯翁有诗赞楚庄王：

暗中牵袂醉中情，玉手如风已绝缨。

尽说君王江海量，畜鱼水忌十分清。

安礼章（二）：积善成德终有报

经典再现

福[1]在积善[2]，祸[3]在积恶[4]。

迷津指点

①福：福寿。

②积善：积德行善。

③祸：灾难。

④积恶：多行不义，总做坏事。

古文译读

福寿在于积德行善，灾难在于多行不义。

前沿诠释

佛家常说：种得善因得善果，种得恶因得恶果。“善不积不足以成名，恶不积不足以灭身。”每个人的幸福不都是在不经意间得到的，飞来横祸也不都是毫无原因的，它们往往都是由许多小因素积累而成的。如果能时常解别人之所难，急别人之所急，这就是种下了善因。如果常做一些损人利己、不仁不义的坏事，那就是给自己种下了祸根。

不管是福寿还是灾祸，都是由先前所做的一件件善事或恶事逐渐积累起来的。孔子说：“一个对别人有恩德的人，其福报在三代人之后才会消失。”

纵观历史，周朝因为文王的勤政爱民加上先人和子孙的累世积德，才会有800多年的基业，秦王朝以暴政治天下，只留存了短短的15年。朝代的更替尚且如此，更何况个人和家庭呢？所以做人谋事都要先斟酌好是非善恶，不要因为一时的利益就泯灭良知，这也是处世要遵循的最基本的原则。

秦始皇：千古一帝的哀颂

秦朝是中国历史上第一个封建集权制的国家，秦始皇嬴政是中国历史上的第一个皇帝。作为前无古人的封建国家的最高统治者，他希望自己能够长命百岁，更希望自己的王朝能够千秋万代长盛不衰。事实上，不仅他自己没有长命百岁，大秦帝国也只存在了短短的15年。曾经盛极一时，开创了中国历史上众多“第一”的秦王朝，怎么会那么快就覆灭了呢?

历史学家们对此有不同的说法，但观点大致相似。西汉贾谊所写的《过秦论》中就将秦王朝灭亡的原因归结为“仁义不施，攻守之势易也”。司马迁在《史记·秦始皇本纪》中也曾经引用贾谊所写的内容，并称赞其“善哉乎贾生之推言之也”。由此就可以推断，司马迁也认为秦王朝灭亡的原因是秦王不施仁政。

史书上记载，秦始皇本身是一个很残暴的人，但是他同时也兼具霸气，做事果断，深谙法家的思想，并以之治理国家，因而最终得以成就霸业。然而，秦始皇在统一天下之后，不断积累恶因，以暴虐来统治国家，动不动就使用酷刑，经年累月地大兴土木，修建豪华的阿房宫和骊山墓，耗费巨大的人力、财力修建长城。秦朝建立以后，年年赋税沉重，兵役和徭役繁重，黎民百姓在水深火热之中挣扎。

据史料记载，秦始皇为了夸耀自己统一六国的丰功伟绩，每消灭一个国家，就雇用大量的画师，让画师把该国的宫殿画下来，然后回到秦国就照着样子仿造，因此，秦国的领土上就建造起了数以百计的各式宫殿，其中最有名的就是阿房宫。唐朝诗人杜牧曾在《阿房宫赋》中描述了阿房宫的占地广阔和奢华气势：“覆压三百余里，隔离天日。骊山北构而西折，直走咸阳。二川溶溶，流入宫墙。”据说，为了建造阿房宫，秦始皇下令从全国各地征调了数以百万计的能工巧匠不分日夜地建造，直到他死时，这座气势恢弘的宫殿也没有建完。

秦始皇（前259—前210），嬴姓，赵氏，名政，为中国历史上首位皇帝，被明代思想家李贽誉为“千古一帝”。

为了抵御匈奴来犯，巩固统治，秦始皇调集100多万人到达绵延几千公里的北部边疆，开始修建巨大的国防工程——长城。民间广为流传的孟姜女哭长城的故事，原本是发生于早于秦始皇300多年前，但是后来经过民间的演绎，此事被强加在了秦始皇头上。由此也不难看出当时的人们对秦始皇的怨恨。同时史书中也记载有“民夫的尸骨填平了沟壑”之言，这充分显示了修长城这一举措对人民造成的伤害。

而且，秦朝的法律严厉而残酷，官吏执法也是毫无人道。秦朝的严酷刑罚主要是继承了战国时期秦国的衣钵，商鞅变法奠定了其法制基础，后经过以韩非为代表的法家的系统化整理，加上丞相李斯的发扬光大，秦王朝最终形成了一套比较完善的法律体制。当时最令人不寒而栗的刑罚有株连九族、五马分尸、腰斩、活埋等，商鞅最后就是被五马分尸而死的，丞相李斯最后被腰斩。据史书记载，许多百姓因为惧怕刑罚，有的逃亡深山老林，有的则占据山头当起了强盗。

秦始皇从即位之时就开始修建自己的陵墓——骊山墓，直到他死的时候还没有完工。这项工程极其巨大，动用70多万工匠，历时38年，耗费国家税赋的三分之一。在2000多年前，生产力不发达、科学技术落后的情况下，这可以说是在挑战人类建筑的极限。

秦始皇陵兵马俑。此兵马俑坑是秦始皇陵的陪葬坑，位于陵园东侧1500米处，坐西向东，三坑呈品字形排列。

经专家勘测，秦始皇陵墓占地面积达57平方公里，分内、外两城。陵墓东侧是大型兵马俑坑，西侧是车马陪葬坑。据《史记》记载：秦始皇陵墓挖地极深，并浇灌铜液加固。墓中建造了大量宫殿，还有文武百官的位次，陪葬有大量的金银财宝。为防止陵墓被盗，秦始皇令工匠设计了机关暗器；陵墓地下又灌注大量水银，造型似江河湖海；又用鱼油膏做成蜡烛，点燃长明，久不熄灭。可以说，秦始皇是倾一国之人力、财力、物力来为自己修建陵墓。他想死后享福，却不明白真正的福应是从善行中得来，而不是从这金碧辉煌的陵墓中得来的。

由于秦始皇当政期间所施暴行太多，失了人心，民众早已怨声载道，他的大儿子扶苏实在看不下去，就去向他进言，却被发配去镇守边疆。秦始皇死后，他的幼子胡亥怕扶苏与自己夺位，便设计害死了扶苏，自己登上了皇位，世称秦二世。秦二世胡亥继位之后更是独断专横，他没有秦始皇的才能与霸气，在暴虐方面却比秦始皇更加变本加厉，他任用奸臣，残暴不仁，奢侈享乐，使得国家上下一片混乱。秦朝累积的恶因最终引发了中国历史上第一次大规模的农民起义——陈胜吴广起义。后来，秦二世被奸臣所杀，大秦帝国灭亡了。

所以说，不管是一个人还是一个朝代，想要走向成功，都必须要求自己积德行善。善有善报，恶有恶报，不管是好的结果还是坏的结局，都是自己积累而得的。如果秦王朝施行仁政，替百姓着想，不断地实施有利于他们的政策，那么百姓自然会拥戴这样的统治者，国家也就会久盛不衰了。

以人为本，企业发展的要素

汉朝初期，由于经历了秦汉之际的连年征战，国家民生凋敝。汉文帝时期，有一年，某地大旱，庄稼颗粒无收，老百姓都交不起赋税。汉文帝听到这个消息之后立刻下旨："从今年开始三年之内，免去该地百姓所有的税赋徭役。"从而使百姓安然渡过这个难关。到了汉景帝的时候，他也效法文帝与民休息的政策，渐渐使各地的百姓富足起来，国家也开始从战争的阴影中走出来。文帝和景帝之所以这样做，是因为深知这个道理：百姓是国家的命脉和根基，对百姓好就是对国家好，百姓富足，国家才能富强起来。正是由于汉初施行的一系列安民政策，才为汉朝的统治奠定了坚实的基础，这一时期也被称为"文景之治"。

汉景帝刘启（前188—前141），是汉文帝刘恒长子，在位16年，终年48岁，谥号"孝景皇帝"。西汉第6位皇帝，与其父开创了"文景之治"。

所以说，统治者如果能时刻为百姓的安危着想，百姓自然也会拥护他。其实，统治者善待百姓也是一个循序渐进的过程，只有不断地积善，百姓才能安居乐业，国家才能繁荣昌盛。"文景之治"就开创了以人为本的管理先河，现代企业的管理者也将这一思想应用到了企业管理中。

作为企业的管理者，首先应该以员工为本。因为只有员工才能让企业的目标变成现实，没有员工的辛苦工作和创新，企业就不可能有更好的发展。所以被称为"现代管理学之父"的德鲁克说过："人力是一种资源而非成本。"对于员工来说，要不要积极勤奋地工作，更大程度上是取决于自己。因而想让员工心甘情愿地把自己的工作做好，就需要管理者来关心、尊重、培养和激励员工，如果能够尽最大的努力激发员工的积极性，那企业在成长的路上就会无往不胜。

有一家火锅连锁店就起了很好的表率作用。他们的管理者认为：提升员工为顾客服务的质量的关键不在于让他们参与培训，而是需要企业创造出可以留下员工的环境。基于上述认识，该企业为员工提供了多种福利待遇，比如为员工解决食宿问题和子女上学问题，给每一位员工提供平等晋升的机会等。这就从物质层面到精神层面来挖掘、鼓励员工的创新能力，使大家有归属感，从而积极主动地为企业工作。这些付出使店里的工作人员工作非常积极，也为这家火锅店带来了丰厚的利

润。现如今，该火锅店旗下已有几十家连锁店。

每一个企业想要长久地发展，就应当维护其所处环境的安全，这一环境往大处说，就是社会。每一个有远大目标的企业都应该担负起自己应负的社会责任，不管是对企业，还是对公众、对环境，都应该贡献企业应有的力量，共建一个可持续发展的和谐社会。

王永庆（1917—2008），台湾台北人，台湾著名的企业家、台塑集团创办人，被誉为台湾的"经营之神"。

台湾著名企业家王永庆年少时家境贫寒，但是他凭借自己多年的努力和打拼最终成为台湾首富，被人们誉为"世界塑胶大王""经营之神"。但是他没有被这些浮华冲昏头脑，而是始终秉持与人为善、和气生财的信念，总是给自己的下游客户提供物美价廉的原材料。因为在他看来，客户的利益才是自己最大的利益。王永庆始终坚信得人心者得天下的真理，也因为这种坚持，他的生意才越做越大。在自己事业蒸蒸日上时，王永庆也没有忘记生他养他的故土，斥巨资在家乡修建了多家医院。他从来没想过这些医院能给自己带来什么利益，只想用一己之力帮到那些需要帮助的人，改善当地不良的医疗条件。没想到，这一举措却是无心插柳柳成荫，不指望获得利润的这些医院却每年回报给他60多亿元的利润，甚至超过了他麾下其他企业的利润。

美国的兰德公司曾用20多年的时间跟踪研究500多家世界级的大公司，发现这些百年不衰的企业都有一个共同点，那就是从来没有把追求企业利益最大化作为最重要的发展目标，而是看重超越利益的社会目标。一个真正有远大目标的企业是会为他人造福的企业，尽管企业建立的目的就是获取利润，但在此过程中却不能见利忘义，而是要承担社会责任，为社会和大众作出贡献。如此一来，才能打下良好的企业形象基础，厚积薄发，获得长远效益。行善行，做慈善，虽然这些事情看起来好像都是在无偿投资，但却在无形中为企业提升了知名度、美誉度，而这些"荣誉"日后为企业所带来的价值会远远超过企业的付出。

所以说，不管是国家、企业，还是个人，如果能坚持积德为善，造福民众，那就一定会有好的发展。

安礼章（三）：安在得人，危在失士

经典再现

安在得人①，危在失士②。

迷津指点

①人：善于谋略的人，人心。

②士：贤士。

古文译读

国有善人，则安。朝失贤士，则危。

前沿诠释

《素书》中的这句话仅仅用了8个字就精辟地为我们阐述了一个真理：人力资源对任何事业来说都无比重要。无论是管理一个国家还是一个企业，都要知人善任，人尽其用。国家的发展离不开人才的力量，企业的发展同样需要人才的支持。得到贤人往往能开拓新局面，带来新成绩，而失去重要的人才，就会造成巨大的损失，甚至面临倾覆的命运。

燕惠王：失人失天下

得到一个人才可能使国家和事业兴旺发达，同样，失去人才可能就会使正在开拓的功业功亏一篑。春秋时期的燕惠王便是如此，因失人而失天下。

在古代，人们总是把管仲和乐毅相提并论，管仲一向以贤明能干著称，乐毅济世救国的才能也不输于管仲。乐毅早年间在赵国任职，之后因沙丘之乱离开赵国，辗转到了魏国。燕昭王正在招纳贤士，想一雪被齐闵王打败的国耻，听说乐毅是个人才，就以厚礼极力挽留。后来乐毅就留在燕昭王身边，做了亚卿（周制中的一种官职）。

那个时候，齐闵王的军事力量十分强大，曾经大败楚国宰相唐昧，力挫西边三晋的势力，还协助赵国灭了中山国，并一举打败宋国，将自己的领土扩充了数千里。不可一世的齐闵王总是骚扰周边邻国，这激起诸侯的普遍不满；他对内也是横征暴敛，

连年的征战给国家带来巨大负担，百姓们早已苦不堪言。此时的齐国可谓是内忧外患兼备了。

乐毅，子姓，字永霸，战国后期军事家。他曾统率燕国等五国联军攻打下齐国七十余城，创造了中国古代战争史上以弱胜强的著名战例。

燕昭王想趁此机会讨伐齐闵王，就问乐毅是否可以。乐毅说："齐国现在处于窘迫的境地，却仍然保留了以前厚实的基业。正所谓瘦死的骆驼比马大，单单凭我们现在的力量还不足以与它抗衡。大王如果一定要兴兵讨伐，最好能联合楚国、魏国还有赵国一起行动。"燕昭王听取了乐毅的建议之后，派他到赵国与赵惠文王签订了联合抗战的协议；同时又派自己的其他亲信去联络楚、魏两国一起伐齐；此外又说服了秦国出兵。各诸侯国早就痛恨齐闵王的残暴不仁，于是便争相要和燕国一起去讨伐齐国。彼时，乐毅被封为上将军，总统五国兵马前去讨伐齐国。

在乐毅的指挥下，伐齐的大军浩浩荡荡地杀向齐国，与齐军厮杀得天昏地暗。最终联军打败了齐国军队。就在各诸侯国的军队沉浸在胜利的喜悦中，要班师回朝时，只有乐毅还带领燕国的军队对齐军穷追不舍，一直追到临淄。齐国丢失了七十余座城池，兵马损失惨重，齐闵王趁乱仓皇逃跑。乐毅率领燕军围攻齐国都城，将城中的奇珍异宝、财物粮草悉数运回燕国。这一战，乐毅为燕国立了头等大功，燕昭王特封乐毅为国昌君，命令乐毅继续攻打齐国。

就这样，乐毅率领燕军南征北战，东讨西伐，围困齐国，前前后后长达五年之久，并把之前攻下的七十余座齐国城池都改为燕国的郡县。这个时候的齐国已经到了快要亡国的境地，只剩下莒城和即墨两座城池还没有被攻破。偏偏这个时候燕昭王不幸病故，他的儿子燕惠王继位。燕惠王与燕昭王不同，燕昭王知人善用，他却是小肚鸡肠、嫉贤如仇的小人，在做太子的时候就对乐毅非常不满。当时齐国即墨城中有一个叫做田单的人，就利用这个矛盾施行反间计，散布谣言说燕国的上将军乐毅和燕惠王之间有隔阂，乐毅派人联系齐国的士兵让他们留守在齐国，想自立为王；还说齐国现在的这种局面都是拜乐毅所赐，但是齐国却一点都不惧怕乐毅，反而怕燕国会派其他将领来攻打，那样齐国怕是真的要灭亡了。

燕惠王本来就看乐毅不顺眼，早想除掉他，听到这个消息后，就马上派人将乐毅召回燕国，派其他将领代替他。乐毅明白：君王在这么紧急的关头把自己替换下来，一定是用意不善，真要回到燕国恐怕会有杀身之祸，于是他就径直逃到了赵国。赵惠文王看见乐毅来投，高兴极了，立刻封乐毅为望诸君。

乐毅去了赵国之后，燕惠王的日子很不好过，每战必败。齐国田单趁乐毅不在，设下“火牛阵”一举攻破燕国大军。从此，齐、燕两国的战局发生了急剧变化，燕军屡屡战败，齐军乘胜追击，在短短的几个月之内就收复了齐国的全部失地。

燕惠王失去了乐毅，随后就失去了得自齐国的所有领土。此时，他才回过神来，后悔自己当初误会了乐毅，又派人去请乐毅回来。乐毅毫不犹豫地拒绝了他的邀请，因为他知道，等到他帮燕惠王打下了齐国，燕惠王便会再次“卸磨杀驴”，到时候自己可就真的死无葬身之地了。于是，燕惠王妄动小人心思造成的后果就是他不仅仅失去了一个乐毅，同时也葬送了燕国的希望。

现实中像燕惠王这样的领导者比比皆是，他们因为自己小肚鸡肠，或是其他诸多原因而听信谗言，怀疑自己身边的得力干将有二心。等到这个人真的远离他时，他才知道对方的重要性。纵观古今，凡成就大事的人，都要具备敏锐的眼光以及慧眼识英雄的超凡智慧。一个人的力量毕竟有限，只有广纳贤才并得到他们的协助，才有可能成就一番事业。所以，善待人才，并且把他们留在自己身边重用他们，才会取得最后的成功。

清朝末年：庸官庸人难保江山

晚清历史是每个中国人都会感到愤怒屈辱的一段历史，《红楼梦》中有判词说：“呼啦啦似大厦倾，昏惨惨似灯将尽。”用它来形容晚清的形势，真是无比恰当。清朝自清高宗爱新觉罗·弘历之后，国运就江河日下，而且中央集权越来越严重，人们的头脑越来越死板。锐意进取之心没有了，开拓创新精神不见了，只剩下一群不论年龄高低但在思想上已经步入老朽状态的士人。

当时的清朝统治者把清帝国自诩为“天朝上国”，在骨子里有一种天然的优越感，根本不把海外国家放在眼里。朝堂之中，从皇帝到各级官员都闭目塞听、妄自尊大，在对外认知和国家发展道路上甚至到了缺乏常识、胡说八道的地步。但是真实的世界是怎样的呢？虽然清朝的生产总值仍然位居世界前列——GDP达到了全世界的三成，但从清代中期开始，故步自封的清朝在科技水平和思想水平上已经大幅度落后于已经完成工业革命的欧洲各国。然而此时的清朝官员对此懵懂不知，依然沉迷于在故纸堆里找学问，而他们研究的学问也早已变了味道，将千年的文明扭曲得僵硬而死板。另外，他们对西方的无知达到了让人感到不可思议的程度：直到清

政府已经与英国开战了，满朝上下还不知道“英吉利”在何方，道光皇帝居然还问英国会不会从回疆方向过来攻打大清。而一些地方炮台上放着的居然是200多年前的火炮。在清政府这驾大马车上，不要说是诸葛亮、祖冲之之类的人才，就连“明白人”都很少。

古人都说，国之将亡，必有妖孽，其实应该说是国之将亡，必出庸臣、逃兵。晚清朝廷官员虽多，武将虽众，却打不过远道而来的英军舰队。鸦片战争一爆发，清军就呼啦啦似大厦倾倒，一个战场连着一个战场地失败。但是这些失败并非因为实力方面的绝对低下，而是因为官员腐败，他们平时惫懒自大，临战时昏庸无能、贻误战机，等开战了便立刻逃跑！关天培在广东惨淡经营海防，虎门要塞好不容易有了个样子，钦差琦善一来，就把一切都搞砸了。琦善骄横无知，拒绝向炮台增兵。结果在1841年的虎门之战中，由于清军调动不利，海防松弛，老将关天培壮烈战死，虎门失守。而在广州之战中，清朝参赞大臣杨芳想当然地认为英军之所以能迅速攻占虎门，是因为有“邪术”，只要破其“邪术”，就能够打败洋人。因此，他一到广州就运用他迷信而愚昧的头脑，命人在民间搜集马桶，盛以女人粪尿，挂到前线去，结果闹了一场大笑话。他还用纸扎草人，建道场，祷鬼神，指望用这些方法来破敌。被派往广州的将军奕山也不是什么聪明人，他对打仗一窍不通，只知日夜饮酒作乐，希图侥幸成功。他还自作聪明了一把，派人去夜烧英军的船舰。自以为成功的他当晚在帅府大摆庆功宴。谁知第二天清早一查，英军不过损失几条舢板而已，反而是泊于珠江两岸的民船被烧毁了一大片。就这样，一群“窝囊”官员造成了清政府在中英鸦片战争中的失败。

1842年，清政府与英国签订《南京条约》，这是中国近代史上第一个不平等条约。

等到中英双方在南京签订《南京条约》时，英国人请清朝和谈代表登舰参观。清朝大员们看到英国军舰在长江上行驶如飞，一个个目瞪口呆，怀疑是英国人用蛮牛拉动军舰翼轮来操纵的。在不平等条约中，英国得到了“治外法权”。在今天的人们看来，这是一个外交大耻辱，但在当初谈判时，这一权力竟然是清朝官员因为嫌审问外国人麻烦而主动送给英国的。至于这一次的租借香港和以后的“租”这“租”那，清朝官员们竟然不觉得有什么不妥。

从1840年开始，清政府一直处于连续不断的御国作战中，但就算如此，清朝官员中也很少有人想到要学习西方的先进技术，连被人称为近代“开眼看世界第一人”的林则徐也曾对朝廷上书说：洋人在陆上作战毫不可惧，因为洋人两腿绷直，不能打弯，所以慎防海战后即无大患可虑矣。一些军官在双方处于交战状态时，还听任英人自由上岸补给，测绘内河河道航线，一点防范意识都没有。

晚清衰落、受尽屈辱的原因不仅在于国力衰退，更在于人才凋零。文臣无谋、武将无胆，天下士子缺乏眼界，“万马齐喑究可哀”。在与“洋人”打了那么多仗之后，人们对西方人的看法依然幼稚。一个叫金应麟的大理寺少卿认为洋人两腿软弱，一击就倒。还有些官员说，西方人腿长无力，只能用布缠裹，不能奔跑；他们的眼睛的颜色有蓝有黄，必定害怕日光，中午是不敢睁眼的。一位姓周的御史说，洋人平时吃的是牛羊肉粉，必须用大黄和茶叶消化，数月不吃，就会因眼瞎肠塞而死，所以只要断绝这两种物品贸易，就能掌握西方人的命脉。更令人啼笑皆非的是，居然有官员奏请让檀道济带兵出战，但是名将檀道济早在1400年前的南朝就死了，怎么会穿越到清朝来给他们打仗？这岂不是一个“关公战秦琼”的大笑话。

吏治的腐败让衰落的清朝雪上加霜。那些头脑如同老古董一般的清廷大员每日只会在朝堂上钩心斗角，却对国家的发展没有任何想法。而在军队里，吃空饷现象早就不是什么新鲜事，武将甚至公开违反体制，坐着大轿去兵营“练兵”。看晚清史，仅从官员的态度上就不难预见这个王朝的结局。

“危在失士”，对于晚清统治者来说，他们早已失去了真正的“士”——聪慧、廉洁、明智、眼界开阔、深明大义的人。于是，这个由铁骑铸造的帝国摇摇欲坠，最终结束了它的统治。

安礼章（四）：安贫乐道，人生不苦

经典再现

富在迎来[①]，贫在弃时[②]。

迷津指点

①迎来：可以预知富贵的到来。

②弃时：放弃享受幸福的时机。弃，丢弃，放弃。

古文译读

富贵起于勤俭，没有看见却可以预知。贫困生于懒惰，好奢纵欲就会失去幸福。

前沿诠释

人生在世，不如意事十有八九，有些人身在福中不知福，总是抱怨自己活得太痛苦，孔子在《论语·述而》中说过："饭疏食饮水，曲肱而枕之，乐亦在其中矣。不义而富且贵，于我如浮云。"意思就是说："虽然饿了只能喝稀饭，渴了只能喝凉水，困了只能枕着胳膊睡，但依然享受其中的乐趣。用不正当的手段得到的富贵，对我来说就像是天上的浮云一样。"其实，简单快乐就是一种感觉而已，无论是功成名就还是一无所有，只要心中坦然，就很容易找到快乐。

因此，生活中那些有理想、有志向的君子，无论能否富贵，都会快乐自在。我们在生活中就应该学会安贫乐道，这样才不会一味地沉浸在痛苦中，从而忘记欣赏生命沿途的风景。

学会安贫乐道的快乐

据说，孔子门下有弟子三千，其中最为出名的有七十二个，而在所有这些学生中，孔子最为欣赏的就是颜回。在孔子看来，颜回的一举一动都很合乎他的心意。所以孔子常常表扬颜回，用他的事例教育其他学生。

颜回，字子渊，也叫颜渊。有一次，孔子给学生讲学时说道："贤哉，回也！一箪食，一瓢饮，在陋巷，人不堪其忧，回也不改其乐。贤哉，回也！"意思就是说，颜回才是真正的贤者！他独自一人住在荒僻的茅屋里，过着极其艰辛的生活，他吃饭用的器具是竹子做的箪，盛水的用具就是用木头做的瓢。这事要是发生在别人身上，一定早就不堪忍受了，但是颜回却始终都觉得很知足，很快乐。颜回的确是一个真正的贤者啊！由此可见，孔子是十分欣赏颜回这种品德的，说这就是“安于贫而乐于道”的境界。有一次，鲁哀公问孔子：“在你的众多弟子中，哪一个是最好学的？”孔子说：“只有颜回是最好学的，他从来都不迁怒于人，知错就改，绝不犯同样的错误。”

颜回（前521—前481），曹姓，颜氏，名回，春秋末期鲁国人，字子渊，亦称颜渊，孔子最得意的弟子。

生活中，我们想要幸福满足，就要学会知足，坚定自己的人生信念，面对艰苦的生活能够泰然处之，像颜回一样安贫乐道。

在现代社会中，什么才是衡量一个人成功的标准呢？是至高无上的权力，是享之不尽的财富，还是其他的什么呢？

一本杂志上曾经刊登了这样一则小故事，是介绍旅美音乐家谭盾的。谭盾在去美国初期，为生活所迫，不得不拿着小提琴到街头去卖艺。他在纽约一家银行的门口和一个黑人乐手做伴，天天在那儿拉琴。十年过去了，已经成为国际著名音乐家的谭盾再次路过那家银行的门口，只见那个黑人还在那儿拉着小提琴。黑人问谭盾现在在哪儿卖艺，谭盾淡淡地说在卡内基。黑人知道卡内基是纽约有名的音乐厅，但是他却打趣地问谭盾：“你在那儿能挣到钱吗？”谭盾也风趣地回答道：“还可以吧。”

这本来就是个有趣的故事，人们听了之后可以一笑了之，可是没想到下文的评论却很有点杀风景，说什么谭盾靠着自己的努力在美国的土地上功成名就，但是那个黑人却没有上进心，所以再过20年他仍然会在街头卖艺。这种评论让人听了着实好笑，而且有些以小人之心度君子之腹了。

其实，在西方国家，街头艺术很受人们欢迎，不管走到哪里，只要有卖艺的，旁边总会跟着许多观众，这就形成了一道独特的风景线。对于他们来说，街头艺术家也是艺术家，不论在哪里表演，没有贵贱之分，他们都是值得人们尊敬的职业艺术家。有个美国人说：“我有一个拉琴的朋友，他之前就是在音乐厅里

表演的，可是他觉得那样不自由，于是，他就放弃了整天在音乐厅西装革履的演艺生涯，跑到街头去表演。他觉得这样跟观众零距离地接触交流，才是让他感觉最轻松惬意的。”

在提出过“安贫乐道”思想的中国，当下却显出了最不“安”的心态，总以功利心态看待人生，万事都用能否富贵、是否有权来衡量。中国人看似已经成为最勤奋、最“有出息”的民族，但其实却是最焦灼和最不快乐的民族。

其实，在西方国家，不管你从事什么工作，每个人都是平等的，而且这种观念早已经深入人心。就如同一个大学老师，他所结交的朋友不仅仅有学校里的知识分子，也有国会议员，甚至是各个行业的普通工人、司机等；一个女老板，她的丈夫很可能是一个普通的技术工人，但是没有任何人会认为他是不自量力高攀了人家，女老板也不会觉得嫁给这样的人就会委屈自己，他们都为自己的职业而自豪，也因此赢得了多彩多样的人生。

在西方国家，总是有很多穿梭于大街小巷讲故事的说书人。有一次，有一个说书人结识了一位中国女士。这位好心的中国女士给他出谋划策说：“你这样整天走街串巷的没有工作，还不如到中国去教外语呢，这样你也不用整天为了生计奔波，还有一份稳定的工作和收入，不是挺好吗？”那个说书人非常意外，他很认真地对这位中国女士说：“对不起，这位太太，我想你一定是误会了。我是一名自由职业者，我的职业就是到处给人们说书讲故事。你怎么能说我没有工作呢？”

这位好心的中国女士无法理解这个说书人的想法。在她看来，与其过着吃了上顿没下顿的生活，不如凭着自己的本事打拼出一份事业来。因此，她选择背井离乡到异国工作，选择忍受着思念家人的痛苦飘洋过海，追求自己的理想。造成二者想法差异如此之大的根源就在于观念的不同。在很多外国人看来，这种对于名利的追求是完全无法想象的，家庭和家人对他们来说是最为重要的，如果丧失了天伦之乐，再多的金钱、再大的权力、再高的地位都是无法弥补这种缺憾的。

所以，身边的朋友们，是真的应该静下心来好好地反思一下自己的人生观了，为什么总是用权势、金钱这些物质的东西来衡量自己存在的价值，而不去享受一下那平凡的、虽然可能是粗茶淡饭但却乐在其中的宁静生活呢？

陶渊明：淡泊名利的泰然

说起对待生活的安然自乐，就不能不提起一个人，他对名利、生命的洒脱是后人一直羡慕的。这就是陶渊明。陶渊明一生淡泊名利、安贫乐道，最为后世人所称道。

陶渊明一生曾有三次归隐。393年，陶渊明29岁，江州刺史王凝之聘请他做州府别驾祭酒。不过王凝之并非看重陶渊明的才能，他只是想利用陶渊明的名声来抬高自己的声望而已。面对上司的骄横，耿直的陶渊明不为所动，坚决拒绝。陶渊明并不留恋官场，也不羡慕高官厚禄，他在江州祭酒的任上只待了一个多月就弃官归隐。

397年，刺史桓玄邀请陶渊明到军中任职。此时距陶渊明第一次弃官归隐已有四年，他的家境每况愈下，自己的抱负也得不到施展。于是在亲人的劝说下，陶渊明接受了桓玄的聘任，与桓玄的幕僚庞遵渡江前往桓玄驻地。这次陶渊明在江陵担任军府参军。在任职期间，陶渊明看透了桓玄篡位的野心，而这违背了他复兴晋室的愿望，恰逢母亲去世，他便上表请辞，再次归隐。

404年，江州刺史刘敬宣来拜访陶渊明，请陶渊明去做官。这次陶渊明在浔阳担任了刘敬宣的建威参军。两年后，他又决定辞官归隐。有人劝他："归隐田园固然是件好事，可你年龄已大，又不懂得理财，家里的孩子又小，家境贫寒，以后的日子怎么过呢？你还不如走一条中隐之路。"也就是劝他做个地方小官以维持生活。

于是陶渊明听从这一建议，自请去做了彭泽令。然而，他在彭泽令任上也只待了八十天，就由于督邮发难而愤然离去，从此永远告别官场，走上了真正的归隐之路。

陶渊明回到家乡之后，过着"躬耕自资"的生活。在他眼里，生活的幸福极其简单。首先，挣脱黑暗官场的束缚，身心得到自由是最重要的。尽管做官能带来名利，他却讨厌在黑暗的官场中消磨人生。陶渊明天性热爱自然，他的理想就是自由地生活在田园里。

陶渊明（约365—427），字元亮，号五柳先生，谥号靖节先生，东晋末期南朝宋初期诗人、辞赋家、散文家。

回到家乡与亲人团聚，这给陶渊明的心灵带来莫大的安慰。看着不到十岁的儿子围绕在身边，童仆给他准备了酒菜，他便觉得很知足。

陶渊明的妻子翟氏与他可谓志同道合，甘愿与他过着安贫乐道的生活。他们夫妻二人一起到田里劳作，以此维持生活。陶渊明不仅喜欢乡间的生活，更喜欢与乡间的老百姓

打交道。他觉得乡间的老百姓朴实善良，比阴险狡诈的官场中人要好太多了。

陶渊明非常爱菊花，他在房子周围种满了菊花，每到秋天，菊花盛开，引来不少乡间百姓观看。

陶渊明还喜爱喝酒。每次有朋友来拜访他，不论身份高低贵贱，陶渊明都一视同仁，热情地拿酒招待他们，与他们同饮。每次总是陶渊明先醉，然后他就对朋友说：“我喝醉了，想睡觉，你可以回去了。”陶渊明就是这么随性洒脱，因为他的淡然风度，远近许多人都慕名而来。

那年，陶渊明所住的上京地区失火，他在火灾后将家搬到栗里。由于家里值钱的东西大都被烧光了，到了新地方又要重新置办，这段时间他的生活比较艰难。遇到好的年成，他还能勉强维持一家人的生活；如果年成不好，有时甚至要挨饿受冻。然而就是在如此艰难的环境下，陶渊明依然泰然自若，没有感到辛苦。有一年，同乡的一个老百姓带着酒来拜访他，劝他出去做官，说：“你家境贫寒，生活捉襟见肘，怎么可以一直过这种隐居生活呢？现在社会就是如此不分是非，与世俗一起和稀泥又有什么关系呢？你何必坚持自己的理想呢，这样只能使你挨饿受冻呀！”陶渊明听后回答说：“谢谢老伯的好意，但我天生与世不合的性情是改变不了的，即使那些蝇营狗苟的处世技巧我能学会，但是却违背了我率真自然的本性。我宁愿就这样老死乡间，也不可能再出去做官了！”

陶渊明晚年的生活境况更加艰难。许多朋友得知后都很同情他，就主动周济他，给他送米、送面、送酒。陶渊明有个叫颜延之的好朋友，于423年在始安郡做太守。颜延之每次路过浔阳，都要到陶渊明家喝酒，临走时，还会留下一些钱给陶渊明买酒喝。

陶渊明墓。坐落于江西庐山西南的面阳山南坡，北依汉阳峰，南为黄龙山，既满足了他“居止次城邑，逍遥自闲止”的意愿，又呈现出“采菊东篱下，悠然见南山”的情致。

424年，江州刺史檀道济来拜访陶渊明。恰逢陶渊明饿得病了好些天，不能起床。檀道济就劝他说：“对于贤德之人来说，天下无道就隐居起来，天下有道就出来做官。现在适逢太平盛世，你为何让自己如此受苦呢？”陶渊明其实不想与檀道济打交道，而且在他的心目中，此时也并非所谓的“太平盛世”，于是他没有动心，只是说：“我算不上一个贤德之人，所以才如此贫困。”临走时，檀道济馈赠给陶渊明粮食和肉食，也被他拒绝了。

427年，陶渊明逝世。临去世前，他还给自己写了《拟挽歌辞三首》，在诗里表达了自己对死亡的泰然自若：“死去何所道，托体同山阿。”

陶渊明的一生，率真自然，淡泊名利。他有很多次出去做官的机会，却屡次弃官归隐。归隐后，在极其艰难的生活条件下，他依然知足常乐，坚守自己的志趣和理想。也许我们不能学他那样归隐田园，但是可以学习这种心态，无论在现实中的处境如何，都能保持淡然安适的态度，不以物喜，不以己悲。具有这种强大而安宁的心境，我们的人生才会走得无比坚定。

安礼章（五）：上下齐心，同心同力

经典再现

上①无常操②，下多疑③心。

迷津指点

①上：领导者。

②常操：基本的道德操守。

③疑：疑惑，多虑。

古文译读

上位者反复无常，言行不一，部下必生猜疑之心，以求自保。

前沿诠释

权力具有两面性，并不是所有的当权者都可以将自己的主观意志转变为具体而有效的行动。所以，如果当权者为人行事总是反复无常、变化莫测，或是急功近利、目光短浅，总是制定一些不切实际甚至互相矛盾的政策，部下就会因为指挥混乱而变得不知所措，疑虑重重。这种错误的领导作风只会打乱整体步调，拖累办事效率，把人才拖成庸才，把事业大厦一点点挖塌。真正有魄力的当权者，应当坚定地信赖人才，上下一心，打造出顺畅的沟通环境，使大家能够发挥出自己最大的力量。

子贱放权：学会相信除自己以外的人

孔子有个学生叫做子贱，有一次他奉命去某地担任县令。到任之后，他很少关心政事，时常与朋友在家中一起弹琴娱乐，但是他所管辖的地方的百姓却是安居乐业，夜不闭户，路不拾遗。子贱前任的官吏看到此种状况，百思不得其解。他当政期间，每天起早贪黑，没日没夜地在县衙里操劳，最终也没能把自己所管辖的地方治理好。于是他就去请教子贱，想知道到底是什么原因：“我很奇怪，你整天看似无所事事，为什么还是能把这个地方治理得这么好呢？”子贱答道：“你治理的时候只是依靠你自己的力量去治理，所以把自己搞得十分辛苦，到头来也没有治理好。但是我与你不同，我会借助其他人的力量和我一起来治理，所以最后效果比较好。”

子贱，姓宓，名不齐，字子贱。春秋鲁国人，孔子的弟子。他善于用人，功绩卓著，为后人传颂。

现代企业中的领导者，大多数都是“唯我独尊”，像子贱的前任一样，总是喜欢把公司里里外外的事情全部揽在自己身上，事必躬亲，不放心把事情交给其他人做。这样，自己整天忙忙碌碌不说，还会被公司的琐碎之事搞得焦头烂额，别人倒是无所事事了，到头来还会遭到上级领导的埋怨。这样的管理模式怎么能把公司治理好呢？

所以说，想要成为一个聪明的领导者，让自己的事业蒸蒸日上，就要学一学子贱，学会正确运用部下的力量，发挥团队的协作精神。这样，不仅能让自己的事业很快地发展起来，同时也能培养公司内部人员的团结精神，领导者身上的负担也会减轻。因为再优秀的管理者，也不可能把所有具体的事务都做好，一个人的力量毕竟是有限的，只有发动集体的力量才能战无不胜，攻无不克。所以说，身为管理者，就要培养自己驾驭人才的能力。

在管理公司的时候，领导者要相信一个真理，那就是：你抓住的越少，你得到的也会越多，就像人们常常想要抓住时间一样。试问：世界上有哪个人能真的抓住时间？答案是否定的。既然任何人都不能抓住时间，为什么不就此放手，好好地享受现在呢？这样也会收获更多的快乐和幸福。

一个企业，一个团队，总是需要各式各样的人才。人无完人，不可能在哪一方面都是很出色的，但也不可能哪一方面都很差劲，即使再差劲的人也会有一两个闪光点。因此一名管理者成功与否，并不在于他能做多少事情，而在于他是否了解部下的优缺点，在不同的时候派不同的人去做不同的事，清楚地知道什么时候什么力量是自己可以拿来利用且能帮助自己取得成功的。因此，聪明的领导者最大的本领就是发动别人做事。

放权，并不代表管理者什么都不做。“在其位，谋其政”，成熟的管理者是这样看待权力的：可以分给别人的工作就给他权力去独立处理，至于自己的分内之事还是要管的。例如前面所说的子贱，他在做地方官的时候不可能真的每天都在抚琴唱歌，什么事都不做，他必定曾经对自己手头的事务进行过一番整理，对手下何人管何事也做过一些统筹安排，否则怎么会出现地方大治的情形呢？

一般人在“放权”的时候很容易走极端，要么死死抓住权力，对谁都不放心，要么把事情全都丢给别人，自己乐得做个甩手掌柜。其实这都是对长远发展有害的做法。这两种做法无论哪一个，都会影响自己与下属以及其他人的交流。没有交流也就容易在工作上出现分歧和误解，甚至出岔子。所以说，适当的放权也是一种交流。只有放开该放之权，才能得到下属的信任，从而形成组织内部上下协调的流畅体系。

“上无常操，下多疑心”，一名合格的管理者应该学会协调整个团队的步调，并稳定自己的政策，让部下能够清楚要做的事。只有上下密切合作，才能达到事业兴旺发达的目的。

无常操，不长久

权力就像一根“指挥棒”，掌权的人一挥动，下属便要随着他的节拍“奏乐”。如果拿着指挥棒的人乱舞一气，乐曲就会被演奏得乱七八糟，以至曲不成曲，调不成调。《素书》中说：“上无常操，下多疑心。”意思是，君主如果没有稳定不变的操守，做臣子的必然会猜疑。所以说，如果居于上位的人没有恒定的品德，混乱荒唐，喜怒无常，或是目光短浅，频繁更改政策，总是做些前后相违的事情，下属必然无所适从，甚至产生“不听这个人命令”的念头。看看金朝两位皇帝的故事，你就会明白上位者任意妄为的后果。

金熙宗完颜合剌在位初期比较有作为，但他在位期间却处处受权臣掣肘，朝政和家庭生活都不如意，因而导致他脾气日益暴躁，以至统治后期怠于朝政，甚至出现了喜怒无常的狂躁表现。

博物馆中的金熙宗雕像。金熙宗（1119—1150），金朝第三位皇帝，女真名为合剌，汉名为完颜亶。

金熙宗原本十分好学，经常彻夜读书，但随着心理变得畸形，他开始日日酗酒，并且乘醉杀人。一次，皇后派人给金熙宗的弟弟完颜亮送生日礼物，结果金熙宗听了之后大怒，把送礼物的侍从狠狠地打了一顿。在一次平叛中，金熙宗打败了胙王，按照女真习俗纳了他的妃子，不久，他就大发威风，把一直惹他不高兴的皇后杀掉了。古代的皇后地位尊崇，就算要废也得遍告祖宗、宗族，但金熙宗的心理状态早已不稳，直接就把人杀死了。接着他又在一个月内杀了四个妃子，使得后宫一片混乱。后来，他又用同样的方法，在醉酒后杀掉了弟弟完颜元、完颜查剌。大臣们因此都十分恐慌，生怕哪天得罪了他。金熙宗的堂弟、狡猾的完颜亮也在金熙宗的喜怒无常之下如履薄冰，小心翼翼地在金熙宗面前虚以委蛇，找到机会后就联合他人杀死了金熙宗，自立为帝。

按说，这个弑君的行为可以被认为是哪里有压迫，哪里就有反抗，但夺位的完颜亮也同样是一个反复无常的人，以至于今天的人们为了如何客观地评价他而争论不休。

完颜亮在做臣子时，善于察言观色和见风使舵，还非常会讨好金熙宗，因此他左右逢源，不断升迁，成了金熙宗时期首屈一指的大权臣。等到他登上皇位之后，就开始为自己树立圣明君主的形象。然而他的本性并非如此，因此在世人看来，完颜亮的行为自相矛盾，反复无常。

完颜亮在群臣面前表现出仁德虚心的样子，即位之后，大臣为他上尊号“法天膺运睿武宣文大明圣孝皇帝”，他当即就下令撤去，以示自己谦虚谨慎。后来有官员上报祥瑞，他却说：“朕何德以当此，自今以后，凡有瑞应，勿得上奏，若是有妖异出现，当立即谕朕，使朕自警。”从而显示他不尚虚名、勤政务实的光辉形象。然而，即位不久他就下诏迁都燕京，命人大修宫室，耗费不知几千万。正隆三年（1158），他为了实现便于指挥兵马伐宋的目的，又计划迁居南京（指北宋都城汴京，今河南开封），并下诏大修宫室。这项浩大的工程耗费了无穷的资财人力，各地征人伐木采石，许多民夫累死在途中。宫殿建成之后，完颜亮稍不满意就下令拆毁重建，务求富丽堂皇。

完颜亮几次下诏“求直言”，号召朝廷内外，上自公卿大夫，下至平民百姓，上书进言，但他转而又会把进谏的人杀掉。朝臣翟永固、韩汝嘉进谏，劝阻他大兴土木、大规模征宋。他竟勃然大怒，把两名大臣赶出殿外。这两个人还算幸运，没有被砍头，太医使祁宰就比较惨了。他上疏谏止伐宋，结果被完颜亮下令处死并抄家。所谓的欢迎百姓进言也是表面功夫，等到真有人拦车上书，他就不问青红皂白地下令把人砍了。

古代注重孝道，完颜亮有时候也表现得很“孝顺”。迁都之后，他迎接嫡母涂单太后到燕京，跪在地上请罪，让百官迎接太后銮驾，还举行盛大的宴会，平时也十分恭顺地侍奉太后。可是当太后说话不合他心意的时候，他就翻脸了。涂单太后劝他不要向宋朝开战，他不但不听，居然还派人缢死了太后，并把太后的尸骨焚烧

后丢到河里。

客观地说，完颜亮在政治上是有一定功绩的，称得上是女真政权的改革家，而且严肃吏治，也听取过一些有用的建议。但这都不能掩盖他在私生活上的混乱，他杀人无数，被后世人看做杀人狂，而且他的生活极度淫乱，疯狂地猎取女色，对象无所不包：有夫之妇、兄嫂弟媳、姊妹甥女……贵族完颜雍被任命为东京留守，完颜亮让完颜雍的妻子乌林答氏入京为质，深知完颜亮好色本性的乌林答氏为保清白，在途中自杀身亡。后来，就是这个完颜雍在完颜亮渡淮河南巡时发动了叛乱，宣布废掉完颜亮。不久，完颜亮就被金朝的一名将领在乱军中杀死了。

“上无常操，下多疑心”，完颜亮就是一个没有稳定操守的人。他时而是一个“明君”，时而又做出荒淫的举动，很难让臣子放心。最终，他众叛亲离，自己也落得被人杀死的下场。

做领导，其实也是做人，能够让人忠诚、敬重的领导，必然是贤德的人。职业道德和管理艺术无不要求领导者注意自己的道德修养，而事业的发展又要求领导者具有稳定的思路、前后统一的政策方针，只有这样才能使下属解除疑虑，认真落实领导的指令。要记住，缺乏常操的人，自己的地位与事业都不会长久，这是从无数事例中得出的经验教训。

安礼章（六）：大家风范，懂得敬人

经典再现

轻①上生罪，侮下无亲②。近③臣不重，远臣轻④之。

迷津指点

①轻：轻视、轻蔑。

②无亲：没有办法亲近、接近。

③近：身边的。

④轻：不放在眼里。

古文译读

如果轻视在上位的人，你就容易获罪；侮辱在下位的人，别人就很难亲近你。君王如果不重用身边的臣子，那些离得远的臣子也会不把他放在眼里。

前沿诠释

君王如果对身边的大臣不加以重用，或是不信任的话，那么远离君王身边的那些微臣小吏也会看不起他。这样一来，等国家到了生死存亡的关头，君王身边就没有能够决胜千里的决策谋划者，国家必然难以逃脱灭亡的命运。唐朝的李世民，因为有了魏征的直言不讳，才有了盛唐的贞观之治；三国时期蜀国的刘备，如果没有他三顾茅庐请来的诸葛亮，就不会有三足鼎立的天下。这些都是历史最好的证明。所以说，管理者要敢于重用身边值得重用的人才，这样才能成就一番伟业。

陈登：一个不应该被埋没的人才

陈登在《三国演义》中算不上是一个重要人物。在曹操攻打吕布的时候，陈登曾做过曹军的内应，被罗贯中一笔带过，给人的印象平平，让人觉得此人不过是会耍点小阴谋的角色，才干很一般。与诸葛亮、司马懿这样的名人比较，陈登就如微星比之皓月，就是与郭嘉、程昱这样的二流人物相比也有一定差距。然而，历史真相是否如此呢?

有一次，有个叫许汜的人从广陵来到荆州，与荆州牧刘表谈起了陈登。刘备当

陈登，字元龙，下邳（今江苏邳州）人，性格桀骜不驯，学识渊博，智谋过人，英年早逝。

时依附在刘表门下，就在旁边听他们议论。许汜对陈登很是不满，抱怨道："陈登这个人太没有礼貌了，像我这样的名士走到哪里不受别人尊重？偏偏在他那里受屈辱。就拿住宿来说吧，他自己睡在宽阔舒服的大床上，而我连张简陋的床也睡不上，只能打地铺。他一点儿都不尊重名士，我看他没什么前途。"刘表连声附和。在一旁的刘备听了忍不住冷笑着说："我太了解陈登这个人了，他这个人志存高远，不拘小节，脑子里装的是天下大事，最不喜欢寻章摘句的无聊文人墨客。你只知道风花雪月耍风流，没一点真知灼见，陈登这样对你算是客气的了，如果换了我，我会自己睡豪华的高楼，在地上挖个坑留给你睡，连地铺你也别想打。"

刘备回头郑重地对刘表说："像陈登这样的贤才，完全可以与古代圣贤相媲美，时下的豪杰很少有能比得过他的。"然而陈登最终没有选择如此欣赏他的刘备，而是归附了曹操。曹操没有重用陈登，只让陈登做了个广陵太守。广陵地处魏吴前线，陈登上任之后励精图治，把这里治理得有声有色。

曹操在讨伐袁绍时，几乎把各州郡的士兵都带走了，南方防御相当薄弱。这时，江东的孙策乘机越过长江进攻广陵。陈登手里没有多少兵马，他的手下听到孙策要攻打广陵，个个吓得面如土色。陈登却泰然自若地说："孙策虽然兵多将广，但他并不知晓广陵的虚实，我觉得我们有机会打败他。"

陈登命令部下把城墙上的旌旗拔下来，不许城里的百姓随便走动，看起来就好像被孙策吓得都逃跑了一样。然后他又安排士兵在通往广陵的大路两侧的险要之处设立火堆和战鼓。

孙策率领大军到达广陵城外，看到如此情形，不敢马上攻城，于是驻扎在城南，试探虚实。

到了晚上，陈登命令士兵一起点火，并把旌旗插到城上，擂鼓呐喊。孙策被这突如其来的变故所震惊，以为遭遇了伏军，急忙撤退。陈登命令全城士兵全线出击，抢夺孙策的粮草，打了一个大胜仗。正是由于这次精彩的战役，曹操开始对陈登刮目相看，决定重用他。遗憾的是，陈登不久就病死了。曹操非常后悔，陈登当初来归附的时候就跟他探讨过讨伐江南的战略，他却没有在意，孰料几年之后江南就脱离了控制。等到孙权在江东的势力逐渐扩大并稳定下来后，曹操巡视到合肥，只能看着远处的长江叹息道："我真的非常后悔没早点重用陈登。"

有这样一个难得的人才主动投靠曹操，曹操却没有重用他。要不是在广陵一战中，陈登主动展示自己的才华，或许曹操连后悔的机会都没有。为什么陈登一直得不到曹操的重用呢？关键就在于曹操不信任陈登，他多疑的性格使自己失去了一个不可多得的人才。

为上者心诚，为下者忠诚

稻盛和夫是日本著名的企业家，与松下幸之助、盛田昭夫、本田宗一郎并称为日本四大"经营之圣"。他曾经白手起家建立起两家世界500强级的公司，当然，那些已经是过去的荣耀，而他只身拯救日本航空公司，是最近创造出来的奇迹。

2010年1月19日，亚洲规模最大、排名世界第三的日本航空公司正式申请破产保护，日本全社会一片哗然。这就意味着，日本一家服务了近60年的航空公司即将消失，5万人面临失业，而日本另一家大型的航空公司——全日空将成为日本本土唯一飞海外航线的航空公司，日本的航空业将迎来垄断时期。就在同一天，稻盛和夫正式接手日航。当时，日本主流经济评论家都对此持悲观态度，认为日航已经无药可救，只会迎来二次破产，外行的稻盛和夫改变不了日航的命运。

但是，一年后，日航奇迹般地浴火重生，扭亏为盈。人们高呼，稻盛和夫又一次创造了奇迹。稻盛和夫以前从未涉足航空业，但他用自己的诚意和慈爱使得日航上下一心，而他的"稻盛哲学"更是成了日航渡过难关的一大法宝。

日本航空公司新董事长稻盛和夫。图中左侧为日航的标志。

接手日航时，稻盛和夫已经78岁了，这位精神矍铄的老人在登机口与日本航空公司关西地区总经理山口荣一第一次见面时，就微笑着说："我们要为了日航员工的幸福一起努力。"由此可见，他上任后首先想到的便是员工。

上任伊始，稻盛和夫就宣布了日航不能亡的三大理由：一是日航破产将给日本经济造成重大损失，二是必须保护5万日航员工的利益，三是必须避免全日空垄断给消费者造成的损失。稻盛和夫为了让日航重整旗鼓，在公司贯彻了"最小的费用，最大的收益"这一经营原则。在困难时期，日航的员工在物质上所得到的大多与其付出不成正比，但日航人还是争先恐后地努力付出，因为稻盛和夫抓

生了人性中渴望被认同的特质，使日航人产生了彼此是一体、与企业休戚相关的思想。正如《素书》中所说的“近臣不重，远臣轻之”，不把日航内部拧成一股绳，又如何让外界认同呢？因此，稻盛和夫虽然已经是高龄老人，但他还身体力行地在公司“战斗”，并以此感染着那些已经缺乏斗志的管理人员，感动了广大普通员工。

稻盛和夫是老板，把全部身心扑在了日航的工作中，却不拿一分钱工资。他来到日航之后，不断召开高管会议，撤换管理人员，改革管理措施，而另一方面，他不断地向公司上下宣传自己的“稻盛哲学”。他在日航，除去办公时间外，其他时间都在各处巡视，与员工交流、握手。他给日航的员工写了一封信，希望人人都能反省、谦虚、勇敢、坦诚、勤奋努力、怀有乐观梦想、抱感谢之心，以及掌握企业经营者必须具备的核算意识和方法。每个月，稻盛和夫都要在日航开一次大会，向员工宣讲他的哲学，鼓励大家克服困难，热爱工作和生活。他还组织了干部学习会，教育经营者应当提高自身的素质、理论知识和技能。虽然一开始，还有人态度不端正，不愿意受教育，但稻盛和夫的不懈努力使日航员工感受到了他的辛勤与热情。于是，日航人一天天地发生改变，树立了责任心、爱岗敬业心，情绪由低落变得高涨，工作态度由消极变得积极乐观。

为了改革，稻盛和夫大刀阔斧地砍掉了日航一半的亏本航线。这个决定是很难下的，真正的困难在于精简航线之后的裁员问题。稻盛和夫没有对员工一裁了之，而是实行“裁员不下岗”的措施。他发动了6000多家盛和塾的学员公司为日航要裁下的17000名员工安排了工作。为了支持日航，盛和塾印了55万张“日航后援团”卡片，号召盛和塾的会员及其家属、朋友在出行时都选择日本航空，并在机场将写有鼓励话语的卡片送给日航员工。他本人乘飞机也总是坐在日航的经济舱里，向员工表明自己与日航人同进退、共甘苦的决心。他勉励那些在岗的日航员工：要努力工作呀，效益变好之后，那些被裁掉的员工就可以重新回到日航了。就这样，整个日航上下都充满了希望与热情。

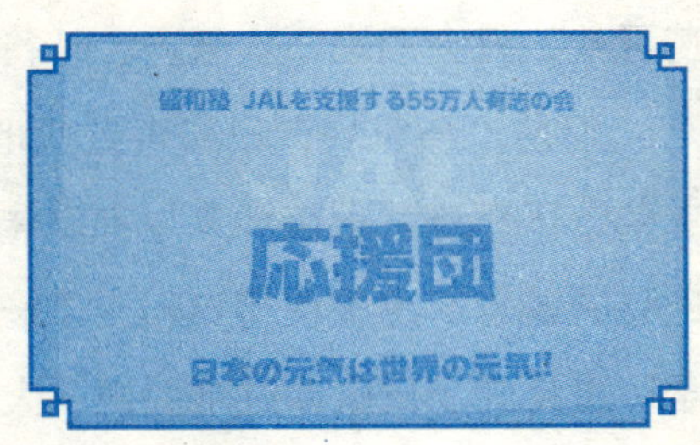

盛和塾印刷的卡片，号召塾生援助日航。

几个月后，日航的经营开始出现转机。一年之后，它虽然削减了很多航线，却大幅扭亏为盈，利润方面更是创造了日航的历史纪录，而且高于销售额比它大的竞争对手全日空。

稻盛和夫赋予日航第二次生命的立足点就是依靠日航人改变日航。他这样做，不仅改造了日航的体制，还改造了它的灵魂，让这个企业从颓靡、官僚、程式化，渐渐向充满爱与热情的生命状态蜕变。

人们说日航重生是一次商业“奇迹”，但在稻盛和夫的经营哲学中，这份成绩来源于日航人的信仰和每一天辛勤的努力。的确，一家企业的发展，归根结底要靠企业所有的员工。如果企业家不能顾好离自己近的人，就不要企图得到“远人”的尊重，也不能希图事业成功与稳定。

安礼章（七）：自知者明，自知者信

经典再现

自疑[1]不信人，自信[2]不疑[3]人。

迷津指点

①疑：心生疑心。

②信：诚信，自信。

③疑：怀疑，疑惑。

古文译读

自己心生疑心，便会不相信忠直良言；自己如若诚信，必定不会怀疑贤人。

前沿诠释

对自己都疑神疑鬼的人，是绝对不会相信其他人的；如果自己内心坚定，就绝对不会轻易怀疑别人。只有深刻了解自己的人，才会有真正的自信，而有了足够的自信才能适时抓住机遇，获得成功。

信任是用人者与被用者之间建立良好关系最为重要的纽带。用人者与被用者相互之间的信任不仅可以使用人者安心，同时也会赢得被用者忠诚的报答。在现实生活中，用人者与被用者要达到相互信任并不容易。用人者总是困惑：这个人到底该不该、能不能、敢不敢用？被用者则在苦苦思考：该怎样取得用人者的信任呢？所以说，信还是不信是用人者应掌握的一种领导艺术，也是被用者的一种生存艺术。

曹操的用人之道：用人不疑，疑人不用

提起在用人方面做得最好的领导者，不得不说一说三国时期的一位英雄人物：曹操。

一代枭雄曹操把用人不疑作为自己的用人原则。乱世之中，人心浮动，人际关系紧张，人与人之间更是缺乏信任和诚意。后人都说曹操多疑，但是研究关于他的诸多事例，我们会发现，他对待许多将领时，都给予了他们充分的信任。其中，他

对待于禁便是如此。

于禁（？—221），字文则，泰山钜平（今山东泰安南）人。三国时期曹魏武将。后世将其与张辽、乐进、张郃、徐晃并称为“五子良将”。

于禁是曹操时期的外姓第一大将，也是曹操亲自从众多武将当中选拔出来的“五子良将”之一。当时张绣造反，把曹操大军打了个措手不及，军中上下一片混乱，唯独于禁的队伍整齐安定，纪律严明，不管是前进还是后退，都很有秩序。于禁在路上看到其他军营的一些士兵个个衣衫破烂、狼狈不堪，就问这些士兵是怎么回事。那些士兵说他们被青州兵抢劫了。青州兵就是之前投降了曹操的黄巾军，这些人看到曹操打了败仗，就又开始起来作乱，抢劫其他队伍。于禁心想这还得了，就带领自己的部队把青州兵整治了一番，然后再撤往大营方向。没想到青州兵居然跑到曹操的面前告了于禁一状，军营里上上下下都在议论这件事。于禁回到军营，听说青州兵把自己告了，仍然不紧不慢地整顿自己的部队，安营扎寨。很多将领跑来告知他发生的事情，让他到曹操那里把事情说清楚。于禁却说：“敌兵随时会来袭击，我的首要任务是把军队整顿好，做好迎战的准备，至于我于禁个人的荣辱理当放在后面。再说曹公是何等英明的人，怎么会听信这些谗言呢？”于禁之所以敢有这种自信，一是因为自己的坦然，自己没有做错，才会这么从容；二是因为曹操长期以来的信任。曹操的“英明”给于禁留下了深刻印象，所以他相信自己的主公会明断是非。

于禁做完了自己该做的事情之后才去面见曹操。曹操听了众人的说法之后，裁定于禁有理，并对他大加赞赏：“于将军真有古之良将的风度啊！”曹操的信任印证了于禁对他的信任，二人达到了君臣相和的境界。

纵观古今之事，大凡能做到“用人不疑，疑人不用”这点的领导者，大都能成就一番事业。同样地，利用好这一格言，对现代企业的管理也会有很大帮助。

面对员工，BOSS要自信

“自疑不信人，自信不疑人”，对自己都不能相信的人肯定无法对他人加以信任，而自信的人则不会轻易地怀疑别人。面对同样的工作、同样的下属，不够自信的人容易多想，怕下属办不好，怕下属“造反”，怕下属占便宜，而自信的人则胸有成竹，举棋若定。他的不疑并非不够谨慎，而是在强大的自信下，始终保持着敢

用人、会用人的态度。

自信的老板能够与员工正常地相处，并给予员工他们应得的信任。而不自信的老板则总是对下属的工作不放心，恨不得亲自去盯着对方。

在某集团的一家分公司里，郑经理遇到了一些怪事，他的上司总经理在上班时间和休息时间总是在公司里转来转去。因为总经理不时地站到某个员工的工作桌旁边，看着大家工作，让员工们都有点精神不集中。有一天午休时，郑经理从外面吃完饭回来，却发现总经理正坐在他的位置上。一看到他，总经理便有些窘迫地说："吃过午饭了？我拿你桌上的一本书看看。"郑经理猜测，总经理可能是在察看他的电脑。总经理是一名"空降兵"，和其他人都不熟，但这似乎并不能构成他对员工不放心的理由。后来郑经理得知，原来这位总经理是从其他地区的分公司越级提拔上来的，以前没有过直接当一家大公司总经理的经验，他在内心里对自己能否管理好一家公司很不自信。在这样的心理驱动下，他总是怕别人不服他，不认真工作，就不由自主地想走到工作间看着别人工作。

企业的领导在缺乏自信时，也会失去对他人的信任。不少企业的老总喜欢和员工交流，但那是建立在轻松愉悦的氛围下的，而不应是怀揣着监视人的心思。

还有一些领导，他们不自信是因为自己在某些方面不如下属。比如，一个人力资源管理专业出身的人，多年的经验都是从事人力资源管理，当他被猎头发现并进入医药行业做领导时，他就可能面临知识方面的空缺，而几乎所有下属都比他懂得多。当这种情况发生时，领导者会在一定时间内在公司里说不上话，就算参与决策也不能像其他人那样专业，他的不自信便由此而来。这样一来，他在进行工作安排时，就免不了会疑神疑鬼，总觉得其他人都在看自己的笑话；让他进行人事任命，他就会压制那些让自己难堪的人。

当然，这些都是老板与职业经理人必经的成长过程，没有人能保证自己始终在一个行业、一个职位上发展，换一个行业或职位，每个人自然而然地都会有不懂的地方。此时，自信的领导要么不怕露短，要么能够让自己不露短。一家跨国公司的副总裁刚刚从国外调到大中华区担任该区总负责人，他在召开高层会议时直接说："我对这边的文化不太了解，可能有些决策方式会与实际不符。如果有此类事情发生，请你们一定要告诉我，我会设法找到更好的方法。"能够坐到副总裁的位置，他的本事当然不会小，就算说了"不了解"，也没有人真会看低他。这位副总裁借自己的发言表明了自己愿意倾听本土经理人建议的态度，也表现了对这群新下属的信任。他的自信体现在有自知之明上，也体现在虚心纳谏上。而一些表面自负、内

心自卑的人会新官上任就先抖威风，给下属一个下马威。

还有的人，善于不示弱，让自己快速地成长起来。一位女经理原来在服装外贸公司从事管理工作，后来跳槽到了一家电子公司。她的电子方面的知识非常贫乏，而且公司里已经有了几个“能人”，他们恃才自傲，对新来的经理不屑一顾。女经理用起这些人来很不顺手。为了能够打开管理局面，在进入公司最初的一个月里，这位女经理每天都要加班研读与本公司业务有关的专业书籍，了解行业的特点和最新动向，还拉着“懂行”的朋友问东问西。在那段时间里，她每天只睡四个小时，周末从不休息。这种速成方法使得她用最快的速度融入了同事们当中，在交谈时还会让一些同事以为她是资深人士。因此，她在公司指导工作时，就表现得很有自信，让几名核心员工不得不服气。

企业的老板、职业经理人在“管人”时会遇到很多不趁手的时候，要摆脱这样的困境，我们当然可以寄希望于制度监督与员工自律，不过那并非一日之功，而调整自己心中的天平上的“信”与“疑”却能够在当下就完成。在人心未测的情况下，管理者只有自己先拿定主意，才能避免管理时的踟蹰。黄石公所谓“自疑不信人，自信不疑人”反映在管理上，就是用人时自信便可以闲庭信步，自疑则难免为用人所累。

自疑是相对于自信而言的，领导感到员工不可信，在很大程度上是对自身能力的怀疑，担心自己驾驭不了核心员工，震慑不了普通员工，担心自己的权威会在公司里面临挑战。比如担心员工“喧宾夺主”，在业绩上超过自己，架空自己，甚至取而代之等。于是，他们便对一些充满威胁的员工敬而远之，“冷藏”对方；或者走到另一个极端，超负荷地派发任务，故意打击对方。这种自卑心理下的做法不仅会让人才高度紧张，领导自己也不轻松，于是领导便陷入了“自疑—疑人—更加自疑”的怪圈。

当一名领导陷入用人而又疑人的困境时，那很可能是自疑的先兆。此时与其对执行力求全责备，不如及时恢复自信。要恢复自信，并不是要强撑面子，而是要对自己所从事的事业信念坚定，自信自己能够带领企业走上康庄大道。这样，即使在决策时大家有意见分歧，领导也会自信地兼收并蓄，而不是疑神疑鬼。

安礼章（八）：物以类聚，人以群分

经典再现

枉士[①]无正[②]友，曲上[③]无直下。

迷津指点

①枉士：邪僻的人。

②正：正直，刚正不阿。

③曲上：在上位的人不正直，是“上曲”的倒装。

古文译读

邪僻的人不会有正直的朋友，主上不正直，也就不可能有正直的臣下。

前沿诠释

生活中每个人都需要朋友，但并不是每个人都能够交到值得信赖的朋友。一个人的素质往往决定了他身边的人的素质。在古代，君主贤明正直，臣下也多有贤能之人；如果君主昏庸无道，那么朝堂上也必定没有正人君子的容身之地。在现代也是同样的道理。企业的领导如果只是一味地居功自傲，呵斥员工，尖酸刻薄，那么不会有哪一位能人贤士愿意为这样的领导做事，企业就不会有好的发展。要想让员工和领导同进退，共生死，首先自己就要做好表率，员工看在眼里，自然也都会效仿。在员工和领导的共同努力下，企业才能长盛不衰。

孟昶与王昭远：一对糊涂君臣

五代时期有这样一位皇帝，他以昏庸无道、奢侈暴敛著称，而他的手下重臣也是一个懒散怕死而又自以为是的妄人。说的就是后蜀的君主孟昶与大臣王昭远。

后蜀政权源于唐朝末年的藩镇自立，孟昶的父亲孟知祥是唐朝的西川节度使，在唐明宗死后自封为皇帝，建立了政权，也掺和进了五代十国的乱世中。孟知祥当上皇帝没过多久就死了，于是他的儿子孟昶继位，做了蜀王，在历史上称为蜀后主。就是这么巧，他和历史上那位扶不起的阿斗刘禅不仅在名号上惊人的一致，在行为上也相差无几。

孟昶亲政初期，因为国家刚刚建立，各方面的形势并不稳定，不得不专心于朝政。随着国家政局逐渐稳定，孟昶便开始松懈了。他整日沉醉于享乐之中，平时不是打球走马，就是沉溺于女色。他广征蜀地美女充实后宫，其中他最宠爱的便是费贵妃。因为前蜀政权的王建有一名姓徐的小妾号为花蕊夫人，孟昶也就袭其名称，封费氏为花蕊夫人。

孟昶在政务上碌碌无为，把心思都放在了和后宫女子厮混上。他经常和花蕊夫人一起把后宫宫女招来亲自点选，有看中的就加封位号，供自己享乐，品秩效仿公卿来封赏。后来，那些被封的宫人竟然达到了千人之多。孟昶还有一个特殊爱好，那就是喜欢给他那些情妹妹发俸金。到了内务司给宫人发香粉钱的时候，孟昶就亲自过去看着无数年轻女子翩翩在御床之前走过领取香粉钱。孟昶还富有情趣地称之为支给“买花钱”。平时，孟昶关注的就是吃什么、用什么、美人在做什么。闲来无事，孟昶就和妃嫔们弹琴唱曲，打球走马，赏赏花、写写诗。当然，他的“无事”只是自以为的罢了，要知道，在当时，北方的后周政权正在加快速度增强国力，对其他割据小国磨刀霍霍，这怎么能说没事呢?

如果是个普通的贵族子弟这样过日子，倒也罢了，但是孟昶身为一国之君，却如此放纵，只会让人想到亡国之期不远了。这种头脑简单而又耽于享乐的君主自然只会宠信与他相似的臣子。后蜀的纨绔子弟王昭远好说大话、善于逢迎，孟昶一看到这个人，觉得很合自己的心意，便对他加以重用，让他担任枢密院事这一重要职务，几乎把一切政务都交给了他。其实这个王昭远就是一个绣花枕头，史书记载他：“好读兵书，以方略自任。”从字面上看，这一句看不出什么，但是联系他后来的所作所为，就会知道，这不是什么恃才自傲，而是“无知者无畏”。王昭远自己没有什么本事，偏偏还要“得瑟”一下，总是拿自己和500年前蜀国的那位大丞相诸葛亮相提并论。

在任用王昭远这方面，孟昶的眼光甚至不如他的母亲。老太后经常劝说孟昶：王昭远此人不可用。但孟昶固执己见，仍然把王昭远捧到了天上。

孟昶就这样“今年欢笑复明年”，浑然不知山外的岁月。后蜀朝廷的风气也由当初的积极进取、开疆拓土，变成了后来的凭恃蜀地险峻，不思国事，慵慵懒懒。

此时，后周政权正四处征讨，打南唐、攻北汉，也攻打过一次后蜀。前线军报传来时，孟昶正在吟诗作画忙得不亦乐乎。他让赵季札当秦州监军使去前线监军，结果这个自吹自擂的人到了德阳就停下来享乐，一直到周军打进了蜀地，占领了

两个郡，他才慌慌张张地跑回成都。由此可见，后蜀的官吏已经腐化昏庸到了何种程度。几年后，后周的权臣殿前都检点赵匡胤发动陈桥兵变，上演了一出“黄袍加身”的大戏，取代后周建立了宋朝。赵匡胤、赵光义兄弟雄心勃勃，率领大军南征北伐，目标逐渐指向后蜀。眼看国家要遭遇兵火，王昭远出面了。他在朝堂上分外自信地说：“蜀地险阻，外扼三峡，宋兵焉能飞渡。”孟昶一听，居然就放心了。大臣们又出主意，请求派遣使者去联系北汉一起抗击宋朝。但使者却叛逃到了汴梁，把国书献给了赵匡胤。赵匡胤看了大笑：正想攻打他们呢，他们就把开战理由送来了。于是，965年，宋朝发兵六万攻打后蜀。这时，赵匡胤做了一件有意思的事情，他的大军还没出京师，他就已经命人在汴梁的汴河畔为孟昶建好了囚住的小宅，此宅多至五百余间，各种器物俱全——他料定孟昶必败无疑。

结果，后蜀果然很快就败得一塌糊涂，宋朝全歼了其精锐部队。这其中，自然有王昭远一份“功劳”。因为王昭远平时夸夸其谈，孟昶就把他这个“再世孔明”请上战场。在饯行宴上，王昭远酒酣耳热地夸口：“吾之是行，何止克敌，当领此二三万雕面恶少儿，取中原如反掌尔！”他狂妄地认为，自己不仅能够阻止赵匡胤的大军，而且可以直接打到中原去。没有战争经验的他居然这么盲目自信，那么他的自信是从哪里来的呢？无他，正是那位同样不懂事的孟后主给的。如果孟昶根本不用王昭远，或是给他点教训，让他知道什么是天高地厚，王昭远也就没有这么狂妄了。所以说，有什么样的君就会遇到什么样的臣。

后蜀军队和宋军一碰头，王昭远就蔫了：两员大将被生擒过去。蜀兵逃都来不及，连军中带的30万石粮米也被宋军缴获了。王昭远边打边逃，直到全军覆没，自己也被宋军俘虏。重用他的皇帝孟昶也没有安逸多久，很快就送上了降表，当了赵匡胤的俘虏。这一对君臣也算是“殊途同归”了。

《素书》中说“枉士无正友，曲上无直下”，讲的正是“近朱者赤，近墨者黑”的道理。在古代，昏君与佞臣是永远不变的组合，越是无道的君主就越是依赖无能的臣子。这个道理放到今天，就让我们看到了很多“人以群分”的现象。一个人总是会吸引与自己气质相似的人，所以，现代人为了自身素质的提升，也为了事业的长久发展，要多结交贤才，远离无义之人。如同《论语》中讲的那样：“益者三友，损者三友。友直，友谅，友多闻，益矣；友便辟，友柔善，友便佞，损矣。”一个人应该学会正身正己，进而做到多交益友，不交损友。领导者要严谨廉洁，才不会交到酒肉朋友；自己正直，才不会吸附奸佞。

马云：我的十八罗汉兄弟

每次提起马云的创业经历，人们就会想起他的“十八罗汉”。很多人都非常好奇，能够让这些人忠心跟随的马云，到底有着怎样的魅力?

在1994年的时候，马云还是国家外经贸部的一名普通工作人员，由于在美国出差时接触到互联网，从此他的事业就掀起了滔天巨浪。他首先开始了对电子商务的实践探索，创办了帮助国内企业建立网页的“中国黄页”，几年之后开始小有成就。虽然最后“中国黄页”被杭州电信收购了，但马云也培养了自己的创业班子。

1997年，马云带着自己的创业班子挥师北上，为国家外经贸部建立了外经贸部官方网站，这段经历开启了他的思路，于是他决定回到杭州，开始第二次创业，介入电子商务领域。

当时，马云的这个做法无异于将已经获得的一切归零，重新开始。为此，他还做好了团队缩减的心理准备。因为，马云当初从杭州到北京时带去的这个团队，在经过几年奋斗之后已经熟悉了北京的行业环境，突然又要杀回马枪，确实让人家为难。因此马云宣布：“愿意一起回去创业的，只有500元工资；想留京的，介绍去雅虎和新浪。”然而，马云的人格魅力使得几个患难兄弟当即表示和他一起回去闯荡。

直到现在，人们还在感叹：当时的马云，一没有资产，二没有名气，为什么有这么多人愿意跟随他一起受艰难创业的罪？我们可以从马云下面的一段话中看出一些端倪。马云很自豪地说自己创造了两个世界第一，其中一个就是陪他睡地板的人数第一。马云曾说：“如果要看一个人的领导能力如何，就要看他起初创业的时候有多少人跟他一起睡地板。”的确，马云敢这么说，是因为他本身就有这种魅力可以赢得别人的信任。跟随他创业的“十八罗汉”之所以愿意陪他受再次创业的罪，就因为当时他们的“带头大哥”马云有着激情和魄力，这激发了他们所有人大干一场的激情。

“睡地板”只是对他们当初创业艰难处境的一个形象说明。那时，马云的阿里巴巴网站团队成员每人每月只有500元的工资，因为最初的创业资金50万元还是大家凑的，所以平时的生活，他们是能抠则抠，一开始吃4块钱的盒饭，后来改吃3块钱的；没钱租房子，大家挤在一起睡地板；冬天，办公室为了节省电钱只开一个取暖炉，程序员一边烤手一边写程序……创业初期，他们都是一个人做两个人的工作，疲惫、困窘，却创造出了惊人的成绩。那段经历概括起来就是：一群为梦想疯

狂的人遇到了一个更疯狂的领导。其实，环境暂时艰苦点没有什么不好，这只会吓走投机者，留下真正的合作伙伴。

马云能做到让“十八罗汉”不离不弃，除了因为他身上有一种独特的人格魅力，还有最为关键的一点，那就是作为一个领导者，他很讲诚信，以诚服人。在阿里巴巴创业之初，他给自己的团队定了规矩：简易，大家彼此相处时要非常简单，在工作中必然会发生很多争执，甚至大吵一架，这些都可以，但是总体原则是：同事之间，团队之间，有意见一定要说，不能去和别人咬耳朵。马云的团队从一开始就形成了开诚布公的风气，提倡有话直说，后来，这个不成文的规定就成了阿里巴巴的价值观之一——直言。

《素书》中说“枉士无正友，曲上无直下”，反言之，就是只有真诚的人才能找到同样真诚的人，讲究正直敢言的领导者才能让自己的属下也这样做。马云从一开始就把自己定位成一个真诚的人，也把团队中的相处模式定位为“诚”与“直”。在他的带动下，大家都是有话直说，只要是冷静、有道理，随便你怎么批评都行。就是这种精神使得他们一群人挨过了创业危机，避免了“办公室政治”和尔虞我诈的相互攻击。后来阿里巴巴在走上正轨之后，对这十八个人的提升出现了差别，有些人当了“官”，有些人当了“兵”，团队稳定性受到冲击，一些人开始对马云有了意见，很多人觉得非常委屈。那么这件事又是怎么解决的呢？几个伙伴把大家的感受写了下来交给马云，结果第二天马云就召集了这十八位创始人聚在一起，不是开会，而是有话直说，有委屈的就倾诉，有不满的就骂出来。十八个人又哭又闹地畅谈了一个晚上，最后大家安静下来，回想起当初创业时的肝胆相照，一切的不快也都在这些直言中烟消云散。

马云，阿里巴巴集团主要创始人之一。现任阿里巴巴集团主席和首席执行官，他是中国大陆首位登上美国权威杂志《福布斯》封面的企业家。

最令人感到惊叹的是，2009年，马云和他的“十八罗汉”集体辞职，放下元老资历，重新应聘阿里巴巴，促进阿里巴巴转型进入合伙人时代。这一举措再度展现了“十八罗汉”极高的默契。恐怕你再也找不到第二个如此庞大却又如此默契的同进退的创业队伍了。在这其中，马云对整个团队的极强影响力发挥了重要作用。

安礼章（九）：乐得贤者，珍视人才

经典再现

爱人[①]深[②]者求贤急，乐[③]得贤者养人厚[④]。

迷津指点

①爱人：爱惜人才的人。

②深：深切，急切。

③乐：感到高兴。

④厚：优厚，优厚的待遇。

古文译读

只有深切爱惜人才的人，才会急切地寻求贤人；只有为得到贤人感到高兴的人，才会给贤人以优厚的待遇。

前沿诠释

现在人们常常挂在嘴边的一句话就是“人才最重要”，然而并不是所有的人都能得遇识才之人，拥有良才的人未必能珍惜人才。只有真正重视人才的人才会去深切地爱惜人才，才会千方百计、不遗余力地寻找人才。人才难得，要做一个能容得下人才的人更不容易，所以，领导者要懂得礼贤下士，不仅会识人，也要会用人，如果只是把人才当做利益对等的交换工具的话，那是无法达到上下一心的效果的。

魏文侯：礼遇段干木，仁而爱人

说起厚待贤能人才，就一定要提到战国时期的魏文侯，他礼遇段干木的故事千古流传，被当做具有领导者风度的典范。

段干木是战国时期晋国人，从小家境贫寒，也没有什么社会地位，所以他的志向很难实现。为此，他四处游学，后来在西河拜孔子的弟子卜商（子夏）为师，勤奋学习，纵览文学，成为很有学问的人。赵、魏、韩三家分晋后，段干木去了魏国，因为此时魏文侯正在大力招揽贤士。

同段干木一起去魏国的贤士田子方、李克、翟璜、吴起等人，都受到求贤若渴的魏文侯的重用，身居要职，唯独段干木还在坚持自己的理想志愿，不愿意做官。魏文侯听说之后就想见见这个不愿做大官的段干木到底是个什么样的人，于是驱车前往他的住所拜访他。谁知段干木却翻墙而去，故意躲避魏文侯。虽然被人家拒绝，魏文侯却没有为丢面子而生气，仍然以客礼待他。

魏文侯（？—前396），名斯，魏国百年霸业的开创者。魏文侯在战国七雄中首先实行变法，遂使魏国成为战国初期的强国。

有一次，魏文侯出国巡游，途经段干木居住的草房。他从马车上站起来，面向段干木的住处，以此表示对段干木的敬意。他的车夫感到很纳闷："大王何必如此？段干木不过是一介草民布衣，您经过他的草房还要站起来，是不是也太抬举他了？"魏文侯却说了一番话表示自己对段干木的敬慕之意："段干木是世上难得的一位大贤，他在权势面前还坚守自己的高风亮节，这是真君子的行为。他现在虽然住在这穷乡僻壤，但是他的声名远扬于千里之外，我途经他的住所怎么能不对他表示敬意呢？他凭着自己本身的德行赢得别人的赞扬，我却是凭着占领土地来换得荣誉；他有仁义，我却只有钱财。再多的土地也不如一个人的德行，再多的财物也换不来仁义。这才是我真正应该尊敬、学习的人啊！"

几番周折之后，魏文侯终于见到了段干木，他诚恳地邀请段干木做魏国的太宰，段干木还是委婉地拒绝了。魏文侯与段干木谈话时非常恭敬地站着，即使累了，他也不坐下来休息。渐渐地，他们二人成了朋友。魏文侯经常向段干木讨教治国之策，他见段干木的生活穷困，就经常送他一些钱粮度日。段干木对此非常坦然地接受了。魏文侯虽然没有把段干木带入朝堂，却用礼遇厚待的方式使这位贤者倾向于自己，成为自己治国的帮手。

魏国人听说魏文侯能如此礼遇贤者，都十分敬佩，市井间流传着这样的说法："国君是个正直、忠信的人，对段干木不仅尊敬，而且礼节也很隆重。"

对贤者的厚待也为魏文侯在诸侯中积累了名声。秦国曾经想兴兵攻打魏国，大臣司马唐却劝谏秦国国君说："魏国虽说国力弱小，但是国中却有像段干木这样的贤者，而且魏国国君待他也很好，天下之事没有段干木不知道的。像魏国这样的国家，恐怕不是靠武力就能消灭的吧！"听了司马唐的话，秦国国君深以为然，就没

敢轻举妄动。

魏文侯的故事启发我们，作为领导者，一定要懂得礼贤下士，爱惜人才。在经济迅速发展的今天，人才才是企业的核心竞争力。重视人才，爱惜人才的企业才能做强做大，而轻视人才的企业必定会被淘汰出局。

摩托罗拉养人才

企业的成长壮大离不开优秀人才的加盟，因此，任何一家成功的企业除了关注本公司的管理体系、经营战略之外，还都非常重视人才，愿意吸纳优秀人才为己所用。手机业巨头摩托罗拉在吸纳人才方面有着自己独特的策略，不但使公司在激烈的市场竞争中始终保持着人才优势，同时也使摩托罗拉成为优秀人才的目标。作为美国最大的电子公司之一，1987年，摩托罗拉进入中国，几十年来创造了骄人的业绩，成为中国电子领域最大的外国投资企业和美国在华最大的投资商，也成为优秀人才向往的理想企业。而摩托罗拉之所以能够取得这些成绩，公司里优秀的人才功不可没。

在激烈的商场竞争中，摩托罗拉始终将人才的利用和激励作为重要的管理手段。为了最大限度地开发员工的潜能，摩托罗拉公司会对员工的工作表现进行科学的业绩评估，采取多种物质奖励和精神奖励的手段来激励员工，其中包括优厚的福利待遇、为资深员工颁发奖牌等多种方式。

在摩托罗拉公司，有一种尊敬老员工的“荣誉”观念，公司会为达到一定工作年限的人颁发奖牌，感谢其多年来为公司所作的贡献。公司规定，连续在公司工作十年以上的员工，如果未经董事长和总裁的事先批准，不得被列入临时裁员和永久性解雇人员的名单中。

通信行业的竞争异常激烈，诺基亚、索尼、爱立信等大企业或是抢滩中国，或是强强联合。在众多的通信企业中，摩托罗拉之所以能够始终吸引人才，就在于其“尊重每一个人”的企业文化。

摩托罗拉实施了一套名为“肯定个人尊严”的管理方案。为了形成尊重员工的风气，高级管理者要与员工定期对话。每个季度，每个员工都必须与其主管面谈，就6个问题进行探讨：1.你觉得自己的工作有没有意义？你的工作是否让客户满意？2.你在工作中是否了解成功的因素，包括自己的定位等？3.你有没有得到培训？4.你有没有职业发展目标？5.上级或下级对你是否有反馈，你从中有没有收获？6.工作环境中是否有其他的因素阻碍你的上升发展，如男女平等、宗教信仰等？员工对这些问题的评价和感受都会被输入电脑，进入总公司汇总存档。谈话中

发现的问题将通过正常渠道得到解决。

相比其他通信公司，摩托罗拉很大的优势就是它真正尊重人才的企业文化。摩托罗拉可以放弃一部分业务，却不会放弃自己的员工。公司总裁经常给员工写信，用一个普通人的口吻和员工聊天，拉近与大家的关系。在日常管理中，良好的沟通是增强公司凝聚力的最佳途径，而这也是摩托罗拉的魅力所在。摩托罗拉非常重视与员工的沟通，采取开放的沟通政策。在摩托罗拉，企业领导人努力与员工进行平等交流，使每个员工都能感受到摩托罗拉大家庭的温暖，员工彼此之间就像朋友一样。在摩托罗拉内部，如果谁有创意，谁就可以直接把想法告诉公司高层，甚至告诉总裁。

宽广的胸怀是摩托罗拉企业文化的最好诠释。摩托罗拉有一个独特的现象，就是包容离职人员。摩托罗拉不会对任何一位辞职的员工有任何成见，与求职一样，摩托罗拉还会有辞职面谈。管理人员会认真地与辞职者谈话，了解他们辞职的原因。此举并非为了打消他们的念头，如果员工已经确定离开，公司会尊重他们的意见与决定。通过这些措施，公司总结了员工辞职的原因、员工的去向，并用于人力资源管理借鉴。如果问题出在摩托罗拉公司内部，公司一定会认真检讨自己：

——公司是否没有为其提供用武之地?

——公司近来有没有关心他的生活?

——相应的奖励与培训、提升没有到位吗?

摩托罗拉公司的品牌标志。

就算员工离开了公司，摩托罗拉也不会彻底断绝与他们的联系。人力资源部经常打电话询问一些离职员工的情况，并欢迎他们再回到摩托罗拉。摩托罗拉有一项制度：员工在离职90天内回归，他们以前在公司的工龄可以继续计算。这充分体现出摩托罗拉尊重人才的独特文化。

在白领频频跳槽的今天，不少离开摩托罗拉的人却选择去吃“回头草”。一个员工是这样说的：“离开摩托罗拉出去看了一圈，才发现摩托罗拉在尊重员工、职业发展、团队合作、履行承诺等方面是做得最出色的公司，其他公司也许会给你高薪，但那里的文化让我感到不被尊重，而且它提供的只是一份工作，摩托罗拉提供的是一份事业。”

对离开的员工仍然打开大门，这是摩托罗拉的独特风格。陈永正，这位著名职业经理人于1993年加入了摩托罗拉公司。由于表现杰出，他在辛勤工作了八年后坐到了摩托罗拉公司副总裁的位置。就在这时，他作出了一个令人意外的决定：离开摩托罗拉，加盟21世纪通，成为其香港地区和中国内地的首席执行官。虽然陈永正离开了，摩托罗拉却没有放弃他，时任摩托罗拉中国总裁的赖炳荣先生经常给他打电话，甚至曾亲自登门拜访，劝陈永正回来接他的位子。被赖炳荣的信任打动的陈永正最终在2001年回归，出任总公司副总裁和中国常任副总裁。

“爱人深者求贤急，乐得贤者养人厚”，人才难得，而一颗珍惜人才的真心更加难得。一家企业、一个领导人要想更好地发展自己的事业，就需要营造摩托罗拉这种尊重人、珍惜人的文化氛围，如此，才能吸引众多人才如同百川归海般地会聚到一起。

安礼章（十）：深厚底蕴，万事有得

经典再现

地薄[1]者，大物不产[2]；水浅者，大鱼不游；树秃者，大禽不栖；林疏[3]者，大兽不居[4]。

迷津指点

①地薄：指土地贫瘠。

②大物不产：长不出高大粗壮的植物。

③林疏：树林稀疏，不繁茂。

④居：居住，停留。

古文译读

如果土地贫瘠，就不会长出粗大的植物；如果水不深，就不会有大鱼游动；如果树木是光秃秃的，就栖息不了大鸟；如果树林稀疏，就不会有野兽停留。

前沿诠释

只有拥有深厚底蕴的人才能在人生中厚积薄发，不断前进；只有拥有好氛围的组织才会经营顺畅，动作起来得心应手；只有拥有安定环境和深厚文化底蕴的国家才能吸引国内外的人为之效力。所以，无论是人还是企事业组织，抑或是国家政权，要想顺利而长久，就必须增加自己的内涵，过于浅薄、急躁的作风对于事业是不会有任何帮助的。

刘伯温：明朝开国元勋的传奇

明朝开国功臣刘伯温就是一个很有底蕴的人，他的智计与才能令人钦佩。

刘伯温自小就聪慧异常，教他的老师对他的父亲说："你祖上积德深厚，这个孩子日后必成大器，定会光耀你们刘氏家族的门楣。"而刘伯温也不负家族期望，博览群书，勤奋苦读，再加上他敏锐的眼光和头脑，很快就成了一个满腹韬略的人。学成之后，刘伯温希望通过做官的途径来实现自己济世安民的远大理想。

刘伯温早年考取元朝进士，踏入仕途，后被任命为江西省高安县丞。为官期间，当地百姓都赞扬他勤政爱民，廉洁奉公。后来他又官至元帅府都事。但是因为元朝施行民族歧视政策，他的建议从来不被朝廷采纳，他的抱负也不得施展，还经常受到朝廷的强力压制。刘伯温感到很失望，曾经三次愤然辞官，回到自己的故乡青田隐居。在隐居期间，他仍然笔耕不辍，将自己一直以来的志向，以及对当时天下局势和人生的见解进行了一番总结，写出了著名的《郁离子》。刘伯温的自我总结使得他的智能又上升到新的高度，为以后的发力打下了坚实的基础。

在刘伯温著书期间，他所生活的元朝发生了很大变化，兴兵讨伐元朝的军队蜂拥而起，元王朝的统治摇摇欲坠。但是各地讨伐元军的军队之间又起了纷争，争持不下。刘伯温此时坐镇山中，静观天下的风云变幻。经过一番分析，他认为，在众多讨伐元王朝的起义军中，唯独平民出身的朱元璋最有一统天下的英雄气概。于是，刘伯温就将自己的人生抱负押在了朱元璋身上。

刘基（1311—1375），字伯温，谥文成，温州文成县南田人（旧属青田县）。

朱元璋也是一个爱才惜才之人，在攻打下金华之后，多次派人以重金聘请刘伯温出山辅佐他。刘伯温一开始并没有答应，后经总制孙炎两次写信邀请，他才决定帮助朱元璋。刘伯温意图通过帮朱元璋打天下来实现自己治国平天下的宏伟大愿。就像当年诸葛亮与刘备的“隆中对”一样，刘伯温到了应天（今南京）后就向朱元璋提出了“时务十八策”，每一条都切中时弊。朱元璋听了刘伯温的一番言谈之后欣喜不已，从此就将他留在身边做了军师。

随后，刘伯温便跟随朱元璋四处征讨，为其出谋划策。他为朱元璋制定了周详的战略方针：先除掉陈友谅，再消灭张士诚，而后才能北定中原，一统天下。由于有刘伯温的聪明才智和神机妙算，再加上军事上的不断胜利，朱元璋很快就取得了夺取天下的绝对优势，并且最终推翻了元朝，开创了大明王朝，改年号为“洪武”。

刘伯温为朱元璋平定天下，创立大明王朝立下了汗马功劳，作为大明王朝的开国元勋之一，他被封为御史中丞兼太史令。高官厚禄并没有让刘伯温沉迷下去，他的“夺天下”韬略已经用过，如今更想在“治天下”时发挥自己的本领。

在朱元璋即位之后，刘伯温就开始施行自己的治国构想，为稳固明朝江山而努

力。他虽然有才华，却没有恃才傲物，而是用审慎而客观的态度处理事务。从一些事例中我们就可以看出他的这种深厚的政治素养。

刘伯温经常上奏要严明军纪法律，凡是触犯规章制度的，都要一视同仁，严惩不贷，所以朝中上上下下都很畏惧他。当时中书省都事李彬因为贪污受贿，纵容手下而被治罪。当朝丞相李善长一向宠信李彬，就去请求刘伯温对其从轻发落。但是刘伯温没有答应李善长，在准备祈雨的时候将李彬斩首示众了。从此李善长和刘伯温之间就有了隔阂。后来有一次朱元璋要责罚李善长，刘伯温却站出来替李善长说话："丞相虽然有过错，但是他没有功劳也有苦劳，在朝中也颇有威望，能很好地协调诸将领之间的关系。请陛下三思。"朱元璋很惊讶地说道："先生你别忘了，他可是三番五次要加害于你啊，你怎么还为他辩解呢？朕其实是想让你来做丞相。"听朱元璋说完这番话，刘伯温赶紧跪地叩谢说："承蒙皇上厚爱，但是您却不知朝中换丞相就如同换梁柱一样，要想不让屋顶坍塌就一定要用粗壮结实的木材，如果用细木的话，那房屋就会瞬间坍塌。"朱元璋采纳了刘伯温的意见，没有责罚李善长。

刘伯温阅历丰富，睿智明断，每次与群臣谈论天下大事的时候总是会有精辟的见解。太祖朱元璋也深知他是一个十分忠诚的人，所以凡是国中大事都交予他来处理。每次召见刘伯温的时候，朱元璋都要把他召到内室和他促膝长谈，还时常称他为老先生，说："先生就是我的张子房啊。"

作为大明王朝的开国元勋，刘伯温以神机妙算、料事如神而闻名，在朝中为官多年之后，他深知自己个性刚正、疾恶如仇，不免会得罪一些同僚权贵，也明白"伴君如伴虎"的道理，所以，在功成名就之后，他便毅然选择急流勇退，辞去一切官职，告老回乡，过起了隐居生活。

刘伯温的一生告诉了我们这样一个道理：只有厚积才能薄发，才能有足够的本钱实现自己的理想。如果刘伯温不是非常博学而又有谋略，就不会对天下大势有清晰的认知，也就不会成为明朝的开国功臣。如果他没有丰富的阅历与见地，就无法使皇帝折服，同样也不会有急流勇退的明智想法。所以说，一个人的脚步有多稳，要看他胸中怀有的学识有多么厚重。

为员工提供没有天花板的舞台

正如《素书》中所说："地薄者，大物不产；水浅者，大鱼不游；树秃者，大禽不栖；林疏者，大兽不居。"一个良好、开放的工作环境，会为员工的发展提供一个广阔的空间，给人才提供施展才华的机会。正是在这样的空间中，个人的潜能才可以得到激发，从而创造出意想不到的奇迹，出现众多的“大物”“大鱼”“大禽”“大兽”。世界上许多颇负盛名的公司，都为员工创造了这样的一种工作环境，换句话说，就是为员工提供了没有天花板的舞台。

我们先来看一看微软集团公司，看看他们的员工是在怎样的环境中工作的，你就会明白为什么微软能够创造出那么惊人的成绩了。

在微软的创始人比尔·盖茨看来，微软巨大的成功背后，人才功不可没。正如他所说，“如果现在挖走微软的20个顶尖人才，那么微软公司将成为一个空壳”。可见高科技人才是微软发家的根本，也是它能够战胜诸多竞争对手的重要因素之一。而微软之所以能网罗并留下那么多的精英，不仅在于它独特的用人之道，还在于它为人才提供了一个特殊的舞台。

在美国西雅图的微软公司研发中心里，公司为研发人员提供了一个像家一样的环境。在这里，研发人员有高度的活动自由。初到这里，你或许还以为这是一个休闲娱乐会所。这里不但有篮球场、健身房、游泳池，还有咖啡厅，甚至有专业的按摩师为你服务。微软的员工在这里有高度的自由，他们兴致来了时，可以去以上的任何场所活动，只要他们愿意，完全可以像在家里一样自在，惬意极了。当然，自由并不代表无限制，在进行以上活动时，公司只有一条规定：按时上下班，哪怕是喝咖啡，你也要坐在公司里喝。因而，四十多名全球顶级的IT精英，就在这个宽松的舞台上，无所拘束地任自己的创意迸发，为公司开发出了许多新软件。

微软总部。美国西雅图西北角的一座小城旅馆，因微软总部设在这里而闻名。

不仅美国微软总部的工作环境如此自由，微软中国也是这样。微软中国研发集团为那些有志于冲击巅峰的人才提供了有利于灵感绽放的研发环境。在这里，研发人员不必天天西装革履，他们可以衣着轻便，甚至可以穿着短裤和拖鞋来上班。工作累了时，公司提供的按摩椅等健身器材可以让他们舒活筋骨，从而有利于思维的开拓。正如员工们所说：“在微软工作的每一天都是精彩和令人期待的。”

单单是这种舒适的工作环境，还不足以表现微软为员工提供的这个舞台的宽广，微软还创设了一个随时为员工“表演”提供培训的环境。

微软中国研发集团建立了“360度”人才培养战略和全方位的培训计划，为自

己旗下的员工充电大开方便之门。其中的“马可·波罗交换计划”就是美国微软总部资深的软件工程人员来到中国国内，为国内的研发人员提供与他们交流、向他们学习的机会。这样，微软的研发人员之间就实现了经验、技能和管理技巧的共享。像一些卓越的研发人员，如PowerPoint之父Robert Parker、卓越软件工程专家Jeffrey Krebs，被誉为“深蓝”之父的华裔科学家许峰雄等，现在已经加盟微软中国研发集团，他们不仅为其他研发人员提供了经验、方法和理念，也为他们提供了激情、榜样和激励的力量来源。另外，“丝绸之路计划”则是将中国国内优秀的技术人员派遣到美国总部，让这些才华横溢的人才深入了解国际软件市场的环境与先进经验，开阔他们的视野，让他们的目光更具有前瞻性，实现与国际接轨。此外，微软中国还将美国总部的“卓越软件工程”项目引进国内，提高国内研发人员应对软件开发的复杂性和挑战性的能力，培养软件工程师的实践技能，以进一步提高产品开发质量和效率。

这种种措施都表明，微软为人才提供的不仅是有吸引力的薪酬，更是一个足够大的可供你施展才华的舞台！

不仅是微软如此，联想公司也用多种方式为人才提供了一个足够广阔的舞台。联想首先提出的就是“不唯学历重能力、不唯资历重业绩”的用人观。在联想公司里，人人都是发动机，都可以把自己的能量尽情发挥出来。联想不鼓励员工做一个固定岗位上的“螺丝钉”，而是希望每个员工都能主动地、全面地推进工作，创造性地开展工作。早在2002年，为了给高科技人才提供一个无限制的发展空间，联想就适应中国的国情，创立了八级技术职称评定体系，打破了在通行经理制的现代企业中，优秀技术人员只有向行政管理岗位转移，不断升职当经理才能实现个人发展的老规矩，将技术职称的晋级作为联想员工升迁发展的第二序列。这个八级技术职称评定体系取消了传统的高、中、低三级职称的简单划分，将职称细化为技术员、助理工程师、工程师、主管工程师、资深工程师、副主任工程师、主任工程师和副总工程师八级，使每一个级别都与相应的待遇、薪金和资源控制权力直接挂钩。在公司中，总经理只能有一个，但是主任工程师却可以不止一个。这种职称评定体系就给了人才无限制的发展空间。

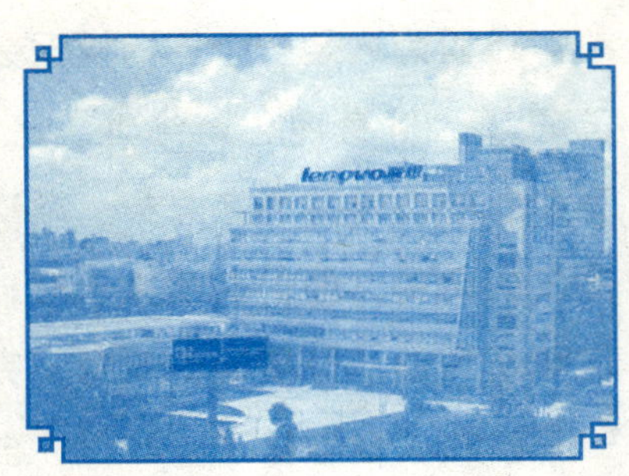

联想大楼。

除了微软和联想之外，惠普等许多国际性的大公司也为人才提供了各种施展才华的舞台。而这些公司取得的发展成就也用事实说明了环境与人才发展的关系有多么密切。

由此可见，成功的企业更多靠的是人才，企业要想更好地发展，就要为员工提供一个让其心安的环境。只有这种环境才能使员工心无旁骛地工作，从而为公司创造更多的价值，同时也书写出个人的精彩人生。

安礼章（十一）：月满则亏，水满则溢

经典再现

山峭[①]者崩[②]，泽满[③]者溢[④]。

迷津指点

①山峭：山势险峭。

②崩：崩塌，崩裂。

③泽满：湖泊、沼泽中水量太满。

④溢：溢出，外流。

古文译读

山势险峭就要崩塌，泽中的水太满就要外流。

前沿诠释

人们常说“月满则亏，水满则溢”，说的就是为人处世不要锋芒毕露，做事要给别人留有余地，不要总是咄咄逼人。过于张扬、自以为是的人大多会在人生的旅途中遭遇挫折，其实主要原因就是这些人不懂得收敛。不论是真有实力还是虚张声势，人都不要把话说得太满，事做得太过，否则就会碰钉子。太爱卖弄自己，不仅会过早地暴露自己的实力，从而在竞争中落得下风，也会给别人留下轻狂浅薄的印象，对个人发展不利。

杨修：聪明反被聪明误

历史上，曾经有一个人用血淋淋的教训告诉我们，如果才能过于外露却不懂斟酌形势，那将会是非常危险的。这个人就是杨修。

东汉末年，不仅是出英雄的时代，同时也是出谋士的时代。杨修就是当时众多谋士中的一员。杨修，字德祖，出身显赫，后来做了汉相曹操的主簿。曹操虽然赞赏他的聪明，却也同时忌惮他的聪明，这其中的原因就是杨修恃才放旷，过于外露。

杨修曾经跟随曹操出巡，骑马路过曹娥碑，只见碑上刻有“黄绢、幼妇、外

孙、齑臼”八个字。杨修扫了一眼就已经明白是什么意思了，而曹操却思量很久也不能理解。曹操特意嘱咐杨修不要把答案说出来，他要自己想。直到又走了30里路，曹操才恍然大悟，与杨修想到的结果一对，乃是“绝妙好辞”四个字。曹操不禁感叹道：“原来我比起杨修的智慧还相差30里啊！”虽然嘴上这么说，可是曹操的心里却是很不舒服。

有一次，曹操请人在自己的行宫里建造了一座花园。完工之后，曹操前去验收，既没说好也没说不好，只是用笔在大门上写了一个“活”字就走了。众人面面相觑，都不知道这是什么意思。杨修看到后就说：“在‘门’内填一个‘活’字，就是一个‘阔’字。丞相的意思是这个门做得太宽太大了。”监工们听了杨修的话，立即命令工匠们把门拆了重新修建。曹操再去看的时候，感到满意了，顺口问：“是谁这么了解我啊？”他的随从告诉他说：“这是杨修说的。”曹操听罢，不禁为有人能看破自己的心思而担忧。

又有一次，有人给曹操送来一盒点心，曹操没有打开来吃，而是在点心盒的外边写了“一合酥”三个字，放在桌子上就走了。杨修看见了，就取出盒中的点心分给大家吃。大家都不敢吃，杨修却说：“你们没看到上面明明写着‘一人一口酥’吗，你们谁敢违抗丞相的命令？”等到曹操回来的时候，看见桌上的点心没了，就问杨修，杨修就把他的意思说了出来。曹操听了之后，虽然是满脸笑容地称赞杨修聪明，心里却对杨修的放肆感到不满。

杨修（175—219），字德祖，弘农华阴（今陕西华阴东）人，东汉末期文学家，为汉相曹操主簿，后被曹操杀害。

曹操最大的一个毛病就是疑心特别重，总是担心有人会杀他。为了防备睡觉时有人近身，他就吩咐左右的人说：“我在梦中喜欢杀人，你们一旦看见我睡着了，就不要靠近我。”有一天，曹操在午睡的时候把被子踢到了地下，旁边的一名近侍就把被子捡起来想给他盖上。曹操却跳起来拔剑把这名近侍杀了，然后自己又倒头睡着了。等到他睡醒之后，看到地下躺着的那个近侍，故意问道：“是谁这么大胆杀了我的侍从？”众人都如实相告，曹操佯装大惊，还懊恼地痛哭：“传我命令，厚葬这名侍从。”人们都信以为真，以为这名侍卫真是曹操在睡梦中误杀的，见曹操又是悔恨，又是命人厚葬，不但没有责怪曹操，反而对曹操赞叹不已。只有杨修察觉出了曹操的用

心——更确切地说，只有杨修表露出了"我知道真相"的态度，也许看出来的未必只有他一个人，但其他人都不动声色。等到那名侍卫要下葬的时候，杨修指着尸体说："丞相并非是在梦中，而是你在梦中。"曹操听说了之后，就更加恼恨杨修。

后来曹操和刘备在汉水作战，双方对峙多日也没有结果。曹操心中一直犹豫着到底是该退还是该进，正在军中休息的时候，厨子给曹操端来一碗鸡汤。他看见碗中有鸡肋，若有所思。正在此时，夏侯惇入帐询问夜间作战的口令，曹操看着眼前的鸡汤，随口说道："鸡肋！"杨修一听口令是"鸡肋"，就让自己身边的士兵们收拾行装，准备班师回朝。夏侯惇不解其意，忙问是什么原因。杨修说："鸡肋，鸡肋，食之无肉，弃之可惜。丞相的意思就是说现如今既然进攻也不能获胜，退却又怕别人笑话，待在这儿也没什么大用，还不如早点回去。不信你且看，丞相肯定即将班师回朝。"结果在杨修等人的影响下，军营中的士兵纷纷收拾行装，惊动了曹操。曹操本来正进退两难，真的有班师回朝之意，却因为被杨修说破了心思十分气恼，就大声地呵斥道："杨修你好大的胆子，竟敢在此造谣，扰乱军心。拉出去斩了！"就这样杀了杨修。

以这样一个理由就杀掉一个有才能的谋士似乎太过轻率，其实曹操真正在意的是杨修助曹植的事情。原来，曹操生平最恨人结党营私，对自己的几个儿子也这样严格要求。他为立世子的事在曹丕、曹植两个儿子之间举棋不定，不知立谁好。杨修曾多次猜度曹操的心思，为曹植出主意。曹操得知事情原委后，一怒杨修看破了他的心思，二怒杨修干涉自己的家事，做了不该做的事，这才有了除掉他的心思。

杨修确实有过人的聪明才智，曹操也自认为自己的智慧跟杨修相差30里。所以对曹操来说，他对杨修是又羡慕又嫉妒。其实曹操未必没有容人之量，许多人比杨修本事还大，曹操都可以包容他们。但是杨修锋芒太露，太爱表现自己的聪明，对曹操的事务插手太多，甚至触及了敏感的立嗣问题，这就不由得曹操不恨他了。到最后，曹操以"乱我军心"的借口轻而易举地就杀了他。杨修的死，也印证了一句古话："聪明反被聪明误"。

所以说，要低调做人，谨慎做事，不论处在什么样的位置，都要时刻让自己处在冷静的状态下，只有虚心谨慎，兢兢业业，才能成就一番事业。

长孙皇后：不把好处占全

一个人立身处世如果做事太"满"，必然会招致祸端。这并不是说要让人做一些豆腐渣工程，而是指在为人处世上不能走绝对化路线。记住：好处不可占

全，丑话不要说死，就算绝交也不要绝得太彻底。这一点我们从古代著名的贤后——长孙皇后那里就可以深刻地体会到。

长孙皇后（601—636），是唐太宗李世民的皇后。

说起唐太宗李世民的皇后——长孙皇后，人们都很熟悉，她可以说是得到了李世民最长时间的宠爱，而且她所生的儿女，李世民也异常宠爱。

能够体现出长孙皇后受宠的事例数不胜数。贞观初年，长孙皇后的兄长长孙安业参与谋反，按照唐律这可是要抄家灭族的大罪。结果唐太宗不仅没有责备长孙皇后，反而因为她的请求免了长孙安业的死罪，后来还重新起用了他。后来长孙皇后不幸早逝，唐太宗更是对她念念不忘，甚至因为想修庙观祭奠她而被魏征批评。

长孙皇后受到了这么多荣宠，想必在身居六宫之首的时候也很得意吧?

恰恰相反，长孙皇后因为自己受到了这么多的宠爱而不断自谦，考虑得反而比当秦王妃的时候更多了。她凡事都遵循着办事不可太满的原则，决不让自己享有过多的富贵。

长孙皇后拥有非常显赫的出身，还是少女时就嫁给了门当户对的李世民，在李世民登基之后就被封为了皇后。但她没有拿出皇后的架子，而是以国母的亲和风范成为后宫的表率。《周易》曰：“物极必反，否极泰来。”一个人如果在某方面达到极致，那后面一般就会遇到很大的危机。就像人走路一样，绝对不要走到无路可行的时候。长孙皇后虽然已经是皇后，但在后宫之中却处处谨慎，为嫔妃们做榜样。她深知自己的一言一行对皇帝都具有重大影响，因此便自觉约束自己的言行。

是的，就是约束。历朝历代的后妃如果能够得到皇帝的宠爱，大多会为自己和自己的家族争取利益，希望得到的越多越好，但是长孙皇后就不一样了。面对李世民自发地赐给她的那许多荣耀，她却一直向外推。

长孙皇后以简朴的美德名扬后世，她不尚奢侈，吃穿用度都是宫中按例发放的，从不提额外要求。长孙皇后虽然出身名家，却没有一点骄矜之态，从来不搞特殊化。她的儿子李承乾被立为太子之后，太子的乳母不止一次向她反映，东宫供应的东西太少，不够用，希望皇后能为儿子额外增加一些。长孙皇后却认为太子这个

位置已经是天下极尽尊贵的地位之一了，怎么能再在享受上放肆呢，于是就拒绝了东宫的要求。后来她还教导太子："做太子最发愁的是德不立，名不扬，哪能光想着宫中缺什么东西啊。"

外戚专权是封建王朝的每个皇帝都不可避免会遇到的情形，汉朝时期的吕氏、窦氏、卫氏的宗族，每一个都是依仗着她们在后宫的专宠而气焰冲天，掌握了军政大权。这些人能够有这样的权势与后宫之人的竭力经营不无关系。但是到了长孙皇后这里，她却惧怕家族结党营私，威胁到李唐王朝，最终带来大祸。每当李世民和长孙皇后谈起朝政的时候，长孙皇后都闭口不答，避免后宫干政。

虽然如此，李世民还是对长孙家族的人十分信任，将长孙皇后的兄长长孙无忌封为吏部尚书。结果长孙皇后知道以后，居然派人去找长孙无忌，求他去向皇帝请辞。李世民没办法，就改为任命长孙无忌为开府仪同三司，长孙皇后这才放心。长孙皇后为什么这样忌惮自己的亲哥哥掌有大权呢？其实她是考虑到长孙无忌和自己幼年时因为父亲早亡吃过的苦，这就使哥哥养成了强烈的权力欲，怕一旦让他掌权，他就会独揽大权，对朝政有损。

对于自己和自己家族受到的荣宠，长孙皇后一直都十分谨慎。她的女儿长乐公主从小养尊处优，要出嫁时，所配嫁妆比当初的永嘉公主要优厚好几倍。永嘉公主是李世民的姐姐，十来年前出嫁时正逢唐初百业待兴之际，所以嫁妆比较简朴，但是到了贞观年间，国家已经比较富裕，皇后所出的嫡公主多加点嫁妆也没什么不可以的。但是长孙皇后却对魏征所说的"此举越制"十分在意，尽管李世民已经许诺要让掌上明珠风风光光地出嫁，她仍然精简了长乐公主的嫁妆，恢复到与永嘉公主同等的水平。

长孙皇后被称为大唐王朝最受人尊敬的皇后，也是中国历史上有名的贤后。终其一生，她都注意享福不可太满，权势不可过盛，也正因此，她才能得到各种身份的人无差别的尊重。

安礼章（十二）：凡事都需脚踏实地

经典再现

衣[①]不举[②]领者倒[③]，走[④]不视地者颠[⑤]。

迷津指点

①衣：穿，穿衣服。

②举：提着，拉着。

③倒：衣服穿倒。

④走：走路。

⑤颠：通“跌”，跌倒。

古文译读

穿衣时不提起领子则襟袖倒置而无绪，行走只看天上，不看地面，必有失足之险。

前沿诠释

人们穿衣服时，如果不提着领子，就有可能穿倒，从而受到别人的嘲笑；走路不看脚底，眼总朝天看，自高自大，这样的人没有不跌倒的。事实上，我们每个人对此都或多或少有过亲身体验。这句话告诉我们做任何事情都要脚踏实地，按照一定的章法来办，不能任意妄为。很多人并非不会办事，而是办事态度不对，过于重视主观构想，不看清现实，不讲究规律，最终只能遭遇挫折。

大禹：治水“因地制流”

在任何环境当中，做事情都要讲究规律，立足于实际情况。人们常说的“因地制宜”“因人而异”就是经验中的经验，智慧中的智慧，如果不懂得这些，即使拥有再好的策略、再多的妙计也无济于事。

传说在尧那个年代，洪水泛滥，大地都变成了鱼鳖的家园，百姓没有安身之处，人们迫切希望有人能治理这场洪水。此时，在中国大地上，便出现了两位治水的英雄——鲧和他的儿子禹。

鲧是一个聪明能干的人，他发明了很多器具来造福民众，还驯服了耕牛，教导百姓如何播种稻谷黍米，还同人们一起创建了城郭，让当时的人们居有定所。当洪水泛滥之时，鲧就带领着人们一起建造堤坝，抵御洪水的侵袭。因为洪水来得实在太猛，鲧足足填了九年堤坝，但依然是“滔滔洪水，无所止极”。鲧为了制伏洪水，没有得到天帝的允许，就悄悄地取了一点“息壤”去治水。息壤是生长在天庭中的一种土壤，它有永远生长不息的特性，只要取一点扔向大地，就会立刻堆积成山，建成堤坝。由于鲧的行为触怒了天帝，天帝就把他杀死了，“息壤”也被收回，他的治水失败了。

鲧的儿子禹继承父志，继续治水。禹吸取了鲧治水的教训，想到了两种治水办法：一是筑堤填堵，二是疏通引导。

禹，姒姓夏后氏，名文命，号禹，后世尊称大禹，夏后氏首领，传说为帝颛顼的曾孙，黄帝轩辕氏第六代玄孙。

在神话中，大禹治水的过程充满了与神兽的合作与较量，其中就有一只神兽黄龙前来帮助大禹治水。黄龙有一对美丽的翅膀和一条有力的尾巴。大禹让黄龙帮助他勘察地形，黄龙就用尾巴划开地面，让洪水流向河道。

传说，为了顺利治水，大禹还与诸多恶神进行了殊死搏斗，这其中就有共工和相柳氏。共工很狂暴，他兴风作浪，制造洪水，使得中原地区一片汪洋。相柳氏有九个头，身体似长蛇，只要他经过的地方，都会变为溪泽。大禹与共工和相柳氏进行了激烈的战斗，最终打败了他们，取得了胜利，从而扫清了治水的阻碍。

扫清障碍后，面对洪水滔天的黄河，大禹开始有序地展开治水工作。他从青海的积石山开始疏导。

大禹治理洪水的过程十分艰苦，而且时间也非常漫长。然而，大禹却因为抓住了治水的规律，施行了符合实际的措施，使得治水工程不断显露成效。他沿着古代中华大地不断奔走，把脚趾甲都磨光了，也因此掌握了各地的地势、水文情况，做到了有针对性地制订具体措施。在河道阻塞的地方，他就疏通河道；在山势阻路的地方，他就开山挖渠；在堤坝不稳的地方，他就修堤坝。传说，那个时候的石门山与吕梁山连接在一起，堵住了黄河东流的去路。大禹疏导到这里时遇到了这一障碍物，他就用自己的神力，将石门山劈为两半，使黄河顺利地从石门山峭壁间穿过，这就是今天河南洛阳的龙门。黄河流经龙门又东流几百里后，又遇到了一座山，无法通过。于是大禹就开凿这座山，使河水绕山分流，恰似穿过三道门，这个地方就是今天的三门峡。

在大禹的领导下，人们经过多年的奋斗，终于制伏了洪水，黄河也得到了有效的治理，大禹治水的精神也世世代代为后人所歌颂。

大禹之所以能够成功地治理黄河，主要是因为他能抓住水流因地势高低而流向不同的规律，“因地制流”，采用了疏导的办法。他的父亲鲧治水之所以失败，是因为运用了错误的方法，违背了水流的规律。

大禹治水的典故并不只是有勇气和恒心的代表，它更多地告诉了我们脚踏实地、按规律办事的重要性。做任何事情时都不要盲目下手，要根据实际情况决定。就如同在现代管理过程中，外国的一些优秀经验放到中国未必有用，中国的权谋之术拿到西方也会把他们搞糊涂一样，只有符合实际的才是最好的。

贾谊：不切实际的书生意气

古代文人在自认为怀才不遇时就会借他人的故事浇自己胸中之块垒，其中被吟咏最多的要数西汉的贾谊了。“圣主恩深汉文帝，怜君不遣到长沙”“屈贾谊于长沙，非无圣主”“可怜夜半虚前席，不问苍生问鬼神”，这些诗句都显现出了历代文人对贾谊不被重用的同情，但是历史果真如此吗？其实，如果人们客观地看待贾谊的一生，或许就会发现，他之所以没能做出一番功业，主要原因是因为他不切实际。

人们总说儒者有“书生意气”，虽然志向远大却经常会做一些不切实际的事情。贾谊就是这样的人。他虽然有头脑，会出一些不错的点子，见解有时也有一定道理，但过于空大，不切合当时的实际情况。历史告诉我们，在很多情况下，必须懂得“权变”，否则，做好事也可能会引起大乱。

贾谊（前200—前168），洛阳人，西汉初年著名的政论家、文学家，著作主要有散文和辞赋两类。

贾谊生活在汉文帝时期，他的才华是毋庸置疑的，年仅20多岁就已经名列博士，之后又被提拔为太中大夫，这种破格录用足以显示出汉文帝对他的重视。

贾谊是个有才之人，也不免有一些恃才傲物的特点和急躁的脾气。当时的汉朝立国已经几十

年，也出现了一些弊端，如劳动力不足、经济落后、诸王势力庞大难以制约等，所以很多人都想对国家政策提出自己的建议。贾谊此时也站了出来，提出了自己的许多想法。他走出的第一步，是面对刚刚即位的汉文帝，对汉朝现在实行的典章制度大加批判，要求全盘改革。贾谊说现在汉朝完全承袭了秦朝的礼仪制度与风俗，但是秦朝本身就不是正统，汉朝继承它就更加违背先贤之道了，应该把从秦朝拿来的那些东西都丢掉，重新确立汉朝自己的礼俗。他建议制定新的典章制度，兴礼乐，改换纪年方式，改变黑色为尊的服色，改变中央到地方的官名等。他认为，秦以“水”为德，以十月为一年之始这样的历法已经不适用了，汉朝应当以“土”为德，服色以黄色为尊。

姑且不论这些改革是否有必要，单说要在当时做这些确实是不太可能的。当时汉文帝面临的是什么环境？那是诸吕作乱之后急需重整的混乱的朝纲。周勃、陈平等剿灭叛逆的重臣掌握朝政，他们需要的是一个听话的皇帝。汉文帝本人能够当上皇帝的其中一个原因，就是他的母亲薄姬出身一般，没有强大的外戚势力为后盾。所以说，此时的汉文帝还没有足够的移风易俗的能力，而且这种变革在政治不稳的情况下很没有必要。秦朝留下的典章制度非常完善，基本上还是适合汉朝使用的，如果只是因为改朝换代就要全盘改革，对于汉文帝来说似乎有些浪费资源。而且这对于那些秉承旧制的老臣来说无疑是一种挑战。所以最终汉文帝认为移风易俗的变革时机还不成熟，这件事就此作罢。

后来，针对汉朝的一些弊端，贾谊又提出了几条建议，其中有一条就是大量释放奴婢，使他们能够参与务农。这条建议损害了大官僚们的利益，使得他们极为记恨，不过这项措施确实为汉朝发展农业提供了不少劳动力，可以说是在一片反对声中实施的有利措施。如果贾谊的其他建议也像这条建议一样符合社会实际，可能就不会受挫了。

汉初半两钱。

后来贾谊又提出了一项变革措施——统一国家货币。统一货币是每个封建大一统国家迟早要做的事情，但是什么时候推行就有很大的学问。秦朝统一货币铸造半两钱，这种钱比以往的货币都重，结果国家亏损严重。后来到了汉朝高祖时期，朝廷曾经下令民间可以自行铸造钱币，开挖铜矿。这种做法使得钱币的质量下降，但是利益却是极大的，它使得人民受到的剥削降到了最低，也使得诸侯王难以得到优质的铜铁，客观上削弱了诸侯王的势力。这也是当时诸侯作乱，都坚持不了很长时间的原因之一。此时贾谊提出统一货币确实不明智。他意识到了国家应该有统一规制的钱币才像个统一的国家，却没有想到他念念不忘的削藩与钱币之间的微妙联系。

结果这条建议理所当然地在汉文帝那里被搁浅了——在诸侯真正被削弱之前统一货币必定会使贫民急速穷困，诸侯逐渐壮大。

此后又经历了几件事情，贾谊提出的改革措施大多数都难以在朝堂上实行，它们要么是不到时机，要么是过于急切，因此遭到守旧大臣的反对。总之，贾谊渐渐地被信奉“无为”治国的大臣们所孤立。因此就有人不断在汉文帝面前毁谤贾谊，最终汉文帝不得不将他外放到长沙王那里。

贾谊虽然有满腹的才学，但是君主施政必须考虑国家形势，不能只因为这项政策看似有利就去实施。比如和贾谊同时代但是比他还要倒霉的晁错，他上书建议汉文帝削弱藩王势力，这确实是为中央集权着想，但是当时的朝廷并不具备削藩的实力和手腕，结果贸然削藩就引发了“七国之乱”，晁错本人也因此被杀。所以说，贾谊未必有大错，但是如果他提出的建议不切实际，那些即使有利的改革也不一定能够实行。哪一朝哪一代的改革和做事不是这样呢？只有凡事从实际出发，脚踏实地，才能真正取得实效。

安礼章（十三）：治国之道，天下民为重

经典再现

足[①]寒[②]伤心[③]，人怨[④]伤国[⑤]。

迷津指点

①足：足底。

②寒：有寒气。

③心：心脏脾肺。

④怨：怨气，民怨。

⑤国：国家。

古文译读

如果足底间有寒气，就会伤及心脏脾肺；如果人民有怨气，就会伤及国家。

前沿诠释

在中医理论中，人体是一个有机的整体。人体的各器官是相互联系、相互依存的，如果某个部位出问题，势必会影响到其他部位。如果脚受冻了，势必伤及心脏。同理，国家也是一个有机的整体，人民是国家的根本。如果统治者不顾人民死活，只是为了维护自己的统治，横征暴敛、贪污腐败，人民一定会怨声载道。民心受伤，民怨一起，就有可能引发动乱。作为统治者，必须把人民的利益放在首位，公器公用，绝不可以把政权作为私器，以此来奴役人民。

古人常说：得民心者得天下，失民心者失天下。其实，要吸取这个教训的不止是那些当皇帝、当诸侯的人，普通人也要懂得得人心的重要性。不论是身边的人，还是自己的下属，都要亲厚对待，留住人心。

周厉王：防民之口，甚于防川

人们都知道“水能载舟，亦能覆舟”的名言，不过还有一句同样与水和人民有关的话，那就是“防民之口，甚于防川”，这一典故出自周厉王。

周厉王是西周的第十代国君。周朝到了周厉王时期，朝纲已经慢慢废弛，呈现出不稳定的状态。周厉王昏庸暴虐，对人民横征暴敛，老百姓苦不堪言。同时，他还剥夺了一些贵族的权力，把权力集中到自己手中，实行专制统治。他还任用荣夷做卿士，实行“专利”，把社会的财富聚敛到自己手中。周厉王把国家当做私有，贪婪无度又穷兵黩武，不断南征荆楚，连年用兵，导致民不聊生。

周厉王（？—前828），西周第十位国王，姬姓，名胡，在位期间横征暴敛，被称为暴君，引发了“国人暴动”。

与此同时，中原与西北少数民族关系恶化，西北的戎狄，尤其是猃狁部落，不时地入侵周朝的边境。在急需稳定双方关系的情况下，周厉王却自恃强大，变本加厉地压榨周边的少数民族，激化了双方的矛盾，给周朝又添了一重灾难。

因为周厉王的残暴统治，国都里的百姓便纷纷公开批评他。百姓对周厉王的指责很快传到朝廷。召公就对周厉王说：“老百姓忍受不了你的暴虐了，他们都开始批评你的暴政了。”周厉王听了之后大怒，不思悔改，为了压制百姓的言论，就专门派人到大街上监视老百姓。只要听到哪个人敢议论君王，批评国政，就马上给他安一个非议朝政的罪名，抓起来杀掉。周厉王的间谍统治就像后世的法西斯统治一样恐怖，导致国都里的人都不敢说话，路上见了面只能彼此用眼睛望一望而已。那些眼线把这种情况报告给了周厉王，他听了之后就得意扬扬地对召公说：“我能阻止老百姓对我的诽谤了，他们现在可不敢说话了。”

召公听了周厉王所谓的“好办法”之后，非常焦急，警告周厉王说：“你这是在强行堵老百姓的嘴。堵老百姓的嘴，比堵河水后果还要严重。河水受堵塞就会冲破堤坝，造成水灾。老百姓也像河水一样。治理河水的人一定要采用疏导的办法，使河流畅通无阻，治理百姓的人，就要让他们有说话的自由。议论朝政是老百姓的自由，政令的好坏就能从老百姓的言论中看出来。根据民间言论修改政令才能使国泰民安，国君应当非常重视百姓口中的话语才对，怎么可以强行堵老百姓的嘴呢？你这样妄为，国家还能维持多久？”

固执的周厉王根本听不进去，依旧一意孤行，实行恐怖政治。因此国都里的人都不敢讲话，朝政越来越混乱，周朝的统治也江河日下。三年后，也就是公元前841年，国都里的老百姓终于忍不下去了，爆发了历史上有名的“国人暴动”。老百姓包围了王宫，攻击周厉王，周厉王吓得仓皇出逃。从此周厉王的统治结束了，

再也没有人愿意回到被“堵口”的日子。周厉王被流放到了彘（今山西霍县东北），后来就死在那里。

画像砖中表现的“国人暴动”。

人非圣贤，孰能无过，过而能改，善莫大焉。作为一国之君，更应该多听取老百姓的意见，文过饰非的是最愚蠢的统治者。周厉王自以为是地对批评他的老百姓实行“禁言”，以为只要实行权威统治、恐怖政治，老百姓就听话了，国家就稳定了。殊不知这更加速了国家的灭亡。因为他所做的一切都是从自己的私利出发，损害了民众的利益，反而使自己离心离德。

国家的治理如此，企业的管理也是如此。企业的管理者也应该做到以人为本。因为员工就是企业的根本，没有员工就没有企业，企业的发展壮大都要依靠员工的努力。企业管理者要有博大的胸怀，多向普通员工了解他们对企业的建议或意见。如果一个管理者只喜欢听好话，那就没有人敢说真话，都会拿不切实际的话来搪塞，这个企业就没有发展前途。古人说：“闻过则喜。”听到有人说自己的过失并不是坏事，我们恰恰能从中发现自己应当改进的地方。

除此之外，管理者要想争取内外人心还要从许多方面努力，如人际交流、福利待遇、温和作用、嘘寒问暖、有诺必现等。只有收获人心，才能收获成功。得到最多的支持的人比孤家寡人具有更强的竞争力。

管理者要重视团队的凝聚力

诚如上文所说，周厉王因为引起民怨导致国亡。这正是黄石公在《素书》中提出的道理：“人怨伤国。”这个道理在家庭生活和企业管理中同样适用。

李家是当地的望族。李氏一家四代同堂，主事人一直是年迈的李老太爷。这几年，随着身体情况越来越差，李老太爷就把家族的主事权交到了大儿子李望手中。李望是一个老实忠厚的人，将家中的事务处理得很好，凡事宁愿自己吃亏也不让弟弟们吃亏。李望当家三年后，李老太爷去世了，他是笑着走的。但老太爷没想到的是，他去世一年后，家里就闹翻了天。

李望的三儿子李默然这些年一直在外经商，也算是小有成就。因为爷爷去世，年轻而多金的李默然被请回了家中，接手家中的一些事务，尤其是接手李家在当地的几家工厂的管理工作。李默然将工厂接管下来后，采取了一系列措施，调整了管理办法。结果，两年后，几家工厂的效益越来越好。按规定，负责管理的李默然要从厂里领取属于自己的工资。但李默然自由惯了，加上应酬多，花销自然很大，他的各种费用最后累积起来，就成了一个庞大的数字。这一切都被负责工厂财务的表姐李婷婷看到眼里，李婷婷心里就不平衡了：凭什么家族的工厂表弟可以自由取钱用钱？她将自己看到的情况不时地向自己的老妈——李默然的大姑嘀咕几句，李默然的大姑又把这些事和妯娌们说，于是事情越闹越大。

当事人李默然知道后，心里特别不高兴：自己辛苦工作的时候没人看到，自己因为应酬花的钱别人就看到了。李默然心里有气，工作上就没热情了。李望知道后，既心疼儿子，又为家里的这些弟妹的不懂事伤心。想一想这些年吃亏的是自己，付出最多的还是自己，结果还落了这样的埋怨。气怒交加，李望突发脑溢血，撒手去了。李望一走，李氏家族就散了。

李氏家族散掉的根本原因其实就是“人怨伤国”。因为家人对家族企业的管理人李望产生了怨恨之情，家人之间不再团结，于是家就散了。一个家庭倘若没有了凝聚力，就如同一盘散沙，一个企业如果出现人怨的现象，也会导致企业的衰落，甚至破产。

江南某企业自创建之日起，一直是当地的纳税大户。每年，这家企业都能解决当地不少人的就业问题。当地人提起自己的家乡，总是骄傲地把这家企业挂在嘴上。然而，这几年，当地人对这家企业的评价越来越差，即使是企业的职工提起自己工作的企业也是怨气连天。为什么呢？原来，这家企业在三年换届时新上任了一位总经理。这位总经理刚上任的时候，在职工中呼声极高。因为此人据说极富管理经验，曾使一家濒临破产的工厂起死回生。没想到，这位总经理上任半年后就开始不务正业，只做表面工程。他先是将原来总经理的座驾换成奔驰，接着又挪用给职工建住宅的款项去参与某项工程的招标，结果标没招上，款项却没了去向。同时，这位总经理还在企业内部安插了不少自己的亲属和朋友。这些人一上任就大肆利用公款吃喝，弄得职工怨声载道。结果这个总经理管理企业还没多久，企业的效益就急剧下滑。在市场竞争日益激烈的情况下，这家企业最终被收购，彻底在人们的视线中消失。

无论是家庭还是企业，其实通俗地说都是团队。而一个团队发展最重要的因素就是成员之间的凝聚力，而这个凝聚力形成的关键就在于团队的管理者。当团队面临危机时，团队的管理者除积极想办法外，还要与团队的成员一起为团队的发展尽心尽力，在遇到困难时，团队的管理者更是要身先士卒地走在前面。这就如同上战场的军队一样，主帅强则团队强，主帅弱则团队弱。所以，要想团队具有凝聚力，

就必须充分发挥团队管理者的作用，其中就包括领导者的沟通能力、协调能力、激励能力和决策能力等。领导者的沟通能力、协调能力能让团队成员之间由于价值观、性格、处事方法等方面的差异而产生的各种冲突得以调和，使团队成员的心态得以调整，使他们找到各自准确的角色定位，从而把个人目标与工作目标结合起来，明确知道自己要做的事，以及清楚如何去做。领导者的激励能力则能鼓励和激发团队成员的积极性、主动性，充分发挥团队成员的创造力。领导者的决策能力则能在意见产生分歧的时候起到决定性的作用，使众说纷纭变成众口一致。

总之，只有领导者的管理方法到位，团队成员才能形成团队凝聚力。团队凝聚力是一种无形的精神力量，能将一个团队的成员紧密地联系在一起，从而产生无穷的力量。而这种力量便是企业无往不胜的关键。有了团队凝聚力，就不会出现“人怨伤国”的结局了。

安礼章（十四）：重视根本，建功立业要谨慎

经典再现

山将崩者，下[①]先隳[②]；国将衰者，民先弊[③]。根枯枝朽，民困国残。

迷津指点

①下：根基，土地。

②隳：毁坏。

③弊：疲敝。

古文译读

大山将要崩塌之前，土地根基会先行腐败毁坏；一个国家将要衰亡，肯定是人民先感到疲敝。树根若是干枯了，枝叶也会跟着腐朽。百姓若是贫困了，国家也就衰亡了。

前沿诠释

土地是山的基础，承载着它全部的重量；树根是树的根基，保证着整棵树的给养；人民是一个国家、一个政权的根本，就像唐太宗所说的“水能载舟，亦能覆舟”。想让一棵树健壮地成长，就要固本培元；想让一个国家繁荣昌盛，就要先让百姓幸福安康。人民供养着朝堂中人，就像是树根供养着高高在上的枝叶一样。在儒家的治国理念中，最根本的莫过于一个“仁”字，仁者，爱人。站在君王的立场上讲，就是要施行仁政，关爱人民。无论当权者多么雄心勃勃，要想建立功业都必须考虑国之根本的承受能力。事业和组织团体也一样，只有先打好基础，再循序渐进，才能使事业得到稳步发展。

文景昭宣：以民为本美名传

在今天，国家制定各项政策的时候都会把“以人为本”作为出发点，而在古代封建社会中，明君也是这样做的，他们实行“以民为本”的政策，从而奠定了强国的基础。

纵观西汉历史，我们会发现，真正为人所称道的清明治世，不是开疆拓土的汉武帝时代，而是休养生息的“文景之治”，以及和“文景之治”一脉相承的“昭宣中兴”。

汉文帝刘恒缔造了中国封建社会史上的第一个治世——文景之治。刘恒是刘邦与薄姬所生，八岁时就被封为代王。吕后死后，控制朝政的吕氏族人企图发动政变，因此刘氏宗室结成了联盟，筹划共同对抗吕家。后来周勃率人剿灭了诸吕，史称“周勃安刘”。刘恒就在周勃和陈平的拥护下做了皇帝。当时权臣们之所以会选择刘恒，就是因为刘恒的母亲为人低调，家世一般，众人不用担心再出现一个专权的太后，而刘恒本人又宽厚仁孝，颇得人心。因此刘恒的登基，是各个掌权集团相互制衡、相互妥协的结果，但这个在皇权的斗争中侥幸获胜的刘恒，却是个不折不扣的好皇帝。他在位期间，大汉王朝终于得以稳固安定下来，国力不断强盛，这为后来汉武帝的开疆拓土打下了基础。

汉文帝刘恒（前203—前157），开创了“文景之治”的盛世。

文帝登基后，面对日益骄横的诸侯势力，他励精图治，对诸侯王恩威并施，逐渐掌握了大权，得以实现自己的政治抱负。他做皇帝之后的第一件事便是大赦天下，当然这对稳固统治来说还远远不够。虽然汉高祖和吕后执政时期施行的也都是休养生息的政策，但最终效果并不是特别明显。当时生产虽略有发展，社会秩序大体安定了下来，百姓的生活却依然很贫困，国库也极其空虚，财力严重不足。在这种情形下，文帝决定继续以安民为本。他首先减轻了租税，主要是减轻了田租税，使得农民生产的积极性得到了提高。公元前178年和前168年，汉文帝曾两次将田租减半，最后低到了三十税一。从此以后，三十税一就成了汉朝的定制。在减轻租税的同时，文帝还下令减轻徭役，成年男子只需每三年服一次徭役，这种宽厚政策在整个封建社会史上都是绝无仅有的。公元前158年，文帝下令将原属于国家的很多山川大泽开放给平民，允许私人采矿渔猎、经营盐铁等。这些政策出台以后，国家的农副产业和盐铁生产都得到了大力发展。在重农抑商的社会风气下，文帝时代竟然出现了“富商大贾周流天下，交易之物莫不通”的繁荣景象。中国古代有很多皇帝卖官鬻爵以充实国库，要么为了自己的大业，要么为了吃喝玩乐，但文帝却是用卖爵位的办法来补贴边防的军粮，间接为百姓减轻了一定的负担。文帝一生注重节俭，衣食住行都与普通人无异，他为自己建造的陵墓完全不能与其他皇帝的相比。

文帝心怀百姓，认识到了百姓乃国之根本，实行了许多安民措施，因此受到了人们的爱戴，汉朝统治得以巩固，流民也都归家生产，社会经济出现了前所未有的繁荣。

公元前157年，年仅46岁的汉文帝驾崩，太子刘启即位，就是汉景帝。汉景帝继续实行无为而治的治国方针，延续文帝与民休息的政策，汉朝经济继续向前发展，终于在汉武帝时代迎来了盛世高峰。面对前所未有的繁荣，汉武帝不再甘于黄老思想的无为而治，而是走了一条外儒内法的路线，想在军事上有所作为。汉武帝先后定匈奴，收河套，通西域，封狼居胥，征服四夷，他的雄才伟略和文治武功足以让他和统一中国的秦始皇比肩。然而频繁的征战渐渐将文景之治时日渐充盈的国库耗费一空。为了保证军需，汉武帝一朝不得不下令盐铁官营，改变了文帝以来的政策，加重了百姓的负担。汉武帝渐渐偏离了汉初以来一直坚持的以民为本的治国理念，而是把功业作为中心，虽然国家气势盛大，最终却导致经济衰退，百姓疲惫不堪，人口锐减。还好汉武帝晚年的时候翻然悔悟，颁布了罪己诏："朕自即位以来，所为狂悖，使天下愁苦，不可追悔。自今事有伤害百姓、靡费天下者，悉罢之。"否则他将会带着万分自责辞世，更不会让后人那么赞誉他。

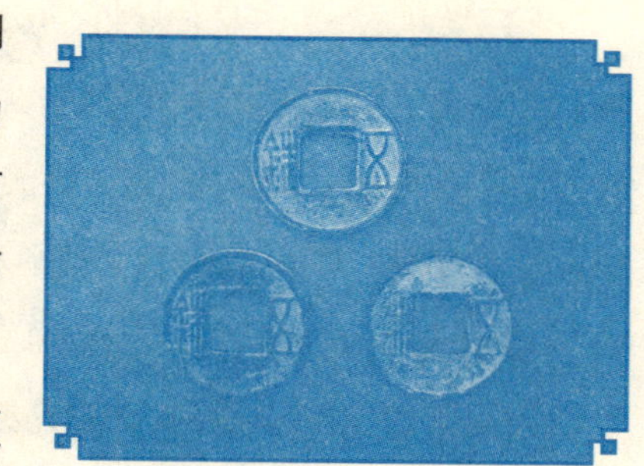

汉昭帝五铢钱。根据昭帝元凤四年陶范形制。

这也给后世者提了一个醒：建功立业也要顾及民本，否则后果堪忧。接下来的汉昭帝遵武帝的遗嘱，放弃穷兵黩武之策，将休养生息放在了首位，迎来了另一个治世：昭宣中兴。

汉昭帝刘弗陵八岁即位，由霍光辅政，政事几乎全由霍光裁决，不过若是因此就认为他没有什么作为，那可就错了。刘弗陵少年英才，就连一代权臣霍光也不敢小看他。他召开了著名的"盐铁会议"，让满朝文武就相关产业官营私营的问题畅所欲言，最后取消了酒的官营制度。因为他内外措施施行得当，使得武帝后期的社会矛盾基本得到了控制，西汉王朝衰退的趋势得以扭转，百姓的生活日渐充实。因为汉武帝穷兵黩武造成的危机也被昭帝消弥了不少。后来即位的汉宣帝刘询继续施行与民休息的政策，几十年前文景之治的盛况终于再现。

文、景、昭、宣四位皇帝皆关心民生福祉，时刻将百姓的生活放在心上，可见

他们都认识到了百姓才是政权和国家的根本。正是因为这几位皇帝维护好了这个根本，才使大汉王朝延续了下去，而不止是昙花一现的短暂繁荣。

隋炀帝：贪功业失民心

隋炀帝杨广是隋朝的第二个皇帝，也是历史上有名的暴君和昏君，其名声之差可与秦二世胡亥并列。事实上，杨广是个很有抱负的人，但其统治时由于忽视了人民这个根本问题，恣意妄为，穷奢极欲，又好大喜功，给国家造成巨大负担，最终致使国家灭亡。

杨广又名杨英，是隋文帝杨坚的次子，年轻时也是跃马疆场的好儿郎，曾为大隋的统一大业立下过汗马功劳。隋朝建立后，杨广被封为晋王。589年，杨广作为天下兵马大元帅领兵伐陈，消灭了南朝陈政权，完成了统一，结束了近百年的分裂。杨广率军攻伐过程中所向披靡，对百姓则秋毫无犯，赢得了大家的赞赏。

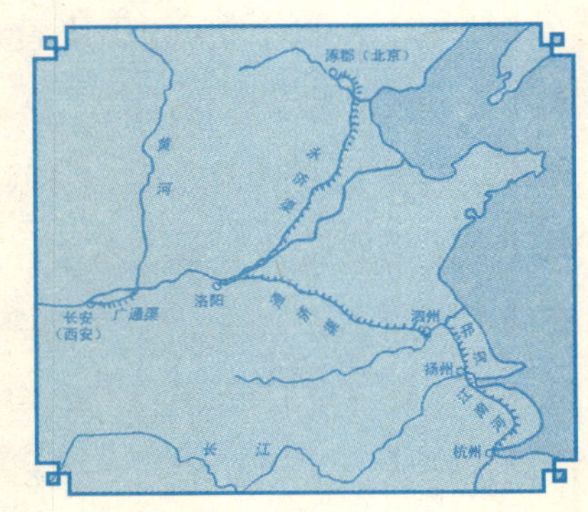

隋朝大运河示意图。

除了伐陈之外，杨广还平定过江南高智慧的叛乱，北上阻止突厥的攻势。这些功劳是隋文帝的其他皇子所没有的。此时的杨广英姿勃发，被皇帝和朝臣寄予厚望，都以为他能将隋朝带向繁荣。

然而杨广即位之后，建功立业的心愈加急迫，刚坐上皇位就兴师动众要迁都洛阳。604年，杨广亲自去洛阳巡视，看了一圈周边的山川大河，觉得这个古都果然不同凡响，就下令在汉魏洛阳古城以西营建新城洛阳。这项工程十分浩大，每日所需役丁达到200万人。新城建成之后，杨广又下令将各种奇珍异物、奇花异草、珍禽野兽运到这里。这些举动耗费了无数人力物力，也成为杨广统治靡费的开端。

为了使洛阳更加繁华，成为南北交通枢纽——也有人说是为了南下巡游方便，605年，杨广决定开凿南北大运河。修建运河不是普通的工程，甚至难于修建一座城，需要倾全国之力才行。大运河将钱塘江、长江、淮河、黄河、海河连接起来，浩浩荡荡，连接的是河水，也是黄河、长江两个悠远的文明，它使得南方的经济中心和北方的政治中心之间的水运畅通无阻，惠泽千秋万代，所以后世人们对于这项工程的修建大多是持肯定态度的。然而在当时修建如此巨大的工程劳民伤财，给人民带来了沉重的徭役负担，牵动了国之根本，这也是隋炀帝杨广在历史上毁誉参半的原因之一。之后的杨广继续走建功立业之路，每走一步都兴师动众，耗费巨大。

隋炀帝杨广（569—618），隋文帝杨坚次子，隋朝的第二任皇帝。

609年，杨广率大军从长安浩浩荡荡地向西进发，开始了西巡张掖的旅途。这次西巡历时半年之久，远达青海和河西走廊，是古代皇帝到达西北最远的一次。在西巡过程中，隋炀帝设置了西海、河源、鄯善、且末四郡，进一步巩固了汉人在西域的统治。这些举措自然有其积极的一面，然而，这次西巡路途遥远，西域自然条件又恶劣，风暴和寒冷使跟随的士兵冻死大半，随行官员和杨广本人也都狼狈不堪。

一项大运河的工程已经堪称历史少有的大手笔了，如果杨广适可而止，让百姓喘口气的话，也许史书上的他还会是个极具魄力的有为君主。但杨广的抱负远不止于此，他向往着像汉武帝一样战功赫赫，威震四海，于是他又发动了战争，这些战争真正撼动了国家根基。其中最为人诟病的是隋炀帝三次远征高丽。那时的高丽算得上是中国最强盛的邻居了。杨广长途跋涉，不仅犯了兵家大忌，还耗空了国库，最终却一无所获。第一次是因为缺少军粮，配给不及时，杨广半路退兵却被高丽人伏击，大败而归，几十万人的队伍最后只剩下两三千人。第二次远征，杨玄感趁机谋反，威逼东都洛阳，杨广仓促回转镇压，把军粮物资统统丢在了路上。这一次又损失惨重，天下大乱的征兆已显。第三次远征高丽，杨广终于打败了高丽人，却终因劳民伤财，百姓心生怨言，致使农民起义不断爆发，大隋王朝已经在风雨中飘摇了。

隋炀帝陵墓碑。隋炀帝陵位于扬州西北7千米的雷塘，邗江区槐泗镇隋炀帝东路。

此外，杨广荒淫奢侈是世人皆知的。他登基之后数次坐着楼船顺大运河南巡，而每次出巡不但要耗费大量金钱，庞大的楼船船队还将沿途的百姓折磨得苦不堪言。对这些杨广都视而不见，依然花天酒地，欣赏着各地送来的珍玩和美人。

最终，被压迫的人民纷纷起来反抗，轰轰烈烈的隋末大起义爆发，杨广也在扬州被杀，隋朝因此

成为两代而终的短命王朝。

杨广的谥号“炀”字本身就含有极大的贬义，这是后人对他的毫不掩饰的讽刺。以杨广之才，如果控制奢欲，重视国本，或许历史会是另一番模样。可是历史不容许“如果”出现。杨广没有认识到功业应建立在国家安定的基础上，而国家安定应建立在百姓安宁、人心稳定的基础上，因此，他的满腔抱负就因为太过急功近利而付诸东流，太过好高骛远而众叛亲离，可见人民这一根本是多么重要。对于现代人来说，杨广的事例给我们带来的教训就是不要太过于急功近利，恣意妄为，否则即使能看到近期利益，那也离危机不远了。

安礼章（十五）：居安思危，消除祸患

经典再现

畏[①]危者安[②]，畏亡者存[③]。

迷津指点

①畏：害怕，担忧。

②安：安全。

③存：存活，生存。

古文译读

害怕危险的人往往能保证安全，害怕死亡的人往往能生存得长久。

前沿诠释

孔子曾经说过："人无远虑，必有近忧。"而孟子告诫帝王时也说："生于忧患，死于安乐。"机会只会垂青有准备的人，而危险只会威胁没有准备的人。不管是为了生存还是发展，居安思危都应该成为我们基本的人生信条之一。要时刻有忧患意识，就要高瞻远瞩，防微杜渐，杜绝一切隐患，如此才能在应对突发事件的时候依然冷静思考。就像安定时期修缮边塞关城，帝王统治时警示自己戒骄戒奢，以及今天的人与自然可持续发展的理念，这些都是在安宁的时候做好应对危险准备的典型案例。无论是为人、做事，还是发展事业，只有对危险具有警醒意识，做好防范的人才能最大限度避过危险。

日本：时刻存在的危机意识

虽然说中国人对于日本民族普遍存在一些不满情绪，但是不可否认，这个民族在很多方面的意识都走在我们前面，尤其是在应对灾难方面，因为他们已经养成无时无刻不为灾难做准备的习惯。

虽然现在的人们经常夸口说"人定胜天"，但是那些所谓的"改造自然"之举常常在一场暴风雨之后就被打回原形。人类在天灾面前往往是脆弱的，相比大自然的专制暴躁，人类的主观能动性常常只能处于下风。但是我们依然可以做很多事来

保护自己。套用一句人与人交往的话：害人之心不可有，防人之心不可无。其实这句话用在人与自然的交往中更为合适，害自然的心不可有，防自然的心不可无。

处于环太平洋地震带的日本是个地震频繁发生的国家，和地震的频繁交手造就了日本人强烈的防灾意识，所以日本的防灾技术是全世界最先进的。1981年，日本颁布了一项法律，规定其国内的建筑物必须能够抵抗日本标准7级地震，修建不合格的建筑将会被严厉处罚。日本的摩天大厦可以说是该国抗震能力最强的建筑，其原理就是在地基处安放了滚珠轴承或橡胶垫，以保证在地面发生剧烈晃动时可以对楼体起到减震作用。类似这种减震技术已经被应用到了日本近2000栋建筑中。

除了对建筑等基础设施的严格要求，人们的防震意识也很强。日本有硬性规定，每个人每年必须上一次地震应对课程；每个人都必须购买地震保险；每家每户都必须安装简易的求生装置；日本的每家电台和电视台都必须在地震8小时前播出预警；东京每个小学每月都会进行防震防火演习；防灾用品是每家每户的必备物品，比如一个装有齐全的必备用品的紧急避难包，里面有水、压缩饼干、电池、小刀、护创膏等物品。此外，日本人还发明了一种急用哨子，能发出容易被人听到的3000赫兹频率的声音。针对灾后的停电问题，日本人生产出了可以燃烧100个小时而不灭的蜡烛，可以保护头部不受重物或玻璃碎片伤害的防灾兜帽，还发明了保存期长达三年的冷冻蔬菜……因为较长时间接受突发危险冲击的训练，日本民众对于地震已经形成了本能的戒惧反应，防灾意识几乎渗透到骨血之中。

由于自然灾害的无规律性，人们往往在安全的时候就忽略了防灾，而日本人时刻敏感的防灾神经促使他们为地震的到来做好了各种准备，从而在大大小小的地震中挽救了无数人的生命。对于地震的防备只是日本人危机意识的一个方面，他们对于社会发展、人性演变和未知的未来都已经做好了负面打算。日本人具有浓重的“灾难意识”是举世公认的。我们可以看到，在日本的文学、艺术、影视作品中，很多时候都充满了对未来和对现实不良因素的担忧，那里面表露出的很多意识，对于持得过且过人生态度的人来说，是难以想象的。

在20世纪70年代，日本作家小松左京的小说《日本沉没》在日本国内引起了巨大轰动。这部小说的内容对于一个国家来说是可怕的，因为它预言日本的末日即将到来。然而这部作品却不断被再版和改编，甚至被拍成电影。日本人不是喜欢自虐，非要在大银幕上看到自己的国家灭亡不可，而是在他们的意识里，小说中的灾难是可能发生的。

政治上世界局势变动频繁，环境上灾难频频，经济上竞争日趋激烈，这些现实处境都要求我们要时刻居安思危，为可能到来的危险作好准备。一个国家、一个民族，如果没有居安思危的意识，是很难长期繁荣的。我国晚清时期的惨痛教训已经生动地说明了这一点。没有危机意识的人总是会做出许多急功近利或是麻痹大意的决策。在经济领域中也是如此，相关的例子已经有不少，从可口可乐对待发展初期的百事可乐，易趣对待崭露头角的淘宝的事情中，我们就可以看出自高自大、忘记竞争危机的后果。任何一个没有危机意识的个体或集体都会因为缺乏这种意识而付出代价。国家的发展、企业的生存、个人的进步，每一项都在拷问着人们的危机意识。记住，在暴风雨之前就修好房子的人，才不会在暴风雨之夜哭泣，亦即“畏危者安，畏亡者存”。

任正非：在忧患中求发展

任正非是我们经常在商界评论中看到的一个名字，他是华为技术有限公司的创始人，被看做一个很具有忧患意识的管理者。在他的管理理念中，危机管理占有很大比重。

任正非，1944年出生于贵州省一个贫穷的农村，然而他的家庭却是一个地地道道的知识分子家庭，他的父母不管日子多么艰难，也坚持让他上学读书。因此任正非得以接受高等教育，成为科技领域的人才。20世纪90年代，从部队转业的任正非开始自己创业，孤注一掷地涉足技术密集型的电信行业。身为一个民营企业家，在那个房地产和股票领域都热火朝天的时代，任正非能够成功，凭的就是一股对知识和技术的热爱和尊重。在他的努力下，华为业绩蒸蒸日上，他本人更是在2003年被评为“中国IT业十大上升人物”，并在2011年首次进入福布斯富豪榜，名列中国第92名。对于白手起家而且是半路出家的任正非来说，能取得这些成绩，自然是与他正确的经营决策之道分不开的。

任正非创建华为之初，华为的注册资金只有两万元，主营电信业务。作为一家民营企业，它的资本积累过程缓慢而艰难。当时的任正非没有资金，没有资源，就连技术也不够成熟。不得不说，任正非选择进入技术产业，在当时甚至在今天看来都算得上是一次冒险。所以他的成功看起来才像是奇迹，而且这更加表明了华为最初的班底是怎样吃苦耐劳，为改变公司处境而努力。华为公司最早的办公地点是深圳湾畔的两间简易房，后来搬到仓库式的旧楼里，在简陋的环境中继续办公。十年后，华为的年销售额已达到两百多亿元，公司总部也搬到了深圳龙岗坂田华为工业园，成为电信行业不可小觑的力量，在全球也产生了很大的影响。做出了这么大的

素书谋略全本

成绩，按说任正非该骄傲一下的，但是他没有，他时刻把忧患意识放在第一位。

任正非最常说的一句话就是“冬天来了”，整个华为在他的带领下都做到了居安思危。2000年，华为的年销售额达到了152亿元，利润高达29亿元人民币，高居电子企业的榜首。正在大家都觉得形势一片大好，感到自豪和光荣的时候，任正非却高喊“冬天来了”，他大谈危机和失败，并发表了一篇名为《华为的冬天》的文章，认为公司正在遭遇危机。这位华为的创始人一向为人低调，所以当他这样说的时候，整个业界都感到一片寒意。这篇文章被许多网站和企业内刊转载，各个企业领导人都将之作为精读的典范。

任正非说道：“泰坦尼克号也是在一片欢呼声中出的海，最终却在处女航中沉没。我们许多员工盲目自豪，盲目乐观，对危险考虑太少，那危机就不远了。居安思危，不是危言耸听。”任正非并非哗众取宠，他是凭借自己的专业素养和前瞻性眼光看出了隐藏在繁荣之下的危机，并第一个为之大声疾呼。

华为总部大厦。

事实果然不出任正非所料，这一短暂的繁荣只是前几年网络股大涨的惯性结果，而2000年正是美国互联网泡沫危机和欧洲3G建设泡沫的一年。两三年后，电信设备制造业就进入了惯性收缩阶段，多家企业受到了冲击，朗讯裁了一半以上的员工，北电裁了三分之二的员工，他们的市场份额也随之下降，就连世界500强企业马可尼的股票也降到了六个先令。而正是由于任正非的居安思危，准确预测，并在这次危机到来前提前作了准备，因而华为并没有遭受到严重的损失。

就在华为安全度过了冬天之后，开始复苏的整个行业也逐渐乐观了起来，任正非却再次反其道而行，第二次提出了“冬天”理论，他发人深省地指出：行业供给过剩，信息产业由于技术越来越简单，技术领先所产生的市场优势已不再存在。任正非仔细审视了华为当时遇到的困难，对产品质量、服务和成本提出严格要求。他还警告自己的下属：“如果我们没有预见未来困难的能力，我们陷入的困境就会更加严重。”

进入2008年，华为在不断壮大，已经成为世界通信设备商的前五强，销售收入已达125.6亿美元，但任正非第三次抛出了“冬天来了”的言论。因为电信行业的几次大兼并，使华为与这些竞争对手之间已经缩小的差距又陡然拉大了。在这段时期，爱立信兼并了马可尼、阿尔卡特与朗讯合并、诺基亚与西门子成立了合资公司，华为的外部环境再次严峻起来。因此任正非没有给自己的员工自满的时间，而是立刻将他们带到了新形势面前，让他们睁大眼睛看清危机，从而更努力地振兴公司。

任正非说：“十年来我天天思考的都是失败，对成功视而不见，也没有什么荣誉感、自豪感，而是只有危机感。也许正是因为这样，华为才存活了十年。”从任正非的故事中，我们看到了一个企业家的成功之路，也看到了“冬天理论”的一再上演。任正非是警惕而清醒的，正因为他随时准备面对危机，才使华为一次次渡过难关，看到希望。可见一个企业要在残酷的竞争中生存和壮大，居安思危是非常必要的。

安礼章（十六）：同智相谋，宜居中调停

经典再现

同智相谋①。

迷津指点

①相谋：相互斗智，相互谋求。

古文译读

拥有同等智慧的人总是会互相谋求。

前沿诠释

当两个具有智慧的人碰到一起时，无论是否属于同一阵营，都会有一较高下的欲望。周瑜若不是遇到了诸葛亮，恐怕也不会那样心胸狭窄，这除了双方形势所迫之外，也是出于争强好胜之心。中国古代最有名的木匠鲁班在面对墨家的机关术时，总是想与之一争长短。在生活中也有“文人相轻”一类的习语。总之，同智之人凑在一起，通常情况下都是互为隐患，要么是在智斗中互相促进，要么就是在较量中反目成仇。不过，作为领导者，这是必须引起你警惕的现象，想让全局稳定，就要学会对“同智”之人居中调停，不让他们闹出大事，影响自己的事业。

李斯、韩非：一山不容二虎

说起因为同样有才而水火难容的人，人们常常会想起李斯与韩非。虽然韩非没有直接参与争斗，李斯却的的确确因为对方的智慧而产生嫉妒，甚至加害他。这为后世用人者留下了反面案例。

李斯是战国末期楚国上蔡人，秦统一天下以后，他曾官至丞相。他不仅仅是著名的政治家、谋略家，而且还是个文学家和书法家，但史家对他一生的评价却是争议颇多，毁誉参半。

战国时代，社会动乱，人人都追名逐利，渴望建功立业，李斯也不例外。他早年做过郡小吏，后来去齐国拜当时著名的儒学大师荀卿为师。荀子虽是儒家弟子，却没有迂腐地死守孔孟学说，他对儒家思想加以改造，使得自己的思想接近于法家，以便更符合新兴地主阶级的需要。李斯学到了荀子的“帝王之术”后，考虑到在楚国没有发展前途，就去了正在谋划霸业的秦国。李斯在秦国很快就得到了吕不韦的器重，也获得了接近秦王的机会。他趁机告诉秦王，现在就是成就霸业、一统天下的最好时机，万万不可错过。他还给秦王进献了离间各国君臣的计策，提出“先灭韩，以震慑六国”的计划，得到秦王的赏识。于是秦王封李斯为客卿，予以重用。此时，秦国一统天下的野心已经暴露出来了，各国纷纷往秦国派间谍，扰乱秦国内政。秦国群臣十分忧心，提出要驱逐其他国家来投秦的臣子，李斯很不幸地位列其中。

为了能够留在秦国一展所长，李斯写下了历史上有名的《谏逐客书》。在文中，他充分展现了纵横家的辩才，对“逐客”的利弊展开方方面面的论述，最终说服秦王取消了逐客令。《谏逐客书》一文虽然是李斯为自己所写，然而却让秦国网罗了天下英才，对秦的统一大业起了至关重要的作用。秦朝建立以后，李斯建议秦始皇实行郡县制，统一文字，统一度量衡和货币，修驰道，车同轨。这些对中华民族有着特殊意义的措施都是出自李斯的策划。所以说，李斯的“智”是任何人都不能否定的。

李斯，秦朝著名的政治家、文学家和书法家，协助秦始皇统一天下，后为秦朝丞相。

李斯的治国之才和纵横谋略在当时是为人称道的，然而李斯却认为自己比不过韩非。韩非是韩国公子，是先秦诸子中法家思想的集大成者，他和李斯同门，也是荀子的学生。不过，韩非虽然师从荀子，却没有继承一点儒家思想，他主张的是商鞅的“法”，申不害的“术”，再杂之以黄老思想，最终自成一派，成为法家思想的代言人。韩非是第一个提出君主专制中央集权理论的人。他才思敏捷，学识渊博，受到时人的广泛追捧。身为韩国贵族的韩非，眼看韩国弱小积贫，危机重重，心急如焚，多次向韩王提出治国强国的策略，却都不被采纳。韩非悲愤抑郁之余，才华无处施展，只得著书立说，写下《韩非子》一书，全面阐述了自己的治国、治民思想。韩非患有口吃，不善于口舌争端，著述却议论精辟，周密细致又能切中要害。这部书后来传到了秦王的手中，秦王对其大加赞赏，但也为日后韩非的被迫害埋下了隐患。

秦王在看完《韩非子》之后对著书人推崇备至，忙问李斯这是何人所著，李斯回答是韩国的韩非所著。秦王马上决定攻打韩国，好得到韩非。韩王原本不重用韩非，但形势紧迫，他便想找一个有才华的人出使秦国以消兵祸。于是韩非就被韩王派到了秦国，韩非因此被秦王扣留。韩非曾经上书秦王先伐赵，暂缓对韩国的进攻，与李斯的先伐韩的计划有所冲突，这令李斯感到不满，同时他又妒忌韩非的才学，所以当秦王想要留下韩非为己所用时，李斯就别有用心地对秦王说："韩非是韩国贵族，始终都在为韩国打算，肯定不会真心为秦国效力，不如早早除掉算了。"秦王只得放弃拉拢计划，将韩非下狱。李斯趁机假传秦王旨意逼韩非服毒自尽。由于李斯的设计阻拦，韩非没有机会向秦王申诉，最后死在了狱中。等到秦王感到后悔，想释放韩非的时候，为时已晚。

李斯、韩非同为荀子门下的学生，同是主张法家思想，在智慧方面可谓旗鼓相当，但是一个秦国却不能让这两位博学之人相容。就因为秦王对韩非的赏识，李斯就妒杀了韩非，也因此给自己风光的一生抹下了擦不掉的污点。

作为领导者，要时刻警惕自己的下属之间出现这种情况，要多思考怎样安排才能使有才之人各安其位，怎样才能使他们都心满意足，不会互相嫉妒。

翟让、李密：同智相谋，功败垂成

乱世出英雄，隋末大乱就催生了许多英雄人物，谋臣武将层出不穷，翟让和李密便是其中的两位。然而这两个人虽然各有本领，也曾经精诚合作过，却还是彼此猜忌起来，最终自相残杀，将共同的事业毁于一旦。

翟让是瓦岗军前期的首脑人物，他的故事很有传奇色彩。他在做小官吏时曾经因为得罪上司而被关进了大牢。看守的狱吏觉得翟让有胆识、有谋略，认为他可以干一番拯救苍生的大事，就私自放了他。

翟让成功逃出之后，带着一干弟兄和朋友在瓦岗山组织起了一支起义队伍，打出了反隋大旗。他们的队伍不断壮大，就引来单雄信、徐世勣和周边的富户贾雄等人的投奔，瓦岗寨从而远近闻名。而后，翟让任命贾雄为军师，单雄信、徐世勣为大将，率领一万多人攻克了郑州、商丘等重地，军势大盛。这支军队就是后来著名的瓦岗军。

瓦岗军的胜利，震动了隋朝上下，杨广大怒，派大将张须陀征讨。张须陀善于用兵，手下又有秦叔宝、罗士信等猛将，曾经打败了多路起义军。翟让在和他交战之后连连败退，只得放弃了不少到手的州县。就在这时，李密来投奔瓦岗军了。

铜鎏金“李密牛角挂书”。李密（582—619），字玄邃，长安人，隋末瓦岗军首领。

李密，字玄邃，京兆长安人，少时曾在皇宫里当过侍卫，可因为在当班时东张西望，被隋炀帝认为不太老实，就被免了差事赶出皇宫。被赶出皇宫的李密并没有消沉，而是发愤读书，想要有一番作为。李密读书尤其珍惜时间，有一次牵着牛出门，他就把《汉书》挂在了牛角上，这就是被后人传为佳话的“牛角挂书”。613年，李密跟随杨玄感起义兵败之后，就投奔了瓦岗军。

李密的到来给瓦岗军帮了大忙，他善于谋略，精于排兵布阵，瓦岗军得到了他这个能人之后，面貌为之一新。在李密的协助下，翟让终于打败了张须陀，因此他就对李密十分信任，并给了他兵权。

李密赏罚分明，很受将士的爱戴。在起义队伍不断壮大的同时，李密在瓦岗军中的威望也逐日升高。然而翟让对他的信任却丝毫不减，几乎事事都与李密商量。之后二人又合力大败隋将刘长恭，攻破兴洛仓，开仓济贫，一下子成为全国最有名的起义军，四方有名之士都来投靠，其队伍迅速扩大到20万人，声威大震，达到了鼎盛。

这个时候，隋炀帝派心腹王世充前来剿灭瓦岗军。李密一开始抵挡不住，节节败退，但他并不慌乱，而是派人去劫了王世充的粮草，断了他的后路，用围魏救赵的办法打了一场大胜仗，消灭了隋军六七万人。这次胜利之后，瓦岗军内部发生了一次大变动。翟让和李密的势力已经旗鼓相当，李密的势力甚至要压过原本的首领翟让。在这种情况下，双方不出问题是不可能的。或许是真心禅让，或许是为了自保，总之翟让在李密名声大噪的时候将首领之位让给他，给李密上尊号为“魏公”。李密接过大权之后，就任命翟让为司徒。

当时的瓦岗军前途一片光明，首领可能就是将来的皇帝，所以与翟让亲近的人对翟让的让位很不甘心。李密也察觉到了瓦岗军内涌动的这股情绪，心里觉得很不踏实。翟让为人也很有智慧，又有亲信将领掌权，虽然让出了第一把交椅，势力却未必减弱多少。因此李密总觉得翟让的存在对他是个威胁，说不定什么时候就会爆发。最终，李密对这个一手提拔自己的同道之人动了杀心。

617年的一天，翟让收到李密的邀请，便带上自己的子侄去李密那里喝酒。翟让的心腹猛将单雄信、大将徐世勣等人站在身后护卫，但李密手下的房彦藻却提议

让翟让的随从也去喝点酒，暖暖身。于是，翟让便让身边的护卫全都下去吃饭了。这时，李密拿出了一张好弓假装要翟让欣赏，趁翟让把玩时，暗示心腹蔡建德从翟让背后砍了一刀，翟让顿时倒在了血泊中，再也没有起来。

翟让（？—617），隋末农民起义中瓦岗军前期领袖，后被李密所杀。

翟让死后，他的家人也无一幸免，其心腹徐世勣也差点送命，后来单雄信苦苦哀求李密，才保住了徐世勣的性命。李密怕大家因为他争权夺利而不满，就为自己找了个借口，对翟让的手下说道："大家一起兴起义兵，为的是除暴安良。可司徒却独断专行、贪婪暴虐、对上无礼。现在我只杀他一家人，请你们不要干涉。"李密不愧是一时的枭雄人物，他为了尽快稳定瓦岗军，做了不少看似很仁德但却很冒险的事情：亲自到徐世勣的帐中给他包扎伤口，派单雄信前去慰问翟让的兵士，单枪匹马进入原属于翟让的军中。众人见此情景，也都安定了下来。但毕竟只是表面的安定，瓦岗军从此之后军心涣散，不久就败在了李渊的手里。

翟让和李密都具有成为枭雄的智慧和本领，他们在瓦岗军开拓进取的时候尚且能相互扶持，却在大业将成之时相互忌惮。在那看似风平浪静的让位和惊心动魄的刺杀背后，隐藏着不知多少斗智斗勇的暗潮。就在二者的抗衡过程中，瓦岗军开始分裂。在隋末变乱中，瓦岗军最终被李渊的唐军瓦解殆尽，虽然最终是战败导致了事败，但如果究其根源，在二人内讧之时，瓦岗军就注定了失败的结局。

安礼章（十七）：同贵而相害，扰乱之象

经典再现

同贵①相害②。

迷津指点

①贵：权势，富贵。

②害：伤害，谋害。

古文译读

享有同等权势或富贵的人容易相互谋害。

前沿诠释

对于和自己处于同等地位的人，人们很难会发自真心地交好。为了功名利禄而互相倾轧，是从古到今都非常常见的戏码。真正的有识之人都懂得同贵相害的道理，也都懂得防患于未然。著名的谋士蒯通当初不去投靠项羽和刘邦，并不是因为他不能识人，而是因为刘邦和项羽都已经有了稳定的智囊团，他再去就难以施展拳脚。同样的道理，相信诸葛亮当初选择刘备也不仅仅是出于三顾茅庐的感动，还是因为曹操一方已经谋士如云了。同贵相害，几乎在每个朝代都可找到范例。

同贵相害——王储夺位之争

《素书》之奇，在于对世事的通透与领悟，黄石公在其中写到了“同贵相害”的情形，这正是在权与利的阴影下人际关系失衡的反映。在同样的地位面前，人们因为利益冲突总是会不自觉地进行争斗。从庞涓与孙膑、陈轸与张仪，到李斯与韩非、赵高与李斯，即使是在今天，这样的例子也是不胜枚举，所以黄石公点评说：“此乃数之所得，不可与理违。”归根结底，还是权位害人，所以历史上出现了许多明哲保身、急流勇退的人。佛经上说：“财物、珍宝、权势所积聚的地方，易生怨憎，战争不宁。”在封建王朝，最常见的就是统治阶级之间的争权夺利。于是，我们见识到了一幕幕惊心动魄的王位之争、储位之争。

在任何一个朝代，皇室子嗣之间都很少能够做到相亲相爱，就算皇上只有一个儿子，也会有叔伯、堂表兄弟之类的人为了那个最高位置与其争斗。甚至一些王公大臣与外戚，也会为了自己的利益纷纷出谋划策，掺和到夺位大战中来。皇子们处于这个多灾多难的位置，也实在是“福兮祸之所伏”。在现代社会，各个总统、首相的公子都已经没了这种基础，也就不会再像专制集权社会里的贵族那样挥刀相向了。

汉景帝（前188—前141），名刘启，汉文帝长子。

为了防止这种“同贵相害”的格局出现，也为了遵从儒家的礼教，封建王朝大多确立了嫡长子继承制和储君制。只要确立了太子入主东宫，未来的皇帝就确定了。这样一来，其他皇子就不再与之“同贵”。封建君主们提前立太子就是为了断绝其他皇子的念头。然而想法是美好的，现实却是残酷的。当皇帝没有嫡子，或长子非嫡时，或是皇子各有势力，互不相让时，太子就不那么好立了，就算立了，也不是那么有用，仍然阻止不了其他人争夺皇位的野心。

汉景帝就因为立储的问题，引发了一场血雨腥风。当时，窦太后喜欢自己的另一个儿子梁王刘武，总希望汉景帝死后把皇位传给他。 就这样，到了前元三年初（前154），汉景帝还没有立太子的想法。有一天，梁王入朝，汉景帝在酒席上喝醉了，就说：“我死后当传位给梁王。”梁王听了心中暗自高兴。结果大臣们不愿意了，参事窦婴反对说：“皇位本应传嫡子嫡孙，皇上怎么能在有儿子的时候传位给兄弟？” 汉景帝酒醒后知道失言，就没有再提。不久，七国之乱爆发，梁王又立下了战功，窦太后再度暗示景帝传位于梁王。汉景帝让大臣袁盎劝说窦太后，袁盎对窦太后说：“春秋时宋宣公不立子而立弟，引发了五世之乱。小不忍，害大义，必生事端。因此《春秋》认为大位应当传子才最妥当。”窦太后这才不再动脑筋。

后来，汉景帝先是遵照“立长”的传统立自己的庶长子刘荣为太子，因为刘荣的母亲是栗姬，因此史称“栗太子”，同时立当时四岁的刘彻为胶东王。按说皇位应当确定了，但是还有人在搞小动作，这个人就是汉景帝的同母姐姐馆陶公主。馆陶公主希望自己的女儿陈阿娇能成为皇后，就想把女儿许给太子刘荣，却被栗姬拒绝了。馆陶公主大为恼火，转身就与刘彻的母亲王娡王夫人结成了同盟。

后来馆陶公主一步步陷害刘荣，让汉景帝厌弃他，最终汉景帝把刘荣废掉，把刘彻立为太子。但是此时梁王又不甘心了，他四处结交豪士，准备兵器，储备钱财，还派人刺杀朝中大臣。这一谋反意图最终被汉景帝挫败了，梁王也吓得不轻，不久便染病身亡。

刘彻就这样历经波折得到了皇位，而当他人到暮年时，王储之争再次发生。汉武帝后期发生了“巫蛊之祸”，最终太子刘据被迫自杀，储君之位一下空缺下来。这个时候，刘据的几个诸侯王兄弟在自己的封地上窃喜。为什么呢？因为没有了太子，其他皇子就站在同一起跑线上了。可惜汉武帝根本不给儿子们闹事的机会，很快立了最小的儿子刘弗陵为太子，他就是汉昭帝。但后来昭帝的兄弟刘旦、刘胥先后谋反，于是又一场大杀戮开始了。

越是得到皇位的方式不正当的君王，越会有夺位危机感。南朝时期的宋明帝刘彧本来是皇帝刘子业的叔父。刘子业荒唐残暴，总是担心自己这个叔父会夺位，于是经常侮辱殴打刘彧，想把他杀了。结果风水轮流转，最后反而是刘彧派人杀了刘子业。刘彧大概是被折磨得丧失了人性，他知道权力的重要，一登基就变得异常疯狂。他首先把兄长刘骏（刘子业之父）的28个儿子全部杀掉，又不顾情义地把和他共患难的弟兄全部杀掉。其中刘休仁和他自幼感情最好，在刘子业想杀他时多次救他性命，刘彧却硬是给这个弟弟灌下毒药，把他毒死了。但他的杀戮也把刘宋的基础杀光了，没过几年，太子被弑，他的第三个儿子刘准的皇位也被萧道成夺去了。这个年仅13岁就被杀的孩子说了一句名言：“愿生生世世，再不生帝王家。”这句话流传千年，成为末代王室中人的无奈之语。

到了唐朝，无人不知的“玄武门之变”发生，李世民踩着李建成和李元吉的鲜血走上皇位。正因为一代又一代的教训，李世民极力想避免出现皇子争位的事情发生。于是在贞观年间，唐太宗李世民早早就立了太子李承乾。可惜这个太子不成器，其他皇子又强势，储位还是不稳。当唐太宗对魏王李泰的宠爱有所增加时，褚遂良、魏徵总是提醒他：切勿让皇子们处于“同贵相害”之地，免生事端。唐太宗虽然心里明白，还是没办法对李承乾始终如一地重视。慢慢地，李承乾和李泰争储的斗争越来越严重，最后终于出现了谋反事件，两个人一起被贬黜。

在封建专制家天下的背景下，一代代皇子皇孙围绕着权力中枢，争得头破血流，就算不想争，也会有其他人逼迫他们去争。放到今天也是如此，围绕权位往往会发生激烈的斗争。如果现代企业的主事者希望企业安定，就需要明确企业管理者之间的关系，避免出现“同贵相害”的现象。毕竟，风波无论大小，都对企业有害

无利。

韦杨之争：同贵相害自取灭亡

“韦杨之争”意指太平天国时期的“天京事变”。太平天国，这个中国历史上最特别的政权，代表着农民起义最高峰的政权，其覆灭的原因有很多，其中内部人员的权力斗争无疑是最重要的一个因素。杨秀清、萧朝贵、冯云山、韦昌辉、石达开，这些曾经叱咤风云的人物，都是从贫苦农民的起义中脱颖而出的，他们如兄弟般共患难过，然而却在拥有了权势和富贵后开始互相争斗，最终葬送了共同的事业。太平天国运动轰轰烈烈地开始，却最终在喧嚣混乱中倾覆。

太平天国运动是一场旧式的农民起义，强盛时期曾占有中国的半壁江山。这一切都要从1843年洪秀全在广东创建拜上帝教开始。洪秀全自称是上帝的儿子，与冯云山订立了“十款天条”，在那个百姓生活困苦、社会动荡的时代，洪秀全很快就发展了第一批教众，之后，越来越多生活在水深火热之中的百姓投入了拜上帝教。1849年，杨秀清、萧朝贵、冯云山、韦昌辉、石达开结为兄弟，称东、西、南、北、翼五王。1851年，洪秀全在广西金田发动起义，自称“天王”，建立太平天国。同年12月，在攻占了永安后，洪秀全正式册封五王，并决定在太平天国内部实行财产公有制，南王冯云山还制定出了一套官制礼制，太平天国运动掀开了重要的一页。

1853年，太平天国攻占了南京，并定都于此，改名为“天京”。之后太平天国进行了一系列的北伐和西征，北伐虽然失败，但西征中石达开大破湘军，士气大振，在随后的天京解围战中，又大破清军南北大营，太平天国一时间风光无限，达到了军事上的全盛时期。

就在太平天国的事业如火如荼地进行的时候，其内部发生了“天京事变”。这次事变的主要责任人为东王杨秀清和北王韦昌辉，而且直接导致翼王石达开的出走，使太平天国损失了数位骁勇善战的将领，成为太平天国由盛转衰的转折点。

杨秀清为人聪慧富有谋略，交友极广。在拜上帝教发展的时候，他结识了冯云山，接受了拜上帝教的思想，为拜上帝教联络教众，很快成为这一地区拜上帝教的首领。后来冯云山被捕，洪秀全设法营救，拜上帝教群龙无首，人心浮动。杨秀清在此危机关头充分显示了他的机智，他谎称天父下凡，自己代天父传言，澄清了许多事情，稳定了人心，避免了太平天国的瓦解。太平天国建立初期，杨秀清还是实际的军事统帅。在南征北战中，他显示了高超的军事指挥才能，奠定了自己在太平天国中一人之下万人之上的地位。

至于韦昌辉，他出身于富庶之家，通过冯云山而进入拜上帝教，他为金田起义做了很多准备工作，不惜尽献家财，还参加了各项军事和政治的指挥活动，在太平军中影响很大。他在金田起义后任副军师、领右军主将，在太平天国内部的地位仅次于洪秀全和杨秀清。

定都天京后，由于权力之争，韦昌辉与杨秀清的矛盾不断加剧，杨秀清目中无人，高傲自大，韦昌辉则阳奉阴违，心中愤恨不平。加之杨秀清势力过大，洪秀全也十分忌惮他，因此，太平天国政权内部逐渐暗藏汹涌，终于爆发了严重内讧，史称“天京事变”。

早在“天京事变”之前，杨秀清的行为就已经引起了太平天国其他首领的不满。洪秀全的权力基本被他架空了，韦昌辉和石达开等人也都与他有私人嫌隙，以致大家都对他怀恨在心。1856年，正值太平天国西线有战事，杨秀清便将韦昌辉和石达开调离了天京，天京便只剩下洪秀全和杨秀清了。后来洪秀全听信陈承瑢告密，说东王要篡位夺权，早已对杨秀清心生不满的洪秀全便以此为借口，秘密传召韦昌辉回京诛杀杨秀清。9月1日，韦昌辉率三千精兵赶回天京，与燕王秦日纲会合，突袭东王府，对东王府进行了血腥大屠杀。韦昌辉又借机以搜捕杨秀清的党羽为名，在天京城内大开杀戒，铲除异己，造成了整个城中的内乱，约有两万人在此事变中丧命。后来石达开回师天京后，责备韦昌辉滥杀无辜，因此得罪了韦昌辉，从而导致自己的家人被杀。事后石达开愤然出走，带着军队离开了太平天国，并且开始着手讨伐韦昌辉。因大开杀戒而人心尽失的韦昌辉最终被杀，不久，杨秀清的谋反罪名也被撤销了，震动了整个太平天国的天京事变就此收场。

天京事变以后，太平天国人心涣散，军事力量逐渐减弱，而统治集团内部依旧争权夺利，同贵相害。最终，太平天国在清政府和西方列强的联合打击下走向灭亡。这一惨痛教训，不能不引起我们的重视，同贵相害，最终受损的还是整个组织。

安礼章（十八）：同道互助，共同语言才好合作

经典再现

同声[1]相应[2]，同气[3]相感[4]，同类[5]相依[6]，同义[7]相亲[8]，同难相济[9]，同道[10]相成。

迷津指点

①同声：共同语言。

②应：共鸣，唱和。

③气：气韵。

④感：感应。

⑤类：类型。

⑥依：依存。

⑦义：利益。

⑧亲：亲密。

⑨济：同舟共济，互相援助。

⑩道：思想，政见。

古文译读

拥有共同语言的人容易沟通，产生共鸣，拥有一样气韵的人容易相互感应，同一类型的人容易互相依存，拥有共同利益的人更容易亲密无间，面对共同困难的人会互相帮助，政见一致的人更容易互相支持，结成同盟。

前沿诠释

有句古话说得好："道不同，不相为谋。"人与人之间的沟通，最重要的是要有共同语言。有共同语言的人，在气质和思想上也很容易找到相似的地方。此外，人与人之间的合作除了志同道合之外，还要有共同的利益。伯牙、子期是同声同气，六国合纵是同义同难，廉颇与蔺相如是同类同道。这世上的每一次相遇相知，每一次同仇敌忾都不是凭空出现的，而在其中联系着的，则是千丝万缕的恩怨情仇、利害关系。文人登山临水的雅会，商贾觥筹交错的集会，政客谈笑风生的晚宴，背后都隐藏着一个“同”字。如何与别人“求同”，就成为人际交往和办事时必须重视的问题。

萧规曹随：同道守江山

俗话说打天下容易，守天下难，每一位开国皇帝想坐稳皇帝的宝座，都要经过一番艰苦卓绝的努力。汉朝自汉高祖刘邦打下天下之后，政治清明，战乱减少，百姓得以休养生息，经济也有所发展。刘氏江山经过一番整顿之后，逐渐安定下来。而这得来不易的稳定，大部分功劳都要归于汉初的治世能臣们。他们能够获得这种成功，除了靠自己的经世之才外，同心协力也是很重要的。

西汉开国后，刘邦论功行赏，将萧何列为首功，封为酂侯。萧何的才能是毋庸置疑的，他和张良、韩信并称为“汉初三杰”。刘邦曾说“镇守国家，安抚百姓，提供军需，保证粮草，吾不如萧何”，就是夸赞萧何在治理国家方面的才能。当时，在刘邦攻克咸阳后，所有人都沉浸在喜悦当中，忘乎所以，甚至开始动手抢夺金银财宝。而萧何却表现得非常冷静，他先派人接管了秦朝的档案资料，接收了可以找到的秦朝所有的律令和地图等资料，研究天下的山川地形、险关要塞、郡县户口、风俗民情，此时的他已经表现出一国之相的才能。在楚汉相争时期，萧何一直固守关中，为在前方作战的刘邦提供军粮，成为刘邦打天下稳固大后方的支柱。等到汉朝建立，萧何为相之后又制定出了汉律九章，删减了秦法中过于苛刻的地方，使各项政策法令更加简明，为汉初的社会稳定、经济发展作出了重大的贡献。

萧何死后，曹参接替相位。曹参也是西汉的开国功臣，论功排名时位列第二，仅在萧何之后。曹参身经百战，屡建奇功，曾大败秦朝名将章邯，率先攻入咸阳，是刘邦灭亡秦朝不可缺少的臂膀。而后他又跟随刘邦南征北战，讨伐诸侯，打败项羽。曹参在刘邦成就大业方面功不可没，他总共打下过两个诸侯国，一百多个县，俘获诸侯王、将军、郡守、司马等官员不计其数。所以就曾有人在高祖面前为他打抱不平，说是若论开国第一功，当是曹参而非萧何。然而，同为在沛县就跟随刘邦起义的臣子，曹参并没有把什么排名放在心上，更没有因为萧何官在自己之上而有所怨言，而是老老实实地当他的齐国丞相，尽忠职守，全心全意地为百姓做事。萧何把这一切看在眼里，也对曹参十分钦佩，因此他临死前向汉惠帝推荐的丞相人选只有曹参一人。于是，德高望重的曹参毫无悬念地接替萧何，成为汉朝第二位相国。

曹参上任后，并没有如惯例那样新官上任三把火，而是继续走萧何的路线，在政策法规上没有丝毫改革，人员安排方面也没有丝毫变动。曾经是萧何心腹的官员依旧各尽其职，曹参并没有因为自己上位就大换血，换上自己的人。就这样，变换丞相这样的大事在当时竟然没有引起丝毫的忙乱，职权交接的过程也没有出现任何的纰漏，一切都井然有序，好像什么都没发生过一样。

曹参执政之后，不管是朝政实施、京城规划这样的大事，还是如居民拆迁、街道改造这样的小事，都没有一丝改变萧何主张的意思。可曹参毕竟身为相国，作为一位相国却没有在史书上留下属于自己的一笔，这在别人眼中是终究会留遗憾的事情。汉惠帝有些坐不住了，委婉地通过别人向曹参传达了一些话，问他：好像没有这样当相国的吧？

曹参去觐见惠帝，冷静地说道："请陛下自己仔细考虑一下，在圣明英武上您和高帝谁强？"惠帝不悦，说："我怎敢跟先帝相比呢！"曹参说："陛下看我和萧何谁更贤能？"惠帝只好坦言："您好像不如萧何。"

曹参坦然道："陛下说得很对。高帝与萧何平定了天下，法令已经明确，如今陛下只需垂衣拱手，我等只需谨守各自的职责，做好自己的事情，遵循原有的法度而不随意更改，不就行了吗？"惠帝思考之后，发现确实如此，也对他的做法表示赞同。

曹参（？—前190），西汉开国功臣，名将，是继萧何后的汉代第二位相国。

曹参担任了三年的相国，在汉史上与萧何齐名。萧何制定的政令都由曹参继承实施，被称为"萧规曹随"。在那个刚刚经历过战乱的时代，"萧规曹随"保证了政策的连续性，使得朝堂和民间都安宁有序，人民得以休养生息，为后来的文景之治打下了基础。萧何的才能，曹参的睿智，共同演绎了一段佳话。这种做法带来的好处也被人们铭记。在曹参死后，民间流传着这样一首歌谣："萧何定法律，明白又整齐；曹参接任后，遵守不偏离。施政贵清静，百姓心欢喜。"

在后人看来，"萧规曹随"不仅有着时势所趋的成分，更重要的是，曹参与萧何有着共同的执政理念，那就是想要天下安宁，就要无为而治；想要百姓休养生息，就要废除秦朝的严刑峻法，可谓英雄所见略同。此外，他们还有着共同的理想和利益，那就是稳定大汉王朝，尽快实现大治。他们共同崛起于乱世，曾携手打天下，虽然可能有过争执，有过隔阂，但更多的应该还是肝胆相照，惺惺相惜。所以，经过志同道合的贤臣们的共同努力，汉朝的统治才得以传承百年，开创盛世。

旭日阳刚：同舟共济，肝胆相照

2010年，有两个普通的农民工以一首歌曲《春天里》感动了千千万万的人，成了年度点击率最高的网络草根达人。他们演唱的视频在被网络拍客传到网上之后，迅速蹿红于各大网络媒体。一开始他们自称是北京流浪歌手，后来有人给他们起名为“旭日阳刚”，他们也因此正式成为一个歌手组合，不断歌唱那首让人感慨至深的《春天里》。我们欣赏他们，不只是因为他们的音乐才能，更是因为他们同心协力，共同为音乐流浪的精神。

“旭日阳刚”组合由来自河南商丘的“大叔”王旭和黑龙江的小伙子刘刚组成。两人都是在生活中摸爬滚打而依旧坚持梦想的人。

王旭出生在一个农场，高中毕业后，出于对音乐的喜爱，自己买了一把吉他，走上追寻音乐梦想的道路。王旭曾经组建过一个歌舞团，在农闲的时候出去演出，有时一走就是好几个月。常常不在家人身边的他，突然有一天觉得自己没有尽到一个男人的责任，就解散了歌舞团，安心地当起了农民，一度将对音乐的热情深深地埋在心里。他做过果农，烧过锅炉，卖过水煎包，做过搬运工，尝过不少的艰辛，可终究还是放不下对音乐的执念。最后，他决定每逢周末就拿着他那把心爱的吉他到北京的地下通道唱歌。在他看来，自己仅仅做一名流浪歌手就心满意足了。

而刘刚是来自黑龙江省牡丹江的一个农村孩子，2003年只身一人来到北京，加入了“北漂”的大军。他没有傲人的学历，只有一股对音乐的执著，他同样选择了当一名流浪歌手。

渐渐地，两个挣扎在社会底层的人，因为同样的理想走到了一起，共同歌唱。流浪歌手在中国人眼里一直都不是什么正当的职业，走上这条路自然要背负很大的压力。同难相济，同道相成，互相扶持，两个有着志向的人互相鼓励，渐渐成为铁哥们儿。虽然都曾经在这条路上迷茫过，但是彼此交换一下对音乐的渴望和对现实的心得之后，他们又能打开心结，继续为歌唱而奋斗。终于，阳光一点点地照在了他们的身上。

“还记得许多年前的春天，那时的我还没剪去长发，没有信用卡没有她，没有24小时热水的家，可当初的我是那么快乐，虽然只有一把破木吉他，在街上，在桥

下，在田野中，唱着那无人问津的歌谣……”这是他们最爱的歌曲。他们唱出了物是人非的感慨，唱出了岁月流逝的忧伤，唱出了曾经的执著、今天的漂泊，还有对未来的迷惘和憧憬。虽然很多是翻唱歌曲，但是这两个朴实憨厚的普通人，却用自己的经历唱出了千万人的心声，因此旭日阳刚有着无数农民工粉丝。

喜欢“旭日阳刚”组合的人，很多都是因为“同声相应，同气相感”的情感共鸣，听众虽然没有当过流浪歌手，却对生活有过同样的情感经历，从而对“旭日阳刚”的歌曲产生了共鸣。他们喜欢听这两个人唱歌，不是在崇拜明星，而只是在倾听自己的心声。

“旭日阳刚”唱歌。

在人们看来，“旭日阳刚”的理想是在音乐中找寻知音。他们得到的，不仅仅是耀眼的光环，更有千千万万人发自真心的回应和感动的热泪。

有无数的人在“旭日阳刚”的视频后面留下自己的感叹，没有网上随处可见的嬉笑怒骂，也没有各个论坛里难以避免的相互攻击，大家因为他们而想起了自己，纷纷诉说着自己作为普通人的生活经历。那一段视频下的留言，被称为“史上最干净的跟帖”。人们在对生活发出感叹的同时，不禁佩服这两个人对理想的坚持，并因此展开关于各自理想的讨论。结果，很多人都找到了知音。

现在的“旭日阳刚”已经不再是一无所有的流浪歌手了，他们夺得了央视热门比赛《星光大道》的亚军，走上了亿万观众关注的春晚舞台，可谓一炮走红。但是对于曾经关注过他们，曾经从他们的歌声里得到生活勇气的人来说，他们能否走红并不重要，因为使无数歌迷感动的不是什么光环，而是“共鸣”。

对现代人来说，即使不是为了功利因素，也要找到与自己同气相应的人，这样才能使自己得到情感上的支持，从而更加自信地面对世界。

共同的目标，挚友的前提

萧规曹随的故事，证明了黄石公所说的“同声相应，同气相感，同类相依”的道理，也从一个侧面说明了拥有共同语言或共同目标是亲密伙伴及合作者成功的前提。在中外历史上，那些携手并肩的伙伴大多具有这个特点，而他们之间的合作，也创造出令人惊叹的成绩。

提到马克思和恩格斯，人们无不为他们之间的友情而感叹。这二人就是黄石公观点的最好诠释。

从 1842 年马克思和恩格斯第一次会晤开始，二人就建立起了长达四十年的友谊。在这四十年中，二人因为建立共产主义这个共同的目标，团结作战，患难与共。他们虽然身处两地，但共同的目标将他们紧密地联系在一起。他们几乎每天都要通信，讨论各种政治事件和科学理论问题，共同指导各国的无产阶级革命运动。在共同的世界观和价值观下，他们共同起草了共产主义同盟纲领——《共产党宣言》。马克思家境困难时，恩格斯经常给他寄钱帮助他。马克思逝世后，恩格斯更是穷尽十多年的时间整理马克思《资本论》的手稿，使《资本论》的二、三卷最终得以问世。可以说，此二人的友谊是真正的“同声相应，同气相感，同类相依”的友谊。他们是真正的朋友，同呼吸，共命运，心连心。

还是在19世纪的西方，两位化学家在共同的目标驱使下，成为亲密无间的朋友。他们就是德国化学家——李比希和维勒。李比希和维勒是性格截然不同的两个人，前者性格激烈、爽朗、勇敢、自信、好奋斗、风风火火，后者温和、平静、有耐心、有见识，即使遭到攻击也不动声色。然而，就是性格如此迥异的两个人，却长期密切合作，共同为化学领域的发展作出了重大的贡献。而让他们走在一起的就是黄石公所说的“同气相感”，即相同的科学目的、务求彻底的研究精神。后来，李比希在自传中用一段话概括了他们二人之间的友情：“我有个大好运气，即得到一位志趣相投和目的相似的朋友。过了这么多年，我和这位朋友仍然以最大的热诚相合作……我们毫无妒忌，手拉手地努力向前，这一位要行动时，那一位已经准备好了。”

歌德和席勒，这两个18世纪文坛上的名人，更是出于对文学的爱好而结成了忘年交。他们相互扶持，都在文学创作领域留下了不朽的著作。年长席勒十多岁的歌德出身富裕，生活安逸，而席勒则出身贫寒，生活坎坷。但这二人友情深厚，且互相影响。歌德能写出《浮士德》等名作，与席勒对他的影响分不开。同样，席勒的最后一部作品《威廉·退尔》则是在歌德的鼓励和帮助下完成的。二人的友情至深，以至于在席勒早逝时，歌德沉痛地说：“我的存在丧失了一半。”后来歌德在逝世前，要求其亲人将自己和席勒葬在一起。

倘若说以上六人代表的是西方人的友谊，那么鲁迅和瞿秋白、朱自清和俞平伯之间的友情就代表了东方人的友谊。

鲁迅和瞿秋白的友情是建立在为革命文艺事业奋斗的共同目标上的。从1931年起，二人由于并肩战斗结下了深厚的友谊。在患难中，鲁迅总是给自己的朋友以最

真挚的帮助。1933年，受到特务监视的瞿秋白夫妇到鲁迅的家中避难。在许多人怕受牵连的时候，鲁迅不但将好友接到家中，二人还常常交谈到深夜，相互鼓舞，互相切磋。瞿秋白用“人生得一知己足矣，斯世当以同怀视之”两句话赠鲁迅，以表达自己对知己的深情。

在文坛上，朱自清与俞平伯的友情也一直是一段佳话。二人之间的友情始于五四运动后不久。当时，两人经北大校长蒋梦麟推荐，到杭州第一师范学校任职时相识，虽然半年后俞平伯就辞职去了北京，但二人的友情并没有断。直到1923年6月，两人还同游西湖，切磋文学创作理论、探讨人生。也是在同一年，两人结伴来到南京，共游秦淮。朱自清的散文名篇《桨声灯影里的秦淮河》便是在这次共游秦淮河之后问世的。后来，经俞平伯介绍，朱自清到清华大学做了国文系教授。1929年11月，朱自清的妻子武钟谦因病去世，朱自清和他的五个孩子的生活特别艰难，甚至连饭都吃不上时，俞平伯在危难之际负担了好友一家的三餐，使朱自清真切地感受到友情的温暖。

以上这些名人之间的友情真切地告诉我们，真正的友谊是建立在相知、相持的基础上的。只有那些目标一致的朋友，彼此之间才能“同声相应，同气相感”，或许他们不能“同类相依”，但友情的真挚和深厚是无可替代的。同时，这些名人的友情故事也提示我们，真正的友谊是纯洁的，是可贵的，是真挚的，是伟大的；真正的朋友，彼此之间要互相尊重，互相理解，互相帮助，互相促进。只有那些经得起时间考验的友情，才是最值得人们珍惜的。

安礼章（十九）：顺势而行，世事皆可为

经典再现

逆[①]者难从，顺[②]者易行；难从则乱[③]，易行则理[④]。

迷津指点

①逆：违逆，违反常理。

②顺：顺从，合乎常理。

③乱：动乱。

④理：顺畅。

古文译读

做事情如果违逆常理，民众就很难听从，合乎常理，事情就会进展顺利。让民众为难，就会产生动乱，事情容易进展，则一切都会顺畅。

前沿诠释

日升日落，月圆月缺，昼夜阴阳，草木枯荣，这个世界处处都体现了它运行的法则，于是，道家思想中的“天人合一”便应运而生，告诫人们要顺其自然，尊重“天道”。国家要跟随历史的脚步制定大政方针，根据民心所向制定政策法规；企业管理者要在尊重客观规律的前提下赚取利润，要根据个人的性格和特长进行人力资源分配，根据业绩和功劳的大小给予合理的奖赏……这是天道，也是人道。总而言之，做事要遵守自然法则和自然法则所衍生出的社会法则与历史法则。违背了这些法则就会功亏一篑。

李冰建都江堰：因地制宜，造福万世

若问中国最具生命力的水利工程是哪个，都江堰这个答案肯定是毫无争议的。都江堰建于两千多年前，为成都平原的农业生产作出了重大的贡献，为当年秦国统一天下奠定了经济基础，可谓是“功在当代”；如今都江堰还在造福着一方人民，使成都平原变成天府之国，可谓是“利在千秋”。而与它同时代的工程，大多

已沉寂在了沧海桑田的变迁中，只有它还依然挺立着，被誉为“世界水利文化的鼻祖”。虽然都江堰不会说话，然而它的存在已经比任何名人更能说明“顺天而行”的道理。

提起都江堰，就必须说起一个人——李冰。在公元前256年左右，秦国蜀郡太守李冰主持修建了都江堰。

都江堰旁的玉垒山在秦汉时期叫做湔山，所以都江堰在建成初期名叫湔堋，而都江堰作为整个水利系统的名称，是从宋代才开始的。由于历史悠久，规模宏大，结构科学，2000年，都江堰被联合国教科文组织确定为世界文化遗产。

都江堰最大的特点就是因地制宜，它在不破坏自然的前提下，充分地利用了自然资源。历史上的成都平原，曾经是个水旱灾害频繁的地方。究其原因，还要从岷江和成都平原的地形说起。岷江是长江上游的一大支流，流经的又都是多雨地带，所以岷江之水涨落迅猛，水势湍急，难以掌控。而岷江发自岷山，发源地地势颇高，流到成都平原后，就变成居高临下的走势，成了一段地上悬河。岷江一旦涨水，成都平原便是一片汪洋；干旱的时候，又是大片土地颗粒无收，百姓长年为此苦恼不已。李冰实地考察一番之后，吸取前人的治水经验，规划了都江堰工程，希望将岷江水分成两条支流，把其中一条引入成都平原，涝时减灾，旱时灌溉。

都江堰俯瞰图。

都江堰主体工程包括鱼嘴分水坝、飞沙堰溢洪道和宝瓶口进水口。工程的第一步在宝瓶口，李冰为了将江水引向东边，就带领有治水经验的农民凿穿了玉垒山，把滔滔江水导向了旱区，同时也缓解了川西的洪涝危险。由于岷江的地势过高，工程的第二步就是打造鱼嘴分水坝，保证了向东支流的流量。鱼嘴坝将江水一分为二，分别称做内江和外江，内江窄而深，外江则宽而浅，这种被称做“四六分水”的巧妙设计保证了成都平原的生活用水，同时也很好地防范了洪水的发生。接下来的第三步就是建造飞沙堰，这个设置是为了更好地控制灌溉区的水量，使其保持稳定，起着进一步调节水量的作用。三个部分巧妙配合，浑然一体，联合发挥着分流分沙、泄洪排沙、引水疏沙的重要作用。

为了观测内江水量，李冰命人将三个石像放在水中，通过“枯水不淹足，洪水不过肩”的标准来确定水位。完成这所有的工程，一共用了八年的时光。从此以后，旱涝频繁的成都平原得到良好灌溉，成为一片沃野。

都江堰的强大生命力，除了来源于因地制宜、符合自然规律外，还要归功于岁修制度。汉灵帝时就设置了专门的机构对其进行维护和整修，到了宋朝，政府就制定了沿用至今的岁修制度，因此成都当地官民每年都要进行修整堰体、深淘河道的工作。

从《蜀道难》中的“蚕丛及鱼凫，开国何茫然”，到如今天府之国的千里良田，如何能不让人感叹呢？都江堰的建造使人、地、水三者达到了和谐统一，构成了一个科学、完整的庞大体系，是世界上最早的“生态工程”，也是水利工程史上的无坝引水的典范。成都平原能够由蛮荒变沃野，成为当时秦国、后世中国的大粮仓，都江堰功不可没。建造都江堰秉承着乘势利导、因地制宜的指导思想，建成后又采用年年整修的管理制度，这为后世的水利工程树立了榜样。德国地理学家李希霍芬曾称赞“都江堰灌溉方法之完善，世界各地无与伦比”。后来的灵渠、它山堰、渔梁坝、戴村坝等工程，都或多或少地受到了都江堰建筑的启发。

李冰顺应自然，尊重规律，将水害变成了水利，通过修建都江堰使人民得到千秋福利，这也是仁政的体现。他顺应天道、人道，因而受到了成都平原老百姓的敬爱，后来人们还为他立庙，庙中数千年来香火不断。李冰也因顺应天道成为后世各项工程建设者的榜样。其实不仅是在改造自然时要向他学习，在改造人类自我时，我们也同样需要有这种认识。